Jürgen Dieckert

Touren-Buch Frankreich

Herausgegeben von Adi Kemmer

Vierte erweiterte und aktualisierte Auflage 2004

NORDWESTFRANKREICH

SÜDWESTFRANKREICH

SÜDFRANKREICH

ZENTRAL- UND OSTFRANKREICH

REISE-SERVICE

HALLWAG-KARTENTEIL

IMPRESSUM

Vierte Auflage 2004

[**Herausgeber, Chefredakteur**] Adi Kemmer

[**Projektleitung, Text, Recherche**] Jürgen Dieckert

[**Autoren**] Jürgen Dieckert, Jürgen Bartosch, Sascha Burkhardt, Eicke Schüürmann (Campingplätze)

[**Fotos**] Michael Adler, Jürgen Bartosch, Sascha Burkhardt, Jürgen Dieckert, Adi Kemmer, Andreas Weise – factum/Stuttgart, *promobil*-Archiv

[**Redaktionelle Mitarbeit**] Heike Neumann

[**Art Direction, DTP**] Thomas Hiebsch

[**Produktion, Schlussredaktion**] Erika Wouda

[**Kartografie**] Hallwag Kümmerly + Frey AG, CH-3322 Schönbühl-Bern

[**Druck**] Benteli Hallwag AG, CH-3084 Wabern-Bern

Geschäftsbereich Outdoor-Freizeit, D-70162 Stuttgart
E-Mail buecher@promobil.de
Leitung des Geschäftsbereichs: Adi Kemmer

Printed in Switzerland
Dieses Buch wurde auf chlorfrei gebleichtem Papier gedruckt.

[**Stand**] April 2004

Vorwort: **Die vierte Auflage**

ADI KEMMER

Frankreich vom Feinsten

Deutschlands Reisemobilisten lieben Frankreich. Und dafür gibt es viele gute Gründe. Ein paar davon – vielleicht die wichtigsten – finden Sie in diesem Touren-Buch. Ganz gleich, ob Sie das stille Natur- und Landschaftserlebnis suchen, ob Sie sich von bedeutenden kulturellen Zielen angezogen fühlen oder ob es einfach die französische Lebensart ist, die Sie begeistert: *promobil*, Europas größtes Reisemobil-Magazin, sagt Ihnen, wo Reisemobilisten im Nachbarland besonders willkommen sind.

Das Gute liegt so nah! Frankreich, das ist für viele nicht nur ein Ziel für die große Tour. Das verlängerte Wochenende in Lothringen oder im Elsass bietet sich für Reisemobilisten aus dem Westen und Südwesten Deutschlands ebenso an wie ein Kurz-Trip in die Champagne oder ins Burgund. Ganz gleich, wie lange Sie bleiben: Wir verraten Ihnen, wo Sie auch in bekannten Regionen Neues entdecken.

Die besten Reiseautoren und Fotografen von *promobil* waren für dieses Touren-Buch unterwegs. Sie haben Frankreich in tausenden von Kilometern für Sie erfahren und hunderte praktischer Tipps gesammelt. Das Ergebnis sind 19 ausführliche Mobil-Touren mit detailliertem Info-Teil und ausgewählten Stellplätzen.

Allen Beiträgen gemeinsam ist die übersichtliche Gliederung mit praktischen Reise-Tipps. Für die vierte, gründlich erweiterte Auflage wurden alle Textangaben überprüft und aktualisiert. Neu ist die Vorstellung der besten Campingplätze Frankreichs, die Sie im Anhang finden.

Darüber hinaus soll Ihnen dieser Wegweiser nicht nur neue Anregungen geben, sondern Sie zuverlässig an Ihr Urlaubsziel führen. Deshalb wird der Reise- und Info-Teil durch ein ausführliches, ebenfalls aktualisiertes Kartenwerk ergänzt. Es bietet Ihnen neben der großen Straßenkarte im Maßstab 1:750 000 weitere Transit- und Citypläne. Sollten Sie einmal eine im Info-Teil genannte Angabe nicht im Kartenwerk finden, so haben Sie bitte Verständnis dafür, dass aufgrund des übersichtlichen Maßstabs überwiegend nur größere Orte berücksichtigt werden konnten – ein noch detaillierteres Kartenblatt indes hätte die Grenzen dieses Buches weit überschritten. Immerhin war es möglich, mehr als 9000 Gemeinden in der Straßenkarte zu verzeichnen. Auch die Detailkarten helfen der Orientierung.

Wir wünschen Ihnen viel Spaß mit diesem Buch und allzeit gute Fahrt!

◀ **Wenn Sie noch mehr über Reisemobil-Stellplätze in Frankreich wissen wollen, dann ist der neue Stellplatz-Atlas Frankreich genau das Richtige für Sie.**

1 Normandie

Eine angenehme **Überraschung**

Cidre, Calvados und Camembert – im ländlich ruhigen Pays d'Auge im kulinarischen Herzen der Normandie geraten sogar weit gereiste Schlemmer und Genießer ins Schwärmen.

1 Mobil-Tour: **Normandie**

Genießen im Hinterland der Küste

Das Landleben besitzt einen Reiz, dem sich auch überzeugte Städter nicht entziehen können – Gastfreundschaft wird hier noch groß geschrieben. „Probieren Sie einfach mal“, heißt es kurz nach Erreichen des Hofes La Galotière, und schon drückt Madame dem Besucher ein Glas mit wunderbar frischem Cidre in die Hand. Erwartungsvolle Blicke begleiten den ersten, noch vorsichtigen Schluck. Die angenehme Überraschung, die auf dem Gesicht des Gastes abzulesen ist, quittiert die Runde mit einem erfreuten Lächeln. Der hausgemachte Apfelwein schmeckt entschieden nach mehr.

Diese Region finden Sie im Kartenteil auf den Seiten 8, 9.

Der Hof der Familie Olivier in Crouttes bei Vimoutiers, ist eine der gastfreundlichen Stationen an der Route du Cidre. Die Touristenroute schlängelt sich von Lisieux nordwärts zur Küste durch das Pays d’Auge, eine ländliche Region im Herzen der Normandie. Zufrieden grasen Kühe auf den Wiesen rechts und links des Weges. Bunte Schilder mit der Aufschrift Cru de Cambremer laden zur Cidre- und Calvados-Probe bei den Apfelbauern ein. In Bonnebosq, Cambremer oder Beuvron-on-Auge bleibt das Mobil auf einem Hof gerne stehen, zum Cidre serviert der Paysant krosse Baguette und duftigen Käse, danach ist Zeit für einen Spaziergang zwischen Fachwerkhäusern und Blumengärten.

Auch Claude und Jean-Luc Olivier verarbeiten die Äpfel zu begehrten Flüssigkeiten. Cidre, der Apfelmost, und Calvados, der zweifach destillierte Apfelbrand, sind die bekanntesten Klassiker aus der Normandie. Ihre Vorliebe für die anderen, weniger verbreiteten Produkte des Landes, den Birnenmost Poiré oder aber den Apfellikör Pommeau, entdecken Genießer erst vor Ort. Mit Überraschungen dieser Art wartet auch die Familie Olivier auf.

„Der älteste Calvados, den wir verkaufen, war 20 Jahre im Fass.“ Nicht nur das lange Warten und die Sehnsucht der Genießer treibt den Preis des Calvados in die Höhe. Während der Lagerzeit, so versichert der knorrige Herr des Hauses, entweicht kontinuierlich Alkohol durch das Holz. Von der üblichen Menge – Monsieur Olivier rechnet 27 Kilogramm Äpfel für 20 Liter Cidre oder einen Liter Calvados – bleibt bei den lang lagernden Jahrgängen bestenfalls die Hälfte übrig. Dafür reichert sich der Apfelbrand intensiv mit den Tanninen des Eichenholzes an, bekommt so seine Note und die typische goldbraune Farbe.

Die Spezialitäten des Landes sind treue Reisebegleiter. Ein gutes Essen ohne Calvados, das ist in der Normandie undenkbar. Mal kommt er als Aperitif in die Gläser und mal als Zwischengang.

Still und unscheinbar wirkt das Heimatdorf des Camembert. Ein Museum führt Gäste in die Käsegeheimnisse ein. ▶

◀ **Die „Route du Cidre“ verbindet Bauernhöfe, auf denen Reisende den Apfelmost kosten und kaufen können, Calvados und auch Käse.**

Letzterer heißt nicht umsonst Le trou normand, das Normannische Loch: Der Apfelbrand schafft hochprozentig Platz für weitere Essensgenüsse.

Natürlich gibt es einen alten Calvados als Digestif und krönenden Abschluss einer opulenten Speisenfolge. Auch in vielen Saucen dient das L'Eau de vie, das Lebenswasser, zur Verfeinerung und Abrundung des Geschmacks. Das Huhn nach Art des Vallée d'Auge zum Beispiel ist durch viel Butter und Calvados geschwommen, bevor ein normannischer Koch es mit einem Klacks Crème fraîche auf den Tisch bringt.

Das Pays d'Auge lockt nicht nur mit kulinarischen Reizen. Etwa sechs Kilometer südlich von Lisieux lädt das Wasserschlösschen St.-Germain-de-Livet zu einem Stopp ein. Auch hier erweist sich das angeblich so einfache Landleben als überaus idyllisch: Sanft gewellte Apfelbaumwiesen und saftige Kuhweiden rahmen das Anwesen ein. Bunte Blüten tupfen Farbe auf den Grasteppich vor der Zugbrücke, und ein Pfauenhahn wacht eifersüchtig über seine Damen.

Auf Torhaus und Türmchen spielt ein rot-weißes Karomuster aus Ziegeln und Kalksteinquadern Märchenidylle, in den Innenräumen gibt es Reste von Fresken zu bewundern, und über den Hof spannen sich Arkaden nach italienischem Vorbild. Von diesem romantischen Ausflug in die Vergangenheit geht es die Straße nach Süden entlang zu der Emsigkeit einer modernen Käserei.

„Hygiene und Sauberkeit sind oberstes Gebot bei der Käseherstellung“, macht Laurence Chevé den Besuchern der Käserei Graindorge im zehn Kilometer entfernten Landstädtchen Livarot klar und staffiert ihre Besucher mit weißen Kitteln und Gummistiefeln aus, bevor sie die Gäste in die kalt und nüchtern anmutenden Produktionsräume geleitet – schließlich sollen hier nur die Mikroorganismen wachsen, die dem Käse seinen Geschmack, die rötliche Rinde und die weiße Grundfarbe geben.

Das begehrte Gütesiegel A. O. C. tragen beide Erzeugnisse des Hauses, der Livarot und der Pont l'Evêque. Es steht für Appellation d'Origine Contrôlée und bedeutet, dass die Milch nur aus einer Region stammt und der Käse nach traditionellem Rezept hergestellt wird. Freilich geschieht das heute mit Maschinen und modernen Laborme-

LAND & LEUTE

Eine ländliche Idylle mit satten Wiesen, vielen Apfelbäumen und ruhigen Ortschaften kennzeichnet das stille Pays d'Auge. An den Badeorten entlang der Küste herrscht vor allem im August lebhafter Ferientrubel.

SEHEN & ERLEBEN

Eine außergewöhnliche Kirche steht in Honfleur. Das Gotteshaus Sainte-Cathérine ist komplett aus Holz gebaut. Es formt sich aus zwei Schiffen und einem Glockenturm mit alten Kastanienholzschindeln.

ESSEN & TRINKEN

Das zarte Fleisch der Salzwiesenlämmer von den Salzwiesen an der Baie du Mont-Saint-Michel ist eine überaus delikate Alternative zu den Meeresfrüchten und Crêpes, die allerorten auf den Speisekarten stehen.

Mobil-Tour: **Normandie**

Genießen im Hinterland der Küste

thoden. Nur das Umbinden des Livarot mit getrocknetem Schilfgras erledigen Mitarbeiter noch in reiner Handarbeit.

Marie Harel bastelte an ganz anderen Kunstwerken. Die agile Französin gilt als Erfinderin des Camembert. Der Legende nach soll ihr ein Priester, dem sie während der Französischen Revolution Zuflucht gewährte, das Rezept seiner wohlschmeckenden Käsekreation verraten haben. Ihre geschäftstüchtige Tochter nahm sich der Vermarktung an, und schnell gewann das Milchprodukt mit dem Namen des Bauerndorfes weit über Frankreich hinaus viele Freunde.

Im berühmten Heimatort der Erfolgskreation mitten im Landesinneren hat sich kaum etwas verändert. Die Kirche, umgeben von rostroten Grabkreuzen, reckt ortsbestimmend ihren Turm über das Tal. Zwischen Wiesen und weit verzweigten Obstbäumen ducken sich Gehöfte, in denen der beliebte Käse und andere landwirtschaftliche Produkte auf altbäuerliche Weise produziert werden. Nur das Maison du Camembert, das Museum unweit der Kirche, deutet darauf hin, dass die cremig-weiße Spezialität hier ihren Ursprung hat.

Von ländlicher Stille ist an der Küste, dem Ziel der Route du Cidre, wirklich nichts mehr zu spüren. Krasser könnte der Gegensatz kaum sein. Eben noch gemütlich auf leerer Straße gebummelt, wirkt das Reisemobil jetzt wie ein Fremdkörper zwischen Rolls-Royce und Ferrari auf der Flaniermeile vor dem Kasino des Küstenorts Deauville.

Die Strandpromenade führt an prächtigen Hotels entlang, ehrwürdigen Villen und glitzernden Vergnügungstempeln. Immerhin, die Stadtväter haben auch an Mobilisten gedacht und einen Stellplatz mit Ver- und Entsorgungsstation eingerichtet. Das Gelände liegt zwar weit vom Boulevard der Schönen und Reichen entfernt, dafür bleibt es vom lauten Nachtleben ungestört.

Für seinen breiten und feinsandigen Strand ist das Seebad so berühmt. Glanz und Ruf von Deauville sind zwar inzwischen ein wenig verblasst, doch an den Strandkörben hängen immer noch die Namen von einstigen Star-Gästen aus dem Hollywood-Jetset. Im Ort entzücken verspielte Fachwerkbauten, deren Paradebeispiel das Hotel Normandy ist. Hier ein Erkerchen, dort eine Dachgaube – verwinkelt und verziert präsentiert sich die traditionsreiche Herberge als architektonisches Gesamtkunstwerk. Einen Drink an der Bar oder eine Vorspeise im Restaurant verkraftet auch die schmale Urlaubskasse bestimmt.

Bescheidener und familiärer vergnügt es sich in der Schwesterstadt Trouville am gegenüberliegenden Ufer des Flusses Touques. Mit der Kraft eines Opernsängers preist der Fischer Jacques seinen Fang an, doch die sparsamen Hausfrauen kennen die Spielregeln seit

Edle Tropfen lagern in den Eichenholzfässern der Calvados-Brenner manchmal mehr als 20 Jahre. ▶

◀ **Appetitlich verlocken Käse, Äpfel und prickelnder Cidre zu einem Picknick.**

langem und feilschen den Preis mit viel Oh! und Mais non! charmant herunter.

So wandern im morgendlichen Trubel etliche silbrig glänzende Meerestiere in die Einkaufstaschen und beweisen, dass das beliebte Seebad im Herzen ein Fischerdorf geblieben ist.

Echte Seebären zieht es ein Stück weiter nördlich nach Honfleur, einem Hafenort mit Puppenstubencharme. Fischerboote und Küstensegler dümpeln leise glucksend in dem Hafenbecken, Straßencafés und malerische Häuserzeilen formen eine bunte Kulisse entlang des Quai Ste.-Cathérine. Die Freizeitkapitäne der Landstraße können schon ab dem Ortsschild den Weg zu ihrem Liegeplatz im Hafen nicht verfehlen.

Der Stellplatz von Honfleur liegt im ehemaligen Hafenbereich am Bassin de l'Est. Einen Schönheitspreis wird sich das Parkgelände wohl niemals verdienen, dafür ist es dank seiner Ausmaße auch dem großen Urlauberansturm gewachsen, der im August regelmäßig über den Ort hereinbricht, und bietet neben der zentrumsnahen Lage einfache Ver- und Entsorgungseinrichtungen.

Der Weg zur Altstadt führt über die Drehbrücke und vorbei an der Lieutenance, dem früheren Sitz des Gouverneurs. Auf der Place Ste.-Cathérine zieht die gleichnamige Holzkirche aus dem fünfzehnten Jahrhundert die Blicke auf sich. Ihre Balken und Bretter im Innern sind stark gedunkelt, fast schon schwarz. Vor diesem Hintergrund erstrahlen die brennenden Kerzen und bunten Kirchenfenster besonders intensiv.

Die Stadtkulisse in Kombination mit Meer und Kais hat seit jeher Künstler nach Honfleur gelockt. Besonders die Impressionisten scharten sich um Eugène Boudin und seine Malerschule St.-Siméon. Diesem Sohn der Stadt widmet sich ein Museum an der Place Erik-Satie. Auch heute sind Palette und Staffelei am Quai St.-Etienne allgegenwärtig. Im Sommer sind überall Künstler an der Arbeit, einige verkaufen ihre Werke sogar direkt an der Straße. So kann der Besucher ein Gemälde von Honfleur mit nach Hause tragen, ehe die Farbe noch ganz trocken ist.

SEHEN & ERLEBEN

Herrenhäuser und Schlösser besitzt das Pays d'Auge ebenfalls reichlich. Eine 30 Kilometer lange Rundfahrt durch das Hinterland der Normandie-Küste führt unter anderem zum Château de Grandchamp, dem Manoir de Coupesarte und dem Château de Canon. Leider sind aber nicht alle Anwesen zu besichtigen.

WANDERN & RADELN

Radwanderrouten empfehlen die örtlichen Touristenbüros gern. Der Weg Cœur du Pays d'Auge führt in einem Rundkurs zu Dörfern mit kleinen Kirchen. Am Wegesrand stehen die typischen Merkmale des Landes: Eiben, strohgedeckte Häuser, Webereien und Apfelbaumplantagen.

PROMOBIL-TIPP

Zum 60. Jahrestag der alliierten Landung in der Normandie 1944 erhalten die Gedenkstätten wieder neue Aufmerksamkeit. Einen Eindruck vom Geschehen vermitteln die Küstenbatterie von Longues-sur-Mer und die Stellung an der Pointe du Hoc.

Mobil-Tour: **Normandie**

Genießen im Hinterland der Küste

Route

Die Fahrt durch das Pays d'Auge beginnt in Vimoutiers, etwa 120 km nördlich der A 11 unweit der Abfahrt Le Mans. Auf der N 579 geht es Richtung Norden weiter über Livarot bis in das Städtchen Lisieux. Von hier führt die Route du Cidre zur Küste nach Deauville, Trouville und Honfleur. Das kleine Dorf Camembert liegt im Westen von Vimoutiers.

Reisezeit

Die Kombination von Seeurlaub mit Abstechern ins Binnenland legt einen Reisetermin in der Hauptsaison von Juni bis September nahe. Von Ende Juli bis Ende August sind die Urlaubsorte am Meer sehr stark besucht.

Sehenswertes

Caen: Frühere Hauptstadt von Wilhelm dem Eroberer, heute Hafen- und Studentenstadt, dazu Hauptstadt des Département Calvados. Von der Festungsanlage Château schöne Aussicht. Markt auf der Place Courtonne mit Obst, Gemüse, Trödel, Kleidern und regionalen Spezialitäten.
Camembert: Kleiner, ursprünglich gebliebener Ort mit dem Maison du Camembert, einem Museum zur Käsehistorie.
Deauville: Mondäner Badeort mit Villen und Hotels, sehenswertem Hotel Normandy und Kasino. In Letzterem setzen die Gäste nicht nur ihr Geld aufs Spiel, sondern bewundern auch Shows und Theatervorführungen.
Honfleur: Malerische Hafenstadt. Sehr schöne Altstadt mit zahlreichen Fachwerkhäusern, Bars und Restaurants. Musée de la Marine mit Schiffsmodellen und Dokumenten zur Geschichte der Seefahrt. Schöne Aussicht von der Kapelle Notre Dame de Grâce auf dem Mont Joli. Interessante Hängebrücke Pont de Normandie.
Lisieux: Bischofsstadt und Wallfahrtsstadt mit der Basilika Sainte Thérèse. In der Nähe das bezaubernde Wasserschlösschen St.-Germain-de-Livet.
Livarot: Eindrucksvolle Herrensitze und Fachwerkhäuser, einzigartiges Musée du Fromage de Livarot, im August Käse- und Weinmarkt mit der Kür des größten Essers von Livarot.
Mézidon-Canon: Château Canon im italienischen Stil, umgeben von Gärten und Alleen, Führung.
St.-Pierre sur Dives: Älteste Markthalle der Normandie, jeden Montag Wochenmarkt. Beeindruckende Kirche des ehemaligen Klosters mit Kreuzgang und Kapitelsaal. Im Kloster ist auch das Musée des Techniques de Fromagères, ein Museum zur Käseherstellung, untergebracht.
Trouville: Charmantes Fischerstädtchen mit hölzerner Strandpromenade, Villen und interessantem Stadtmuseum in der Villa Montebello. Das Aquarium Ecologique am Strand zeigt in mehreren Becken die Unterwasserwelt. Jeden Morgen Fischmarkt.

Aktivitäten

Baden: Stark besucht, aber gut gepflegt und mit Animationsprogramm versorgt ist der Strand von Deauville. Gut baden lässt es sich auch in Trouville.
Radfahren: Die Normandie ist über weite Flächen eben oder nur leicht hügelig, zudem gibt es viele Nebenstraßen mit wenig Autoverkehr. Fahrradfahren ist also ein leichtes und ruhiges Vergnügen. Besonders schöne, ausgeschilderte Touren führen durch die Normannische Schweiz. Eine Übersichtskarte gibt es beim Comité de Tourisme.

Essen & Trinken

Deftige und kalorienreiche Gerichte beherrschen die normannische Küche. Eine reichhaltige

▲ **In der Nähe von Lisieux liegt das sehenswerte Renaissance-Schlösschen St.-Germain-de-Livet.**

Auswahl von Meeresfrüchten und landwirtschaftlichen Produkten, aber auch Wildspezialitäten stehen auf der Speisekarte. Gute Adressen im Pays d'Auge sind Le Bistrot Normand, eine Brennerei in Coquainvillers bei Lisieux (www.espace-boulard.com), oder der Gutshof Le Domaine Saint-Hippolyte in Saint-Martin-de-la-Lieue. Weine gibt es in der Normandie nicht, dafür aber Apfelmost, Cidre und Calvados. An der Route du Cidre laden zahlreiche Höfe zum Besichtigen, Kosten und Kaufen ein, darunter La Galotière der Familie Olivier in der Gemeinde Crouttes bei Vimoutiers. Empfehlenswert ist auch eine Besichtigung des Maison du Pays d'Auge et des Calvados in Cormeilles, einem Teil der Destillerei Busnel mit fast 200-jähriger Tradition. Über 30 Käsespezialitäten dürfen sich typisch normannisch nennen, allen voran der Camembert und der Livarot.

Termine

Gourmets finden Geschmack am Festival des Produits AOC de Normandie, dem Fest der Waren mit Qualitätssiegel in Cambremer im Mai. Im Juni feiern die Einwohner von Honfleur ihre Pélerinage des Marins, ein religiöses Seemannsfest. Trouville erlebt sein See- und Makrelenfest im Juli und Livarot seine jährliche Käsemesse im August.

Insider-Tipp

Lisieux, das städtische Zentrum des Pays d'Auge mit der imposanten Basilika Sainte-Thérèse, ist ein in Deutschland noch wenig bekannter Wallfahrtsort. Alljährlich strömen Tausende in die Stadt, um Hilfe von der heiligen Thérèse zu erflehen. Zu Mariä Himmelfahrt gibt es eine große Prozession, im September das Fest der heiligen Thérèse.

Bücher & Karten

Einen ausführlichen Überblick mit vielen praktischen Hinweisen zu Attraktionen und Freizeitmöglichkeiten im gesamten Reiseland bietet Hans Otzen, Normandie, Reise Know-How-Verlag, Bielefeld, 2003, 19,90 Euro. Speziell an Radwanderer wendet sich Wolfgang Kettler in seinem Band Nordwest-Frankreich per Rad. Normandie. Bretagne. Loiretal. Kettler-Verlag, Neuenhagen, 2004, 12,68 Euro.

WEITERE INFORMATIONEN

Comité Régional de Tourisme de Normandie,
14, Rue Cahles Corbeau, F-27000 Evreux,
Telefon 00 33/2 32 33 79 00, Fax 00 33/2 32 31 19 04,
E-Mail info@normandie-tourisme.org, www.normandy-tourism.org

2 Côte de Granit Rose

Eine Welt aus **Fels und Stein**

Berühmt ist die Nordküste der Bretagne für ihre bizarr geformten Granitfelsen, die im Licht der Abendsonne rötlich leuchten, und auch für die fantastischen Küstenwanderwege.

2 Mobil-Tour: **Côte de Granit Rose**

Auf Zöllnerpfaden in die Felsenwelt

Faulenzen ist in Le Palus-Plage bei Plouha ein anerkanntes Urlaubsprogramm. Nur einen Steinwurf vom Kiesstrand entfernt steht das Reisemobil auf einem der schönsten Stellplätze an der bretonischen Nordküste. Zwar ist es kein moderner Reisemobilhafen, wie ihn Ploumoguer am Ende der Welt bietet, sondern nur ein einfacher Parkplatz, aber seine Lage hat es in sich: Zu beiden Seiten rahmen die grünen Felsenbuckel der Côte de Goëllo die Bucht ein. An einer Seite gibt es zwei, drei Häuser, praktischerweise gleich mit Restaurant und Crêperie ausgestattet. Zwischen diesen drei Fixpunkten – Mobil, Strand, Gasthaus – lässt sich bequem die Zeit vertrödeln.

Diese Region finden Sie im Kartenteil auf den Seiten 6, 17.

Nur auf der faulen Haut zu liegen geht aber auch nicht. Denn dazu ist die Küste viel zu schön. Ein ehemaliger Zöllnerweg haucht dem Müßiggänger wieder Mobilität ein: Gleich neben den Häusern windet sich ein zunächst schmaler Pfad zwischen den Büschen die steilen Klippen hoch. Immerhin, der Weg weitet sich bald, nicht nur Verliebte können Hand in Hand den Hang hochkeuchen.

Zurück bleibt die geschützte Bucht mit gut zwei Dutzend Reisemobilen, die von der Kante der Steilküste aus wie Spielzeugautos wirken. Kein Wunder. Nördlich von Le Palus-Plage überragen die Felsen den Meeresspiegel um gut hundert Meter – sie sind die höchsten Felsen in der gesamten Bretagne.

Im steten Auf und Ab windet sich der Pfad die Küste weiter, immer weiter. Dabei war eigentlich nur ein kurzer Ausflug geplant, doch immer wieder treibt die Neugier die eigentlich schon müden Beine um die nächste Biegung – die Suche nach der noch schöneren Aussicht, den noch höheren Klippen, dem noch malerischeren Bild aus Meer, Grün und Fels, sie kann regelrecht süchtig machen.

Die Abhilfe ist einfach: Das Mobil muss mit. Denn der Wirt der kleinen Crêperie unten am Strand hatte für ausgewiesene Küstenfans den Circuit des Falaises empfohlen – den Kurs der Steilküsten. Bei Lanloup knickt er von der gut ausgebauten D 786 ab und kurvt, schlängelt, windet sich auf immer enger werdenden Straßen Richtung Meer und klappert dabei alle wichtigen Aussichtspunkte ab: die Pointe Berjule, die Pointe de Minard und die Pointe de Bilfot – der Bedarf an Aussichtspunkten ist reichlich gedeckt.

Ein Ort zum Verschnaufen soll es jetzt sein, und da drängen sich die großen drei an der bretonischen Nordküste

Das Landstädtchen Lannion ist an Markttagen das Ziel einer Völkerwanderung. ▶

◀ Ein breiter Sandstrand und sehr gute Wassersportmöglichkeiten erwarten Urlauber im Seebad Perros-Guirec.

förmlich auf: Perros-Guirec, Ploumanac'h und Trégastel. Drei Namen, drei Seebäder und drei gleichermaßen einladende Fleckchen Erde für einen längeren Aufenthalt.

Die Küste zeigt sich hier weniger hoch und nicht ganz so verschlossen. Breite Sandbuchten wechseln sich ab mit bizarren Felsformationen, Ginster und Heidekraut sorgen für bunte Einsprengsel auf dem ewigen Granitgrau. Im Sommer, Gott sei es geklagt, sind die drei Orte hoffnungslos überlaufen. Die Einwohnerzahl von Perros-Guirec soll sich in der Saison sogar verfünffachen.

Manche Anzeichen sind in der Tat Besorgnis erregend. Der Küstenpfad, der durch den berühmten Felsengarten zwischen Perros-Guirec und Ploumanac'h führt, ähnelt mehr einer Autobahn als dem handtuchschmalen Trampelpfad, der anderswo die Küste begleitet – ein Tribut an die Besucherscharen.

Das Beste an ihnen ist schnell erkannt: Wenn es richtig schön wird im Felsenpark, sind sie wieder weg. Denn erst mit den letzten Sonnenstrahlen des Abendlichts glühen die Felsen richtig auf. Mit jeder Minute wird ihre Färbung intensiver, bis sie kurz vor Sonnenuntergang im Postkarten-Rot aufleuchten.

Urlaubsorte haben aber auch ihr Gutes: Die Infrastruktur stimmt, und damit auch die Versorgungslage. Crêpes und Galettes gehören zur Bretagne wie Hortensien und Steilküsten – und damit muss man sie einfach probiert haben.

Die Fachfrau dafür ist in Perros-Guirec die Mère Hamon, Chefin, Köchin und gute Seele der Traditions-Crêperie zugleich. Unscheinbar würde dem Lokal in der Rue de la Salle noch schmeicheln. Es ist ein schmuckloses Haus mit einem schmucklosen Garten und schmucklosen Stühlen darin. Aus dem Inneren dringt eine Stimmung, die einen guten Grund zur Hoffnung bietet.

Hier kocht die Chefin noch selbst. Und zwar vor den Augen ihrer Gäste. Auch ohne Sprachkenntnisse erfährt der Gast viel über die bretonische Nationalspeise: Galettes sind deutlich dunkler,

LAND & LEUTE

Die Côte de Granit Rose zwischen Paimpol und St.-Michel-en-Grève ist mit ihrer dramatischen Felsküste, versteckten Buchten, Stränden, malerischen Orten, Ginster und Heidekraut ein Top-Ziel für Liebhaber einer herb-schönen Landschaft.

SEHEN & ERLEBEN

Eine verwunschene Atmosphäre zeichnet die Abtei von Beauport bei Paimpol aus. Alte Bäume tauchen das Kirchenschiff ohne Dach und Fenster bei bestimmtem Sonnenstand in ein faszinierendes Licht. Das 800 Jahre alte Gotteshaus der Prämonstratenser wurde in den Revolutionswirren zerstört.

ESSEN & TRINKEN

Käse in allen erdenklichen Variationen ist in Lannion im Geschäft La Fromagerie zu bekommen (2, Rue Duguesclin). Viele der Sorten stammen aus der Normandie, die meisten wurden mit Rohmilch hergestellt. Den richtigen Wein dazu gibt es in dem Laden Les Caves du Pélican, Rue Jeanne d'Arc.

2

Mobil-Tour: **Côte de Granit Rose**

Auf Zöllnerpfaden in die Felsenwelt

ihr Teig ist gesalzen und aus Buchweizen, die Crêpes sind aus Weizenmehl und daher heller. So weit, so gut. In der kulinarischen Praxis kommt dann noch der Belag dazu.

Bei den Zutaten setzt nur die Fantasie eine Grenze: Die Galettes ist deftig – Schinken, Ei, Pilze, Paprika, Würstchen und Crème fraîche sind hier Standard –, die Crêpes sind eher etwas für Leckermäuler und Naschkatzen: Butter, Zucker, Konfitüre findet sich zwischen den hauchdünnen Teiglappen.

Die nächste Lektion folgt auf dem Fuße. Das benachbarte Lannion ist ein Landstädtchen, das kaum ein Tourist auf dem Reiseplan stehen hat. Ein paar Fachwerkhäuser listen die einschlägigen Bände auf, schöne Boutiquen, eine Templerkapelle. Klingt alles ganz nett, aber dafür die Küste zurücklassen und ins Hinterland fahren?

Unbekannte, und so bleibt die Fernstraße D 786 links liegen. Die kleinen Küstenstraßen sind zwar nicht ganz so bequem, führen aber wieder zurück ans Meer. Mutter Natur hat hier offenbar eine Verschnaufpause eingelegt, die Küste zeigt sich lange nicht mehr so spektakulär wie noch bei Perros-Guirec.

Dafür ist das Leben hier ähnlich authentisch wie in Lannion und kein künstlich erzeugter Ferienrummel. Wer mit seinem Mobil einmal eine Nacht im Hafen von Trédrez-Locquemeau gestanden hat, kann sich ein Bild machen vom Leben der Fischer, die ihren Fang in der nahen Fischhalle an den Mann zu bringen versuchen, versteht etwas mehr vom Savoir-vivre in Frankreich.

Hinter Saint-Michel-en-Grève fällt die Küste sogar flach ab, dafür besitzt der Badeort mit der Lieue de Grève einen vier Kilometer langen Sandstrand

Als natürlicher Wärmespeicher bei einer Küstenwanderung dienen die bizarr geformten Felsen an der Granitküste. ▶

Donnerstags zeigt die Stadt ihr wahres Gesicht. Dann verwandelt sich das gesamte Zentrum in einen Markt, der zu den buntesten, lautesten, schönsten der Bretagne gehört. So dicht stehen die Stände zu beiden Seiten der Straßen, dass in der Mitte kaum noch ein Durchkommen ist. Hier gibt es wirklich alles: Decken, Messer, Hähnchen, Obst, Gemüse, Blumen, Wurst, Käse, Honig, Antiquitäten, Ramsch und vieles mehr.

Voll beladen geht es weiter. Lannion macht neugierig auf das unverhoffte in einer weit geschwungenen Bucht. Nicht schlecht, aber lange nicht so gut wie das, was Locquirec zu bieten hat.

Die kurvenreiche Küstenstraße heißt hier stolz Corniche de l'Armorique und führt mitten hinein in einen kleinen, aber feinen Badeort. Die Strände sind sein Kapital. Gleich neun Stück sind es, die den Felsklotz umgeben, auf dem das ehemalige Fischerdorf ruht.

Felsen, Wald und Heide bilden seinen natürlichen Rahmen. Aussichtspunkte, Wanderwege und nicht zuletzt

◀ **Breite Sandbuchten wechseln sich ab mit bizarren Felsformationen.**

der Hafen befördern den Ort in die erste Reihe der Seebäder an der Nordküste.

Hinter Locquirec ist es mit dieser Herrlichkeit schnell wieder vorbei. Finistère heißt das Etappenziel. Und, als wollten die Menschen den Ruf ihres Département bestätigen, werden die Dörfer kleiner, die Häuser bescheidener, die Passanten seltener. Dafür rafft sich die Natur zu neuen Glanzleistungen auf.

Rötlich leuchten sie, schwer zugänglich sind sie und von den Wellen glatt geschliffen wie ein Kinderpopo: Die Felsen an der Pointe de Primel können mit den Klippen von Trégastel ohne Probleme mithalten. Vielleicht sind sie nicht ganz so hoch und nicht so zahlreich, dafür haben sie aber mehr Zacken und Riffe, und überhaupt sollte der Mensch im Urlaub nicht so streng mit sich sein, schließlich lädt der rot schimmernde Felsklotz auf gut eingeheiztem Untergrund zu einem Sonnenbad ein.

Doch auch hier kommt keine Ruhe auf. Denn im Hinterland der Halbinsel von Kenéléhen versteckt sich eine kleine Sensation: der Tumulus von Barnénez. Wer sich darunter nichts vorstellen kann, ist durchaus in guter Gesellschaft und wird nach kurzem Suchen ohnehin erlöst: Es ist ein gewaltiges Fürstengrab aus der Megalithzeit, mit 70 Metern Länge und elf Grabkammern ein technisches Wunderwerk seiner Zeit.

Die Etappe endet schließlich in Saint-Pol-de-Léon so, wie sie schon begonnen hat: auf einem Stellplatz am Meer. Genauer gesagt, auf der Landzunge bei den Felsen der Sainte-Anne. Auch hier steht das Reisemobil nur wenige Schritte vom Wasser entfernt. Nur mit dem Unterschied, dass Baden im Meer an dieser Stelle nicht ratsam ist. Dafür bietet sich eine parkähnliche Umgebung mit einem begrünten Aussichtspunkt und wunderbarer Sicht über die Baie de Morlaix zum Picknick an. Das Wesentliche bleibt also gleich: Es ist ein richtig guter Platz, in aller Seelenruhe den lieben langen Tag zu verbummeln.

SEHEN & ERLEBEN

Die Vogelkolonien auf den sieben Inseln vor Perros-Guirec muss man gesehen haben. Hier brüten seltene Arten wie Papageientaucher und Basstölpel. Das Betreten der meisten Inseln ist verboten, das Beobachten vom Schiff aus möglich. Abfahrten im Hafen von Perros-Guirec und an der Plage de Trestraou.

WANDERN & RADELN

Besonders attraktiv zeigt sich der alte Zöllnerpfad zwischen Portrieux und Saint-Quay. Die gut einstündige Tour führt zur Plage de la Comtesse, dann am Leuchtturm vorbei und bietet zwischendurch immer wieder herrliche Ausblicke auf die Île de Bréhat und Saint-Brieuc.

PROMOBIL-TIPP

Durch eine zauberhafte Inselwelt führt ein Bootsausflug von der Pointe de l'Arcouest zur Île de Bréhat. Die Blumeninsel besitzt ein Mikroklima und wartet mit einer fast mediterranen Vegetation auf: Hier blühen Oleander, Mimosen, Eukalyptus, Palmen.

Mobil-Tour: **Côte de Granit Rose**

Auf Zöllnerpfaden in die Felsenwelt

Route

Die beschriebene Reiseroute erschließt das Département Côtes d'Armor und führt zu einigen der schönsten Abschnitte an der bretonischen Nordküste. Sie beginnt in Saint-Brieuc im Süden der Côte de Goëllo und folgt der Küste über Binic, Saint-Quay-Portrieux, Plouha und Paimpol Richtung Norden. Hier bietet sich ein Tagesausflug zur Blumeninsel Bréhat an, dann endet sie schließlich in St.-Michel-en-Grève.

Reisezeit

Aufgrund der guten Bademöglichkeiten zum Beispiel in Perros-Guirec sowie der zahlreichen Feste in den Badeorten während des Hochsommers fällt die Entscheidung für einen bestimmten Reisezeitraum nicht leicht. Im Sommer ist das Vergnügen größer, im sonst sehr empfehlenswerten Mai ist es natürlich für einen Sprung ins Meer zu kalt, dafür sind die Seebäder auch nicht so überlaufen.

Sehenswertes

Carantec: Gemütlicher Familienbadeort mit mehreren Badebuchten, Klippenwanderwegen und einem Hafen für Sportboote und Fischereifahrzeuge. Ausflüge zu den nahen Vogelreservaten.
Lannion: Lebhafter Marktflecken mit einigen hübschen Häusern im Zentrum und einem wunderbaren Markt in der gesamten Innenstadt (Donnerstag).
Paimpol: Alter Fischereihafen mit großen Hafenanlagen, kleine Altstadt mit einigen Fachwerkhäusern. Museum zur Historie der Islandfischerei.
Perros-Guirec: Sehr stark besuchter Badeort am schönsten Teil der Côte de Granit Rose. Gemeinsam mit den Nachbarorten Ploumanac'h und Trégastel ist das Seebad eins der beliebtesten Ferienzentren in der Nord-Bretagne. Sehr schöne Strände, alle Arten von Wassersport, gute Gastronomie, Bootsausflüge zu den sieben Inseln.
Roscoff: Kleiner Ort mit charmantem Vergnügungszentrum rund um den Hafen. Schöne Altstadt mit stattlichen Häusern, vor allem in der Rue Amiral Réveillière und an der Place Lacaze.
Saint-Pol-de-Léon: Ehemalige Bischofsstadt mit lebhaftem Zentrum, guten Einkaufsmöglichkeiten und dem höchsten Kirchturm der Bretagne.
Saint-Quay-Portrieux: Doppelstadt mit sehr unterschiedlichem Charakter. St.-Quay glänzt mit eleganten Villen, Kasino und fünf guten Sandstränden, Portrieux wird mehr von Fischerei geprägt.

Aktivitäten

Baden: Für Reisemobilfahrer bietet sich der Kiesstrand von Le Palus-Plage bei Plouha an, die Entfernung vom Wiesenstreifen zum Wasser beträgt weniger als 100 Meter. Bei Niedrigwasser bietet sich auch der dann trocken liegende sandige Bereich für Sonnenbäder an. Feine Sandstrände gibt es unter anderem in Carantec, Perros-Guirec, Trégastel und Saint-Quay-Portrieux.
Wandern: Der Küstenwanderweg besitzt hier einige seiner schönsten Teilstrecken. Ein stark frequentierter Abschnitt ist der Weg durch den Felsengarten bei Perros-Guirec und Ploumanac'h.

Essen & Trinken

Perros-Guirec besitzt Crêperien mit ganz unterschiedlichem Charakter, aber ausgezeichneten Kreationen: Unerhört leckere Galettes gibt es in der Crêperie de la Mère Hamon, Rue de la Salle.

Termine

Alljährlich im Mai feiert das Städtchen Binic sein Dorschfest

▲ **In Le Palus-Plage finden Reisemobilfahrer einen Stellplatz am Strand. Zum Übernachten empfiehlt sich ein Wiesenstreifen.**

– eine Tradition aus der Zeit, als die Heimkehr der Fischer von der Fangfahrt nach Neufundland mit einem großen Fest begangen wurde. An drei Tagen dreht sich alles um die Fischerei: Voll aufgetakelte alte Boote sind zu sehen, Schiffsbesichtigungen möglich. Dazu werden Regatten ausgetragen, Seemannslieder erklingen. Natürlich wird der Dorsch in allen Variationen angeboten, schließlich ist Binic auch heute noch der größte Fischereihafen für Dorsch. Perros-Guirec erlebt am 15. August seinen großen Pardon zu Ehren der Notre-Dame de la Clarté. Er beginnt bereits am Vorabend mit einer Prozession im Licht unzähliger Freudenfeuer. Den Höhepunkt der Saison erlebt das Seebad mit dem Hortensienfest am zweiten Sonntag im August. Auf vielen Bühnen erklingt bretonische Musik, führen Paare traditionelle Tänze vor.

Insider-Tipp

Den heiligen Yves, den legendären Verteidiger der Armen, Witwen und Waisen, ehrt seine Heimatstadt Tréguier mit einer großen Wallfahrt alljährlich am 3. Sonntag im Mai. Im Verlauf der Jahrhunderte entwickelte sich der Heilige auch zum Schutzpatron der Rechtsanwälte und Juristen, die aus vielen Ländern der Erde in die unscheinbare Stadt an der Jaudy kommen, um an dem großen Pardon teilzunehmen.

Bücher & Karten

Die Beliebtheit der Bretagne als Reiseziel schlägt sich auch in einer Fülle von Reiseführern nieder: Mit einer Flut von Details und praktischen Informationen warten Jochen Grashäuser und Walter Schäffer auf in ihrem Reisehandbuch Bretagne, Michael-Müller-Verlag, Erlangen, 2004, 22,90 Euro. Ebenfalls sehr gelungen ist das Taschenbuch von Eberhard Homann und Wilfried Krusekopf, Bretagne. Handbuch für individuelles Reisen und Entdecken, Reise Know-How-Verlag, Bielefeld, 2003, 19,90 Euro. Der Kunstgeschichte und den kulturgeschichtlichen Hintergründen widmet sich gewohnt gründlich der Baedeker Allianz-Reiseführer Bretagne, Karl-Baedeker-Verlag, 2003, 19,95 Euro.

WEITERE INFORMATIONEN

Comité Départemental du Tourisme des Côtes d'Armor,
7, Rue Saint-Benoît, B. P. 4620, F-22046 Saint-Brieuc,
Telefon 00 33/2 96 62 72 00, Fax 00 33/2 96 33 59 10,
E-Mail armor@cotesdarmor.com, www.cotesdarmor.com

3 Golf von Morbihan

Der **Süden** leuchtet auf

Die Reise von der Halbinsel Quiberon an den Golf von Morbihan erweist sich als Tour der Kontraste. Zurück bleiben die rauen Felsküsten des Nordens – es lockt eine fjordartige Bucht.

3 Mobil-Tour: **Golf von Morbihan**

Von Steinkreisen und Felsküsten

Wenn die Sonne sich langsam über den Horizont schiebt und ihre ersten Strahlen auf die stehenden Steine von Carnac fallen lässt, lebt der Zauber einer längst vergessenen Zeit wieder auf. Als schwarze Klötze heben sich die Menhire im Gegenlicht scharf gegen den hellen Himmel ab. Die einen sind lang und schmal geschnitten wie ein Hinkelstein aus der Werkstatt von Obelix, andere eher breit und stämmig. In endlosen Reihen stehen sie hintereinander. Manche klein wie ein Kind, andere so riesig wie ein Baum. Nicht Dutzende sind es, ihre Zahl muss in die Hunderte gehen. Das Licht flirrt. Jetzt fehlen eigentlich nur noch schemenhafte Gestalten, und die Illusion wäre perfekt.

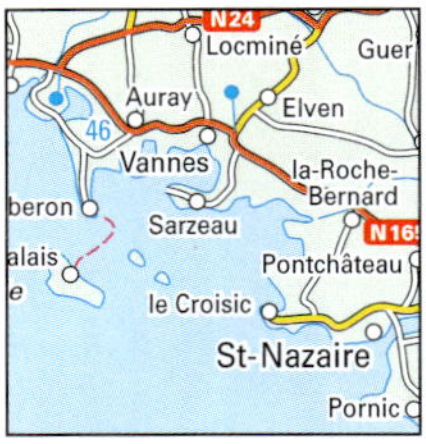

Diese Region finden Sie im Kartenteil auf den Seiten 17, 18.

Die Realität sieht anders aus. Es ist morgens kurz nach fünf, und so früh am Tag ist der Besucher mit sich und seinen Gedanken auch an den berühmten Alignements de Kermario immer noch mutterseelenallein. Drei Steinreihen – Alignements – gibt es nördlich von Carnac. Außer den Steinalleen von Kermario sind es die Alignements du Ménec und die Alignements de Kerlescan. Erstgenannte ist mit 1029 Felsblöcken nicht die größte, wohl aber die schönste Steinreihe. Den Rekord hält die Anlage von Ménec. Mit 1099 Steinen ist sie die größte Menhirallee der Welt. Insgesamt 2792 Steine wollen kluge Köpfe gezählt haben, verteilt über ein vier Kilometer langes Feld.

So zahlreich wie die Steine sind auch die Versuche, sie zu deuten. Klar ist schon mal so viel: Die Dolmen waren sicher Teil groß angelegter Gräber wichtiger Persönlichkeiten – allerdings nicht der Kelten, die in der Bretagne sonst schon für fast alles Geheimnisvolle und heute Unerklärliche herhalten müssen.

Die Steine sind älter. Viel älter. Vermutlich stammen sie aus der Zeit zwischen 4000 und 2000 vor Christi Geburt. Fragen drängen sich daher von ganz alleine auf. Waren es Kultstätten? Oder Reste von Ufos? Teile eines Sonnenkalenders? Fruchtbarkeitssymbole? Oder Prozessionswege? Alles scheint möglich. Nur die Legende, die Steine seien römische Soldaten, die den tapferen Papst Cornelius verfolgten und dank göttlicher Fügung dabei zu Stein erstarrten, scheint nicht mehr so ganz up to date zu sein.

Später am Tag sieht die Steinallee an der Stadtgrenze von Carnac sehr viel nüchterner aus. Heidekraut versucht, zwischen den Steinen Boden gutzuma-

Leuchtturm, Mole, Hafen und Strand sind der touristische Vierklang in Port Navalo auf Rhuys. ▶

Eine schärenartige Landschaft mit unzähligen Inseln und einer grünen Vegetation ist typisch für den Golf von Morbihan.

chen. Zäune schützen sie vor unvorsichtigen Zeitgenossen, die ihre Sprösslinge unbedingt auf einem Menhir fotografieren müssen – ein verzweifelter, aber notwendiger Versuch, die jahrtausendealten Steinreihen im Zeitalter des Massentourismus vor dem Verfall zu schützen.

Carnac ist mit dem Mont-Saint-Michel eine der meistbesuchten Städte im französischen Nordwesten, und alle wollen natürlich auch die Felder aus der Megalithzeit sehen. Das zeigt Wirkung: Hunderttausende Füße hatten die Erde zwischen den Steinen bereits derart festgetrampelt, dass einige der Steine immer mehr Halt im Boden verloren und umzustürzen drohten. Steinkreise, Dolmen, Grabhügel – sie alle stehen jetzt unter dem Schutz der Behörden.

Einen Überblick über die Gräberfelder geben drei Institutionen: Das Archéoscope zeigt eine Multivisionsschau voller Anspielungen und Rätsel, das Info-Zentrum bemüht sich, den Gästen den rechten Weg zu zeigen, und das Prähistorische Museum von Carnac widmet sich ganz der Wissenschaft.

Die Steinkreise sind aber auch schon die größte und einzige Attraktion im Zentrum des Städtchens. Wären da nicht die Menhire, wohl kaum ein Besucher würde Carnac eine zweiten Blick schenken – zu unscheinbar, geschäftsmäßig und fast ohne jeden Liebreiz präsentiert sich der Ort. Ein typischer Durchlauferhitzer im blendend laufenden Tourismusgeschäft halt. Ganz im Gegensatz zum Ortsteil Carnac-Plage, der einen der schönsten Strände in der Südbretagne besitzt.

Vor der Haustür von Carnac liegt ein anderes viel besuchtes Ziel in Morbihan, dem südlichsten der bretonischen Départements: Quiberon. Die schmale Halbinsel vereint auf nur 14 Kilometern vieles von dem, was die Bretagne im Großen und Ganzen auszeichnet: eine wunderbare Felsküste, sandige Badebuchten, Wanderwege an der Klippenküste, Heide- sowie Ginsterlandschaften

LAND & LEUTE

Die Halbinsel Quiberon und der Golf von Morbihan sind sehr gut besuchte Ferienregionen im Süden der Bretagne. Das milde Klima, aber auch der extrem unterschiedliche Charakter der Landschaften machen diesen Teil von Morbihan so reizvoll.

SEHEN & ERLEBEN

Eine exotische Geschichte macht den Reiz eines Rundgangs durch die Zitadelle von Port Louis aus. Sie beherbergt heute das Museum der Ostindienkompanie und allerlei Historisches zum Überseehandel. Das Hafenstädtchen bei Lorient bietet sich für einen Abstecher bei der Anreise zum Golf an.

ESSEN & TRINKEN

Für ihre maritime Atmosphäre sind die Restaurants am alten Hafen Saint-Goustan bei Auray bekannt. Das La Licorne oder das L'Eglantine, beide an der Place St. Sauveur, servieren köstliche Menüs mit Fisch und Meeresfrüchten. Feinschmecker zieht es in die Closerie de Kerdrain in der Rue Louis Billet.

3 Mobil-Tour: **Golf von Morbihan**

Von Steinkreisen und Felsküsten

und, nicht zuletzt, eine trubelige Inselhauptstadt, in der im Sommer der Bär los ist. Ein Urlaubsgebiet der Extraklasse wartet auf Besucher, und das zeigt sich schon bei der Anreise zum Ferienparadies: Auf der Landenge zwischen Carnac und der eigentlichen Halbinsel reiht sich Campingplatz an Campingplatz – weit genug weg von der Straße, an heißen Tagen gut geschützt durch ein weites Kiefernwäldchen und ganz in der Nähe zu den drei Kilometer langen Sandstränden der Sables Blancs.

Bald darauf ist die schmalste Stelle der Landbrücke erreicht. Gerade mal 20 Meter misst sie. Rechts wacht aufmerksam das Fort Penthièvre, direkt daneben verläuft die Bahnlinie – mehr Platz gibt es hier nicht. In Portivy heißt es dann, Abschied zu nehmen von der Hauptstraße, die durch das ziemlich zersiedelte Inselinnere führt, und gen Westen zu fahren: zur Côte Sauvage, der acht Kilometer langen, schroffen und wilden Felsküste, die stark an den unverwechselbaren Norden der Bretagne erinnert.

Mutter Natur, diese maßvolle Kritik sei – Pardon – an dieser Stelle erlaubt, gab sich hier launisch – so unterschiedlich fallen die beiden Küsten der Halbinsel aus. Im Westen donnern die Brecher des Meeres an eine acht Kilometer lange Felsküste, den Osten zieren Dünen und kleine Sandstrände, dazwischen setzen vereinzelte Felsen kleine Akzente.

Wissenschaftler haben dafür eine viel bessere Erklärung. Wie ein natürlicher Wellenbrecher wagt sich Quiberon zwischen Festland und der Belle-Île weit in den Atlantik heraus, und das erklärt eben auch ihren sehr unterschiedlichen Charakter: zum Meer hin rau, zum Festland sanft und voller Liebreiz.

Natur pur zeichnet die Côte Sauvage aus. Kein Haus, keine Feriensiedlung, kein Campingplatz stört das beinahe makellos heile Bild aus blauem Meer, sandfarbenen Stränden und hellbraunen Felsen. Kein Wunder: Hier waren die Naturschützer einmal schneller als die Investoren, der Bauboom ging achtlos an dieser Küste vorüber.

Das Reisemobil ist hier nur begrenzt von Nutzen. An die schönsten Stellen der Côte Sauvage – die Teufelsgrotte, das Felsentor von Port Blanc, das Loch des Souffleurs und die Landspitze der Pointe du Percho – kommt man ohnehin nur zu Fuß, das Auto bleibt dann auf einem der vielen Tagesparkplätze zurück.

Die Côte Sauvage im Westen der Halbinsel Quiberon heißt nicht nur so – ihre Felsküste ist rau und wild, das Baden ist gefährlich. ▶

So ganz geheuer ist die Küste auf den ersten Blick nicht. Alle paar Meter steht ein rot-weißes Warnschild mit eindeutiger Aufforderung: Baden verboten! Dabei weht kaum ein Lüftchen, wirkt das Meer so ruhig und friedlich. Doch Vorsicht: Starke Strömungen haben

Am schönsten zeigen sich die Steinalleen von Carnac früh morgens oder spät am Abend, wenn die meisten Besucher weg sind.

schon so manchen sehr guten Schwimmer von den Beinen geholt und auf Nimmerwiedersehen in die Biskaya hinausgezogen.

Abschied nehmen heißt es nun auch von Quiberon. Die gleichnamige Inselhauptstadt ist im Sommer derart überlaufen, dass das Wenden leicht fällt.

SEHEN & ERLEBEN

Rochefort-en-Terre liegt zwar ein gutes Stück von der Côte Sauvage und dem Golf entfernt, der Besuch des Dörfchens lohnt sich aber dennoch: Es zählt dank zahlreicher Geranien zu den schönsten Blumenorten Frankreichs und liegt zudem sehr reizvoll auf einem hohen Felsen über zwei Flusstälern.

WANDERN & RADELN

Die Steinreihen von Kerlescan mit 555 Felsblöcken in 13 Reihen sind am besten bei einem Spaziergang zu erleben. Tipp: Die Route des Alignements beim Reitstall verlassen und dann in Richtung Dolmen de Kerlescan. Das Gelände misst in der Länge etwa 280 Meter.

PROMOBIL-TIPP

Bei einem Mittelalterfestival Mitte Juli wird das Château de Josselin wieder jung. Die mächtige Burganlage am Ufer der Oust mit drei 60 Meter hohen Türmen gehörte einst dem berühmten Ritter Jean de Blois, der hier seine englischen Gegner besiegte.

Schließlich wartet mit Vannes, der nahen Hauptstadt des Département Morbihan, eine Schönheit der ganz besonderen Art auf ein Rendezvous.

Die Mischung der verschiedenen Eindrücke macht ihren Charme aus: Vannes besitzt rund um die Kathedrale eine quirlige Altstadt mit altersgebeugten Fachwerkhäusern, aber ohne den Puppenstuben-Charakter anderer Städte. Die alten Gassen sind voller Leben. Hier geht man einkaufen, hier trifft man sich auf einen Milchkaffee, und hier finden sich auch die Raritäten, die es anderswo nicht gibt: die alten Waschhäuser an der Marle zum Beispiel. Außerdem, und das hat noch keiner Stadt geschadet, Vannes liegt am Golf von Morbihan und damit direkt am Wasser.

An die Bretagne erinnert diese gewaltige Bucht nur entfernt. Kleines Meer – Mor Bihan – nennen die Bretonen den Golf in ihrer Heimatsprache und bringen die Sache damit kurz und bündig auf den Punkt: Schließlich ist die Bucht 20 Kilometer lang, bis zu 17 Meter tief und zählt angeblich genau 365 Inseln und Eilande.

Vieles ist hier anders: Palmen und Zitronenbäume gedeihen in dem milden Klima prächtig, Zugvögel bevorzugen den Golf von Morbihan für eine Rast, Flugenten, Stelzvögel und Möwen fliegen gar nicht erst weg. Am besten ist diese Landschaft vom Wasser aus zu erobern. Mit dem eigenen Boot oder von Bord der Barkassen, die kreuz und quer über die Bucht flitzen – auch zu den Inseln. Und auf der Île d'Arz schließt sich der Kreis dann doch wieder: Der Tumulus von Gavrinis ist das interessanteste Fürstengrab der Bretagne.

Mobil-Tour: **Golf von Morbihan**

Von Steinkreisen und Felsküsten

Route

Diese Tour durchquert das südlichste der vier bretonischen Départements: Morbihan. Die Stadt Auray an der Schnellstraße N 165 empfiehlt sich als Sprungbrett auf die Halbinsel Quiberon: Erste Station auf der Tour ist das Städtchen Carnac mit seinen weltberühmten Menhiren. Weiter geht es dann auf die Halbinsel Quiberon bis zum gleichnamigen Urlaubsort an der Spitze dieser Landzunge. Hier bietet sich eine Schiffsfahrt zur Belle-Île an. Mit dem Mobil geht es dann zurück aufs Festland und über Vannes auf die Halbinsel Rhuys.

Reisezeit

Die Südbretagne ist dank des deutlich milderen Klimas ein beliebtes Revier für Badeferien. Daher empfiehlt es sich, die geschilderte Fahrt während des Sommers zu unternehmen. Allerdings ist es besser, die Hauptferienzeit von Ende Juli bis Mitte August zu meiden: Ende Juni oder Anfang Juli sind die Orte, Attraktionen und Stellplätze deutlich leerer.

Sehenswertes

Arzon: Gemeinde, zu der die Bade- und Hafenorte an der Westseite der Halbinsel Rhuys gehören. Sehenswert: der Tumulus de Tumiac, ein Erdhügel, von dem aus Cäsar seine Flotte befehligt haben soll.
Auray: Beliebter Ferienort am Golf von Morbihan. Malerisches Hafenviertel Saint-Goustan mit engen Gassen und zahlreichen Häusern aus dem 15. und 17. Jahrhundert. Schöne Aussicht von der Terrassenpromenade oberhalb des Flusses.
Carnac: Unscheinbares, aber wegen seiner Menhir-Felder dennoch stark besuchtes Dorf. Drei Felder mit hunderten von aufrecht stehenden Steinen („Alignements du Ménec", „Alignements de Kermario", „Alignements de Kerlescan"). Sehr interessantes „Musée de la Préhistoire" zur Vorgeschichte. Schöne Sandstrände im Ortsteil Carnac-Plage.
Locmariaquer: Ehemaliger Ort der Fischer und Austernzüchter, im Sommer ist es jetzt ein beliebter Badeort. In der Nähe sind zu entdecken: ein 4000 Jahre alter Dolmen (Tumulus de Mané-Lud) und der Grand Menhir Brisé, größter Menhir der Welt (umgestürzt und zerbrochen).
Port Navalo: Kleines Dorf an der äußersten Spitze der Halbinsel Rhuys. Guter Aussichtspunkt auf den Golf von Morbihan mit seinen 4000 Inseln und Riffen.
Quiberon: Interessanter Mix aus Fischereihafen und Ferienstädtchen. Breiter und feinsandiger Sandstrand, in der Saison gutes Unterhaltungsangebot.
Sarzeau: Hauptstadt der Halbinsel Rhuys. Sehenswertes Château de Suscinio mit einem sehenswerten Regionalmuseum (Möbel, Bücher, Gemälde).
Vannes: Sympathische Metropole von Morbihan. Befestigte, lebhafte Altstadt mit zahlreichen Fachwerkhäusern, Geschäften und Restaurants. Sehenswert: die Kathedrale Saint-Pierre, das archäologische Museum. Parkanlagen, Waschhäuser am Ufer der Marle. Einladender Hafen mit moderner Marina am Rande des alten Zentrums.

Aktivitäten

Baden: Sehr schöne Sandstrände in Carnac-Plage. Zwischen den rauen Abschnitten der Küste der Halbinsel Quiberon gibt es einige sehr reizvolle Badebuchten. Warnhinweise bitte unbedingt beachten, es gibt gefährliche Unterströmungen.
Schiffstouren: Von Quiberon legen nicht nur die Fähren zur Belle-Île ab, es gibt auch Verbindungen zu den beiden viel kleine-

Offiziell angelegte Nacht-Parkplätze gibt es auf der Halbinsel Quiberon nicht, Parken wird aber geduldet.

ren Inseln Houat und Hoëdic vor der Halbinsel Quiberon. Kleinere Boote fahren von Vannes und Auray auch zu den größten Inseln im Golf von Morbihan.

Essen & Trinken

Eine Spezialität zum Mitnehmen präsentiert die Firma La Quiberonnaise: von Hand entgrätete, in Öl gegarte und dann eingedoste Sardinen. Die Konserven sind in den Lebensmittelgeschäften in Quiberon zu bekommen (Info: www.laquiberonnaise.fr). Eine Besonderheit des Unternehmens ist die seltene, sehr delikate Tunfischsorte Thon Germon. Es gibt aber auch Hummer in Cognac oder Fischsuppe. Wer frischen Fisch liebt, sollte die Halle aux Poissons in Vannes aufsuchen. In der Markthalle ist der Fisch noch nicht ganz trocken.

Termine

Sainte-Anne d'Auray vor den Toren von Auray ist der wichtigste Wallfahrtsort der Bretagne. Von März bis Oktober mehrere Wallfahrten, das wichtigste Ereignis ist der große Pardon am 25./26. Juli mit mehreren tausend Teilnehmern. Hier soll dem Bauern Yves Nicolas anno 1623 die heilige Anna erschienen sein und um den Bau einer Kapelle gebeten haben. Ende Juli/Anfang August zieht dann ein großes Jazz-Festival Musikfreunde nach Vannes.

Insider-Tipp

Ein Kleinod für Geologen ist die Insel Groix vor Lorient. Die Überfahrt mit dem Schiff dauert 45 Minuten, im Osten der Insel der Tunfischer lassen sich mit etwas Glück über 60 unterschiedliche Gesteinsarten finden.

Bücher & Karten

Gewohnt gut informiert ist das Reisehandbuch von Jochen Grashäuser und Walter Schäffer, Bretagne, Michael-Müller-Verlag, Erlangen, 2004, 22,90 Euro. Ebenfalls sehr gelungen ist das Taschenbuch von Eberhard Homann, Wilfried Krusekopf, Bretagne. Handbuch für individuelles Reisen und Entdecken, Reise Know-How-Verlag, Bielefeld, 2003, 19,90 Euro.

WEITERE INFORMATIONEN

Comité Départemental du Tourisme du Morbihan,
Allée Nicolas Le Blanc, B. P. 408, F-56010 Vannes,
Telefon 00 33/2 97 54 06 56, Fax 00 33/2 97 42 71 02,
E-Mail tourisme@morbihan.com, www.morbihan.com

4 Île de Noirmoutier

Weißes **Gold** in der Vendée

Sonne, Salz und Strandvergnügen: Die Île de Noirmoutier vor der französischen Atlantikküste entpuppt sich als Ferienparadies – vor allem für Radfahrer und Campingfreunde.

Mobil-Tour: **Île de Noirmoutier**

4

Farbenspiel auf der Salzinsel

Müsste ein Maler die Île de Noirmoutier auf die Leinwand bannen, er bräuchte seine gesamte Farbpalette dafür. Jede Nuance wird er auf der viel besuchten Ferieninsel vor der Küste der Vendée wieder finden – von den Grundfarben Gelb, Blau und Rot bis hin zum Spektrum des Regenbogens. Fährt er über die Brücke an der Pointe de la Fosse auf das Ferieneiland, so müssen sich seine Augen als erstes an Gelb gewöhnen: Links und rechts der Landstraße D 38 prangen dichte Felder von Sonnenblumen, hellgelb im Frühjahr, bräunlich-gelb im Spätsommer, wenn ihre Blätter zu welken beginnen und den Blick freigeben auf reife Sonnenblumenkerne.

Diese Region finden Sie im Kartenteil auf den Seiten 18, 28.

Die Landwirtschaft spielt trotz des starken Tourismus eine wichtige Rolle. Viele der 10 000 Insulaner sind Fischer, Austernzüchter oder Salzbauern. Tagein, tagaus führt sie der Weg in die Salzgärten, les Marais salants – Salzmarschen – genannt, die sich im Nordwesten der Insel ausdehnen. Wie viereckige Teiche sehen sie aus, auf den ersten Blick. Bei näherem Hinsehen offenbaren sie ihre eigentliche Funktion: Sie dienen als Speicherbecken für das salzhaltige Meerwasser. Und dann braucht der Salzfarmer nur noch Geduld: Die Wärme der Sonnenstrahlen lässt den Wasseranteil nach und nach verdunsten, zurück bleibt reines, fast blütenweißes Meersalz.

Weiß ist auch die Farbe, die das Gesicht im Inneren der Insel entscheidend prägt. Das feine Wegenetz mitten durch die Marschen weckt Entdeckergeist radelnder Feriengäste. Am späten Nachmittag tauchen immer mehr Bauern in ihren Salzgärten auf, rechen das kristallisierte Salz zu kleinen Bergen zusammen, die in der Sonne blitzen, als wären sie schneebedeckte Gletscher. Fleur de Sel – Blume des Salzes – nennt der Farmer liebevoll diese oberste, feinkristalline Schicht des Haufens – Salz der höchsten Qualitätsstufe. Wer es probieren möchte: An der Schnellstraße in die Inselhauptstadt Noirmoutier-en-l'Île finden sich alle paar Kilometer Verkaufsstände.

Das Städtchen im Osten der Insel ist dank des großen Stellplatzes der natürliche Ausgangspunkt für Inseltouren, bietet auch die meiste Abwechslung: Bei einem Stadtspaziergang lässt sich auch hier ein zauberhaftes Farbenspiel bewundern. Die oft winzigen, verwinkelten Häuser leuchten in so hel-

Berge von Salz: Die Bauern der Insel Noirmoutier gewinnen das weiße Würzmittel durch die Verdunstung des Meerwassers. ▶

◄ **Zentrales Noirmoutier-en-l'Île: Vom Hafenkanal aus starten Urlauber zu ausgedehnten Radwanderungen um die Insel.**

lem Weiß, als müssten sie dem Salz Konkurrenz machen. Royalblaue Fensterläden zieren die Fassaden – manchmal schon ein wenig verblasst oder abgeblättert, aber immer noch im Stande, den Kontrast zu halten. Wie um die französische Trikolore zu vervollständigen, wiegen sich vor beinahe jedem Heim Stockrosen auf ihren langen, stakeligen Stengeln, die himbeerfarbenen Blütenköpfe von einer numerisch überlegenen Legion an Admiralen und Pfauenaugen – den häufigsten Schmetterlingen auf der Insel Noirmoutier – bevölkert.

In der kleinen Fußgängerzone und rund um die zentrale Place St. Louis flanieren Einheimische wie Besucher, denn im Sommer verzehnfacht sich die Bewohnerzahl der Insel; alle bewundern die Auswahl an frischen Meerestieren, Hummern und Muscheln in den Auslagen der Fischgeschäfte, stöbern in Kunsthandwerk-Läden und Galerien. Oder sie bleiben in einem der vielen Straßencafés hängen – im Le Blé Noir zum Beispiel – auf einen Café au lait, einen Cidre oder – um die Mittagszeit – auf einen Snack. Meist servieren die Kellnerinnen Crêpes oder Galettes – die deftige Variante der süßen Crêpe. Nicht selten kommen Schalen mit einem Berg schwarzer Miesmuscheln auf den Tisch: im Knoblauch-Sud, à la Marinière also, in Tomatensauce oder, ganz typisch für die Region, in einer köstlichen, tiefgelben Curry-Tunke – au curry.

Die bewegte Geschichte der Insel wartet nur wenige Schritte entfernt in Form eines festungsähnlichen Schlosses aus dem 12. Jahrhundert. Als trutziger Stützpunkt musste es herhalten während der blutigen Revolutionskriege in der Vendée anno 1793/94, aber auch schon früher: Während des 100-jährigen Krieges setzte sich die Inselbevölkerung abwechselnd gegen Engländer, Spanier und Holländer zur Wehr.

Noch älter als das Schloss ist die dem Heiligen Philbert gewidmete Klosterkirche, deren Krypta aus dem 7. Jahrhun-

LAND & LEUTE

Die Insel Noirmoutier liegt rund 40 Kilometer südlich der Loire-Mündung im Atlantik, ist 25 Kilometer lang und bis zu 15 Kilometer breit. Das stark besuchte Ferieneiland ist meist flach und sandig, im Norden erstrecken sich große Salzmarschen.

SEHEN & ERLEBEN

Frankreichs größter Erlebnispark bietet sich für einen Abstecher vom Meer an. Der Grand Parc Puy du Fou lockt mit einer mittelalterlichen Stadt, einem Dorf des 18. Jahrhunderts, einem großen Wald und der größten Bühne der Welt. Saison: Ende Mai bis September. Infos: www.puydufou.com.

ESSEN & TRINKEN

Salz aus dem Atlantik ist die Spezialität der Insel schlechthin. Zu bekommen ist es an Verkaufsständen an den wichtigsten Straßen und in nahezu jedem Laden der Inselhauptstadt. Das Maison du Sel in Noirmoutier-en-l'Île gibt auch einen Einblick in die Gewinnung des weißen Golds der Vendée.

4 Mobil-Tour: Île de Noirmoutier

Farbenspiel auf der Salzinsel

dert stammt: Der Mönch und seine Mitbrüder residierten bereits im Jahr 674 in der schwarzen Abtei, der Noirmoutier.

Im liebenswert derangierten Fischereihafen ein paar Schritte weiter modern neben betriebstüchtigen Fischerbooten die hölzernen Gerippe ausgemusterter Kutter vor sich hin. Dazwischen liegen ein paar Sportboote und einige kleine Jollen vor Anker. Zu sehen gibt es eine Menge: die Fischer beim Netzeflicken, beim Be- und Entladen, beim Manövrieren im Hafenkanal, der zum Meer hinausführt.

Entlang der Fahrrinne zieht sich ein geteerter Weg – gleichermaßen beliebt bei Spaziergängern und Radfahrern, die von dort aus ihre Inseltouren beginnen. Denn dafür ist die topfebene Île de Noirmoutier wie geschaffen: Die höchsten Berge waren schon die Salzhäufchen

Die Passage du Gois macht die Anreise zur Insel bei Ebbe über den Meeresboden zu einem kleinen Abenteuer. ▶

in den Marschen, das Wegenetz ist hervorragend ausgebaut und zudem auch gut beschildert. Kein Wunder also, dass vor allem Familien die Gelegenheit nutzen, die Insel per Rad zu erkunden.

Der Hausstrand der Insel-Metropole ist so schnell erreicht: Die Plage des Sableaux besitzt alles, was einen erholsamen Badenachmittag ausmacht. Das angenehm temperierte Meer strahlt an sonnigen Tagen smaragdgrün und lädt zum Planschen im seichten Wasser oder zu einem ausgiebigen Schwimmvergnügen ein bisschen weiter draußen ein. Badewannentemperatur sollten Wasserratten nicht erwarten – der Atlantik erreicht auch im Sommer kaum 20 Grad.

Abkühlung an warmen Tagen verspricht auch eine Wanderung – oder eine Rad-Exkursion – durch den schattigen Bois de la Chaise, nördlich der Plage des Sableaux. Vorbei geht's an privaten Urlaubsanwesen, an sattgelb blühenden Mimosen unter dem violett-grünen Nadeldach der Pinien, hinaus zur Pointe de St. Pierre: Dort tummeln sich Spaziergänger wie Badenixen auf dem rundhölzernen Steg – und nicht zu vergessen: die Hobby-Fischer.

Mit Netzangeln bewaffnet, sitzen sie auf den Holzplanken und versuchen, halb ausgewachsene Fischlein aus den silbrig glitzernden Fluten zu ziehen – um sie dann, falls sie noch gar zu klein sind, großzügig wieder in die Freiheit zu entlassen. Weiter geht's nach Norden, an einem alten Leuchtturm vorbei, zur Plage de la Clère und den charmant-verschlafenen Nestern Les Roussières, La Messanderie und Le Grand Vieil.

Den besonderen Reiz des Inselnordens machen unzählige alte Windmühlen aus: Arg ramponiert die meisten, halb verfallen oder zu Feriendomizilen umgebaut. Einige wenige aber sind noch intakt – und geben mit ihren lustig rotierenden Flügeln Zeugnis von der früher landwirtschaftlichen Ausrichtung der Insel.

Wenn dann die Kondition noch reicht, lohnt sich der Weg hinüber an die Westküste, nach L'Herbaudière, dank der riesigen Marina das Mekka für Hobby-Skipper schlechthin. Die Schiffsbauer des Ortes besitzen ein durch die Jahrhunderte bewahrtes Fachwissen – sie sind die einzigen auf der Insel, die alte Riggs noch restaurieren können.

In L'Herbaudière gerät das Farbenspiel der Noirmoutier vollends außer Rand und Band. Knallbunt dümpeln Fischkutter im Hafenbecken: den Rumpf rosarot angepinselt und den Fahrstand grasgrün – aber auch orange-weiß und royalblau-gelb sind beliebte, wenn auch gelegentlich etwas abenteuerliche Farbkombinationen. Dazu auch hier der Kontrast der blitzblanken weißen Ferienhäuschen mit ihren mintgrünen und hellblauen Läden.

Freilich, seine schmutzig braunen Seiten hat auch die Île de Noirmoutier – doch die versprechen entgegen aller Erwartung eine Menge Spaß: Bei Niedrigwasser – zwei Mal am Tag – ist die Insel mit dem Festland über die Passage du Gois verbunden. Für einige Stunden gibt das Meer eine kopfsteingepflasterte Straße mitten durch den graubraunen Schlamm des trockenen Meeresgrundes frei, die Autofahrer und Fußgänger gleichermaßen gern benutzen.

▲ **Die französische Trikolore: rote Stockrosen vor blauen Lädchen auf weißer Wand.**

SEHEN & ERLEBEN

Die Passage du Gois zwischen dem Festland und der Insel Noirmoutier ist jedes Jahr an einem Sonntag im Juni Schauplatz eines Wettbewerbs von Athleten aus aller Welt. In dem Festlandsort Beauvoir-sur-Mer starten sie zu einem Rennen nicht nur gegen die Zeit, sondern auch gegen die Flut.

WANDERN & RADELN

Ein sehr gutes Streckennetz finden Radwanderer auf der gesamten Insel. Markierte Wege meist abseits der viel befahrenen Straßen führen kreuz und quer über das topfebene Eiland. Eine schöne Route verbindet das Zentrum von Noirmoutier-en-l'Île mit Hafen und Strand.

PROMOBIL-TIPP

Ihre wildromantische Schönheit konnte sich die benachbarte, kleinere Insel Yeu bis heute bewahren. Sandstrände, Heide und eine Felsküste charakterisieren die idyllische, knapp zehn Kilometer lange Insel, die sich mit dem Fahrrad entdecken lässt.

Letztere allerdings halten sich eher an das Watt rechts und links des Wegs: Mit Schaufeln und Eimerchen bewaffnet, schwärmen ganze Familien aus, sammeln Muscheln, Meeresgetier und Austern für das Abendessen. Auch ein Händler mit seinem Verkaufsstand hat sich auf einer Sandbank niedergelassen: Wem der Aufwand des Selbersammelns zu groß ist, der kann sich hier mit den Delikatessen des Meeres eindecken. Das spart den Feinschmeckern nicht nur einige Mühe – sondern womöglich auch eine unangenehme Erfahrung. Denn an manchen Stellen ist der Untergrund im Gois nicht ganz so tragfähig, wie er auf den ersten, flüchtigen Blick scheint.

Immer wieder versinken unvorsichtige Touristen bis zu den Knien in unsichtbaren Schlammlöchern. Gefährlich ist das nicht, nur klebrig und nass, und die Schuhe sind ruiniert – der Gestank nach verrottendem Tang bleibt hängen.

Mobil-Tour: Île de Noirmoutier

Farbenspiel auf der Salzinsel

Route

Die Insel Noirmoutier bietet sich für einen längeren Aufenthalt vor der Weiterreise in das Tal der Loire an. Die Insel ist zwei Mal am Tag für jeweils drei Stunden ohne den Umweg über die moderne Autobrücke bei La Barre-de-Monts zu erreichen – auf der Passage du Gois können auch Mobile auf die Insel gelangen. Hier führt die Schnellstraße in die Inselhauptstadt Noirmoutier-en-l'Île, die sich dank Stellplatz als Ausgangspunkt für Inseltouren mit Rad oder Mobil anbietet.

Reisezeit

Der Tourismus spielt auch auf der Insel eine immer wichtigere Rolle, beschränkt sich aber wie meist an der französischen Atlantikküste auf den Zeitraum zwischen Mai und Ende September. Davor und danach sind viele Attraktionen oder Restaurants geschlossen. Trotz des unvermeidlichen Andrangs empfiehlt sich daher eine Reise in diesen Monaten, den August sollte man aber meiden. Die Statistiker melden für die Insel Noirmoutier rund 2500 Sonnenstunden pro Jahr und damit genau so viel wie an der Côte d'Azur.

Sehenswertes

Barbâtre: Lang gestrecktes Fischerdorf mit hübschem Ortskern im traditionellen Baustil. Funktionstüchtige Windmühlen im Ortsteil Les Onchères.
La Gueriniére: Ehemaliges Fischerdorf mit sehenswertem Musée des Arts et Traditions Populaires zu den Inseltraditionen (Fischer, Seefahrer, Salzbauern, Weidenflechter).
L'Herbaudière: Kleiner Fischerort an der Nordspitze der Insel mit sehr großem Yachthafen.
Noirmoutier-en-l'Île: Hauptort im breiteren Nordteil der Insel mit kleinem, im Sommer aber sehr lebendigen Zentrum mit guten Einkaufs- und Einkehrmöglichkeiten in der Fußgängerzone. Kanalhafen mit Fischer- und Sportbooten. Sehenswerte Klosterkirche Saint Philbert mit einer Krypta aus dem 7. Jahrhundert. Schloss Noirmoutier aus dem 12. Jahrhundert, wechselnde historische Ausstellungen. Ebenfalls sehenswert: das Aquarium Sealand mit kalifornischen Seelöwen und zahlreichen Bassins mit Meerespflanzen und -tieren. Schiffsbaumuseum, Naturreservat du Mullembourg, nördlich der Hafenpromenade.

Aktivitäten

Baden: Schmale, aber feine Sandstränden: Plage des Sableaux (beliebt bei Familien); Plage de la Bosse und Plage de L'Épine (wenig bevölkerte Naturstrände); Plage des Dames (mehrere Badebuchten) oder Plage des Sables d'Or bei La Gueriniѐre. An Schlechtwettertagen bietet sich die Badelandschaft Océanile an.
Radeln: Attraktive Wege durch den Bois de la Chaise und durch die Salzgärten.
Segeln: Mehrere Segelschulen Station Voile des französischen Segelverbands auf der Insel, zum Beispiel: Bateau-école Navigation Passion; Port de Plaisance de l'Herbaudière.
Wandern: Sechs Fernwanderwege erschließen die gesamte Insel. Geführte Touren durch die Salzmarschen im Nordteil der Insel, einige der Salzbauern dort erklären Touristen auch ihre Arbeit. Termine und Anbieter nennt die Touristinformation. Bei starker Hitze empfehlen sich Ausflüge zu Fuß oder per Rad durch den Bois de la Chaise, einen Wald mit vielen Steineichen, der sich direkt an die Strände nordöstlich von Noirmoutier-en-l'Île anschließt. Zahlreiche Picknickbänke laden zum Verweilen ein.

▲ **Paradies für Segler: Sportboothafen in L'Herbaudière an der Nordspitze der Insel.**

Essen & Trinken

Für seine köstlichen Happen zwischendurch ist Le Café Noir, Quai Cassard, am Hafen von Noirmoutier-en-l'Île bekannt. Auf Muscheln, Austern, Hummer, Langusten und Fisch spezialisieren sich viele Lokale wie das Côte Jardin in der Rue du Grand Four und das Le Manoir, Rue des Douves, beide unweit der Burg von Noirmoutier-en-l'Île. Ein gehobenes, aber nicht überkandideltes, charmantes Lokal mit maritimem Charakter ist das Restaurant im Hotel Fleur de Sel, Rue des Saulniers, etwas abseits vom Stadtzentrum. Bei schönem Wetter sitzt man sehr nett auf der Gartenterrasse. Reservierung in allen Lokalen abends empfohlen.

Termine

Alljährlich Anfang August richtet der Verband La Chaloupe eine Regatta von Traditionsseglern aus, an der meist um 140 Windjammer teilnehmen. Ebenfalls im August steigt in der Inselhauptstadt ein großes Kulturfestival, das auch die Burg einbezieht.

Insider-Tipp

Naturliebhaber finden kurz vor der Überfahrt zur Insel Noirmoutier mit dem Marais Breton ein 36 000 Hektar großes Sumpfgebiet, das tausenden von Zug- und Wasservögeln als Revier dient. Zahlreiche Kanäle und Wasserläufe durchziehen die flache Landschaft, die im Herbst am schönsten ist – dann blüht das blaurote Salzkraut auf. Einen Eindruck vom Leben der Menschen in dieser eigentümlichen Landschaft gibt das Écomusée beim Ort La Barre-de-Monts.

Bücher & Karten

Ausgezeichnetes Karten- und Informationsmaterial gibt es im Info-Zentrum auf der Insel. Wer sich vor der Reise einlesen möchte, greift zum Baedeker Allianz-Reiseführer Französische Atlantikküste, Karl-Baedeker-Verlag, Ostfildern, 2002, 19,95 Euro, oder zum etwas älteren Buch von Manfred Görgens, Daniela Kasischke, Französische Atlantikküste, DuMont-Verlag, Köln, 2000, 22,50 Euro. Beide Reiseführer stellen die Insel zwar nur auf wenigen Seiten vor, für den ersten Überblick reicht dies aber aus.

WEITERE INFORMATIONEN

Office de Tourisme de l'Île Noirmoutier,
Route du Pont – B.P. 125, F-85630 Barbâtre,
Telefon 00 33/2 51 39 80 71, Fax 00 33/2 51 39 53 16,
E-Mail info@ile-noirmoutier.com, www.ile-noirmoutier.com

Service: **Ausgewählte Stellplätze**

Wo Reisemobilisten willkommen sind

Als Ende der Welt schmähten die alten Römer den äußersten Nordwesten des damaligen Gallien und dachten nicht einmal im Traum daran, dass dieser ihnen so unwirtlich scheinende Zipfel des Landes rund 2000 Jahre später in einer touristischen Nische die Nase vorn haben könnte: Gemeinsam mit der angrenzenden Normandie und dem Pays de la Loire an der Atlantikküste ist die Bretagne die reisemobilfreundlichste Region Europas.

Dieses Kompliment verdient sich die Region durch ein Stellplatznetz, das kaum noch Wünsche offen lässt: Wer der klassischen Reiseroute folgt, das heißt vom Mont Saint Michel dem Küstenverlauf gen Westen folgt, findet in nahezu jedem Ort von Belang einen offiziell ausgewiesenen Stellplatz. Diese Kette begleitet den mobilen Reisenden bis zum Nordwestzipfel und bricht auch an der bretonischen Südküste noch lange nicht ab – diesen Teil Frankreichs mit dem Reisemobil zu erfahren wird daher zu einem echten Erlebnis.

Das Niveau der Stellplätze reicht vom einfachen Übernachtungsplatz bis hin zum komfortablen Reisemobilhafen. Lobenswert: Selbst einfache Übernachtungsflächen in kleineren Ortschaften halten in der Regel eine Ent- und Versorgungsanlage vor.

Die absolute Spitze nicht nur im innerbretonischen Vergleich markiert der Stellplatz in Ploumoguer, der sich die Bezeichnung Reisemobilhafen redlich verdient.

Das Gelände erfüllt alle Anforderungen an einen Stellplatz dieser höchsten Kategorie: Das Gelände ist ausschließlich für Reisemobile vorgesehen, besitzt eine sehr gute Ausstattung, profitiert von seiner zentralen Lage zum Ortskern und glänzt mit einem fairen Preis-Leistungs-Verhältnis.

Die Normandie, normalerweise die erste Etappe der Fahrt in den Nordwesten, erreicht dieses Niveau nicht ganz, glänzt aber durchaus mit interessanten Stellplätzen, die ihren Reiz aus der maritimen Atmosphäre etwa von Port-en-Bessin ziehen. Auch in dieser Region ist das Stellplatznetz gut, ohne aber das Top-Niveau der Bretagne zu erreichen.

Dieses Urteil gilt auch für das Pays de la Loire an der Atlantikküste im Süden der Bretagne. Stellplätze finden sich auch hier reichlich, so dass sich die Suche nach einem Campingplatz erübrigt. Auf der Insel Noirmoutier gibt es einen ebenfalls sehr guten Stellplatz für Mobile. Wer mehr als die hier aufgeführten Plätze sucht, greift zum *promobil*-Stellplatzatlas Frankreich – das Buch stellt die Plätze und ihre Ausstattung ausführlich vor.

Honfleur: Das ehemalige Hafengelände des kleinen Fischerortes dient heute als Ankerplatz für Reisemobile. ▶

◀ Port-en-Bessin: Auf einer Kaimauer im Außenhafen dürfen Reisemobile über Nacht stehen, tagsüber müssen die Urlauber aber das Gelände räumen.

▶ Normandie

Honfleur

Anfahrt: A 13 Paris–Caen bis zur Abfahrt Beuzeville (Nr. 28), D 22/D 180 bis Honfleur. Richtung Zentrum, weiter der Beschilderung Parking Camping-Cars folgen und rechts abbiegen über die Drehbrücke bis zum Parkplatz Parking du bassin de l'est.
Stellplätze: Gebührenpflichtiger Stellplatz für über 50 Reisemobile auf dem hinteren Teil des Parkplatzes Parking du bassin de l'est. Gebühr: 7 Euro pro Nacht und Mobil inkl. Ent- und Versorgung. Ebener, gelegentlich etwas holperiger Untergrund, teils betoniert, teilweise geschottert. WC vorhanden, kein Schatten, keine Beleuchtung. Ganzjährig nutzbar.
Ent-/Versorgung: Frischwasser, Strom und Abwasserentsorgung vorhanden.
Informationen: Office de Tourisme, Quai Lepaulmier F-14600 Honfleur, Telefon 00 33/2 31 89 23 30, Fax 00 33/2 31 89 31 82.

Lisieux

Anfahrt: A 13 Paris–Caen bis zur Abfahrt Pont-l'Évêque und weiter auf der D 579 bis Lisieux.
Stellplätze: Gebührenpflichtiger Stellplatz für 5 Mobile auf dem Bauernhof Ferme Augeronne. Gebühr: 6,50 Euro pro Nacht und Mobil. Dusche und Strom sind im Preis bereits enthalten. Für Reisemobile reservierter Bereich auf einer naturbelassenen Apfelbaumwiese in ruhiger, aber zentraler Lage zum Ortskern. Alternative: Gebührenfreier Stellplatz auf dem Parkplatz neben dem Office de Tourisme.
Ent-/Versorgung: Auf beiden Stellplätzen Ent- und Versorgung möglich. Bei der Ferme Augeronne ist die Gebühr bereits enthalten, auf dem Parkplatz am Office de Tourisme nur gegen Gebühr.
Informationen: Ferme Augeronne, Avenue Jean XXIII., F-14100 Lisieux, Telefon 00 33/2 31 61 15 16, Fax 00 33/2 31 61 15 16.

Deauville

Anfahrt: A 13 Rouen–Caen bis zum Kreuz Pont-L'Évêque, auf der A 932/N 177 nach Trouville/Deauville. Am Bahnhof Richtung Lisieux/Caen fahren. Hinter dem Stadion rechts ab, dann taucht der Platz auf der linken Straßenseite hinter Bäumen auf.
Stellplätze: Gebührenfreier Stellplatz für 10 Mobile auf dem Parkplatz hinter dem Stadion, Boulevard des Sports. Für Reisemobile reserviertes Gelände. Ebener, geschotterter Untergrund. Ruhige Lage, gehbare Entfernung ins Stadtzentrum. Mülleimer, Beleuchtung, Schatten am Stellplatz vorhanden. Max. Aufenthaltsdauer: 24 Stunden. Ganzjährig.
Ent-/Versorgung: Euro Relais junior auf dem Stellplatz.

Service: **Ausgewählte Stellplätze**

Wo Reisemobilisten willkommen sind

Informationen: Office de Tourisme, Place de la Mairie, F-14800 Deauville, Telefon 00 33/2 31 14 40 00, Fax 00 33/2 31 88 78 88, E-Mail info@deauville.org, www.deauville.org.

Port-en-Bessin

Anfahrt: A 13 Paris–Caen, N 13 nach Bayeux, D 6 nach Port-en-Bessin. Dort zur Place Gaudin auf der östlichen Kaimauer des Außenhafens. Die Drehbrücke lässt nur Fahrzeuge bis zu 2,80 Meter Höhe passieren. Größere Mobile müssen über die östliche Seite des Innenhafens fahren.
Stellplätze: Gebührenpflichtiger Stellplatz für 10 Mobile an der Westmole am Außenhafen, Quai Baron Gérard. Gebühr: 4 Euro pro Mobil und Nacht plus Kurtaxe. Fast ebener, betonierter Untergrund, kein Schatten. Zentrale Lage zur Innenstadt. Ganzjährig nutzbar. Bitte beachten: von 10 bis 18 Uhr ist das Gelände zu räumen (dies gilt nur vom 1. Juni bis zum 30. September). Auf anderen Parkplätzen im Ort können Mobile 48 Stunden stehen.
Ent-/Versorgung: Euro Relais junior an der Drehbrücke.
Informationen: Office de Tourisme, Avenue de Croiseur Montcalm 2, F-14520 Port-en-Bessin, Telefon 00 33/2 31 21 92 33, Fax 00 33/2 31 22 08 40.

La Rivière-Saint-Sauveur

Anfahrt: A 13 Paris–Caen bis zum Autobahndreieck Pont-l'Évêque. Weiter auf der D 579/D 144, dann auf die D 580 abbiegen und kurz darauf nochmals rechts nach La Rivière-St.-Sauveur abzweigen. Der Stellplatz auf dem Parkplatz Centre du Village, Chemin du Banc, ist im Ort gut ausgeschildert.
Stellplätze: Gebührenfreier Stellplatz für 18 Mobile auf dem Parkplatz Centre du Village, Chemin du Banc. Für Reisemobile reservierter Teilbereich eines Großparkplatzes. Ebener und asphaltierter Untergrund. Zentrale Lage zum Ortskern. Die Aufenthaltsdauer ist unbegrenzt, ganzjährig nutzbar.
Ent-/Versorgung: Euro Relais am Stellplatz vorhanden, Gebühr: 3 Euro. Jetons gibt es bei den örtlichen Händlern.
Informationen: Commune de la Rivière-St.-Sauveur, Mairie, F-14600 La Rivière-St.-Sauveur, Telefon 00 33/2 31 98 70 06, Fax 00 33/2 31 98 76 23.

Carantec: Der schattenlose Großparkplatz ist sicher keine Schönheit, bietet aber genug Rangierraum für etwa 20 Reisemobile. ▶

◄ **Ploumoguer: Der aufwendig angelegte und sehr gut ausgestattete Reisemobilhafen des kleinen Ortes gehört zu den besten Stellplätzen in ganz Frankreich.**

► Côte de Granit Rose

Carantec

Anfahrt: N 12 Rennes–Brest bis zum Abzweig der D 58 bei Morlaix und weiter bis zum Abzweig der Straße nach Carantec. Im Ort am hohen Wasserturm sowie den Tennisplätzen neben dem Stellplatz orientieren.
Stellplatz: Gebührenfreier Stellplatz für 20 Mobile auf dem Parkplatz an der Rue de Kérrot. Großparkplatz für Pkw und Mobile am Wasserturm. Ebener Untergrund, teils aus Schotter, teils aus Schotter-Sand-Mischung. Kein Schatten, beleuchtet. Müllcontainer, Info-Tafel am Platz vorhanden. Sehr ruhige Lage am Ortsrand. Ganzjährig nutzbar.
Ent-/Versorgung: Euro Relais junior am Rande des Stellplatzes. Jetons im Office de Tourisme.
Informationen: Office Municipal de Tourisme, 4, Rue Pasteur, F-29660 Carantec, Telefon 00 33/2 98 67 00 43, Fax 00 33/2 98 67 90 51.

Plouha

Anfahrt: N 12 Rennes–Brest bis zur Abfahrt Plérin, weiter auf der D 786 bis nach Plouha. Hier den Hinweisen zum Strandparkplatz im Ortsteil Le Palus-Plage folgen.
Stellplätze: Gebührenfreier Stellplatz für 30 Mobile auf dem Strandparkplatz im Ortsteil Le Palus-Plage. Für Reisemobile vorgesehener Rasenstreifen hinter den asphaltierten und ebenen Pkw-Parkflächen. Kein direkter Blick aufs Meer, Entfernung zum Kiesstrand: 80 Meter. Tagsüber ist mit den Geräuschen an- und abfahrender Autos zu rechnen. Kein Schatten. Papierkorb, WC-Häuschen, Picknickbänke, Volleyballfeld am Platz vorhanden, Restaurant in Sichtweite. Ganzjährig nutzbar.
Ent-/Versorgung: Euro Relais junior am Stellplatz vorhanden. Tag und Nacht erreichbar.
Informationen: Mairie de Plouha, 24, Avenue Laennec, F-22580 Plouha, Telefon 00 33/2 96 20 21 26, Fax 00 33/2 96 20 30 47.

Ploumoguer

Anfahrt: N 12 Rennes–Brest bis zum Ende, weiter auf der D 789 Richtung Le Conquêt bis zum Abzweig nach Ploumoguer.
Im Ort ist der Stellplatz sehr gut ausgeschildert.
Stellplätze: Gebührenpflichtiger Stellplatz für 20 Mobile im Reisemobilhafen am Ortsrand, Rue du Stade-Huon-de-Kermadec. Gebühr: 2,45 Euro pro Nacht und Mobil (nur im Juli und August, sonst frei). Für Reisemobile angelegtes und reserviertes Gelände. Ebene, großzügig bemessene Parzellen, teilweise hintereinander angeordnet und durch kleine Rasenabteile voneinander getrennt. Gekieste Fahrspuren. Sehr schöne Parkanlage mit vielen Büschen

Service: **Ausgewählte Stellplätze**

Wo Reisemobilisten willkommen sind

und Bäumen. Gepflegte Grünfläche mit nutzbaren Picknickbänken. Kein Schatten. Beleuchtung und Müllbehälter vorhanden. Maximale Aufenthaltsdauer: 48 Stunden. Saison: 1. April– 31. Oktober.
Ent-/Versorgung: Säule Born Cathare samt Bodeneinlass auf dem Stellplatz, nutzbar nur in der Saison: April bis Oktober.
Informationen: Mairie de Ploumoguer, Rue Verdun, F-29810 Ploumoguer, Telefon 00 33/2 98 89 62 05, Fax 00 33/2 98 89 33 44, E-Mail Ploumoguer.Mairie@wanadoo.fr, www.inet-bretagne.fr/com/ ploumoguer/default.html.

Roscoff

Anfahrt: N 12 Rennes–Brest bis zum Abzweig der D 58 kurz hinter Morlaix. Über Saint-Pol-de-Léon Richtung Roscoff. Die „Aire de Service Camping-Cars“ liegt östlich der Stadt an der Pointe de Ste.-Barbe und ist an der D 58 ausgeschildert.
Stellplätze: Gebührenfreier Stellplatz für 20 Mobile auf dem Parkplatz an der Pointe Ste.-Barbe etwas außerhalb vom Stadtzentrum. Für Reisemobile ausgeschildertes Gelände. Ruhige Lage außerhalb der Stadt. Schöner Blick aufs Meer. Gelegentlich etwas windig. Stark frequentiert. Keine Begrenzung des Aufenthalts. Ganzjährig.
Ent-/Versorgung: Bodeneinlass, Versorgungsstelle für Frischwasser und Strom auf dem Stellplatz. Tag und Nacht erreichbar.
Informationen: Office Municipal de Tourisme, 46, rue Gambetta, B. P. 58, F-29681 Roscoff, Telefon 00 33/2 98 61 12 13, Fax 00 33/2 98 69 75 75.

Saint-Pol-de-Léon

Anfahrt: N 12 Rennes–Brest bis zum Abzweig der D 58 bei Morlaix. Dieser Straße Richtung Roscoff folgen bis St.-Pol-de-Léon. Im Ort zunächst Richtung Zentrum, dann dem Hinweis Rocher Ste.-Anne folgen.
Stellplätze: Gebührenfreier Stellplatz für 10 Mobile auf dem Parkplatz am Quai de Pempoul. Ebener, geschotterter Untergrund. Kein Schatten, beleuchtet. Max. Aufenthalt: 48 Stunden. Gebührenfreier Stellplatz für 40 Mobile auf dem Parkplatz auf der Landzunge bei den Rocher Ste.-Anne. Leicht unebener, geschotterter Untergrund. Kein Schatten, keine Beleuchtung. Ruhige, reizvolle Lage am Wasser. Ganzjährig.
Ent-/Versorgung: Euro Relais junior auf dem Quai de Pempoul.

St.-Pol-de-Léon: Die Lage unmittelbar am Wasser ist der Vorzug des Stellplatzes auf der Landzunge, die Sani-Säule steht hingegen am Hafen. ▶

◀ Trédrez-Locquemeau: Am Hafen befindet sich der einfache Übernachtungsplatz des kleinen Ortes an der rauen Nordküste der Bretagne.

Informationen. Office de Tourisme, Place de l'Evêché, F-29250 Saint-Pol-de-Léon, Telefon 00 33/2 98 69 05 69, Fax 00 33/2 98 69 01 20.

Trédrez-Locquemeau

Anfahrt: N 12 Rennes–Brest bis zum Abzweig der D 767 bei Guingamp. Dieser Straße Richtung Lannion folgen, D 786 Richtung St.-Michel-en-Grève bis zum Abzweig nach Locquemeau. Im Ort Richtung Hafen, bis vor der Halle à Poissons der Platz erreicht ist.
Stellplatz: Gebührenfreier Stellplatz für 5 Mobile am Port de Locquemeau. Parkplatz für Pkw und Mobile links neben der Straße zur Landspitze. Ebener, geschotterter Untergrund. Kein Schatten, schwach beleuchtet. Papierkorb vorhanden. Geringe Entfernung zum Hafen und seinen Gaststätten. Leichte Lärmbelästigung durch Autoverkehr möglich. Ganzjährig.
Ent-/Versorgung: Frischwassersäule und Bodeneinlass an der Einfahrt zum Parkplatz.
Informationen: Mairie, Hent Saint Erwan, F-22300 Trédrez, Telefon 00 33/2 96 35 74 52, Fax 00 33/2 96 35 75 91.

Trégastel

Anfahrt: N 12 Rennes–Brest bis zum Abzweig der D 767 nach Lannion, auf der D 11 nach Trégastel. Im Ort Richtung Perros-Guirec fahren. Der Stellplatz liegt an der Rue Poul-Palud.
Stellplätze: Gebührenfreier Stellplatz für 20 Mobile auf der Aire de Camping-Cars, Route de Poul-Palud neben dem Complex Sportif. Für Reisemobile reserviertes Gelände schräg gegenüber vom Einkaufsmarkt, durch eine Hecke von der Hauptstraße getrennt. Ebener, geschotterter Untergrund. Kein Schatten, beleuchtet durch Straßenlaternen. Ganzjährig nutzbar. Max. Aufenthaltsdauer: 24 Stunden.
Ent-/Versorgung: Euro Relais junior auf dem Stellplatz. Tag und Nacht. WC am Complex Sportif.
Informationen: Office de Tourisme, Place Ste.-Anne, B. P. 27, F-22730 Trégastel, Telefon 00 33/ 2 96 15 38 38, Fax 00 33/2 96 23 85 97.

Trébeurden

Anfahrt: N 12 Rennes–Brest bis zum Abzweig der D 767 nach Lannion. Den Schildern nach Trébeurden folgen. Der Stellplatz liegt an der Plage de Goas Trez (Nähe N 788).
Stellplätze: Gebührenfreier Stellplatz für 10 Mobile auf einem kleinen Parkplatz an der Plage de Goas Trez etwas außerhalb vom Ortskern und direkt neben einem Großparkplatz. Für Reisemobile reservierter Bereich. Ebener, geschotterter Untergrund, schattenlos. Müllcontainer vorhanden. Leichte Lärmbelästigung durch Autoverkehr möglich. Maximale

Aufenthaltsdauer: 48 Stunden. Ganzjährig nutzbar.
Ent-/Versorgung: Euro Relais junior auf dem Stellplatz vorhanden. Tag und Nacht erreichbar.
Informationen: Office de Tourisme, Place de Crec'h-Héry, F-22560 Trébeurden, Telefon 00 33/2 96 23 51 64, Fax 00 33/2 96 15 44 87.

Tréguier

Anfahrt: N 12 Rennes–Morlaix bis Guingamp, auf der D 787 über Pontrieux nach Tréguier. Im Ort dem Hinweis mit dem Reisemobil-Signet zur Aire de Camping-Cars am Port de Plaisance folgen.
Stellplätze: Gebührenfreier Stellplatz für 40 Mobile auf der Aire de Camping-Cars am Port de Plaisance. Weitläufiger Großparkplatz für Pkw und Mobile ohne Markierungen, nur durch eine grasbewachsene Anhöhe vom Fluss getrennt. Ebener, geschotterter Untergrund. Kein Schatten, beleuchtet. Müllcontainer, älteres Sanitärhäuschen vorhanden. Relativ ruhige, zentrale Lage zur Innenstadt. Ganzjährig nutzbar.
Ent-/Versorgung: Flot Bleu neben dem Sanitärhäuschen.
Informationen: Office de Tourisme, 1, Place du Général Leclerc, F-22220 Tréguier, Telefon 00 33/2 96 92 22 33, Fax 00 33/2 96 92 30 19.

▶ Golf von Morbihan

Arzon

Anfahrt: N 165 Nantes–Quimper bis zum Abzweig der D 780 nach Sarzeau, D 780 Richtung Arzon bis zum Kreisel von Kerjouanno, dann den Hinweisen zum Parkplatz Ker-Mor folgen.
Stellplätze: Gebührenfreier Stellplatz für 25 Mobile auf dem Parkplatz Ker-Mor im Ortsteil Kerjouanno. Separater, durch Büsche und Bäume zu den Straßen hin abgeschirmter Platz ausschließlich für Reisemobile. Asphaltierter, leicht abschüssiger Untergrund. Ruhige Lage, kein Schatten, beleuchtet. Papierkörbe vorhanden. Ganzjährig nutzbar.
Ent-/Versorgung: Camping Municipal im Ortsteil Kerners.
Informationen: Office de Tourisme, Rond-Point de Crouesty, F-56640 Arzon, Telefon 00 33/2 97 53 69 69, Fax 00 33/2 97 53 76 10.

Elven

Anfahrt: N 166 Vannes–Ploërmel bis zum Abzweig nach Elven. Im Ort den Hinweisen Camping folgen bis zum Parkplatz vor dem Campingplatz neben dem Info-Pavillon am Ortsausgang.

Arzon: Mit seiner großzügigen Anlage, der guten Ausstattung und dem vielen Grün kann der Stellplatz Ker-Mor gefallen. ▶

◀ Josselin: Auf einem Parkplatz neben der Burg sowie auf der Fläche vor der Kirche St. Martin sind Reisemobile willkommen.

Stellplätze: Gebührenfreier Stellplatz für 20 Mobile auf dem Parkplatz vor dem Aire Naturelle de Camping-Cars, Avenue des Martyrs de la Résistance. Die Euro-Gebühr stand bei Redaktionsschluss noch nicht fest. Sie gilt von Juni bis September, sonst gratis. Ebener, asphaltierter Untergrund, schattig. Durch Rasenfläche von der Anliegerstraße getrennt. Picknickbänke, Telefonzelle, Müllcontainer, WC-Häuschen. Ganzjährig nutzbar.
Ent-/Versorgung: Bodeneinlass, Frischwasseranschluss am Platz vorhanden.
Informationen: Info Tourisme, Le Guého, F-56250 Elven, Telefon 00 33/2 97 53 33 07, Fax 00 33/2 97 53 33 07.

Josselin

Anfahrt: N 24 Lorient–Ploërmel bis zur Abfahrt Josselin. Richtung Zentrum fahren, dann den Hinweisen Parkerings zum Großparkplatz an der Place St. Martin unmittelbar vor der gleichnamigen Kirche folgen.
Stellplätze: Gebührenfreier Stellplatz für 20 Mobile auf dem Parkplatz an der Place St. Martin etwas außerhalb des Stadtkerns. Ebener, asphaltierter Untergrund, wenig Schatten. Relativ ruhig. WC-Häuschen, Glascontainer vorhanden. Ganzjährig nutzbar. Alternative: Gebührenfreier Stellplatz für 10 Mobile auf dem Parkplatz am Quai Fluvial neben der Burg. Gepflasterter, leicht abschüssiger Untergrund, WC. Ganzjährig nutzbar.
Ent-/Versorgung: Euro Relais junior auf der Place St. Martin.
Informationen: Office de Tourisme, Place de la Congregation, F-56120 Josselin, Telefon 00 33/2 97 22 36 43, Fax 00 33/2 97 22 20 44.

Sulniac

Anfahrt: N 166 Vannes–Ploërmel bis zum Abzweig der D 775 Richtung Redon, D 183 nach Sulniac. Der Stellplatz auf dem Parkplatz an der Salle des Fêtes ist ab dem Ortseingang ausgeschildert.
Stellplätze: Gebührenfreier Stellplatz für 50 Mobile auf dem Parkplatz an der Salle des Fêtes. Schön angelegter Großparkplatz für Pkw und Reisemobile. Fast ebener, geschotterter Untergrund. Kein Schatten, beleuchtet. Picknickbänke, Spielgeräte auf benachbarter Grünfläche. Sehr ruhige Lage am Ortsrand. Maximale Aufenthaltsdauer: 24 Stunden. Ganzjährig nutzbar.
Ent-/Versorgung: Bodeneinlass, Frischwasseranschluss an der Zufahrt zum Stellplatz vorhanden. Tag und Nacht erreichbar.
Informationen: Commune de Sulniac, Mairie, 2, rue René Cassin, F-56250 Sulniac, Telefon 00 33/2 97 53 23 02, Fax 00 33/2 97 53 28 10.

Service: **Ausgewählte Stellplätze**

Wo Reisemobilisten willkommen sind

▶ Île de Noirmoutier

Noirmoutier-en-l'Île

Anfahrt: D 751/D 758 Nantes–-Beauvoir-sur-Mer. Im Ort den Schildern der D 948 zur Passage du Gois folgen (Gezeitenhinweise beachten) und auf die Île de Noirmoutier fahren. Auf der D 38 nach Noirmoutier-en-l'Île fahren. Ab dem Kreisverkehr am Ortseingang dem Hinweis „P Camping-Cars" folgen, bis links von der Rue de Prée aux Ducs der Stellplatz an der Place Caillaud auftaucht. Sollte der Gois gesperrt sein, bitte die Straßenbrücke bei La Barre-de-Monts benutzen.
Stellplätze: Gebührenpflichtiger Stellplatz für 150 Mobile auf der Place Caillaud. Gebühr: 4,50 Euro pro Nacht und Mobil. Weitläufiges Gelände nur für Mobile. Halbkreisförmig angelegte Parkboxen für jeweils 4–6 Mobile an der Längsseite, durch Büsche und Bäume voneinander abgegrenzt. Ruhige Lage, die Parkboxen grenzen an einen schmalen Kanal und ein Wiesengelände. Am Rand des Geländes zur Straße hin leichte Lärmbelästigung durch Autoverkehr möglich. Etwas Schatten durch Bäume. Weitere Stellflächen auf dem angrenzenden Großparkplatz. Ebener, asphaltierter Untergrund, schattenlos. Zentrale Lage zu Innenstadt und Hafen. Supermarkt in Stellplatznähe. Müllcontainer und Stromsäulen auf dem Gelände vorhanden. Maximale Aufenthaltsdauer: acht Nächte, ganzjährig nutzbar.
Ent-/Versorgung: Zwei Säulen zur Ent- und Versorgung am Stellplatz.
Informationen: Office de Tourisme, Quai Jean Bart, B. P. 125, F-85330 Noirmoutier-en-l'Île, Telefon 00 33/2 51 39 12 42, Fax 00 33/2 51 39 53 16.

L'Herbaudière

Anfahrt: D 751/D 758 Nantes–Beauvoir-sur-Mer. Der D 948 zur Passage du Gois folgen und auf die Île de Noirmoutier fahren (Gezeiten beachten). Auf der D 38 erst Richtung Noirmoutier-en-l'Île fahren, dann den Hinweisen L'Herbaudière folgen. Im Ort hinter der Mairie links abbiegen und auf den P Camping-Cars fahren.
Stellplätze: Gebührenpflichtiger Stellplatz für 10 Mobile auf dem P Camping-Cars zwischen Mairie und Strand. Gebühr: 4,50 Euro pro Nacht und Mobil. Für Reisemobile reservierter Teil eines Parkplatzes. Ebener, befestigter Untergrund. Kein Schatten, strandnahe und ruhige Lage. Ganzjährig nutzbar.

Bourgneuf-en-Retz: Auf einem einfachen Parkplatz am Ortsrand können Reisemobile gern auch über Nacht stehen bleiben. ▶

◀ Notre-Dame-de-Monts: Der Stellplatz des Küstenbadeortes liegt in einem gepflegten Wohngebiet und ist nicht allzu weit vom Strand entfernt.

Ent-/Versorgung: Bodeneinlass und Frischwasseranschluss auf dem Stellplatz vorhanden. Gebühr: 2 Euro.
Informationen: Office de Tourisme de L'Île de Noirmoutier, B. P. 125, F-85330 Noirmoutier, Telefon 00 33/2 51 39 80 71, Fax 00 33/2 51 39 53 16, E-Mail info@ile-noirmoutier.com, www.ile-noirmoutier.com.

Bourgneuf-en-Retz

Anfahrt: D 723 Nantes–St.-Nazaire bis zum Abzweig der D 751 Richtung Pornic bis Port-St.-Père, weiter auf der D 758 nach Bourgneuf-en-Retz fahren. Im Ort den Hinweisen zum Office de Tourisme folgen.
Stellplätze: Gebührenfreier Stellplatz für 5 Mobile auf dem Parkplatz am Office de Tourisme, Route de Bouin. Parkplatz für Pkw und Reisemobile am Ortsausgang Richtung Île-de-Noirmoutier, durch Grünflächen unterteilt. Ebener, befestigter Untergrund. Kein Schatten. Geringe Entfernung zum Zentrum. WC-Haus am Platz. Leichte Lärmbelästigung durch Autoverkehr möglich. Max. Aufenthaltsdauer: 24 Stunden. Ganzjährig nutzbar.
Ent-/Versorgung: Bodeneinlass und Frischwasseranschluss am Stellplatz vorhanden.
Informationen: Office de Tourisme, Route de Bouin, F-44580 Bourgneuf-en-Retz, Telefon 00 33/2 40 21 93 63, Fax 00 33/2 40 21 90 52, E-Mail bourgneufenretz.otsi@wanadoo.fr, www.paysderetzatlantique.com.

Notre-Dame-de-Monts

Anfahrt: D 751/D 758 Nantes–Beauvoir-sur-Mer, auf der D 22 nach La-Barré-de-Monts, dann auf der D 38 Richtung St.-Jean-de-Monts bis nach Notre-Dame-de-Monts. Im Ort vom Kreisel am Office de Tourisme dem Hinweis P Camping-Cars folgen.
Stellplätze: Gebührenpflichtiger Stellplatz für 20 Mobile auf dem Parking de la Clairière, Rue de la Clairière. Gebühr: 5 Euro pro Nacht und Mobil. Separates, für Reisemobile reserviertes Gelände für Mobile, durch niedrige Hecken in zwei Hälften geteilt. Asphaltierter, ebener Untergrund. Ruhige Lage in einem Wohnviertel, geringe Entfernung zum Strand. Maximale Aufenthaltsdauer: 48 Stunden. Müllcontainer vorhanden. Ganzjährig nutzbar.
Ent-/Versorgung: Bodeneinlass und Frischwasseranschluss auf dem Parkplatz an der Place de Marais gegenüber dem Office de Tourisme vorhanden.
Informationen: Office de Tourisme, 6, Rue de la Barre, F-85690 Notre-Dame-de-Monts, Telefon 00 33/2 51 58 84 97, Fax 00 33/2 51 58 15 56, E-Mail office.tourisme.notredamede-monts@wanadoo.fr, mairie-notre-dame-de-monts.fr.

6 Aquitanien

Silberstrand und Wellenspaß

Traumhafte Sandstrände, breite Dünengürtel und weitläufige Pinienwälder machen die 250 Kilometer lange Silberküste im französischen Südwesten zur schönsten Badeanstalt Europas.

6 Mobil-Tour: **Aquitanien**

Wo der Badespaß zu Hause ist

Manchmal haben auch die Wortschöpfungen von Journalisten eine tieferen Sinn. „Silberküste“ nannte schon im 19. Jahrhundert ein Federspitzer aus Bordeaux die nahe Südwestküste des Landes, und diese Bezeichnung – auf gut Französisch Côte d'Argent – hat bis heute nichts von ihrer Gültigkeit verloren: Der 250 Kilometer lange Küstenstreifen mit seinem touristischen Dreiklang aus feinen Sandstränden, einem breiten Dünengürtel und kilometerlangen Pinienwäldern gleich dahinter besitzt eine Anziehungskraft auf Sonnenanbeter, Badefreaks, Radler und Wassersportler, die in Europa so schnell nicht wieder erreicht wird.

Diese Region finden Sie im Kartenteil auf den Seiten 29, 38, 39, 48.

Dabei fängt es zunächst ganz unscheinbar an. An der Pointe de Grave, dort wo sich die Gironde mit dem Atlantik vereinigt, lassen sich große Containerschiffe und Öltanker im Industriehafen von Le Verdon erahnen, und auch der Ort ist mehr als unscheinbar und eigentlich nicht der Rede wert – wäre da nicht der ausgezeichnete Stellplatz, der einen ersten Vorgeschmack auf das gibt, was Reisemobilisten an der Silberküste erwartet: eine Kette von teils sehr guten, teils brauchbaren Stellplätzen in den Feriensiedlungen, die sich schon mit ihrem Namen verraten. Orte, die auf -Plage oder -Océan enden, bestehen nur aus Ferienhaussiedlungen und einem kleinen Ortskern mit ein paar Restaurants, Eisbuden und Souvenirläden. Richtige Städte gibt es an der Silberküste kaum.

Arcachon ist mit 20 000 Einwohnern und einem gewachsenen Stadtkern da schon die Ausnahme.

Die Küste zieht ihren Reiz vor allem aus dem nahezu ununterbrochenen, 250 Kilometer langen Strand. Platz für Urlaubsspaß gibt es in Hülle und Fülle, wer weit genug geht, findet auch im Hochsommer ein einsames Plätzchen.

Kein internationaler Tourismuskonzern, kein Investor schuf dieses Urlaubsparadies, Mutter Natur besorgte das ganz allein. Der starke Westwind türmte den vom Meer angeschwemmten Sand zu riesigen, atemberaubenden Wanderdünen auf, die sich immer weiter ins Landesinnere ausdehnten. Erst der Mensch befestigte die ausgedehntesten Dünen Europas mit Bäumen und stoppte so die Wanderungen der Dünen. Die Flüsse und Bäche bildeten, weil sie die neue Dünenkette nicht mehr durchbrechen konnten, im Landesinneren eine lang gezogene Seenkette.

Obwohl die beliebten Badeorte entlang der Küste viele Gemeinsamkeiten

Die süffigen Weine des Médoc sind ein weiterer Grund für die weite Reise in den Südwesten. ▶

◀ **Feinschmecker kommen in dem Austernzüchterdorf l'Herbe auf ihre Kosten.**

haben, bewahren sich einige ihren Charakter. Hourtin gilt inzwischen als kinderfreundlichster Ort der Côte d'Argent. Nur wenige Kilometer von den hohen Wellen des Atlantiks entfernt, liegt es am größten Binnensee Frankreichs, lockt mit familiengerechten Stränden und Freizeitangeboten: Für die Kleinen wurde eine eigene Insel mit einer Kletterburg gebaut, und der ganze Ortskern ist eine reine Fußgängerzone. Autos bleiben außerhalb auf einem großen Parkplatz stehen, im Ortsteil Hourtin-Port findet sich ein guter Reisemobilhafen.

Maubuisson dagegen profiliert sich mit seinem 200 Hektar großen, in einem Kiefernwald gelegenen Freizeitzentrum, diversen Sportanlagen und gepflegten Campingeinrichtungen als ideales Ziel für den Aktivurlauber. Montalivet schließlich hat sich mit seinem FKK-Dorf auf die Bedürfnisse der Naturisten eingestellt. Bei Deutschen beliebt ist das Seebad Lacanau-Océan. Hier stürmt der Atlantik mit hohen Wellen gegen den Sandstrand und bietet ideale Bedingungen für Surfer.

Die Bucht von Arcachon unterbricht erst einmal die schier endlose Folge dieser Ferienorte mit einem gewaltigen Einschnitt: dem gleichnamigen Bassin, Hochburg der Austernzüchter, und der gewaltigen Wanderdüne von Pyla.

Der Küstenabschnitt weiter im Süden zwischen Mimizan und Hossegor ist weniger bekannt, außer bei Naturliebhabern. Er bietet, wenig überraschend nach dem verheißungsvollen Auftakt, ausgesprochen gute Bade- und Wassersportmöglichkeiten – und er besitzt nach Arcachon die zweite Perle an der Küste: Hossegor. Der Ort auf einer Halbinsel kurz vor der Grenze zum Baskenland kommt mit den ungleich berühmteren Bädern an der Mittelmeerküste zwar noch nicht ganz mit, doch auch hier sonnen sich Stars und Sternchen gern mal im Glanz ihres Ruhms und der sonnenreichen Region im französischen Südwesten.

LAND & LEUTE

Côte d'Argent, Silberküste, ist der klingende Name für den 250 Kilometer langen Küstenstreifen mit Sandstränden, Dünen und weitläufigen Pinienwäldern, der sich von der Gironde bis zum Baskenland die Küste Südwestfrankreichs entlangzieht.

SEHEN & ERLEBEN

Surfer und Wellenreiter zieht es im Sommer aus aller Herren Länder nach Lacanau-Océan. In dem Ort wird ein Wettbewerb der Weltmeisterschaften ausgetragen. Zweiter Hot Spot für die Wassersportler ist Hossegor im Süden der Côte d'Argent.

PROMOBIL-TIPP

Die Courses Landaises, die Stierkämpfe in Aquitanien, fordern im Unterschied zu denen in Spanien, keine blutigen Opfer – zumindest nicht unter den Stieren, die bis zu zehn Jahre in der Arena dienen. Die französischen Toreros versuchen vielmehr, dem anstürmenden Tier durch geschickte Drehungen auszuweichen oder durch einen Sprung über das Tier den Zusammenprall zu vermeiden.

Mobil-Tour: **Aquitanien**

Wo der Badespaß zu Hause ist

Route

Für die Anreise von Deutschland aus bietet sich die Autobahn Paris–Orléans–Tours–Saintes an. Anschließend geht es nach Royan, mit der Fähre über die Gironde nach Le Verdon-sur-Mer und weiter auf guten und wenig befahrenen Landstraßen entlang der Silberküste gen Süden. Reisemobilfreundliche Etappenstationen auf der Fahrt zum Bassin d'Arcachon sind Hourtin und Lacanau, südlich der Bucht geht es weiter über Sanguinet, Mimizan-Plage, Contis-Plage und Vieux-Boucau-les-Bains nach Ondres-Plage an der Grenze zum französischen Baskenland.

Reisezeit

In der französischen Hauptreisezeit von Mitte Juli bis Ende August sind die Badeorte an der Atlantikküste sehr stark besucht. Wer sichergehen will, sollte sich dann sogar seine Parzelle auf einem Campingplatz reservieren lassen. In den Wochen davor und danach stehen die Chancen auf einen Platz im Restaurant oder auf dem Campingplatz bedeutend besser. Die Wassertemperaturen erlauben das Baden bis in den September hinein, für Radtouren in die Pinienwälder sind Juni oder Frühherbst ohnehin besser.

Sehenswertes

Blaye: Alte Festungsstadt mit zu besichtigender Zitadelle und schönem Blick auf die Gironde.
Bordeaux: Altstadt mit eleganten Bürgerhäusern und Palästen am Place de la Bourse. Das von zwölf Musenstatuen gezierte Grand Théâtre ist eines der schönsten klassizistischen Bauwerke Frankreichs. Sehenswert ist die Esplanade des Quinconces, eine ausgedehnte Grünanlage mit Alleen, Statuen und Brunnen. Auf dem Markt am Quai des Chartrons verkaufen bäuerliche Händler würzigen Ziegenkäse sowie im Herbst Pilze und Äpfel. Im Maison des Bordeaux, nur 15 Autominuten von Bordeaux entfernt, eine Ausstellung zum Weinanbaugebiet, zur Weinbereitung und zu den Weingütern.
Hourtin: Freundliches Dorf im Hinterland mit Feriensiedlung an der Küste und Hafenkomplex.
Hossegor: Stark nachgefragter Urlaubsort auf einer schön begrünten Halbinsel im Süden der Silberküste. Sehr schöne Strände, gute Bedingungen zum Wellenreiten. Familiengerechter Badesee hinter dem Dünengürtel.
Mimizan: Abbaye Bénédictine, Abtei, die fast gänzlich von Dünen begraben wurde, lediglich der Glockenturm blieb verschont. Besichtigung des eindrucksvollen Portals und einer Ausstellung zur Geschichte der Abtei. Ein originelles Museum zur Wasserluftfahrt, das Musée l'Hydravion, liegt in der Nähe von Mimizan, in Biscarrosse-Plage.
Royan: Phare de Cordouan, Europas ältester Leuchtturm.
Sabres: Ort im Landesinneren, Abfahrtsstation der Eisenbahn zum lohnenden Freilichtmuseum Ecomusée de la Grande Lande mit dem Bauernhof Marquèze, einer Wassermühle und einer Schäferei, im Mai Schafschur, im Juli Weizenerntefest.

Aktivitäten

Baden: Die Silberküste lockt mit einer schier endlosen Kette von feinen Sandstränden, die durch typische Feriensiedlungen erschlossen sind – gut zu erkennen an Endungen im Ortsnamen wie -Plage oder -Océan. Die Strände sind breit und feinsandig, wegen der immensen Brandung aber auch nicht ungefährlich. Bitte an den bewachten Stränden die Warnzeichen der Lebensretter beachten. Gute Surfbedingungen bieten die Badeorte an der Atlan-

▲ **Für einen Abstecher von der Silberküste in das Hinterland empfiehlt sich die weltberühmte Weinmetropole St.-Emilion.**

tikküste mit ihren hohen Wellen. Den Dünengürtel darf man nur auf den markierten Pfaden überqueren – die Dünen bilden einen lebenswichtigen Schutzgürtel für die Orte im Hinterland. Gefahrlose Badefreuden für Kinder ermöglichen die wenige Kilometer landeinwärts gelegenen Binnenseen von Hourtin oder Cazaux-Sanguinet. **Radeln:** Ein gut ausgebautes, rund 550 Kilometer umfassendes Radwegenetz führt von der Küste zu den kilometerlangen, angenehm schattigen Pinienwäldern, die typisch sind für die Gironde-Halbinsel. Viele Wege führen abseits der Hauptverkehrsstraßen mitten durch die Wälder, die allerdings erst vor wenigen Jahren durch einen schweren Sturm in Mitleidenschaft gezogen wurden.

Essen & Trinken

Fines des claires, die algenbewachsenen Austern aus dem Becken von Arcachon, sind weit über die Grenzen Frankreichs hinaus berühmt. Fischspezialitäten, etwa gebackener Aal à la bordelaise, oder Foie gras des Landes, Gänseleber mit Gelee, zählen ebenfalls zu den kulinarischen Genüssen der Region. Gute Restaurants sind in den Feriensiedlungen unmittelbar am Atlantik allerdings selten, hier dominieren typische Touristenrestaurants, in denen einfachere, aber auch nicht unleckere Gerichte wie Muscheln à la Curry serviert werden.

Bücher & Karten

Ausreichend für einen ersten Überblick ist der Band von Axel Patitz, Französische Atlantikküste, Mairs Geographischer Verlag, 2003, 7,95 Euro. Mit zahlreichen Fotos wartet das Merian-Heft Französische Atlantikküste auf, Travel House Media, 2004, 7,95 Euro. Vor allem an unternehmungslustige Urlauber wendet sich Andreas Drouve mit seinem Buch Französische Atlantikküste aktiv – Sport und Outdoor-Aktivitäten am Meer, auf Flüssen und Seen sowie im Hinterland, Reise Know-How-Verlag, 2003, 8,90 Euro. Einen Abstecher ins Hinterland schlägt Manfred Görgens in seinem Taschenbuch Bordeaux & Atlantikküste vor, DuMont-Verlag, 2002, 12 Euro. Ausreichend für touristische Zwecke: die Michelin-Karte Nr. 525 Aquitaine, 1: 200 000, 2003, 7,50 Euro.

WEITERE INFORMATIONEN

Comité Régional de Tourisme d'Aquitaine,
Cité Mondiale, 23, Parvis des Chartrons, F-33074 Bordeaux Cedex,
Telefon 00 33/5 56 01 70 00, Fax 00 33/5 56 01 70 07,
E-Mail tourisme@crt.cr-aquitaine.fr, www.tourisme-aquitaine.info

7 Bucht von Arcachon

Eine Wand ganz aus **Sand**

Ob zu Fuß, per Rad oder mit dem Wassertaxi: Die abwechslungsreiche Bucht von Arcachon eignet sich ausgezeichnet für einige aktive Tage an der französischen Atlantikküste.

Mobil-Tour: **Bucht von Arcachon**

7

Abwechslung an der Silberküste

Gute Ideen kommen selten allein. Am späten Nachmittag oder besser noch zum Sonnenuntergang, so hatte das freundliche Ehepaar aus Hessen empfohlen, sei der beste Zeitpunkt für den Aufstieg auf die Düne von Pilat. Gesagt, getan. Ein letzter Blick auf den Gipfel der Wanderdüne, der gut 100 Meter hoch in den Himmel ragt, ein fester Zug am Tau, das die Kunststofftreppe absichert, und schon kann es losgehen. Zu forsches Tempo rächt sich allerdings, denn der Aufstieg ist atemberaubend, und das sogar in doppeltem Sinn. Auf der obersten Stufe schnappen auch jüngere Menschen nach Luft wie Marathonläufer am Ziel, und die Landschaft ist in der Tat beeindruckend: Sand, so weit das Auge reicht.

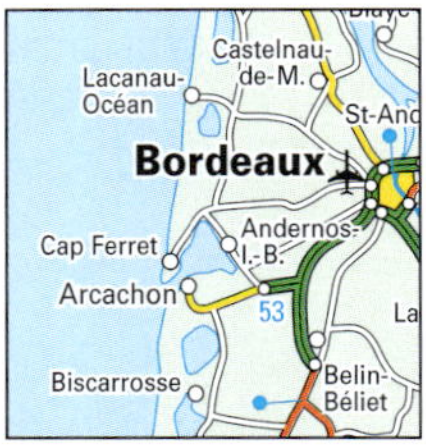

Diese Region finden Sie im Kartenteil auf den Seiten 38, 39.

In mehreren Wellen zieht sich die Wanderdüne dahin, ihre Ausmaße – fast drei Kilometer in der Länge und 500 Meter in der Breite – sind im Glitzern der tief stehenden Sonne kaum auszumachen. Die hohen Pinien in ihrem Rücken wirken vergleichsweise winzig, auf der anderen Seite blinkt der Atlantik azurblau mit weißen Einsprengseln herauf: Segelschiffe und Sportboote, die in der Bucht von Arcachon kreuzen.

Das Bassin d'Arcachon ist der interessanteste, weil abwechslungsreichste Teil der Silberküste: Wo die Côte d'Argent auf einer Länge von 250 Kilometern mit dem immer gleichen Wechselspiel aus feinsandigen Stränden, Dünengürteln, Pinienwäldern und Feriensiedlungen aufwartet, unterbricht die Bucht diese Monotonie der Schönheit.

Für die Abwechslung sorgte die Eyre. Das Flüsschen suchte sich seinen Weg durch die Dünenberge in den Ozean und schuf so eine Bucht, die eine schmale Landzunge zum rauen Atlantik hin abschirmt. Dabei bleibt in dem Bassin zwischen Cap Ferret und der Düne genug Platz für die Gezeiten – ideale Bedingungen für Austernzüchter.

Der Charme dieser Landschaft zeigt Wirkung. Tausende Fußstapfen im weichen Sand zeugen vom sommerlichen Massenansturm, der gelegentlich Erinnerungen an einen Ameisenhaufen weckt. Selbst jetzt, am späten Nachmittag, herrscht noch viel Betrieb. Braun gebrannte Familien treten mit Sack und Pack den Rückmarsch in ihr Ferienquartier an, die Sprösslinge lieben es, den steilen Hang hinunterzurutschen.

Dafür nutzen viele Reisemobilfahrer die Gunst der Stunde und schnaufen vom Stellplatz herauf, in der Hand eine

Übersichtlich: Der Leuchtturm auf der Landzunge von Cap Ferret markiert die Einfahrt zur Bucht von Arcachon und gestattet einen herrlichen Blick. ▶

Elegante Stadtvillen aus dem 19. Jahrhundert sind die Glanzstücke der Winterstadt auf einem Hügel über Arcachon.

Decke und einen Picknickkorb, dazu eine Flasche Wein und ein Baguette: Der Sonnenuntergang kann kommen.

Arcachon ist mit 20 000 Einwohnern die einzige richtige Stadt an der Côte d'Argent. Auch sie ist im Sommer in der Hand der Urlauber: Promenade, Casino, Strand, Fußgängerzone, Restaurants – im August wimmelt es nur so von Amüsierwilligen. Dabei hatte erst der Nachbarort La Teste die Nase vorn. Schon im 19. Jahrhundert verband die Eisenbahn Bordeaux mit dem Dorf, das sich schnell als Badeort etablierte.

Erst die Winterstadt, eine Spekulation zweier Immobilienmakler, weckte Arcachon aus dem Dornröschenschlaf. Ein exklusives Villenviertel ließen sie ab 1862 in einem Pinienwald errichten, luden Kaiser Napoleon III. zum Besuch und setzten damit das gewünschte Zeichen: Urlaub in Arcachon wurde über Nacht zum letzten Schrei. Daran hat sich bis heute nichts geändert. Familien erfreuen sich an flachen Stränden, Jugendliche an Diskotheken und Surfer an den ausgezeichneten Spots auf der Landzunge am offenen Atlantik.

Das beliebteste Verkehrsmittel ist das Boot. Kreuz und quer flitzen die Wassertaxis über das Bassin, bringen Wasserratten zu den Stränden bei Cap Ferret oder auf die Sandbank, tuckern mit Naturfreunden zur Vogelinsel oder mit Anglern zu viel versprechenden Revieren. Andere sausen hinüber zum beliebten Badeort Andernos-les-Bains.

Der Südwesten der Bucht um Orte wie Gujan-Mestras oder Le Teich ist arg zersiedelt. Wer sich aber mit dem Rad an das Ufer der Bucht vorkämpft, bekommt einen Eindruck von der Austernzucht. Im Port de Larros säumen Bretterbuden der Züchter die Kaianlagen, davor liegen ihre langen, flachen Boote, dazwischen die Becken, in denen die Austern auf den Verzehr warten. Mittendrin versteckt sich mit dem Restaurant Les Viviers eine der besten Adressen für Gourmets.

LAND & LEUTE

Das Bassin d'Arcachon ist eine flache, stark von den Gezeiten geprägte Meeresbucht an der Silberküste. In Frankreich ist die Bucht vor allem für die Austernzucht berühmt und für die riesige Wanderdüne von Pilat, die sich direkt am Meer erhebt.

SEHEN & ERLEBEN

Der Vergnügungspark La Hume beim Austerndorf Gujan-Mestras bietet mit dem Aqualand, einem mittelalterlichen Dorf, dem Tierpark und einer Mini-Landschaft Abwechslung von dem touristischen Alltag am Strand (Mai bis September).

PROMOBIL-TIPP

Die Winterstadt ist der schönste Teil von Arcachon. Ein Gang in die Villengegend lohnt sich: Die ab 1870 gebauten Häuser zeigen sich im Stil englischer Kolonialbauten, Schweizer Chalets oder mit italienischer Eleganz. Sehenswert sind die Villa Trocadéro, die Villa Faust oder die Villa Brémontier. Die Tourist-Information zeigt auf einem Faltplan die schönsten Bauten.

Mobil-Tour: **Bucht von Arcachon**

Abwechslung an der Silberküste

Route

Die Bucht von Arcachon bietet sich als Zwischenstation bei einer Reise entlang der Côte d'Argent an: Die klassische Route beginnt im reisemobilfreundlichen Ort Le Verdon-sur-Mer und folgt im wesentlichen dem Lauf der Küste gen Süden. Das Bassin d'Arcachon ist die einzige Bruchstelle an der rund 250 Kilometer langen Silberküste: Der Fluß Eyre bahnte sich hier einen Weg durch den breiten Dünengürtel und formte dabei eine 250 Quadratkilometer große und geschützte Meeresbucht und die vorgelagerte Landzunge mit dem Badeort Cap Ferret. Im Süden der Bucht setzt sich die Silberküste mit ihren feinen Sandstränden bis zum Beginn der deutlich felsigeren Küste des französischen Baskenlands fort.

Reisezeit

Die Bucht von Arcachon ist, ähnlich wie die Silberküste auch, ein klassisches Reiseziel für den Hochsommer: Die warmen Temperaturen und herrlichen Sandstrände in Arcachon und beim vorgelagerten Cap Ferret sowie die guten Möglichkeiten für Wassersportler in den nahen Binnenseen wie dem Lac Cazaux et de Sanguinet befördern diesen Teil der Silberküste unter die attraktivsten Küstenregionen Europas.

Sehenswertes

Andernos-les-Bains: Traditionsreicher Badeort am Nordostufer der Bucht von Arcachon. Kleines, geschäftiges Zentrum mit zahlreichen Restaurants und Geschäften. Schöner Sandstrand, Austernhafen mit Degustationsmöglichkeiten, moderner Yachthafen, im Sommer ist der kleine Ort ebenfalls stark besucht.

Arcachon: Ausgesprochen populärer Urlaubsort mit etwa 20 000 Einwohnern und sehr guter touristischer Infrastruktur – Casino, zahlreiche Hotels und Restaurants, gute Einkaufsmöglichkeiten im geschäftigen Zentrum. Zweigeteilter Ort mit Sommerstadt und Winterstadt. Die Sommerstadt besitzt eine hübsche Promenade, einen 5 km langen Strand mit drei Seebrücken und einen Hafen, überall quirlt munteres Urlauberleben. In der vornehmeren Winterstadt stehen prächtige Villen aus der Belle Époque, umgeben von herrlichen Parks. Meeresmuseum mit Meerestieren und archäologischen Funden, Ausstellung zur Austernzucht. Museum der Schiffsminiaturen. Rund um das Becken von Arcachon liegen die malerischen Dörfer der Austernzüchter. Bester Ausgangspunkt für Bootsfahrten in der Bucht.

Arès: Ländlich geprägter Ort nordwestlich von Andernos mit etwas Sommertourismus.

Biganos bei Le Teich: Serre aux papillons, Schmetterlingshalle mit etwa 250 exotischen Faltern.

Cap Ferret: Beliebte Ferienregion mit 12 Gemeinden am Nordwestufer des Bassins mit weit auseinander gezogenen, in Pinienwäldern verstreuten Ferienhaussiedlungen. Aufstieg auf den Leuchtturm von Cap Ferret, herrlicher Blick über den Atlantik und die Bucht von Arcachon.

Gujan-Mestras: Unscheinbarer Ort unweit von Arcachon, durch sieben interessante Austernhäfen eine der wichtigsten Metropolen der Austernzucht und -ernte.

Le Teich: Weit auseinander gezogener Ort im Mündungsgebiet der Eyre mit einem sehenswerten ornithologischen Park.

Pilat-Plage: Kleiner Ferienort neben der Düne von Pilat. Mit 2700 Metern Länge, einer Breite von 500 Metern und über 100 Metern Höhe ist die wüstenartige Düne das meistbesuchte Ausflugsziel an der Bucht.

▲ **In Andernos-les-Bains, Badeort und Austernhafen zugleich, gibt es am Hafen einen Stellplatz.**

Aktivitäten

Baden: Ausgezeichnete, teilweise aber nicht bewachte Strände auf der Halbinsel bei Cap Ferret. Ähnlich wie an der Silberküste lockt hier ein breiter Dünengürtel mit vorgelagerten Sandstränden. Sehr langer und gepflegter Sandstrand auch in Arcachon, gute Badestrände auch in Andernos-les-Bains. Achtung: Die Badebedingungen in der Bucht werden stark von den Gezeiten beeinflusst. Zwei Mal am Tag hebt und senkt sich der Wasserspiegel um etwa drei Meter.
Schiffsfahrt: An der Seebrücke Jetée Tiers in Arcachon startet ein Schiff zur Überfahrt nach Cap Ferret. Weitere Tagesausflüge mit dem Boot führen ab Arcachon zur Ile aux Oiseaux mit ihren zwei viel fotografierten Stelzenhäusern. Das Vogelschutzgebiet wird bei einer Rundfahrt zwar umkreist, an Land gehen dürfen die Passagiere jedoch nicht.

Essen & Trinken

Im Restaurant L'Avenue am Boulevard de la Plage in Arcachon dürfen sich die Gäste ihren Hummer oder Fisch selber aus einem Becken aussuchen. In Hafennähe lockt das Restaurant le Patio, Rue du Maréchal de Lattre de Tassigny. Preiswerte Menüs und leckere Platten mit Meeresfrüchten gibt es im L'Ombrière, Cours H. de Thury, ebenfalls in Arcachon.

Insider-Tipp

Für Sonnenanbeter und Badegäste ist ein Ausflug auf die Banc d'Arguin im Mündungsgebiet der Bucht von Arcachon ein Muss. Die feinsandige Bade-Sandbank liegt unterhalb der gewaltigen Wanderdüne von Pilat und ist dank regelmäßiger Bootsverbindungen etwa von Arcachon aus leicht zu erreichen.

Bücher & Karten

Mit einem sehr guten Serviceteil glänzt das Reisehandbuch Südwestfrankreich von Marcus X. Schmid. Michael-Müller-Verlag, 2002, 18,90 Euro. Ähnlich gut ist das einschlägige Taschenbuch Aquitanien – Südwestfrankreich, Atlantikküste, Reise Know-How Verlag, 2004, 19,90 Euro. Gut zur Orientierung: die Michelin-Karte, Blatt Nr. 525, Aquitaine, Maßstab 1: 200 000, 2003, 7,50 Euro.

WEITERE INFORMATIONEN

Comité Régional de Tourisme d'Aquitaine,
Cité Mondiale, 23, Parvis des Chartrons, F-33074 Bordeaux Cedex,
Telefon 00 33/5 56 01 70 00, Fax 00 33/5 56 01 70 07,
E-Mail tourisme@crt.cr-aquitaine.fr, www.tourisme-aquitaine.info.

8 Pays Basque

Abwechslung macht **Laune**

Steile Klippen, sandige Buchten, ein sanftes Hügelland und das raue Hochgebirge: Das Pays Basque verwöhnt seine Gäste mit einem Potpourri an Landschaftsformen.

8

Mobil-Tour: **Pays Basque**

Urlaub im Schatten der Pyrenäen

Gut 200 Kilometer nichts als Strand, und dann das: Auf einmal stellen sich scharfkantige Felsen, nadelspitze Riffe und von den Gezeiten abgenagte Klippen der nimmermüden Brandung des Atlantiks in den Weg. Die Küste des Pays Basque setzt der Silberküste ein Ende, und das mit einem touristischen Paukenschlag: Biarritz. Eugenie hatte gut gewählt, als sie ihren kaiserlichen Gemahl Napoléon III. überzeugte, genau hier, in einem Dorf an der rauen Küste des Baskenlands, eine der Sommerfrischen zu gründen, die damals – Mitte des neunzehnten Jahrhunderts – der letzte Schrei waren.

Diese Region finden Sie im Kartenteil auf Seite 48.

Biarritz machte schnell Karriere, der Jetset kam und mit ihm alle, für die Sehen und Gesehenwerden der einzig wahre Lebensinhalt ist. Nur der Vieux Port kündet immer noch von der ursprünglichen Bestimmung des alten Fischerdorfes: Mächtige Steinquader ragen zwischen den Felsen auf, verbinden sie miteinander und schaffen so ein winziges Becken, in dem heute statt schlichter Fischerboote schicke Motoryachten dümpeln.

Die mächtigen Wellenbrecher erzählen aber auch noch eine andere Geschichte: die von den Urgewalten des Atlantiks, der im Herbst und Winter mit seinen Wellenbergen wütend auf die Küsten einschlägt. Aller Bauwut der Moderne zum Trotz ist der Charme des Kaiserreichs noch nicht ganz gewichen. Zwar wurde das Hotel, das einst auch Eugenie bewohnte, schon vor hundert Jahren ein Raub der Flammen, doch zwischen all den unförmigen Betonklötzen finden sich immer noch würdige Strandvillen im Stil des Baskenlands.

Das sanfte Licht des Morgens lässt die alte Schönheit neu erblühen. Die Rocher de la Vièrge glühen in den ersten Strahlen der Morgensonne auf, die schneeweiße Madonna auf dem Gipfel der scharfkantigen Felsformation ebenso. Vor acht Uhr morgens ist am Alten Hafen noch niemand zu sehen; auch der Strand glänzt noch jungfräulich unberührt goldgelb in der Sonne. Gepflegt ist Biarritz noch immer. Der Pfad, der sich die Klippen vom Alten Hafen zum Großen Strand entlangzieht, führt durch eine Kolonie erblühter Hortensien. Seinen zweiten Frühling erlebt Biarritz durch das Surfen. Die Brandung, die selbst im Hochsommer unermüdlich an die Strände trommelt, steigert sich im Herbst zum Fortissimo.

Saint-Jean-de-Luz ein paar Autominuten weiter südlich ist zunächst eine

Oberhalb des Alten Hafens steht mit der Kathedrale der schönste Bau der ehemals kaiserlichen Sommerfrische. ▶

◀ **Die Rocher de la Vièrge sind das Wahrzeichen des Seebades Biarritz.**

glatte Enttäuschung. Nach außen hin gibt sich das ehemalige Piratennest spröde und zeigt nur ein Antlitz gleichförmiger Neubauten, die zunächst einmal den Blick auf die geschwungene Sandbucht versperren. Wer sich davon nicht abschrecken lässt, lernt schnell die andere Seite des Ortes kennen.

Der breite und feine Sandstrand versöhnt ein wenig für den Anblick der mehrstöckigen Bauten, die genauso überall in Europa stehen könnten. Auffällig sind allein die zugbrückenähnlichen Stege, die am fernen Ende der Promenade zu den älteren Häusern an der Meeresfront hinübergehen – eine Vorsichtsmaßnahme gegen den Atlantik, der im Winter mit Brachialgewalt auch in die geschützte Bucht donnert.

Hier macht sich die sonst so verpönte Neugier bezahlt: Ein Blick hinunter von der Promenade in die Rue de la République, und schon sieht die Sache anders aus. Baskische Villen aus schweren Natursteinen schmücken die Gasse, die zur Place Henri IV. führt.

Hier, im Herzen der Altstadt, entwickelt der Ort seinen Charme. Hunderte von Tischen und Stühlen drängen sich auf den Gehsteigen, Plätzen und Gassen, dazwischen balancieren Kellner ihr Hühnchen – das baskische Nationalgericht – Poulet à la Basquaise durch die Menge, servieren Muscheln, Austern oder Meeresfrüchte. Ein paar Schritte weiter: der Hafen. Der Wind trägt einen unnachahmlichen Geruch herüber, eine Mischung aus Fisch, Algen und Dieselöl.

Zu sehen gibt es immer etwas: Fischer flicken hier ihre Netze für die nächste Ausfahrt, legen ihre Schleppnetze zum Trocknen aus, und am späten Nachmittag kehren die Schiffe von ihren Ausflugsfahrten wieder zurück.

Abends zeigt sich St.-Jean-de-Luz von seiner schönsten Seite. Maler drängen sich auf der Place Henri IV., ihre Staffeleien reich bestückt mit Aquarellen, Ölbildern, Radierungen, zum Schwätzchen aufgelegt und jederzeit be-

LAND & LEUTE

Das Baskenland liegt im Südwesten von Aquitanien. Die Côte Basque ist 20 Kilometer lang und endet bei Hendaye an der spanischen Grenze. Der Küstenabschnitt zählt zu den am dichtesten besiedelten Gebieten im Südwesten von Frankreich.

SEHEN & ERLEBEN

Berühmt ist Biarritz auch als Geburtsstadt des Wellenreitens. An der Grande Plage treffen sich Wellenreiter aus aller Herren Länder und geben dabei den Badegästen so manche Darbietung ihres Könnens.

ESSEN & TRINKEN

Der ungekrönte König der französischen Schinken, der Jambon de Bayonne, stammt ebenfalls aus dem Baskenland. Bei einem Besuch der 120 000 Einwohner zählenden Stadt ist der Schinken in den Delikatessenläden der Altstadt problemlos zu bekommen. Die größte Auswahl besteht beim traditionellen Schinkenmarkt von Bayonne im Juni, bei dem die über den Winter gut abgehangenen Schinken angeboten werden.

Mobil-Tour: **Pays Basque**

Urlaub im Schatten der Pyrenäen

8

reit, über Gott und die Welt zu parlieren. Mitten auf dem Platz steht eine Bühne für die Musiker, die an Sommerabenden auftreten, Jazz spielen, baskische Folklore und klassische Musik. St.-Jean-de-Luz ist kein Urlaubsort aus der Retorte. Tourismus ist nur eine Facette von vielen.

Das Hinterland von St.-Jean-de-Luz wartet mit einer Überraschung auf. Blitzsaubere Dörfer reihen sich an den Landstraßen auf, die ins Gebirge hineinführen, wie touristische Perlen an einer Ferienstraße. Erste Station ist das Dorf Ascain. Weiß sind hierzulande die Fassaden der Häuser, dazu kommen graue Ecksteine und die Fassaden mit dem in den baskischen Nationalfarben Grün oder Rot gehaltenen Fachwerk.

Gern besuchen Einheimische auch den baskischen Stierkampf, bei dem es aber nicht darum geht, dem erschöpften

schönsten Dörfer Frankreichs. Sare bietet mit seiner Pfarrkirche und blumengeschmückten Hausfassaden ein malerisches Bild, das die Kette der Pyrenäen als Hintergrundkulisse stilvoll einrahmt.

Das Labourd, wie dieser Teil des Baskenlandes auch heißt, erinnert etwas ans Allgäu: saftig grüne Kuppen, einzeln stehende und gepflegte Gehöfte und immer wieder hübsche Dörfer – und das alles vor dem grandiosen Hintergrund eines rauen Hochgebirges.

Sare ist ein guter Ausgangspunkt für Touren. Den Spuren berüchtigter Schmuggler folgen wir heute allerdings auf gut markierten Wanderwegen über die Pyrenäen: Rund vier Stunden dauert die Tour entlang der Wege, auf denen die Basken früher an der französischen Obrigkeit vorbei schwungvollen Handel mit ihren Verwandten auf der anderen Seite der Bergkette trieben.

Eine gute halbe Stunde braucht die Zahnradbahn, um La Rhune zu erklimmen, den heiligen Berg der Basken. ▶

Tier den Garaus zu machen. Die baskischen Kollegen der spanischen Toreros ziehen ihren Ruhm vielmehr daraus, dem anstürmenden Stier möglichst spät und möglichst geschickt auszuweichen. Tierische Kraft und Aggressivität gegen menschliche List und Überlegung, das ist der Stierkampf à la basquaise.

Zwischen den Dörfern zieht sich eine leicht hügelige Landschaft mit runden, sattgrünen Höhenzügen dahin. Sare und Ainhoa zählen zur Vereinigung der

Viel leichter ist es für die Besucher von heute: La Rhune, eine betagte Zahnradbahn von 1924, zuckelt in einer halben Stunde von ihrer Talstation bei Sare auf den heiligen Berg der Basken.

Die Fahrt geht vorbei an den kurzbeinigen Pyrenäen-Pferden, die friedlich in kniehohen Wäldern aus Farnen weiden, hinauf in eine kahle Welt aus Stein und Gras: Mit 900 Metern über dem Meeresspiegel erreicht der Gipfel nur eine vergleichsweise bescheidene

Für erholsame Tage am Meer bietet sich außer Biarritz auch St.-Jean-de-Luz mit seinem Strand an.

Höhe, und doch bietet sich bei gutem Wetter eine formidable Fernsicht.

Tief unten am Meer glitzert die Sonne auf den Dächern von St.-Jean-de-Luz, dahinter leuchtet das Hügelland des Labourd, und zur Linken ragen die Bergriesen der spanischen Pyrenäen auf. La Rhune ist aber nur ein Zwischenspiel.

SEHEN & ERLEBEN

Roncesvalles, ein kleiner Ort im spanischen Baskenland, lohnt einen Abstecher über die Grenze. Unterhalb des Klosters steht das Grabmonument für den sagenhaften Roland, einen Gefährten von Karl dem Großen, der in einer Schlacht 778 gefallen war.

FEIERN & GENIESSEN

Als Zentrum des Piment-Anbaus und der Zucht der kurzbeinigen und kräftigen Pottok-Pferde des Baskenlands besitzt das Dorf Espelette einen guten Ruf. Im Oktober feiern die Einwohner die Fête des Piments, im Januar steigt dann der Pottok-Markt.

PROMOBIL-TIPP

Einsam geht es zu im Vallée des Aldudes, einem abgelegenen Bergtal mit den drei kleinen Dörfern Branca, Les Aldudes und Urepel. Letzteres ist ein Unikum. Obwohl es nördlich der Pyrenäen liegt, gehört es zu Spanien, ist aber auf unbestimmte Zeit an Frankreich verpachtet worden. Die Schäfer weiden ihr Vieh in Spanien, leben in Frankreich.

Weiter geht es auf schmalen Straßen durch das grüne Hügelland.

Zu den schönsten Dörfern Frankreichs zählt auch Ainhoa, ein leuchtendes Schmuckstück der baskischen Bauweise. Hier ist auch zum ersten Mal Piment an einer Hauswand zu entdecken – im Herbst sollen die Fassaden der Häuser voll sein mit dem scharfen und intensiv schmeckenden Gewürz: Frisch geerntet strahlt es leuchtend rot, je schrumpeliger es an der Sonne wird, desto dunkler färbt sich die Schale. Streng genommen stammt es ursprünglich aus dem Nachbarort Espelette, doch gehört dies schon zum Baskenland wie die traditionelle Kopfbedeckung.

Nach einiger Kurverei ist das Ziel der Tour erreicht: St.-Jean-Pied-de-Port. Das Städtchen am Fuß der Pyrenäen ist ein Touristenmagnet der besonderen Art. Es liegt nämlich am Jakobsweg, dem jahrhundertealten Pilgerpfad zum Wallfahrtsort Santiago de Compostela im Nordwesten Spaniens, und war deshalb für zahllose Gläubige die letzte Station vor der anstrengenden, gefährlichen Pyrenäen-Überquerung.

Auch heute noch ziehen oft Wanderer aus aller Herren Länder mit der Jakobsmuschel am Pilgerstab, dem Zeichen frommer Reisender, durch den Ort, ab und zu sogar in Begleitung eines Esels. Sehenswert ist das Kirchlein am Ufer der Nivelle, eines der meistfotografierten Motive im Hinterland der baskischen Küste. Es ist ein kleiner, gastfreundlicher Ort: Wer genau hinsieht, findet in vielen Sprachen Angebote an die frommen Reisenden, ein Bett für die Nacht zu vermieten. Das brauchen Reisemobiltouristen ja Gott sei Dank nicht.

Mobil-Tour: **Pays Basque**

Urlaub im Schatten der Pyrenäen

Route

Die zu Frankreich gehörenden Teile des Baskenlands bilden den krönenden Abschluss einer Tour nach Aquitanien. Der Fluss Adour stellt die Grenze zwischen der Landschaft Les Landes mit den schier endlosen Sandstränden zum Pays Basque mit seiner zerklüfteten Felsküste sowie den schroffen Bergen der Pyrenäen im Hinterland dar. Von Bordeaux aus geht die Reise auf der N 250 in südwestlicher Richtung durch das weite Wald- und Heidegebiet der Landes über bekannte Seebäder wie Arcachon, Biscarrosse, Mimizan und Hossegor nach Süden, um bei Anglet die Grenze zum Baskenland zu überqueren. Über Bayonne und Biarritz geht es nach St.-Jean-de-Luz, dem schönsten Ort an der Côte Basque. Von St.-Jean-de-Luz aus bieten sich Ausflüge ins Hinterland an. Die Tour durch das Labourd erschließt zauberhafte Dörfer wie Ascain, Sare, Ainhoa, Espelette und Cambo-les-Bains. Letzte Station der Tour ist St.-Jean-Pied-de Port am Fuß der Pyrenäen.

Reisezeit

Das französische Baskenland ist dank der Strände von Anglet, Biarritz und St.-Jean-de-Luz ein klassisches Ziel für eine Reise im Sommer. Von Mitte Juni bis Anfang September ist das Baden im Meer möglich, für Wanderungen in den nahen Pyrenäen sind Juli und August am besten. Zur Hauptsaison im August ist es in und um Biarritz sehr voll.

Sehenswertes

Anglet: Bei Sportlern beliebter Urlaubsort mit Sandstrand, Marina und Golfplatz.
Bayonne: Bedeutende Hafenstadt mit geschäftigem Zentrum, Kathedrale Ste.-Marie, Festung Château Neuf, Wallanlagen von Mousserolles.
Biarritz: Traditionsreiches Seebad mit feinsandigen Badebuchten und Klippen, zahlreichen Hotels und Villen.
Hendaye: Grenzstadt zu Spanien mit langem Sandstrand und kleiner Altstadt.
St.-Jean-de-Luz: Fischereihafen und bekanntes Seebad in einer geschützten Bucht. Lange Sandstrände, malerische Altstadt am Hafen.

Aktivitäten

Baden: Geschützte Buchten mit Sandstränden besitzen Anglet, Biarritz, St-Jean-de-Luz und Hendaye.
Bahnfahren: Ausflug mit der Zahnradbahn auf „La Rhune", den heiligen Berg des Baskenlands. Die Talstation liegt zwischen Ascain und Sare an der D 918.
Höhlentour: Die Grottes de Sare können im Rahmen einer halbstündigen Führung auch besichtigt werden.
Schiffsfahrten: Angelfahrten gibt es in der Zeit von Mai bis in den September zum Beispiel in St.-Jean-de-Luz.
Surfen: Sehr gute Bedingungen in Anglet und Biarritz.
Wandern: Aufstieg auf den Gipfel La Rhune (902 Meter).
Wellenreiten: Die windige Küste des Baskenlands ist Europas Hochburg für diesen Sport. Vor allem Anglet und Biarritz gelten als besonders beliebte Treffpunkte für Wellenreiter.

Essen & Trinken

Auf fast jeder Speisekarte im Baskenland steht das Poulet à la Basquaise – ein in Weißwein gegartes Hühnchen mit gekochten Paprikaschoten, Piment und Tomaten. Für den kleinen Hunger empfiehlt sich die Piperade, ein Papri-

▲ **Der Parkplatz am Strand in Ondres-Plage gehört zu den beliebtesten Plätzen im Südwesten Frankreichs.**

ka-Tomaten-Omelett. Eine exzellente Regionalküche pflegt das Restaurant Ithurria im Dorf Ainhoa. Typisch für St.-Jean-de-Luz ist die Fischsuppe Ttoro aus Miesmuscheln, Krabben und Stockfisch. Diese Suppe und andere Fischgerichte sind die Spezialität des Restaurants Txalupa, Place des Corsaires (Nähe Hafen). Empfehlenswert ist auch La Taverne Basque für seine regionale Küche (5, Rue République). Zu den Fischgerichten passt der trockene Weißwein Jurançon. Beim Verdauen hilft der knallgelbe oder giftgrüne Kräuterlikör Izarra. Als Mitbringsel aus Bayonne eignen sich: Schinken (Pierre Ibailde, 41, Rue des Cordeliers) und Schokolade (Atelier du Chocolat, 2, Rue des Carmes) oder der würzige Schafskäse Brébis aus den Pyrenäen.

Insider-Tipp

Die baskische Kultur ist reich an Traditionen und Überlieferungen, die bis heute nichts von ihrem Reiz eingebüßt haben. Zu den eindrucksvollsten Erlebnissen gehört der Stierkampf. Gut zu erleben bei den Corridas de Bayonne, dem unblutigen baskischen Stierkampf (Juli bis September). Überall in den baskischen Dörfern ist der Fronton zu finden. Die Giebelwand und das vorgelagerte Spielfeld dienen für das Pelota-Spiel, bei dem die Spieler einen kleinen Ball gegen die Wand schleudern – meist mit der bloßen Hand, manchmal auch mit einem Holzschläger oder einem um einen Weidenkorb verlängerten Handschuh.

Bücher & Karten

Die meisten Reiseführer stellen das Pays Basque in den Bänden über Aquitanien vor. Empfehlenswert sind: Marcus X. Schmid, Südwestfrankreich, Michael-Müller-Verlag, 2002, 18,90 Euro; Manfred Görgens/Daniela Kasischke, Französische Atlantikküste, DuMont-Verlag, Köln, 2000, 22,50 Euro; Dirk Schröder/Ursel Pagenstecher, Frankreich. Atlantikküste. Loire. Inkl. Baskenland und Pyrenäen (West), Velbinger Verlag, Seefeld, 2000, 22,50 Euro. Als Karte bietet sich das Blatt 234 Aquitanien aus dem Michelin-Verlag im Maßstab 1: 200 000 an, Michelin Verlag, 2003, 7,50 Euro.

WEITERE INFORMATIONEN

Comité Départementale du Tourisme Béarn – Pays Basque,
4, Allée des Platanes, F-64108 Bayonne Cedex,
Telefon 00 33/5 59 46 52 52, Fax 00 33/5 59 46 52 46,
E-Mail info@tourisme64.com, www.tourisme64.com

Stille Wasser sind tief

Malerische Städte, mächtige Burgen und die wohl beste Regionalküche Frankreichs machen die Reise an die Dordogne zu einem Erlebnis für Entdecker und Genießer.

9 Mobil-Tour: **Périgord**

Unverfälschtes Frankreich im Tal der Burgen

Manchmal sind es die einfachen Dinge, die bei einer langen Reise am besten in Erinnerung bleiben. „Alles, bloß keine Ente", flüstert die kleine Französin ihrem Begleiter zu und studiert eifrig die Speisekarte der Ferme Auberge Lo Gorissado. Glück gehabt. Lapin – Kaninchen – steht auf der Tafel zu lesen, und das ist im Schwarzen Périgord um Sarlat-la-Canéda durchaus keine Selbstverständlichkeit. Die Region links und rechts der Dordogne im Südwesten Frankreichs ist schließlich die französische Hochburg der Geflügelzucht schlechthin. Feine Entenbrust oder das deftigere Confit – im eigenen Fett geschmorte Schenkel oder Flügel – stehen auf buchstäblich jeder Karte, andere Gerichte sind selten und daher heiß begehrt.

Diese Region finden Sie im Kartenteil auf den Seiten 40, 41.

Lo Gorissado ist aber ohnehin in vielerlei Hinsicht eine Ausnahme und ein Glücksfall obendrein. Die Farm liegt vor den Toren der viel besuchten Stadt Sarlat, schön versteckt mitten in einer urwüchsigen, grünen Hügellandschaft, und wäre ohne die Hinweisschilder an der Straße nach St. André d'Allas für Ortsfremde beinahe kaum zu finden. Inmitten eines Labyrinths aus schmalen Feldwegen und grünen Hügeln steht der Bauernhof von Bernard und Marlène Soubirou.

Eine einfache Wiese, etwas krumm und stellenweise recht abschüssig, nimmt das Mobil auf. Das Anwesen aus honigfarbenem Stein, blumenumrankt und ganz im Stil des Périgord erbaut, steht auf einer Anhöhe oberhalb des Stellplatzes. Es ist eine typische Ferme Auberge, wie die Franzosen ihre rustikalen Restaurants auf dem Lande nennen, die in dieser Region besonders zahlreich sind.

Lo Gorissado ist weit mehr als ein Geheimtipp für Liebhaber einer ehrlichen und unverfälschten Regionalküche: Die Speisen der Soubirous fanden sogar Gnade vor den feinen Gaumen französischer Restaurantkritiker. „Wir verarbeiten nur Zutaten, die wir auch selbst herstellen", erklärt Bernard beim Blick auf die Speisekarte des Hauses die strengen Spielregeln für eine Ferme Auberge. Das gilt für den Nuss-Aperitif, die Suppe nach Bauernart und erst recht für das selbst erlegte Wildkaninchen und die Pommes Sarladaises.

Nur bei den Gewürzen aus Übersee und beim Wein drücken die Behörden ein Auge zu. Das Ergebnis von Marlènes Kochkunst ist ein Gedicht, das Restaurant in seiner Gemütlichkeit kaum

Gipfel-Sturm: Weithin sichtbar überragt die Burg von Beynac den mittelalterlichen Ortskern und die Schleife der Dordogne. ▶

◀ **Flussbett: Die gemächlich vor sich hin fließende Dordogne stellt auch für Kanuneulinge kein Problem dar.**

zu übertreffen und die Bewirtung ausgesprochen liebenswürdig. Kurz und gut: Lo Gorissado ist ein idealer Ausgangspunkt für Touren mit dem Reisemobil durch das Périgord Noir.

Bei niederländischen und englischen Touristen steht dieser Teil Frankreichs schon lange hoch im Kurs, deutsche Urlauber lassen die Region im Osten Aquitaniens oft noch links liegen. Einige wenige fahren zum Paddeln an die nahe Dordogne, Geschichtsinteressierte erobern die Burgen, von denen es hier weit mehr gibt als im dafür so berühmten Tal der Loire, und manche besuchen die vielen Höhlen mit steinzeitlichen Malereien und anderen Funden aus grauer Vorzeit. Die meisten aber zieht es schnurstracks weiter an den Atlantik – und dabei entgeht ihnen einiges.

Die Moulin de la Tour bei Sainte-Nathalène zum Beispiel. Die Wassermühle stammt noch aus dem 16. Jahrhundert und ist heute eine der angesehensten Produktionsstätten für eine andere Spezialität des ländlichen Périgord: Nussöl. Touristen sind bei Jean-Pierre und Francine Bordier willkommen.

Gleich hinter dem Empfang arbeitet die Technik von anno dazumal. Hölzerne Wasserräder treiben über diverse Wellen und Zahnräder zentnerschwere Mahlsteine an. Unter ihrem Gewicht zerbröseln die Walnüsse und bilden eine zähe Masse, die der Patron mit Geschick und viel Gefühl immer wieder unter die Mahlsteine schiebt. Eine Dreiviertelstunde vergeht, bis er zufrieden ist, das Mahlen von Haselnüssen oder Mandeln dauert sogar über zwei Stunden.

Hektik ist dabei ein Fremdwort. Hinter den ersten Besuchern des Tages sitzt geduldig eine alte Bäuerin aus der Nachbarschaft. Heute Morgen erst hat sie ein paar Säcke voller Walnüsse herübergebracht und harrt jetzt auf einem wackligen Stuhl ihrer Ware, die noch erhitzt und gepresst werden muss – aus 15 Kilogramm Walnüssen gewinnt Jean-Pierre Bordier rund 15 Liter Öl.

LAND & LEUTE

Das Périgord im Südwesten Frankreichs gliedert sich in drei Bereiche: das Périgord Vert, ein bewaldetes Hügelland, das Périgord Blanc mit seinen Kreideböden um Périgueux sowie das Périgord Noir mit seinen Steineichenwäldern um Sarlat.

SEHEN & ERLEBEN

Castelnaud ist die besterhaltene Burg im Sarladais. Die perfekt restaurierte Feste beherbergt heute ein Museum zur Geschichte der mittelalterlichen Kriegs- und Militärtechnik.

ESSEN & TRINKEN

Foie gras, die Stopfleber aus dem französischen Südwesten, ist unter Tierliebhabern weltweit mehr als nur umstritten, bei Feinschmeckern gilt sie hingegen als Delikatesse. Touristen können sich selbst ein Bild von der Aufzucht machen – in der Gegend um Sarlat laden mehrere Bauern zur Besichtigung ihrer Höfe ein. Zu sehen sind dabei auch die Anlagen zur Mast der Tiere. Termine kurzfristig in der Tourist-Info.

9

Mobil-Tour: **Périgord**

Unverfälschtes Frankreich im Tal der Burgen

Für die périgordinische Küche ist das kostbare Öl fast schon unverzichtbar. Das feine Haselnussöl würzt Flussfische, das etwas kräftigere Walnussöl weißes Fleisch, aber auch Salate und nicht zuletzt den hier sehr beliebten Ziegenkäse.

Die Landwirtschaft prägt heute noch das Hinterland des Périgord. Große Städte mit nennenswerter Industrie gibt es nicht, lediglich ein paar Landstädtchen. Sarlat, knapp zehn Kilometer entfernt, ist so etwas wie das natürliche Zentrum der Gegend, eine Stadt mit vielen Gesichtern.

Ockergelbe Häuser prägen den mittelalterlich anmutenden Stadtkern, gelegentlich unterbrochen von den Fassaden zahlloser Feinkostgeschäfte mit dem stets gleichen Angebot vor allem für Touristen: Foie gras – Gänse- oder Entenleber, fast immer eingedost, mal getrüffelt und in diversen Qualitätsstufen, von der reinen Foie gras entier bis zur einfacheren Paté. Die edlen Auslagen in den Schaufenstern sollten nicht täuschen. Sarlat ist und bleibt ein waschechtes Landstädtchen.

Ab Mittwoch früh gehört das gesamte Zentrum den Händlern, die überall ihre Stände aufbauen – in der schnurgeraden Rue de la République, in den verwinkelten Gassen und auf der Place de la Liberté –, dann strömen Städter und Landvolk aus allen Richtungen herbei. Schon sehr früh morgens füllen sich die Gassen. Hausfrauen schieben sich bei der traditionellen Einkaufstour an schwer beladenen Ständen vorbei.

Blumen, Gemüse, Kartoffeln, Knoblauch, Käse, Wurst, Wein und natürlich Geflügel jedweder Art – das Angebot auf dem Markt ist schier unüberschaubar. Rentner nutzen die wenigen freien Flecken zu einem morgendlichen Schwatz, die Barette – hier gibt es sie noch – verwegen auf dem schütteren, grauen Haar balancierend. Ein paar Schritte weiter stolziert ein ordensgeschmückter Veteran am gut besetzten Straßencafé vorbei – französische Provinz par excellence, echt, liebenswert und unverwechselbar zugleich.

Nach Einbruch der Dunkelheit kommt die charmante Seite von Sarlat zum Vorschein. Die Händler sind wieder zu Hause, die Busse verschwunden, die Gassen leer, die Altstadt-Restaurants dafür bis zum letzten Platz belegt.

Eine kunstvolle Illumination setzt die alten Gebäude, ihre Erker, Türmchen und Fassaden gekonnt in Szene. Im leicht schummrigen Licht fühlt sich der Besucher tatsächlich in längst vergangene Zeiten versetzt – die andere Seite des Lebens an der Dordogne.

Mittelalter pur atmen auch die Städte und Dörfer ein paar Kilometer im Sü-

Maßarbeit: Eng geht es gelegentlich auf den Straßen an der Dordogne zu, wie hier im zauberhaften Dorf La Roque Gageac. ▶

◀ **Stolze Burg: Castelnaud ist sehr gut erhalten und beherbergt ein Museum zum Krieg im Mittelalter.**

den direkt am Fluss. Beynac ist die erste Station bei einer solchen Zeitreise mit dem Reisemobil.

Wie ein Adlernest thront die Burg Beynac auf einem Felsen 150 Meter oberhalb einer Dordogne-Schleife, vom anderen Flussufer drohen die zinnenbewehrten Mauern der Burg von Castelnaud herüber. Während des Hundertjährigen Krieges zwischen Frankreich und England bildete die Dordogne die hart umkämpfte Grenze zwischen den Herrschern, die ihr Territorium durch eine Kette von Burgen und befestigten Städten zu sichern versuchten.

Durch die Hochzeit Eleonore von Aquitaniens mit Heinrich II., dem späteren König von England, waren große Teile des Südwestens unter englische Herrschaft gekommen – ein ständiger Anlass für Krieg und Kampf. Für die Touristen wirken die alten Festungen wie ein Magnet. Castelnaud entpuppt sich als Bilderbuch-Burg mit Wohntürmen, mit Wehrgängen, Außenwerken, Wurfmaschinen und dem Wohnpalast: alles gut erhalten und musterhaft renoviert. Fehlen nur noch die edlen Ritter, fertig wäre die Szenerie à la Hollywood.

Die Natur trägt das Ihrige zu diesem Bild bei. Zwischen Beynac und der Burg Montfort schlägt die Dordogne einige ihrer schönsten Haken und gräbt sich dabei tief in die Landschaft ein. Postkartenansichten in dichter Folge sind die logische Folge. Goldgelb leuchten die Hausfassaden von La Roque Gageac im Abendlicht auf, einem lang gezogenen Dorf direkt an der Dordogne.

Die beste Aussicht auf Fluss und Tal besitzt Domme. Die kleine Stadt breitet sich auf einem Felsvorsprung aus, der eine fantastische Fernsicht von Beynac bis nach Montfort ermöglicht. Die schachbrettartig angelegten Straßen verraten dem Kenner die Entstehungsgeschichte des Ortes: Domme ist eine typische Bastide – in kriegerischen Tagen entstanden an strategisch wichtigen Punkten dutzende gut befestigter Städte, und auch diese bleiben bei der Reise ganz sicher in guter Erinnerung.

SEHEN & ERLEBEN

Ein Traum aus Bäumen, Hecken, Sträuchern, Springbrunnen und Skulpturen ist der Garten von Marquessac, einem Landhaus im Sarladais. Die Anlage folgt der strengen französischen Gartentradition, zitiert aber auch die Vorbilder italienischer Parks.

WANDERN & RADELN

Das Tal der Vézère ist weltbekannt für seine prähistorischen Stätten. Außer der Höhle von Lascaux finden sich hier auch die Felsen von Les Eyzies: eine 80 Meter hohe Felswand mit Treppen, Terrassen, Überhängen, Durchgängen und vielen Höhlen.

PROMOBIL-TIPP

Rocamadour ist einen Abstecher ins nahe Quercy wert: der Wallfahrtsort, der sich eng an 150 Meter hohe, steil aufragende Felsen anschmiegt. Das Gesamtkunstwerk aus ineinander verschachtelten Kirchen, Kapellen, Häusern und Plätzen ist am besten zu Fuß zu besichtigen, die 241 Stufen verlangen den Besuchern einiges an Ausdauer ab.

Mobil-Tour: **Périgord**

Unverfälschtes Frankreich im Tal der Burgen

Route

Das in dieser Mobil-Tour beschriebene Périgord Noir bietet sich als touristisch attraktive Zwischenstation auf der Fahrt von Deutschland an die Atlantikküste von Aquitanien an. Von Lyon verläuft die A 47 über St.-Etienne nach Clermont-Ferrand, die N 89 führt durch die Auvergne Richtung Bordeaux. In Tulle oder Brive zweigen die Straßen ins Tal der Dordogne ab. Hier gibt dann der Fluss die weitere Reiseroute Richtung Bordeaux/Atlantik vor. Das Périgord Noir gehört großteils zum Département Dordogne und bildet den Übergang zwischen dem wasserreichen Zentralmassiv und dem aquitanischen Becken. Auf dem deutschen Reisemarkt steht die landschaftlich reizvolle Region trotz der idyllischen Dordogne und ihrer Seitentäler, malerischer Städte, vieler Burgen und Schlösser, zahlreicher steinzeitlicher Fundstätten und der landesweit gerühmten Küche etwas im Schatten der Touristenhochburgen an der Atlantikküste.

Reisezeit

Die geplanten Aktivitäten legen den genauen Reisezeitpunkt nahe: Für Besichtigungen der Städte, Burgen und Höhlen empfehlen sich Mai, Juni und September, zum Paddeln eher der Hochsommer. Dann kann es im Abschnitt der Dordogne um Sarlat aber sehr heiß und sehr voll werden. Feinschmecker zieht es gern im späten Herbst in den Südwesten – die schwarzen Trüffeln locken.

Sehenswertes

Beynac: Malerischer Ort mit weithin sichtbarer Burganlage auf einem Felssporn hoch über der Dordogne.
Castelnaud: Kleiner Ort mit musterhaft restaurierter Burg samt Museum zur Kriegsführung im Mittelalter, daneben hübsches Nussmuseum.
Domme: Gut erhaltene, ummauerte Festungsstadt (Bastide) mit Stadttoren und Wehranlagen 150 Meter über der Dordogne.
La Roque Gageac: Topgepflegtes Dorf mit viel fotografierter Häuserzeile am Flussufer und gewaltigen Felsformationen, darin ein Fort Troglodyte (Höhlenfestung).
Limeuil: Pittoreskes Städtchen am Zusammenfluss von Vézère und Dordogne.
Sarlat: Mittelalterliches Landstädtchen mit restaurierter, im Sommer stark besuchter Altstadt.

Aktivitäten

Paddeln: Gute Möglichkeiten für Kanufahrer bietet die meist friedlich fließende Dordogne. Nur zwischen Argentat und Carennac gibt es einige tückische Abschnitte. Leihkanus mit Rückholservice unter anderem in La Roque Gageac (Canoe Dordogne, Mai bis September).
Höhlentouren: Das Périgord ist die Region Frankreichs mit den meisten steinzeitlichen Funden. Weltberühmt sind die Zeichnungen in der Höhle von Lascaux bei Montignac. Ein Nachbau der Grotte ist bei einer geführten Tour 200 Meter vom Original entfernt zu besichtigen (Tickets vorher im Ort besorgen). Sehenswert ist auch die Troglodyten-Stadt bei La Roque Saint-Christophe im Tal der Vézère mit ihren rund 100 Felswohnungen.

Essen & Trinken

Kein Restaurant im Périgord, bei dem nicht Ente und Gans die Speisekarte bestimmen: Ein Menü beginnt meist mit Foie gras (der von Tierschützern verachteten Stopfleber), als Hauptgang gibt es Confit (Geflügel) oder Magret de Canard (Entenbrust), meist rosa gebraten und oft mit

▲ **Haus und Hof: Das Périgord wartet auf engem Raum mit mehr Burgen und Schlössern auf als das berühmte Tal der Loire.**

Pfirsich oder Pflaume kombiniert. Als Alternative sind in der bodenständigen Küche Pasteten oder Omelette mit Pilzen oder Trüffeln zu finden. Vorsicht vor Touristenlokalen mit bilderreicher Speisekarte: Das Preis-Leistungs-Verhältnis ist oft nicht in Ordnung. In der Altstadt von Sarlat empfehlen sich das rustikale Restaurant Criquettamu's, Rue des Armes, und das Les Quatre Saisons, Côte de Toulouse. Ein wunderbares Landgasthaus mit einem hervorragenden Service, sehr guter Küche und schöner Terrasse ist das Petit Relais in Calès, zu empfehlen bei einem Ausflug nach Rocamadour (www.le-petit-relais.fr). Das Périgord ist auch für sein Nussöl berühmt. Die Moulin de la Tour in Sainte-Nathalène 9 Kilometer nordöstlich von Sarlat heißt Besucher willkommen (Einkauf, Besichtigung im Mai, Juni, September: Mi, Fr; im Juli, August: Mo, Mi, Fr, 9–12, 14–19 Uhr). Bei Temniac wenige Kilometer nordöstlich von Sarlat lohnt der Besuch der Destillerie La Salamandre mit ihren vielfach prämierten Bränden und Likören (Besichtigung, Proben und Einkauf werktags möglich).

Insider-Tipp

Einen wunderbaren Einblick in echtes Landleben ermöglicht der fantastische Markt in der Altstadt von Sarlat (Mi, Sa). Bauern und Händler aus der Umgebung bieten ihren Kunden zum Probieren und Kaufen an, was Küche, Keller und Höfe hergeben.

Bücher & Karten

Ausführlich widmen sich der Region: Alo und Nikolaus Miller, Dordogne – Périgord, Quercy, DuMont-Buchverlag, Köln, 2002, 12 Euro. Als Alternative bietet sich der Band Dordogne/Périgord aus der Serie der grünen Reiseführer aus dem Michelin-Verlag an, 2003, 14,80 Euro. Als Schmöker für unterwegs empfiehlt sich der Bestseller von Michael Crichton, Timeline – eine Reise in die Mitte der Zeit, Goldmann-Verlag, München, 2002, 11 Euro – eine Zeitreise aus den USA von heute zur Dordogne des 14. Jahrhunderts.

WEITERE INFORMATIONEN

Comité Départemental du Tourisme de la Dordogne,
25, Rue Wilson, B.P. 2063, F-24002 Perigueux,
Telefon 00 33/5 53 35 50 24, Fax 00 33/5 53 09 51 41, E-Mail
dordogne.perigord.tourisme@wanadoo.fr, www.perigord.tm.fr/~cdt24

Service: Ausgewählte Stellplätze

Wo Reisemobilisten willkommen sind

Aquitanien gehört zweifellos zu den reisemobilfreundlichsten Reiseregionen in Frankreich, und das gilt sogar für die touristisch attraktivsten Landesteile – die feinsandige Silberküste am Atlantik und das burgenreiche Tal der Dordogne. Aus der Not eine Tugend zu machen war das Gebot der Stunde vor allem an der 250 Kilometer langen Côte d'Argent.

Denn speziell in der französischen Hauptreisezeit von Mitte Juli bis Ende August waren die zahlreichen Campinganlagen in Strandnähe dem Ansturm der Reisemobilfahrer und Caravaner nicht mehr gewachsen – eine praktikable Lösung musste also her, die den Interessen beider Seiten – den mobilen Gästen sowie den Kommunen und ihren Einwohnern – gerecht wurde.

Viele Kommunen fanden den Ausweg durch die Installation offizieller Übernachtungsplätze für Reisemobile, auf denen meist ein Mindestmaß an Ausstattung vorhanden ist. Die Stadtväter kanalisierten so den Andrang auf sozial und ökologisch verträgliche Stellplätze, den Reisemobilfahrern wurde zumindest ein Angebot für eine Übernachtung gemacht.

Das Niveau der Stellplätze ist so unterschiedlich wie die Orte, die sie anbieten. In Hourtin-Port findet sich ein eigens angelegter und komfortabel ausgestatteter Reisemobilhafen in der Nähe zum Binnensee; Le Verdon-sur-Mer, Mimizan-Plage oder Vieux-Boucau-les-Bains warten immerhin mit großen und gut ausgestatteten Stellplätzen auf, die allesamt eines gemeinsam haben: In der Hauptreisezeit wird es erstens oft sehr voll, und das bleibt zweitens nicht ohne Auswirkung auf den Zustand der oft recht einfachen Ent- und Versorgungsanlagen.

Die starke Nachfrage nach Stellplätzen hinterlässt auch beim Preis-Leistungs-Verhältnis Spuren: Die Stellplätze in den Ferienorten an der Silberküste sind im direkten Vergleich zu den offiziell ausgewiesenen Übernachtungsflächen in der Bretagne deutlich teurer. Gratis-Stellplätze, die im Nordwesten des Landes immer noch relativ einfach zu finden sind, bilden hier eine Ausnahme.

Etwas anders ist die Situation im Périgord-Noir. Hier, im ebenfalls viel besuchten Tal der Dordogne mit ihren mittelalterlichen Städten und zahlreichen Festungen, bietet sich erfreulicherweise eine Kette von Stellplätzen an. Diese fallen zumeist allerdings deutlich einfacher aus als am Atlantik, einen echten Reisemobilhafen sucht der mobile Gast vergebens – dafür findet er aber deutlich günstigere Stellplätze, die sich gut zu einer Tour entlang der Dordogne verknüpfen lassen.

Hourtin-Port: Etwa 50 Fahrzeuge kann der großzügig angelegte und gut ausgestattete Reisemobilhafen in Seenähe aufnehmen. ▶

Lacanau-Huga: Optisch ist der Stellplatz am Hubschrauberlandeplatz keine Offenbarung, die Ausstattung ist aber in Ordnung.

Aquitanien

Le Verdon-sur-Mer

Anfahrt: A 10 Paris–Bordeaux bis zur Abfahrt Saintes (Nr. 25), N 150 bis Royan. Von dort setzt eine Fähre nach Le Verdon-sur-Mer über. Der Stellplatz ist im Ort gut ausgeschildert.
Stellplätze: Gebührenfreier Stellplatz für 30 Mobile im Reisemobilhafen an der Allée des Baïnes. Für Reisemobile reserviertes Gelände in der Nähe zur Plage de la Chambrette. Ebener, asphaltierter Untergrund. Großzügige Anlage, durch Bäume und Büsche begrünt. Relativ ruhige Lage in gehbarer Entfernung zum Zentrum. Keine Begrenzung der Standzeit. Ganzjährig nutzbar.
Ent-/Versorgung: Euro Relais junior auf dem Stellplatz. Gebühr: 3 Euro. Jetons sind beim Fremdenverkehrsamt und in der Mairie erhältlich.
Informationen: Office de Tourisme, 22, Rue François Lebretton, F-33123 Le Verdon-sur-Mer, Telefon 00 33/5 56 09 61 78, Fax 00 33/5 56 09 61 32, E-Mail tourismeleverdon-sur-mer@wanadoo.fr, www.littoral33.com.

Hourtin

Anfahrt: N 215 Bordeaux–Le Verdon-sur-Mer bis zum Abzweig bei Saint Sauveur, auf der D 205 nach Hourtin, den Hinweisen zum Ortsteil Hourtin-Port folgen und auf den Stellplatz links von der Zufahrtsstraße fahren.
Stellplätze: Gebührenpflichtiger Stellplatz für 50 Mobile auf der Aire des Camping-Cars in der Nähe des Yachthafens im Ortsteil Hourtin-Port. Gebühr: 10 Euro pro Nacht und Mobil. Gebühren zahlbar im Office de Tourisme am Hafen oder an der Minigolfanlage. Separater Reisemobilplatz. Lang gestrecktes Gelände mit parzellierten Übernachtungsflächen zu beiden Seiten der asphaltierten Zufahrtsstraße. Kein Schatten, beleuchtet. Ebener, befestigter Untergrund, durch Büsche und junge Bäume begrünt. Ruhige Lage, durch Grünstreifen und Bäume von der Straße getrennt. Einfaches Sanitärhaus in Stellplatznähe, Müllcontainer, Papierkörbe am Platz. Ganzjährig nutzbar. In der Hauptsaison stark besucht. Gebührenpflichtiger Stellplatz für 20 Mobile auf der Aire pour Camping-Cars am Rand des Airotel Côte d'Argent in Hourtin-Plage. Gebühr: je nach Saison 8 bis 11 Euro pro Mobil und Nacht. Für Mobile reserviertes Gelände am Rand des Campings. Kontakt: www.camping-cote-dargent.com.
Ent-/Versorgung: Bodeneinlass, Frischwassersäule an der Zufahrt zum Stellplatz in Hourtin-Port. Tag und Nacht erreichbar.
Informationen: Office de Tourisme, Maison de la Station, Place du Port, F-33990 Hourtin, Telefon 00 33/5 56 09 19 00, Fax 00 33/5 56 09 22 33, E-Mail tourisme@hourtin-medoc.com, www.hourtin-medoc.com.

Service: **Ausgewählte Stellplätze**

Wo Reisemobilisten willkommen sind

Lacanau-Huga

Anfahrt: N 215 Bordeaux–Lacanau bis Lacanau, auf der D 6 Richtung Lacanau-Océan bis zum Ortsteil Huga. Hier dem Hinweis zur Zone d'Activité folgen.
Stellplätze: Gebührenpflichtiger Stellplatz für 20 Mobile auf dem Parkplatz in der Zone d'Activité. Gebühr: 6,30 Euro pro Mobil und 24 Stunden. Für Reisemobile reserviertes, durch alte Eisenbahnschwellen parzelliertes Gelände neben dem Helikopterlandeplatz am Ortsrand von Lacanau-Huga. Nicht ganz ebener bis leicht abschüssiger Wiesenuntergrund. Kein Schatten, schwach beleuchtet. Müllcontainer am Platz. Maximale Aufenthaltsdauer: 48 Stunden. Ganzjährig nutzbar.
Ent-/Versorgung: Euro Relais junior auf dem Stellplatz.
Informationen: Office de Tourisme, Place de L'Europe,
F-33680 Lacanau,
Telefon 00 33/5 56 03 21 01,
Fax 00 33/5 56 03 11 89,
E-Mail lacanau@lacanau.com,
www.lacanau.com.

Lacanau-Moutchic

Anfahrt: N 215 Bordeaux–Lacanau bis Lacanau, auf der D 6 Richtung Lacanau-Océan bis zum Ortsteil Moutchic. Der Stellplatz liegt rechter Hand am Ortsausgang Richtung Carreyre.
Stellplätze: Gebührenpflichtiger Stellplatz für 38 Mobile auf dem Parkplatz am Ortsausgang Richtung Carreyre. Gebühr: 6,30 Euro pro Mobil und 24 Stunden. Für Reisemobile reserviertes Gelände in der Nähe zum See. Asphaltierte Zufahrtsstraße, links und rechts parzellierte Parkflächen. Etwas Schatten durch Bäume, beleuchtet durch Straßenlaternen. Ruhige Lage neben ungenutzten Gebäuden. Müllcontainer am Platz vorhanden. Max. Aufenthaltsdauer: 48 Stunden. Ganzjährig.
Ent-/Versorgung: Euro Relais auf dem Stellplatz vorhanden.
Informationen: Office de Tourisme, Place de L'Europe,
F-33680 Lacanau,
Telefon 00 33/5 56 03 21 01,
Fax 00 33/5 56 03 11 89,
E-Mail lacanau@lacanau.com,
www.lacanau.com.

Sanguinet

Anfahrt: A 63/N 10 Bordeaux–Bayonne bis zum Abzweig der A 660 Richtung Arcachon, dann auf der D 216 über Mios nach Sanguinet fahren. Im Ort den Hinweisen Le Lac folgen, von der Uferstraße auf die Aire de Camping-Cars einbiegen.

Sanguinet: In einem schattigen Wäldchen neben einem Camping und am Lac de Sanuguinet versteckt sich ein ruhig gelegener Stellplatz. ▶

◀ **Mimizan-Plage: Der gut ausgestattete Stellplatz direkt hinter der Düne kann gut 60 Reisemobile aufnehmen, im Sommer ist der Platz hoffnungslos überlastet.**

Stellplätze: Gebührenpflichtiger Stellplatz für 15 Mobile auf der Aire de Camping-Cars, Avenue de Losa. Gebühr: 7 Euro pro Nacht und Mobil (nur im Juli/August, sonst gratis). Für Reisemobile reserviertes Gelände. Geschotterte Fahrspur, Parkflächen auf naturbelassenem, leicht unebenem Waldboden. Schatten durch Bäume, beleuchtet. Ruhige Lage am See. Maximale Aufenthaltsdauer: 48 Stunden. Ganzjährig nutzbar.
Ent-/Versorgung: Betonplatte mit Bodeneinlass, Frischwassersäule am Platz.
Informationen: Office de Tourisme, Place de la Mairie, B. P. 13, F-40460 Sanguinet, Telefon 00 33/5 58 78 67 72, Fax 00 33/5 58 78 67 26, E-Mail otsangui@worldnet.net, www.sanguinet.com.

Biscarrosse-Plage

Anfahrt: A 63/N 10 Bordeaux–Bayonne bis Liposthey (Nr. 17), auf der D 43 nach Biscarrosse, D 146 nach Biscarrosse-Plage. Im Ort den Hinweisen zum Camping Le Vivier folgen.
Stellplätze: Gebührenfreier Stellplatz für 20 Mobile auf dem Parkplatz vor dem Camping Le Vivier, Rue des Pluviers et Chemin de Navarrosse. Naturbelassenes Gelände für Pkw und Mobile in einem lichten Wäldchen mit hohen Bäumen. Hufeisenförmige, asphaltierte Fahrspur, daneben naturbelassene, fast ebene Parkflächen. Ruhige Lage am Ende einer Anliegerstraße. Teilweise schattig, beleuchtet. Mülleimer am Platz vorhanden. Maximale Aufenthaltsdauer: 24 Stunden. Ganzjährig nutzbar.
Ent-/Versorgung: Euro Relais am Stellplatz in Navarrosse-Port.
Informationen: Syndicat d'Initiative, 55, Place Fontaine, F-40600 Biscarrosse, Telefon 00 33/5 58 78 20 96, Fax 00 33/5 58 78 23 65, E-Mail biscarrosse@biscarrosse.com, www.biscarrosse.com.

Mimizan-Plage

Anfahrt: A 10 Paris–Bordeaux bis Bordeaux, A 63/N 10 Richtung St.-Jean-de-Luz. In Labouheyre rechts nach Mimizan fahren. Im Ort Richtung Plage-Sud zum Parkplatz Héli-Station.
Stellplätze: Gebührenpflichtiger Stellplatz für 60 Mobile auf dem Parkplatz Héli-Station, Rue des Lacs. Gebühr: 19 Euro pro Nacht und Mobil (15. Juni bis 15. September), sonst 5 Euro. Für Reisemobile reserviertes Gelände hinter einer hohen Düne in Strandnähe. Ebener, befestigter Untergrund, kein Schatten. Gelegentlich Lärm durch Hubschrauber, Geruchsbelästigung möglich. Maximale Aufenthaltsdauer: 24 Stunden. Ganzjährig.
Ent-/Versorgung: Euro-Relais-Anlagen auf dem Stellplatz.
Informationen: Office Intercommunal de Tourisme, 38, Avenue Maurice Martin, F-40200 Mimizan,

Service: **Ausgewählte Stellplätze**

Wo Reisemobilisten willkommen sind

Telefon 00 33/5 58 09 11 20, Fax 00 33/5 58 09 40 31, E-Mail contact@mimizan-tourism.com, www.mimizan-tourism.com.

Contis-Plage

Anfahrt: A 63/N 10 Bordeaux–Bayonne bis zur Abfahrt Laharie. D 38 Richtung Mimizan bis zum Abzweig nach Saint-Julien-en-Born, dann nach Contis-Plage. Im Ort den Schildern zur Aire du Camping-Cars folgen.
Stellplätze: Gebührenpflichtiger Stellplatz für 20 Mobile auf der Aire du Camping-Cars. Gebühr: 8 Euro pro Nacht und Mobil (15. 6.–15. 9., sonst gebührenfrei). Für Reisemobile reserviertes Gelände in einer Lichtung. Geschotterte Zufahrt, leicht unebener, befestigter Untergrund. Ruhige Lage am Ortsrand und in Sichtweite zu den Dünen. Teilweise Schatten. Sanitärhäuschen, Mülleimer vorhanden. Max. Aufenthaltsdauer: 48 Stunden. Ganzjährig nutzbar.
Ent-/Versorgung: Bodeneinlass, Frischwassersäule am Stellplatz vorhanden. Gebühr: 2 Euro.
Informationen: Office de Tourisme, Avenue de l'Océan, F-40170 Contis, Telefon 00 33/5 58 42 88 65, Fax 00 33/5 58 42 42 45, E-Mail infos@contisplage-stjulien-uza.com, www.contisplage-stjulien-uza.com.

Saint-Girons-Plage

Anfahrt: A 63/N 10 Bordeaux–Bayonne bis zur Abfahrt Castets. D 42 bis St.-Girons. Im Ort Richtung Plage fahren bis zum Kreisel, dann die erste Abfahrt Richtung Camping Municipal nehmen.
Stellplätze: Gebührenpflichtiger Stellplatz für 20 Mobile auf dem Gelände vor dem Camping Municipal Les Tourturelles. Gebühr: je nach Saison 6 bis 9 Euro pro Nacht und Mobil. Für Mobile reservierte Flächen in einem lichten Kiefernwäldchen, am Fuße des Hangs und an der Zufahrt. Teilweise schattig. Saison: 1. Juni bis 30. September. Alternative: Parkstreifen für 20 Mobile an der Zufahrt zum Camping Municipal. Langer, durch Hecken parzellierter Platz nur für Mobile. Wenig Schatten, beleuchtet.
Ent-/Versorgung: Flot Bleu vor dem Camping Municipal.
Informationen: Office de Tourisme, Route Linxe, F-40560 Vielle Saint-Girons, Telefon 00 33/5 58 47 94 94, Fax 00 33/5 58 47 90 00, E-Mail vielle.st.girons@wanadoo.fr, www.tourisme-vielle-st-girons.com.

Contis-Plage: Die gut ausgestattete Aire de Camping-Cars findet sich auf einer Lichtung gleich hinter dem breiten Dünengürtel. ▶

◀ **Vieux-Boucau-les-Bains: Grünanlagen gliedern den sehr großen Stellplatz in mehrere Abteile und sorgen für angenehme Atmosphäre.**

Vieux-Boucau-les-Bains

Anfahrt: N 10 Bordeaux–Biarritz bis zur Abfahrt bei Castets, auf der D 42/D 142 nach Léon, dann die D 652 nach Vieux-Boucau-les-Bains. Im Ort dem Hinweis zur Aire de Stationnement pour Camping-Cars folgen.
Stellplätze: Gebührenpflichtiger Stellplatz für 100 Mobile auf dem Parking Bire Plecq. Gebühr: 7 Euro pro Mobil und 24 Stunden (1. 6. bis 30. 9., in den anderen Monaten 3,50 Euro). Separates Gelände nur für Reisemobile. Durch Büsche und Bäume gegliedert. Asphaltierte Fahrspur, Parkflächen geschottert, eben. Beleuchtet, wenig Schatten. Info-Tafel, Telefonzelle, Müllcontainer in Platznähe. Maximale Aufenthaltsdauer: 24 Stunden. Ganzjährig nutzbar.
Ent-/Versorgung: Betonplatte mit Bodeneinlass und Frischwasseranschluss am Platz.
Informationen: Office de Tourisme, 11, Promenade du Mail, F-40480 Vieux-Boucau-les-Bains, Telefon 00 33/5 58 48 13 47, Fax 00 33/5 58 48 15 37, E-Mail officedetourisme.vieux-boucau@wanadoo.fr, www.ot-vieux-boucau.fr.

Seignosse

Anfahrt: A 63/N 10 Bordeaux–Biarritz bis Magescq, auf der D 116/D 652 über Soustons Richtung Vieux-Boucau-les-Bains. Am Kreisel vor dem Ort auf die D 79 Richtung Hossegor abbiegen. Der Stellplatz liegt direkt an dieser Landstraße.
Stellplätze: Gebührenpflichtiger Stellplatz für 50 Mobile auf der Aire Camping-Cars, Chemin Départemental 79, hinter dem Camping Municipal Hourn Naou. Gebühr: 6 Euro pro Mobil und 24 Stunden. Für Reisemobile reserviertes Gelände in einem Wäldchen außerhalb der Ortschaft. Asphaltierte Ringstraße, Stellflächen auf naturbelassenem Untergrund. Teils fast eben, teils etwas abschüssig. Schatten durch Bäume, beleuchtet. Ganzjährig nutzbar. Im Hochsommer nur von 19 Uhr bis 11 Uhr erreichbar.
Ent-/Versorgung: Euro Relais junior vor dem Stellplatz.
Informationen: Office de Tourisme, Avenue des Lacs, F-40510 Seignosse, Telefon 00 33/5 58 43 32 15, Fax 00 33/5 58 43 32 66, E-Mail office.tourisme@seignosse.com, www.seignosse.com.

Ondres-Plage

Anfahrt: N 10 St.-Vincent-de-Tyrosse–Bayonne bis zum Abzweig nach Ondres-Plage. Im Ort den Hinweisen zum Parking de la Plage folgen.
Stellplätze: Gebührenpflichtiger Stellplatz für 60 Mobile auf der Aire Communale, Avenue de la Plage. Gebühr: 7 Euro pro Mobil

und Nacht. Der Aufenthalt ist nur erlaubt in der Zeit von 19 Uhr bis 9.30 Uhr. Für Reisemobile reservierter Teil eines Großparkplatzes, durch hohe Hecken zum Pkw-Bereich hin abgetrennt. Fast ebener, asphaltierter Untergrund. Kein Schatten, schwach beleuchtet. Ruhige, strandnahe Lage. Nutzbar von Ende Mai bis Ende September.

Ent-/Versorgung: Flot Bleu an der Zufahrt zum Parkplatz.

Informationen: Office de Tourisme Communautaire de Seignanx, Le Chalet, Avenue de la Plage, F-40440 Ondres, Telefon und Fax 00 33/5 59 45 27 73, E-Mail office-de-tourisme-seignanx@wanadoo.fr, www.otc-seignanx.com.

▶ Bucht von Arcachon

Andernos-les-Bains

Anfahrt: D 106 Bordeaux–Cap Ferret bis zum Abzweig der Landstraße nach Andernos-les-Bains. Im Ort den Hinweisschildern zum Port Ostréicole folgen und auf den ausgeschilderten Stellplatz am Hafenbecken fahren.

Stellplätze: Gebührenpflichtiger Stellplatz für 30 Mobile am Port Ostréicole. Gebühr: 4,50 Euro pro Nacht und Mobil. Für Reisemobile markiertes Gelände am Austernhafen. Lang gezogenes Wiesengelände neben der kaum befahrenen Straße. Leicht unebener Untergrund, etwas Schatten. Ganzjährig nutzbar.

Ent-/Versorgung: Euro Relais an der Zufahrt zum Stellplatz.

Informationen: Office de Tourisme, Esplanade du Broustic, F-33510 Andernos-les-Bains, Telefon 00 33/5 56 82 02 95, Fax 00 33/5 56 82 14 29, E-Mail tourisme@andernoslesbains.fr, www.andernoslesbains.fr.

Audenge

Anfahrt: N 250 Bordeaux–Arcachon bis zum Abzweig nach Audenge bei Bigamis. Auf der Uferstraße in den Ort fahren und dann den Hinweisen zum Camping Municipal Le Braou folgen.

Stellplätze: Gebührenfreier Stellplatz für 5 Mobile auf dem Parkplatz vor dem Camping Municipal Le Braou, Route de Bordeaux. Für Mobile reserviertes Gelände zwischen einem Pkw-Parkplatz und dem Camping. Ebener, asphaltierter Untergrund. Kein Schatten, beleuchtet. Leichte Lärmbelästigung durch Autogeräusche möglich. Ganzjährig.

Ent-/Versorgung: Euro Relais junior auf dem Stellplatz vorhanden. Gebühr: 3 Euro. Jetons gibt es im Office de Tourisme.

Andernos-les-Bains: Der Stellplatz beginnt auf einer Wiese am Austernhafen und folgt einer wenig befahrenen Straße. ▶

◀ La Teste de Buch: Der Großparkplatz hinter der Düne von Pyla dient auch als Übernachtungsplatz für Reisemobile.

Informationen: Syndicat d'Initiative, 24ter, Allées de Boissière, F-33980 Audenge, Telefon 00 33/5 56 26 95 97, Fax 00 33/5 56 26 94 91, E-Mail office-tourisme-Audenge@ wanadoo.fr.

La Teste de Buch

Anfahrt: A 63/N 10 Bordeaux–Biarritz bis zum Abzweig der A 660 Richtung Arcachon, N 250 nach La Teste de Buch, den Hinweisen zum Parkplatz an der Dune du Pilat folgen.
Stellplätze: Gebührenpflichtiger Stellplatz für 100 Mobile auf dem Parkplatz hinter der Dune du Pilat. Gebühr: ca. 5 Euro pro Mobil und Tag, ca. 10 Euro pro Mobil und Nacht. Für Reisemobile reservierter Teil eines Großparkplatzes für Pkw, Busse und Reisemobile. Asphaltierte Fahrspuren, naturbelassene Parkstreifen unter Bäumen. Teils leicht unebener, teils stark abschüssiger Untergrund. Schattig, beleuchtet. Tagsüber etwas unruhig durch Parksuchverkehr, abends ruhiger. Toiletten, Imbissbuden, Souvenirshops am Parkplatz vorhanden. Ganzjährig nutzbar.
Ent-/Versorgung: Toilettenanlagen am Parkplatz vorhanden.
Informationen: Office de Tourisme, Place Jean Hameau, B. P. 53, F-33260 La Teste de Buch, Telefon 00 33/5 56 66 45 59, Fax 00 33/5 56 54 45 94, E-Mail ot.la.teste.du.buch@ wanadoo.fr.

▶ Pays Basque

Anglet

Anfahrt: N 10 Bordeaux–Biarritz bis Anglet. Am zentralen Kreisverkehr rechts abbiegen, der Avenue Marcel Dassault und der Avenue de l'Adour geradeaus zum Stellplatz folgen.
Stellplätze: Gebührenpflichtiger Stellplatz für 90 Mobile auf der Aire de la Barré, 130, Avenue de l'Adour. Gebühr: 5 Euro pro Mobil und 24 Stunden. Ebener, asphaltierter Untergrund. Kein Schatten, beleuchtet. Abends ruhig, aber auch windempfindlich. Fußläufige Entfernung zum Strand. Gaststätten, Toiletten in der Nähe. Leichte Lärmbelästigung durch Parksuchverkehr möglich. Achtung: Nutzbar nur im Juli und August. Kurzfristige Änderung möglich, ein Übernachtungsverbot wird im Ort diskutiert.
Ent-/Versorgung: Flot Bleu auf dem Stellplatz vorhanden.
Informationen: Office de Tourisme Municipal, 1, Av. de la Chambre d'Amour, F-64600 Anglet, Telefon 00 33/5 59 03 77 01, Fax 00 33/5 59 03 55 91, E-Mail anglet.tourisme@ wanadoo.fr, www.ville-anglet.fr.

Biarritz

Anfahrt: N 10 Bordeaux–St.-Jean-de-Luz bis Biarritz. Erst ins Zentrum fahren, dann auf der

Service: **Ausgewählte Stellplätze**

Wo Reisemobilisten willkommen sind

Küstenstraße D 911 Richtung St.-Jean-de-Luz fahren. Der Stellplatz liegt an dieser Straße.
Stellplätze: Gebührenpflichtiger Stellplatz für 15 Mobile auf dem Parking de la Milady, Route de Bidart. Gebühr: 10 Euro pro Mobil und 24 Stunden. Für Mobile reserviertes Gelände am Ortsausgang Richtung St.-Jean-de-Luz. Fast ebener, asphaltierter Untergrund. Etwas Schatten, beleuchtet. Info-Tafel vorhanden. Leichte Lärmbelästigung durch Autoverkehr möglich. Max. Aufenthaltsdauer: 48 Stunden. Nutzbar vom 15. April bis zum 15. Oktober.
Ent-/Versorgung: Bodeneinlass und Frischwasseranschluss auf dem Stellplatz vorhanden.
Informationen: Office de Tourisme, Javalquinto, F-64200 Biarritz, Telefon 00 33/5 59 22 37 00, Fax 00 33/5 59 24 14 19, E-Mail biarritz.tourisme@biarritz.tm.fr, www.ville-biarritz.fr.

▶ Périgord

Sarlat-la-Canéda

Anfahrt: N 89 Tulle–Libourne bis zum Abzweig der D 704 bei Le Lardin-St.-Lazare nach Sarlat-la-Canéda. Im Ort auf der Avenue Général de Gaulle weiter Richtung Zentrum fahren, dann rechts abbiegen auf den Stellplatz an der Place Flandre-Dunkerque.
Stellplätze: Gebührenfreier Stellplatz für 20 Mobile auf dem Parkplatz an der Place Flandre-Dunkerque, Avenue du Général de Gaulle. Für Reisemobile reservierter, optisch wenig einladender Parkplatz am Rand des Zentrums. Asphaltierter, leicht abschüssiger Untergrund. Beleuchtet, kein Schatten, kein Lärmschutz zur nahen Hauptverkehrsstraße. Maximale Aufenthaltsdauer: 24 Stunden. Ganzjährig nutzbar.
Ent-/Versorgung: Euro Relais junior am Stellplatz vorhanden.
Informationen: Office de Tourisme de Sarlat et du Périgord-Noir, Rue Tourny, B. P. 114, F-24203 Sarlat-la-Canéda, Telefon 00 33/5 53 31 45 45, Fax 00 33/5 53 59 19 44, E-Mail info@ot-sarlat-perigord.fr, www.ot-sarlat-perigord.fr.

La Roque-Gageac

Anfahrt: A 20/N 20 Limoges–Cahors bis Souillac fahren und dann der Dordogne nach La Roque–Gageac folgen. Der Stellplatz befindet sich auf dem Parkplatz am Ortsausgang Richtung Vitrac/Montfort.
Stellplätze: Gebührenpflichtiger Stellplatz für 10 Mobile auf dem Parkplatz an der Place Publique.

Sarlat-la-Canéda: Als Transitplatz für eine Nacht reicht der schmucklose Parkplatz am Rand der Altstadt aus. ▶

Domme: Ein Parkstreifen im hinteren Bereich des Großparkplatzes bietet sich als Stellplatz für Reisemobile an.

Gebühr: 5 Euro pro Nacht und Mobil. In mehrere Abschnitte gegliederter, begrünter Großparkplatz für Pkw und Reisemobile zwischen Uferstraße und Fluss. Ebener, geschotterter Untergrund. Etwas Schatten durch Bäume. Im vorderen Teil leichte Autogeräusche hörbar. Saison: April bis Oktober.
Ent-/Versorgung: Euro Relais junior samt Bodeneinlass auf dem Stellplatz vorhanden.
Informationen: Syndicat d'Initiative, Le Bourg, F-24250 La Roque-Gageac, Telefon 00 33/5 53 29 17 01, Fax 00 33/5 53 31 24 48, E-Mail contact@la-roque-gageac.com, www.la-roque-gageac.com.

Domme

Anfahrt: A 20/N 20 Limoges–Cahors bis Souillac, dann der Dordogne nach Domme folgen. Vom Fuß des Felsens leiten Schilder Reisemobile auf einen gesonderten Parkplatz am Stadtrand.
Stellplätze: Gebührenpflichtiger Stellplatz für 10 Mobile auf der Aire de Stationnement du Predal. Gebühr: 4,50 Euro pro Nacht und Mobil. Parkplatz für Pkw, Busse und Mobile am Stadtrand, durch Büsche in mehrere Parkstreifen gegliedert. Ebener, befestigter Untergrund. Beleuchtet, tagsüber etwas unruhig durch Ausflugsverkehr, abends ruhiger. Ganzjährig benutzbar. In der Saison Minibahn vom Stellplatz ins Zentrum.
Ent-/Versorgung: Euro Relais junior, Bodeneinlass im vorderen Teil des Stellplatzes vorhanden.
Informationen: Office de Tourisme, Place de la Halle, F-24250 Domme, Telefon 00 33/5 53 31 71 00, Fax 00 33/5 53 31 71 09, E-Mail infos@domme-tourisme.com, www.domme-tourisme.com.

Montfort

Anfahrt: N 89 Tullé–Libourne bis zum Abzweig der D 704 bei Le Lardin-St.-Lazare nach Sarlat-la-Canéda/Gourdon. Der Straße folgen bis Sarlat, dann auf die D 46 Richtung Vitrac/Dordogne fahren und vor dem Fluss abbiegen nach Montfort. Der Stellplatz liegt direkt vor der Burg.
Stellplätze: Gebührenfreier Stellplatz für 10 Mobile auf dem Parkplatz am Schloss Montfort. Parkplatz für Pkw und Reisemobile. Asphaltierte Fahrspur, geschotterte Stellflächen, teilweise eben, zum Teil auch leicht abschüssig. Ruhige Lage im Grünen. Kein Schatten, schwach beleuchtet. Maximale Aufenthaltsdauer: 24 Stunden. Ganzjährig benutzbar.
Ent-/Versorgung: Euro Relais junior auf dem Stellplatz. Gebühr: 2 Euro. Jetons gibt es im Dorf.
Informationen: Office de Tourisme de Sarlat et du Périgord-Noir, Rue Tourny, B. P. 114, F-24203 Sarlat-la-Canéda, Telefon 00 33/5 53 31 45 45, Fax 00 33/5 53 59 19 44, E-Mail info@ot-sarlat-perigord.fr, www.ot-sarlat-perigord.fr.

Manche mögen's ganz in **weiß**

Wer abseits überfüllter Alpenpisten wedeln möchte, der findet in den französischen Pyrenäen eine verschneite Welt des Wintersports und einen Geheimtipp für Skifahrer.

11 Mobil-Tour: **Pyrenäen**

Skivergnügen in der Cerdagne

Wenn im französischen Teil von Katalonien Flocken fallen und die Schneelast auch gesunde Kiefern und Tannen gnadenlos unter sich begräbt, erwacht ein weitgehend unbekanntes Wintersportgebiet zu neuem Leben. Die Pyrenäen, sonst als Symbol für den sonnigen Süden bekannt, nehmen dann alpines Format an. Mühsam quält sich die Straße von Perpignan nach Font Romeu in die Pyrenäen hinein. Die milde Mittelmeerluft, die gerade eben an der Küste noch das Reisemobil umströmte, macht dem schneidend kalten Winterwind Platz. Der Temperatursturz kam urplötzlich. Einige Schneefelder tauchen links und rechts der Straße auf, werden dichter, formieren sich schließlich zu einer geschlossenen weißen Decke. Auf einmal umhüllt uns echte Winterpracht.

Diese Region finden Sie im Kartenteil auf den Seiten 58, 59.

Den Eingang des Hochtals der Cerdagne bewacht auch heute noch die stolze Festung Mont-Louis. Der Baumeister Vauban hat sie unter König Ludwig XIV. im siebzehnten Jahrhundert errichtet. Da sie nie eine Belagerung erleben musste, sind ihre Festungswälle bis heute unversehrt. Sie umgeben eine schneebedeckte Siedlung wie aus dem Bilderbuch. Reisemobilisten genießen einen Rundgang durch den 1600 Meter hoch gelegenen Ferienort, bevor sie auf die Landstraße einbiegen und weiterfahren zum Skigebiet von Font Romeu.

In dem Luftkur- und Wintersportort ragen einige grandiose Hotels aus dem Anfang des Jahrhunderts in den strahlend blauen Himmel. Die besonders sonnige und vor kalten Nordwinden geschützte Lage sowie das riesige Waldgebiet rundum lockten schon früh die ersten Urlauber hierher, als Skifahren noch kein Volkssport war.

Der Beliebtheit tut es dabei keinen Abbruch, dass die Berge im Grenzmassiv zwischen Spanien und Frankreich natürlich nicht so hoch sind wie in den Alpen: Der Pic Carlit, höchster Gipfel der Pyrenäen, ragt 2921 Meter auf. Grandiose Gletscher gibt es nicht, dafür lassen die unberührten Wälder Besucher eher an die kanadische Weite denken.

Auch die Skigebiete der Neiges Catalanes erreichen nicht die Ausmaße der alpinen Schwestern. Doch der Liftverbund des Katalanischen Schnees besteht aus neun verschiedenen Orten, die alle einen ganz eigenen, unverwechselbaren Charakter ausstrahlen – von verschwiegenen Dörfchen mit flachen Loipen bis hin zur ausgewachsenen Skistation mit einigen anspruchsvollen Pisten für die Könner unter den Alpinisten.

In den weitläufigen Freigehegen des Tierparks von Les Angles fühlen sich Braunbären, Wölfe und sogar einige Bisons wohl. ▶

Eyne ist ein ursprüngliches, malerisches Dorf in den Bergen.

Eine Region wie geschaffen für eine Wintertour mit dem Mobil.

Auf dem Plateau oberhalb von Font Romeu zerren unruhige Huskys hechelnd einen Schlitten durch die klirrend kalte und klare Winterluft. Direkt darüber surren jene Lifte, die mutige Abfahrtsläufer in Richtung Sonne ziehen. Sie steigen hoch bis auf immerhin 2500 Meter über dem Meeresspiegel.

Trotz der Höhe betreiben die Skifahrer ihren Wintersport hier mit französischem Laisser-faire. Nicht der Sieg steht im Vordergrund, sondern das Skivergnügen. Das Wedeln macht vor allem Spaß, dient dem Gruppenzusammenhalt und ist gespickt mit vielen Pausen, in denen sich das eigene Gesicht in die Sonne halten lässt, Café au lait Seele und Magen wärmt und ein Schwätzchen auf der Tagesordnung steht. Die Pisten sind weitgehend gut zu bewältigen, auch Anfänger und Ungeübte kommen hier ohne viele Stoffbremsen hinunter.

Wer trotzdem lieber im Flachen Ski läuft, steuert den Lac de Bouillouses an. Der Stausee zwischen Font Romeu und Les Angles liegt in 2070 Metern Höhe und ist im Winter nur per pedes, mit Schneeschuhen oder auf Langlaufskiern erreichbar. Märchenhaft ruhig schweigt der zugefrorene See, nur das rhythmische Gleiten von Langlaufskiern unterbricht die Stille. Hier kann die eigene Seele prächtig baumeln.

Einige hundert Meter höher gäbe es Interessantes zu hören. Ein Führer erklärt seinen Wanderschützlingen gerade wichtige Details über diese Skiregion: In das fast unbewaldete Bouillouses-Plateau haben sich schließlich zwanzig kleinere Gletscherseen eingegraben.

Das Besondere an der winterlichen Seentour: Alle Teilnehmer tragen ebenso ungewöhnliche wie unförmige Plattfußschuhe an den Füßen. Mit diesen Schneeschuhen können sie auch über Tiefschneefelder laufen, ohne bis zu den Hüften darin zu versinken. Die unterhaltsamen Schneeschuh-Wanderungen

LAND & LEUTE

Das Skigebiet Neiges Catalanes liegt am Rand des Dreiländerecks Frankreich-Spanien-Andorra auf der Hochebene der Cerdagne. Westlich von Mont-Louis befinden sich die Wintersportorte Font Romeu, Les Angles, Eyne und St. Pierre.

SEHEN & ERLEBEN

Das älteste Sonnenkraftwerk der Welt steht in Mont-Louis. Four Solaire arbeitet seit 1953 und steht Besuchern bei einer geführten Tour im Winter wie im Sommer offen.

ESSEN & TRINKEN

Dass Llivia eine spanische Enklave auf französischem Territorium ist, wird spätestens bei der Einkehr in die Lokale des Ortes deutlich: Mehrere Tapas-Bars finden sich im historischen Zentrum des malerischen Dorfes in der abgelegenen Bergwelt der Cerdagne. Der Ort blieb trotz des Pyrenäenvertrages von 1659 bei Spanien, weil er seinerzeit die Stadtrechte besaß und Frankreich die Cerdagne samt allen Dörfern erhielt.

Mobil-Tour: **Pyrenäen**

Skivergnügen in der Cerdagne

starten in Les Angles und führen danach durch die geheimnisvoll wirkenden Wälder bis zu den Gletscherseen, die dem majestätischen Pic Carlit einsam und verlassen zu Füßen liegen.

In Les Angles ist es mit der Einsamkeit etwas anders bestellt. Der Ort besitzt eine hypermoderne Skistation, mit allem, was heute so dazugehört. Schwimmbad, Eishalle, Restaurants und Geschäfte gruppieren sich direkt um die Talstationen. Die Pisten bieten neben einfachen und mittelschweren Abfahrten auch Leckerbissen für sportlich ambitionierte Fahrer.

Zum Après-Ski – wie der Name verrät natürlich eine originäre Erfindung der Franzosen – gehört ein Gang durch den historischen Ortskern. Hier hat Les Angles sich allem Andrang zum Trotz seinen ursprünglichen Charakter bewahrt: Stolz ragt die alte Kirche hoch über den Matemale-See, schneebedeckte Dächer schmiegen sich eng aneinander.

Wer noch weiter laufen will, kann die riesigen Freigehege des Tierparks im Wald vor dem Ort besuchen. Hier sind alle Tierarten vertreten, die in den Pyrenäen leben oder einmal gelebt haben. Außer Hirschen und Wildschweinen stapfen heute noch Bären durch den Schnee, Wölfe schleichen zwischen den Bäumen, Geier verdrehen ihre beweglichen Hälse zum Gruß des Besuchers. Auf einmal tauchen die massiven Schatten bulliger Bisons aus dem Dunkel des Waldes auf: ein peinlicher Fehlgriff der Tierparkplaner? Natürlich nicht: Denn uralte und gleichzeitig weltberühmte Höhlenmalereien in den Pyrenäen beweisen, dass es diese kräftigen Tiere zu prähistorischen Zeiten hier wirklich gegeben hat.

In Porté-Puymorens, nahe bei der spanischen Grenze am anderen Ende des gastfreundlichen Hochtals, stürzen sich einige Abfahrten besonders steil und herausfordernd von den Bergen. Der kleine Ort besteht aus nur wenigen alten Häusern, Hotelgäste gibt es kaum, über die Pisten schwingen fast nur Tagesausflügler.

Die unüberhörbaren spanischen Sprachfetzen verraten die Herkunft der meisten Skifahrer. Die iberischen Nachbarn wissen, dass sie auf der Nordseite der Pyrenäen beste Schneebedingungen vorfinden. Auf den kahlen Südhängen der spanischen Pyrenäenseite dagegen lässt die strahlende Sonne dem Schnee nur wenig Chancen.

Die Franzosen selbst fahren deswegen umgekehrt so gut wie nie auf die andere Seite – es sei denn, zu einem ausgiebigen Einkaufsausflug ins nahe Steuerparadies Andorra. Gleich hinter der Grenze warten dort Zigaretten- und Al-

Die herzhaften Wurstwaren der Cerdagne sind weit gerühmt. Eine ganze Zahl einladender Metzgereien besitzt der Ort Saillagouse. ▶

◀ **Kinderskischule, Loipennetz und Abfahrtszirkus gehören zu dem modernen Skigebiet von Les Angles.**

koholverkäufer auf ihre Kunden aus der ganzen Welt.

Wesentlich gelungener zeigt sich der grenzüberschreitende Austausch auf der Speisekarte. Nach einem langen Tag im Schnee sucht ein Wintersportler ja vor allem etwas Gutes zu beißen, das den Magen füllt und innere Wärme liefert.

RADELN & WANDERN

Das Dorf Llo lockt nicht nur mit schwefelhaltigen Quellen, sondern mit einem reizvollen Wanderweg in einer engen Schlucht. Der Weg zum reichlich einen Kilometer entfernten Thermalbad führt durch diese enge Schlucht.

SEHEN & ERLEBEN

Die Bäder des Dorfes Dorres in 1400 Metern Höhe sind die Belohnung für eine Wanderung in das abgelegene Pyrenäen-Dorf. Das 41 Grad warme und schwefelreiche Wasser macht auch müde Knochen wieder munter.

PROMOBIL-TIPP

Nur 30 Menschen leben in dem Bergdorf Planès, das trotz seiner Abgelegenheit und geringen Größe eine bedeutende Sehenswürdigkeit in seinen Mauern beherbergt: Die Dorfkirche aus dem elften Jahrhundert besitzt einen sehr seltenen Grundriss in Form eines Kleeblatts mit drei halbrunden Apsiden – vermutlich eine architektonische Umsetzung des Dreieinigkeitssymbols.

Die Restaurants mischen munter ohne kulinarische Berührungsängste, was die beiden Landes- und die Regionalküchen bieten, neben Raclette und Fondue gibt es Knoblauch-Tapas und Rotwein von diesseits und jenseits der Pyrenäen.

Der Gasthof Les Granges im Ortskern von Les Angles ist ein wahrer Lusttempel für feine Leckermäuler aus allen Ländern. Er sieht innen gemütlich nach Scheune aus. Die Garçons servieren dort einen überbackenen Camembert, der die Einheimischen aus der ganzen Region anlockt. Der Skitag beginnt nach so einem Abend natürlich nicht um acht Uhr früh. Es sei denn, der Fan hat den Ehrgeiz, die ersten Spuren in den noch jungfräulichen Schnee zu zeichnen.

Diese Zeit am ganz frühen Morgen überlassen die Franzosen am liebsten der Sonne. Sie kann in Ruhe aufgehen, die Luft erwärmen und den in der Nacht vielleicht harschig gefrorenen Schnee antauen. Dann erst schwingt es sich gut auf den Pisten, und die Skifahrer haben auch noch Laune, einen Blick auf die herrliche Landschaft zu verwenden.

Im oberen Bereich bietet das Skigebiet von Eyne und St. Pierre ein ganz besonders herrliches Panorama. Steil stürzen die Felswände bis an den Rand der funkelnden Pisten herab. Schön zum Ansehen sind auch die alten Siedlungen unterhalb des Espace Cambre d'Aze.

Historische, über und über mit Schnee bedeckte Gemäuer leuchten in der klaren Winterluft. Eingemümmelt in dicke Anoraks und ausgestattet mit Winterstiefeln, laufen die Urlauber durch den Ort und starten dann zu einem ausgedehnten Spaziergang durch die stillen und tief verschneiten Wälder.

Mobil-Tour: **Pyrenäen**

Skivergnügen in der Cerdagne

Reisezeit

Für Skifahrer sind die schneereichen Monate Januar und Februar die ideale Reise- und Wintersportzeit. Ab März schmilzt die südliche Sonne die weiße Pracht oft schon zu pappigem Sulz. Mitte Januar ist es meist angenehm leer, in den französischen Skiferien im Februar füllen sich dann die Pisten mit Schulkindern.

Route

Auf der Autobahn A 9 erreichen Urlauber den französischen Ort Perpignan, kurz vor der spanischen Grenze und unweit der Mittelmeerküste. Von hier zweigt die Straße N 116 ab in die Pyrenäen. Bei Mont-Louis führen Landstraßen in das Skigebiet um Font Romeu und in Richtung Norden nach Les Angles und zum Stausee Lac de Bouillouses. Die N 20 bringt Urlauber über die Grenze nach Andorra.

Sehenswertes

Bolquère: Malerisches, kleines Dorf, umgeben von Wäldern.
Chaos de Targasonne: Riesiges Felsenmeer aus von Gletschern hergeschleiften, bizarr geformten Granitblöcken, östlich von Angoustrine.
Dorres: In Dorres und in Llo sprudeln heiße, schwefelhaltige Quellen aus dem kalten Winterboden. Die Quellen sind in einem halbstündigen Fußmarsch vom Hôtel Marty von Dorres aus gut zu erreichen. Direkt am Ursprung hat das Wasser eine Temperatur von 41° Grad Celsius. Planschfreunde können hier mit Blick auf die umliegenden Gipfel baden.
Eyne: Hübsches, in Stufen angelegtes Dorf.
Font Romeu: Wintersportgebiet, Wanderwege durch waldreiche Umgebung, Sonnenofen des Forschungszentrums in Odeillo mit 63 beweglichen Planspiegeln, einem Parabolspiegel mit einer Auffangfläche von 1800 qm und 9500 kleinen Spiegelelementen, dazu Ausstellungshalle und Vorführungen, Kalvarienberg und Aussichtspunkt Belvédère mit Weitblick.
Gorges du Sègre: Schlucht durch das Puigmal-Massiv.
Lac de Bouillouses: Ausgedehntes Loipengebiet, Naturwanderungen mit Schneeschuhen.
Mont-Louis: Zitadelle und Befestigungsanlagen.
Saillagouse: Berühmt für seine würzigen Wurstwaren.
Ste. Léocadie: Orientierungstafel an der Straße, herrlicher Rundblick über die Cerdagne.
Villefranche-de-Conflent: Burg und altes Stadtbild, Haltepunkt des gelben Touristenzugs Le Train Jaune, Wanderausflug zu den Grottes des Canalettes.

Aktivitäten

Alpiner Skilauf: Die Hänge in den Neiges Catalanes bieten Abfahrten mit fast allen Schwierigkeitsgraden, der größte Teil der Pisten ist aber auch für Ungeübte gut zu bewältigen. Könner finden einige interessante Steilhänge in Porté-Puymorens. Insgesamt gibt es in dem gesamten Skigebiet der Neiges Catalanes über 160 Pisten zwischen 1300 und 2600 Metern Höhenlage. Eine erstaunlich große Zahl von knapp achthundert Schneekanonen sorgt auch bei Niederschlagsmangel für die geeignete Sportunterlage.
Langlauf: Eine große Zahl von Loipen macht aus den Neiges Catalanes ein hervorragendes Langlaufrevier, das Netz umfasst insgesamt 200 Kilometer.
Schneeschuh-Wanderungen: Ausflüge mit Schneeschuhen werden in jedem Ort angeboten. Besonders lohnend ist eine Winterwanderung mit naturkundlicher Führung.

Auf den Parkflächen mehrerer Liftstationen können Reisemobile auch über Nacht gebührenfrei stehen.

Essen & Trinken

Die Angebote auf den Speisekarten sind eine bunte Mischung aus französischen und spanischen Gerichten. Für kalte Winterabende gibt es deftiges und gut sättigendes Essen wie Raclette, Fondue und Kartoffelgratin. Spanische Spezialitäten sind die Tapas, appetitlich angerichtete Miniportionen, die als Vorspeise oder Snack auf einem kleinen Teller serviert werden. Lecker sind zum Beispiel frittierte oder eingelegte Fische. Echt katalanische Genüsse sind die verschiedenen Hartwürste. Selbstverständlich ist Knoblauch und Scharfes allgegenwärtig. Bei den Weinen empfehlen sich vor allem die kräftigen Roten, sie schmecken nach purer Sonne. Der süße, helle Muskatwein aus dem nahen Rivesaltes an der Mittelmeerküste mundet genauso zu den Aperitif-Oliven wie als Dessertwein nach einem etwas opulenteren Mahl.

Insider-Tipp

Der gelbe Eisenbahnzug Le Train Jaune verkehrt zwischen Mont-Louis und den Höhen der Cerdagne. Er schraubt sich auf schmalen Gleisen in die Bergwelt hinauf bis zur Endstation Latour-de-Carol und überquert dabei Schwindel erregende Schluchten.

Bücher & Karten

Eine ganze Reihe guter Tipps für Touren auf beiden Seiten der Grenze und nach Andorra liefert Tobias Büscher in seinem Band Pyrenäen, DuMont Verlag, 2003, 12 Euro. Empfehlenswert dank zahlreicher Routentipps ist der Band aus der Serie der Grünen Michelin-Reiseführer, Languedoc, Pyrenäen, Gorges du Tarn, Michelin Verlag, Karlsruhe, 2003, 14, 80 Euro. Für Aufenthalte in der warmen Jahreszeit bietet Roger Büdeler viele Hinweise in seinem Band Pyrenäen – Französische Zentralpyrenäen, Arrens bis Seix, Bergverlag Rother, 2003, 12,90 Euro.

WEITERE INFORMATIONEN

Comité Départemental du Tourisme Pyrénées-Orientales,
16, Avenue des Palmiers, F-66005 Perpignan Cedex,
Telefon 00 33/4 68 51 52 53, Fax 00 33/4 68 51 52 50,
E-Mail tourisme.roussillon.france@wanadoo.fr,
www.pyreneesorientalestourisme.com
Comité Régional du Tourisme Languedoc-Roussillon,
Le Millenaire II, 417, rue Samuel Morse, F-349600 Montpellier Cedex 2,
Telefon 00 33/4 67 22 81 00, Fax 00 33/4 04 67 64 47 48,
E-Mail contact.crtlr@sunfrance.com, www.sunfrance.com

Meer, **Wind** und Fels

Im Süden kommt einem Frankreich spanisch vor. Zwischen Mittelmeer und Pyrenäen lockt der französische Teil Kataloniens Reisemobil-touristen, Bergwanderer und Wassersportler.

12 Mobil-Tour: **Roussillon**

Wassersport und Wandertage

Eigentlich ist es ja nicht erlaubt. Aber außerhalb der Hochsaison drücken die Franzosen schon mal beide Augen zu und lassen vieles mit einem sprichwörtlichen Laisser-faire, Laisser-aller geschehen. Und es ist ja auch so praktisch: An der Küste bei La Franqui bieten große Teile der riesigen Strandfläche einen dermaßen harten und festen Untergrund, dass Reisemobilfahrer ihr Vehikel auf dem Sand bis knapp an das Meer heranfahren können. So ist in der Nebensaison am Strand viel Platz für Urlaubseskapaden, sei es ein bequemes Picknick mit den eigenen Füßen im Meer, sei es eine erfolgreiche Himmelsstürmerei mit dem Lenkdrachen oder ein schneller Ausritt auf dem bunten Surfbrett.

Diese Region finden Sie im Kartenteil auf den Seiten 52, 53.

Praktischer als auf der unendlich erscheinenden Sandfläche der Franqui scheint sich der Urlaub mit Mobil, Wind und Wellen nirgends gestalten zu lassen. Für windige Wasserspiele kommen viele Urlauber hierher: Das Roussillon ist eine der stürmischsten Gegenden Europas. Regelmäßig faucht der Tramontane genannte Nordwind durch die Schneise zwischen Pyrenäen und Zentralmassiv und bläst den bunten Freizeitseglern einen sportlichen Marsch. In Surferkreisen gilt die Lagune von Leucate südlich von La Franqui als einer der Speed-Spots, wo Profis auf spiegelglattem Wasser Höchstgeschwindigkeiten ersurfen können.

Missglückte Gleitversuche auf den wackeligen Brettern enden schlimmstenfalls auf der schmalen Landzunge, die die Lagune vom offenen Meer abtrennt. Auf der anderen Seite surfen zwar auch so manche Mutige, aber die Gefahr des Abtreibens ist beim Wehen des Tramontane wirklich nicht zu unterschätzen. Denn wenn dieser Wind über das Mittelmeer bläst, dann aber gleich richtig: Ganze Eisenbahnwaggons soll der wütende Bruder des Mistral bei Leucate schon umgeworfen haben, als wären sie so klein wie Spielzeug-Güterwagen von der Modelleisenbahn. Eigentlich kaum zu glauben angesichts des strahlend blauen Himmels: Das Languedoc-Roussillon gehört nicht nur zu den windreichsten, sondern auch zu den sonnenverwöhnten Regionen. Dreihundert Tage pro Jahr lässt die Sonne das Meer in herrlichem Blau aufleuchten. Alleine deswegen zieht die Gegend so manchen Touristen an. Hier ist ein ideales Revier für Sonnenanbeter.

Im Hochsommer sind die riesigen Strände von Argelès und St.-Cyprien

In den stillen Buchten an der Côte Vermeille finden seetüchtige Mobilisten gute Bootsliegeplätze. ▶

Ein herrlicher Blick bietet sich vom Mont Canigou über Berghöhen bis hinunter zum Meer.

rappelvoll. Nur in Leucate-Village gibt es auf dem Strand vor dem alten Ortskern erstaunlicherweise auch im Juli noch Fleckchen, wo das Badetuch in voller Größe Platz findet.

Zudem können Reisemobilfahrer dort einen ausgewiesenen Stellplatz direkt am Meer entdecken. Der ist allerdings nicht sehr ruhig: Eine Café-Bar direkt daneben dreht abends die Musikanlage voll auf. Die meisten Reisemobilfahrer lassen sich davon nicht stören. Im Hochsommer verwandelt sich das Gelände zu einer richtigen Wagenburg.

Etwas weiter südlich, knapp an der spanischen Grenze, vermischen sich Land und Meer in einer einzigartigen Landschaft. Steil stürzen hier die Pyrenäen ins Mittelmeer und bilden eine Unzahl von Buchten und Steilküsten. Bei der Fahrt dorthin gehen die unendlichen Strände mit einem Schlag in eine Felsküste über, vor den Urlaubern baut sich eine riesige, steinerne Wand im Blickfeld auf. Oft flirren die kargen Hänge der Pyrenäen im Frühsommer schon in der mediterranen Hitze, während noch etwas Schnee auf dem Gipfel des über 2700 Meter hohen Canigou liegt. Das weiße Haupt des kegeligen Berges leuchtet bis ans Meer sichtbar im dunkelblauen Himmel.

Zu seinen Füßen wird die Küste steil, steinig und verschlungen: Das Küstensträßchen verläuft immer höher und erlaubt einen herrlichen Ausblick auf wilde Buchten und kleine Häfen. Noch vor dem Cap Béar liegt mit Collioure einer der malerischsten Orte, im wahrsten Sinne des Wortes: Hier haben sich die Fauvisten breit gemacht, seit Henri Matisse 1905 die besonderen Farben von Himmel, Meer und Fels an der Côte Vermeille entdeckte und diese Gegend zu seinem Lieblingsarbeitsplatz machte.

Ihm folgten schnell andere Künstlerkollegen, und der Ort wurde zu einer Hochburg des Fauvismus, jener Kunstform, die dem sanften Impressionismus mittels Farborgien ein Ende bereiten

LAND & LEUTE

Das Roussillon, französischer Teil von Katalonien, lockt mit weiten Sandstränden, lebhaften Hafenstädten und einer reichen Kulturgeschichte aus den Zeiten der Griechen und der Römer.

SEHEN & ERLEBEN

Vorbei an tiefen Schluchten und tosenden Wasserfällen fährt der Petit Train Jaune, der kleine, gelbe Schmalspurzug, durch die Pyrenäen. Auf den 60 Kilometern zwischen Villefranche und La Tour de Carol macht er Zwischenstopps im Wandergebiet Pic de Carlit und bei der Abtei Saint Martin.

FEIERN & GENIESSEN

Jedes Jahr im Juli zeigt die französische Kleinstadt Céret ihr spanisches Temperament. Dann feiern die Einwohner das Internationale Festival des Sardanischen Tanzes. Die Sardana ist ein traditioneller spanischer Volkstanz. Zum Festival ist die ganze Stadt einschließlich vieler Besucher auf den Tanzbeinen – auf allen Plätzen und in den Gassen erklingt die Musik.

12

Mobil-Tour: **Roussillon**

Wassersport und Wandertage

wollte. Heute wandeln Urlauber auf den Spuren der Farbfreunde durch die engen Gässchen des Ortes, der sogar einen Chemin du Fauvisme, einen Weg des Fauvismus, ausgewiesen hat.

An vielen Straßenecken sind Tafeln mit wetterfesten Reproduktionen der Werke angebracht, die einen direkten Vergleich mit den Originalmotiven erlauben. Die knallbunten Fischerbarken in der kleinen Bucht von Collioure setzen den ansprechenden Motiven noch einen entscheidenden zusätzlichen Farbtupfer obendrauf.

Eine Bucht weiter, in Port Vendres, spiegelt selbst die Kirche das Meeresblau wider. Die Kuppel des Turms leuchtet unübersehbar über dem großen Fischerei- und Handelshafen. Noch auffälliger thront über der Hafeneinfahrt ein metallischer Leuchtturm, der in seiner Art einzigartig sein soll. Um den Angriffen des Meeres widerstehen zu können, wurde das Feuer kurzerhand auf spillerige Metallfüße gestellt, die meterhohen Wellen der Winterstürme laufen einfach darunter hindurch. Denn das Mittelmeer ist nicht zu unterschätzen.

Auch wenn das friedliche Blau die roten Felsen der Côte Vermeille meistens trügerisch sanft umspült, gibt es doch Momente, wo das mare nostrum wütend wird. Dann fürchten selbst gestandene Seeleute seine Zornesausbrüche, und unter kundigen Seglern gilt das Mittelmeer schließlich ohnehin als einer der gefährlichsten, weil heimtückischsten Gewässer der Welt.

Denn wenn der Tramontane bläst, ist das Meer im Windschatten der Küste zunächst noch trügerisch glatt. Weiter draußen aber beginnt für Segler der Teufelsritt auf kurzen, steilen Wellen. Zum Glück gibt es für Wasserratten an solchen Tagen genug andere Beschäftigungen als Ausflüge aufs offene Meer.

Die Buchten der Felsküste am Fuße der Pyrenäen gelten als einer der besten Geheimtipps unter Tauchern. Auf Novizen warten überall Sportschulen und Tauchtaufen. Ein kleines, schmales Boot bringt die Anwärter sicher über versteckte Unterwasserriffs. Nach einer tief gehenden Einweisung in die Geheimnisse von Atemmaske und Pressluftflasche geht es in Begleitung erfahrener Tauchlehrer zu einem Ausflug in Poseidons Reich.

Auf eigene Faust lohnen sich dagegen Ausflüge mit Maske und Schnorchel, die jeder Besucher unbedingt mitnehmen sollte. Das Wasser ist meist selbst in Ufernähe fast kristallklar und bietet deshalb erstaunliche Sichtweiten.

Trotz der hohen touristischen Frequentierung ist die Unterwasserfauna recht üppig geblieben und macht viel-

Im Hafen von Port Vendres spiegelt die farbige Kirchenkuppel das Meeresblau. ▶

fältige Entdeckungsreisen möglich. Wer neugierig also in eine kleine, schmale Felsspalte hineinlugt, sollte sich deshalb in diesem Revier nicht wundern, wenn auf einmal urplötzlich das glubschige Augenpaar eines verschreckten Kraken erstaunt zurückglotzt.

Je weiter südlich, desto verwegener die Buchten. Ab der spanischen Grenze heißt die katalanische Küste Costa Brava, was wörtlich übersetzt Wilde Küste bedeutet. Hier am Pyrenäenrand ist sie auch wirklich noch sehr ursprünglich. Im Gegensatz zu den verschandelten Ufern der riesigen Touristenzentren weiter südlich sind die Buchten hier teilweise so schwer zugänglich, dass selbst die Profis des Betontourismus lieber ihre Finger davongelassen haben.

Eine ideale Gegend, um das mobile Heim in einem der kleinen Hafenörtchen abzustellen und mit Schlauchboot oder Jolle für Tagesausflüge in naturbelassene Buchten zu schippern. So machen das auch die Einheimischen sehr gerne. Dieses Programm empfiehlt sich demnach eher unter der Woche denn sonntags, wo so mancher maritime Picknickplatz schon längst belegt ist.

▲ **Kletterfreunde kommen in den Pyrenäen voll auf ihre Kosten. Der einfache Weg zum Gipfel des Canigou ist für alle Wanderer gut geeignet.**

Am Wochenende bietet sich ein Ausflug zu einer anderen Facette Kataloniens an. Vor allem im Hochsommer erlaubt eine Wanderung in der klaren Gebirgsluft des Canigou-Massivs sprichwörtlich eine kühle Verschnaufpause von der Hitze der felsigen und kargen Küste unten am Meer.

Auf dem Weg ins Hinterland führt die Straße an alten, geschichtsträchtigen Gemäuern wie der Abtei von St.-Martin du Canigou vorbei. Die beeindruckende Klosteranlage liegt hoch oben auf einem Felsvorsprung und ist nur zu Fuß zu erreichen. Hier spüren die Urlauber den typischen Hauch von Mystik und Einsamkeit, der stets unsichtbar über den Pyrenäen schwebt. Aber auch die Nähe zum Meer macht diese Bergwelt so einzigartig. Anders als in alpinen Regionen können die Wanderer hier dem Mittelmeer doch nie ganz entrinnen.

Wer den einfachen, aber schweißtreibenden Aufstieg zum bis in den Sommer schneebedeckten Gipfel des Canigou geschafft hat, genießt anschließend die weite Aussicht auf die Berglandschaft rundum. Tief unten im Blickfeld tauchen wieder die blauen Fluten des Meeres auf.

SEHEN & ERLEBEN

Besonders beeindruckend sind die traditionellen Feste in Südwestfrankreich: Bei der Karfreitagsprozession von Perpignan ziehen schwarz vermummte Gestalten mit spitzen Kappen durch die Stadt, die Sonnenwendfeier begehen die Einheimischen mit großen Holzfeuern am Strand.

WANDERN & RADELN

Die Vegetation des Massivs La Clape erschließt der botanische Lehrpfad von Pech Maynaud bei Gruissan. Auf einer Fläche von insgesamt 7,5 Hektar können sich die Besucher über die geschützte Flora auf den Hochebenen informieren.

PROMOBIL-TIPP

Der Fischerhafen Port Vendres liegt am sagenumwobenen Cap Béar. Außerhalb der Saison können Wasserausflügler dort ein führerscheinfreies Boot ab etwa 80 Euro mieten, das Cap umrunden, an der Felsküste entlangschippern oder einen kleinen Ausflug nach Spanien machen.

Mobil-Tour: **Roussillon**

Wassersport und Wandertage

Route

Die A 9 führt von Montpellier über Narbonne nach Katalonien. Südlich von Narbonne reihen sich die Küstenorte Gruissan, Leucate, Le Barcarès und Argelès aneinander, weiter geht die Straße am Meer entlang bis zur spanischen Costa Brava. Von Perpignan gelangen Urlauber auf der N 116 ins Hinterland zu beeindruckenden Abteien und weiter bis zum Canigou-Massiv.

Reisezeit

Das Roussillon gehört zu den sonnenverwöhntesten Regionen Frankreichs. Schon im Mai und Juni ist es wohlig warm, im Juli und August wird es heiß. Das Mittelmeer besitzt auch im September und Oktober noch angenehme Badetemperaturen. Der Herbst ist oft sehr sonnig, der Winter meist angenehm mild.

Sehenswertes

Arles-sur-Tech: Kleiner, geheimnisvoller Ort am Pyrenäenfuß. Hier können Urlauber einen Sarkophag aus dem 4. Jahrhundert bewundern, aus dem aus unerklärlichen Gründen ständig frisches Wasser fließt.
Céret: Im Frühjahr verwandeln blühende Kirschbäume Stadt und Umgebung in ein Blütenparadies. Im Ort Museum der modernen Kunst mit von Picasso bemalten Schalen.
Collioure: Fischerdorf mit künstlerischem Flair, zahlreiche Kunstgalerien und Souvenirläden. Anfang des 20. Jahrhunderts Maler-Treffpunkt. Im Sommer stark besucht, dennoch herrscht eine ursprüngliche Atmosphäre. Besichtigung des Château Royal.
Gruissan: Besichtigung der Salzanlagen, angegliedert ist ein Museum mit alten Werkzeugen und Videovorführung.
Leucate: Mediterrane Stadt mit buntem Hafen und lebhaftem Sandstrand. Wunderschöne, duftende Pinienwälder um den Nachbarort La Franqui.
Perpignan: Hauptstadt des Département Pyrénées Orientales. Palmengesäumte Plätze, türkis und rosa gefärbte Häuser. Kathedrale Saint-Jean mit schmiedeeisernem Glockenturm. Palast der ehemaligen Könige von Mallorca mit schönem Ausblick. Im Sommer spielen Musikanten auf den Plätzen zu Tanz- und Musikfesten auf.
Prieuré de Serabonne: Romanische Abtei mit Säulen und Arkaden aus rosa Marmor, Skulpturenschmuck mit Blumen- und Tierfriesen, botanischer Garten mit Kräutern und Pflanzen.
Salses: Châteaufort de Salses, kompakte Festung am Rand der Weinberge. Der Innenhof dient als Kulturzentrum mit Theater, Konzerten, Ausstellungen.
St.-Martin du Canigou: Abtei auf einem Felsvorsprung, kann nur zu Fuß erreicht werden (Aufstieg: 45 Minuten). Rosenbewachsener Kreuzgang.
Villefranche: Besichtigung der Grottes des Grandes Canalettes.
Tautavel: Prähistorisches Museum mit einer rekonstruierten Fundstätte des Schädels des angeblich ältesten Europäers.

Aktivitäten

Baden: Weite Sandstrände ziehen sich die ganze Küste entlang, in Gruisson lockt der Plage des Chalets mit malerischen Ferienhäuschen und der unter Naturschutz stehende, gänzlich unbebaute Strand von Mateille. Wellenschwimmbad, Rutschen und Wasserlandschaften im Aqualand von St.-Cyprien.
Einkaufen: Süße Pfirsiche, Melonen und Töpferwaren gibt es in Le Barcarès. Fast täglich stellen Markthändler dort auf dem Dorfplatz ihre Waren aus. Fangfrische Fische finden die Einkäu-

▲ **Wer mit dem eigenen Boot wassern will, findet an der Küste etliche Slip-Anlagen.**

fer im Hafen Port du Grau Saint-Ange in Le Barcarès. An drei Vormittagen in der Woche hält der Ort Gruissan einen Markt ab mit Ständen voller Obst, Gemüse, Fisch und regionalen Leckereien. Das Austern- und Muschelzuchtzentrum am Strand von Gruissan bietet Meeresfrüchte an.
Radfahren: Schattige Uferpfade begleiten den Kanal La Robine bei Narbonne. In Narbonne selber führen die Wege durch die geschichtsträchtige Altstadt. Wer will, kann auf dem Kanal auch einen Bootsausflug unternehmen.
Wassersport: Wer mit dem eigenen Boot oder Trailer unterwegs ist, findet zum Beispiel in Banyuls und Collioure kleinere Slip-Rampen. Für größere Trailerschiffe gibt es in den Häfen von Leucate und St.-Cyprien Rampen mit geeigneten Dimensionen.
Wandern: Ein schöner Weg führt in etwa zwei Stunden zum Gipfel des 2784 Meter hohen Canigou. Die Strecke ist zwar schweißtreibend, aber auch für ungeübte Wanderer gut zu bewältigen. Zahlreiche Spazierrundwege durchlaufen das Clape-Massiv bei Gruissan. Die Hochebenen dieses Naturschutzgebietes sind wundervoll bewachsen mit Strauchheide, Thymian, Rosmarin und Lavendel. Wanderziele sind der Seemannsfriedhof und die Kapelle Notre Dame des Auzils, zu der die Fischer und ihre Familien an Ostern und an Pfingsten pilgern.

Essen & Trinken

Die gastronomischen Höhepunkte des Roussillon basieren in erster Linie auf Fisch und Meeresgetier. Liebhaber schwärmen etwa von der Anchoiade, einem Püree aus Sardellen, Olivenöl und Knoblauch. Lecker ist auch die Zarzuela, ein Ragout aus Fischen und Meeresfrüchten. Bodenständiger sind die Boles de Picoulats, kleine, würzige Fleischbällchen, und die Cargolade, gegrillte Weinbergschnecken mit Knoblauchsauce, geschmolzenem Speck und rotem Salz. Die Weine des Banyuls an der Côte Vermeille, der zinnoberroten Küste, sind ausgesprochen trinkbar.

Bücher & Karten

Das Standardwerk für die Region im Südwesten der französischen Mittelmeerküste kommt von Ralf Nestmayer und heißt Languedoc-Roussillon, Michael-Müller-Verlag, Erlangen, 2004, 19,90 Euro.

WEITERE INFORMATIONEN

Comité Régional du Tourisme Languedoc-Roussillon,
Le Millenaire II, 417, rue Samuel Morse, F-349600 Montpellier Cedex 2,
Telefon 00 33/4 67 22 81 00, Fax 00 33/4 04 67 64 47 48,
E-Mail contact.crtlr@sunfrance.com, www.sunfrance.com

13 Canal du Midi

Stille **Abenteuer** am Kanalufer

Ob mit dem Boot oder dem Reisemobil – die Fahrt auf oder entlang der Wasserstraße zwischen Mittelmeer und Atlantik gleicht einer Zeitreise in eine längst vergangene Epoche.

13

Mobil-Tour: **Canal du Midi**

Auf der Wasserstraße durch den sonnigen Süden

Gleich hinter Béziers beginnt eine andere Welt: Der Canal du Midi schlängelt sein von Platanen gesäumtes, blaues Band durch die hitzeflirrende Landschaft Südfrankreichs. Gerade noch zwängte sich das Reisemobil durch enge Straßen und Verkehrsstaus der alten Römerstadt, und jetzt steht es einsam an den stillen Gestaden der uralten Wasserstraße. Einsam vielleicht, aber nicht ganz allein: Gänse schnattern in den Uferböschungen, majestätisch schwingt sich ein aufgescheuchter Reiher in die Luft. Dichte Baumkronen schützen den Kanal vor der sengenden Sonne, ein verlassener Treidelpfad läuft leer am Ufer entlang.

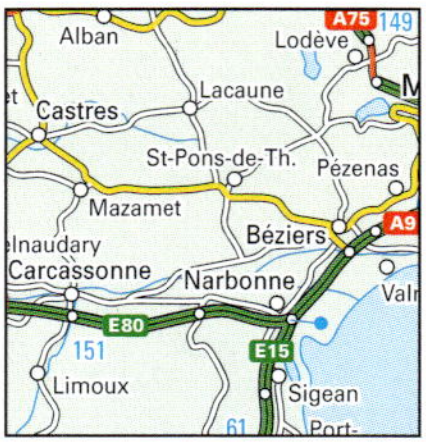

Diese Region finden Sie im Kartenteil auf Seite 52.

Vor 300 Jahren ächzten schwere Rösser auf diesen Pfaden und zogen Lastkähne vom Atlantik zum Mittelmeer. Der Canal du Midi entstand im 17. Jahrhundert als kürzeste Verbindung zwischen den beiden Meeren – ein Projekt des ehrgeizigen Bauherrn Pierre-Paul Riquet aus Béziers. Der Adlige ließ sein ganzes Vermögen im Projekt und starb, bevor die ersten Kähne den Kanal passierten. Sein Erbe wird vielerorts gewürdigt: Die Unesco kürte den Canal du Midi sogar zum Weltkulturerbe.

Statt der Lastkähne tuckern heute nur noch Hausboote über das Wasserband. Fahren wäre wirklich zu viel gesagt. Die schwimmenden Reisemobile sind keine acht Stundenkilometer schnell. Zum Führen eines Hausbootes braucht man keinen Bootsschein: Das sanfte Canal-Abenteuer steht jedem Erwachsenen offen. Die Kähne verdienen ihren Namen, können es an Geräumigkeit und Komfort sogar fast mit einem kleinen Reisemobil aufnehmen.

Einige haben auf dem Deck sogar eine Sonnenterrasse. Da sitzt dann die Familie am Tisch und lässt die Landschaft gemächlich vorbeiziehen. Für Reisemobilisten ist die Möglichkeit zum Umsteigen sehr verlockend: Das eigene Vehikel bleibt gleich beim Bootsvermieter stehen, mit dem Hausboot geht es dann für eine Woche auf der Wasserstraße zwischen den beiden Meeren weiter. Ein stilles Abenteuer, das von der Mischung aus Natur und Technik lebt: Der Canal du Midi bahnt sich in Serpentinen seinen Weg durch die mediterrane Landschaft, bohrt sich gleich hinter Béziers sogar durch einen Hügel.

Der Tunnel von Malpas war zu Riquets Zeiten eine Revolution. Denn zum ersten Male ließ man einen Kanal unterirdisch verlaufen. Riquet hat noch andere Innovationen hinterlassen: die

Dutzende von Schleusen machen die ersten Tage auf dem Mietboot zu einem Abenteuer für neue Skipper. ▶

Uralte Platanen rahmen den Canal du Midi ein, der sich als blaues Band durch die hitzeflirrende Landschaft von Südfrankreich zieht.

Olivenform der Schleusenkammern zum Beispiel. So sollten die Bauwerke besser dem Erddruck standhalten.

Schleusen sind für den Kanal unerlässlich: Er muss bis zur Wasserscheide zwischen Mittelmeer und Atlantik immer höher steigen, um dann auf der anderen Seite wieder hinabzuklettern. Direkt neben der Schleusenkammer wohnt der Wärter in einem kleinen, urigen Haus. Die meisten Berufstorwarte am Canal du Midi machen ihren Job gerne, grüßen freundlich, auch wenn das fünfzigste Hausboot des Tages angetuckert kommt. Ein Knopfdruck, und die ehemals handbetriebenen Tore öffnen sich knarrend und ächzend.

Nur mit den Öffnungszeiten ist nicht zu spaßen: Wenn ein Boot in der Mittagszeit ankommt, bleibt es unweigerlich vor verschlossenen Toren liegen. Die Zwangspausen stören keinen Kanalurlauber. Dann werden eben zwei Pflöcke ins Ufer gerammt, das Schiff wird daran festgemacht und der Tisch angerichtet, im Schatten der von zirpenden Zikaden besetzten Bäume.

An den Schleusen treffen sich Bootsfahrer und Reisemobilfahrer, die der Straße treu bleiben, wieder. Streckenweise kann das Reisemobil dem Kanal auf Tuchfühlung folgen, dann trennen sich die Wege wieder – bis zur nächsten Schleuse. Manchmal findet sich sogar ein geeigneter Stellplatz ganz in der Nähe der jahrhundertealten Bauwerke. Und tagsüber bieten die Schleusen oft auch noch ein amüsantes Schauspiel.

Das sieht meist so aus: Ein Hausboot kommt angetuckert. Der Skipper verliert angesichts der sich verengenden Wasserstraße zusehends alle Ruhe und Souveränität und auch die Contenance. Mit zusammengekniffenen Lippen steuert er sein Boot im Zeitlupentempo zwischen den Torpfeilern der Schleuse hindurch, bellt hektische Befehle zum Bug, wo die Ehefrau, mit Bootshaken und Leine bewaffnet, bereits auf das Signal zum Belegen eines Pollers wartet.

LAND & LEUTE

Das Languedoc liegt an der Mittelmeerküste kurz vor der französisch-spanischen Grenze und gehört zur Region Languedoc-Roussillon. Der Canal du Midi beginnt in der Nähe von Agde und endet dann nach 240 Kilometern in Toulouse.

SEHEN & ERLEBEN

Valras-Plage ist der beliebteste Badeort bei Béziers. Das ehemalige Fischerdorf glänzt mit einem sechs Kilometer langen Sandstrand, einem Yachthafen und einem Dünenstreifen.

WANDERN & RADELN

Als Fernwanderweg bieten sich die ehemaligen Treidelpfade am Kanalufer an. Gut trainierte Wanderer können die 126 Kilometer lange Strecke von Agde bis Carcassonne in vier bis fünf Tagen schaffen. Wer nur einen einzigen Tag Zeit hat, nimmt besser die 19 Kilometer lange und abwechslungsreiche Etappe von Béziers nach Capestang, die an den Schleusen von Fonséranes vorbeiführt und am alten Oppidum d'Ensérune.

13

Mobil-Tour: **Canal du Midi**

Auf der Wasserstraße durch den sonnigen Süden

Berührt der Wohnkahn unsanft die Schleusenwände, hat natürlich die bessere Hälfte Schuld.

Während sich die Wassertore wieder schließen, rennen die Hausboot-Helden hektisch vom Bug zum Heck und zurück, um das Schiff von anderen Booten fernzuhalten. Auch jede Schleuse für sich ist schon eine Attraktion. Die eine hat nur eine einzige Kammer, dafür das schönste Wärterhäuschen. Die Schleuse von Fonseranne steigt über acht Kammern in die Höhe: Durch den Hub dieses Schleusensystems bei Béziers strömen die Wassermassen heftig ein. Eigentlich vollkommen harmlos, doch unerfahrene Skipper haben das Gefühl, in einem Videospiel zu agieren.

Kaum ist ein Level geschafft, das Hausboot also auf die nächste Höhe gehievt und die erlösende Pforte aufgegangen, wartet schon die nächste gischtspritzende Wasserhölle – eine nasse Feuertaufe für junge Kanalurlauber.

Den Preis für Originalität verdient die Schleuse De l'Aiguille zwischen Carcassonne und Béziers. Da kurbelt doch tatsächlich ein Männchen die Schieber auf und zu. Allerdings ist dieser fleißige Helfer aus Holz und gehört zu den geschnitzten Figuren, die das Bauwerk bewachen. Der Schleusenwärter Joel Barthes hat offenbar genug Zeit, um schrullige Kreaturen zu schnitzen. Grinsende Frösche sitzen im Gras neben den Schleusenkammern, Boas schlängeln sich um die Schaltkästen, und am Eingang streckt ein zylinderbehüteter Troll dem Besucher die Zunge entgegen.

Die Schleusen sind die Brennpunkte des Lebens am Kanal. Hier treffen sich alle Hobbykapitäne wieder, und die Zwangsstopps sind willkommene Pausen und Abwechslung zugleich. Die Wärter stellen sich darauf ein: Der eine verkauft seine Holzskulpturen, andere bieten Eier, Honig, Wurst oder Brot an.

Bei der Schleuse von Pechlaurier sitzt gelassen ein alter Herr mit Bart und preist den Schleusenkämpfern nach getaner Arbeit seine hausgemachten Weine an. Der Mann passt trefflich zum Canal du Midi: Man könnte glauben, er säße schon seit Riquets Zeiten da.

Le Canal ist eine der romantischsten Wasserlandschaften Frankreichs: Die Zeit scheint beim Tuckern der Hausboote stehen zu bleiben, und die kleinen Orte links und rechts der Wasserstraße verharren in vergangenen Jahrhunderten. Über den Ort Capestang wacht ein über vierzig Meter hoher Kirchturm. Ein paar Läden gruppieren sich um den Dorfplatz, und das einzige Lebensmittelgeschäft riecht nach Krämerladen.

Der Kanalreisende findet aber alles, was er braucht. Links und rechts der engen Wasserstraße liegen die Weinfelder

Nicht nur für Hobbykapitäne, auch für Ruderer ist der Canal du Midi ein herrliches Revier. ▶

◀ **Die kühn geschwungene und elegante Kanalbrücke bei Béziers zählt zu den beeindruckendsten Bauwerken entlang des Canal du Midi.**

des Minervois und trockene Buschlandschaften nebeneinander. Die Kanalufer unter den Platanen leuchten dagegen fast das ganze Jahr in saftigen Grüntönen – ein herrlicher Kontrast zum mediterranen Flair dieser Region.

Zweiundzwanzig Kanalkilometer nördlich von Capestang fällt ein Fleckchen besonders auf: Le Somail. Die alte, schön geschwungene Steinbrücke ist so tief, dass die Urlauber auf dem Deck ihrer Hausboote die Köpfe einziehen müssen. Das aus Natursteinen gebaute Haus neben der Brücke ist über und über mit Efeu bewachsen. Ein alter, bunt bemalter Kahn dümpelt still vor sich hin, wird nur ab und zu von der Bugwelle eines vorbeituckernden Hausbootes aus seinem Dornröschenschlaf geweckt. Ein paar Schwalben jagen kreischend durch die warme Luft.

Noch etwas nördlicher, zwischen Ventenac und Paraza, hat sich der Baron Pierre-Paul Riquet ein historisches Denkmal in Form der unscheinbaren Kanalbrücke über das Flüsschen Répudre gesetzt. Zum ersten Mal führte hier ein Kanal über eine Brücke: Als das Bauwerk 1679 fertig gestellt wurde, haben die Zeitgenossen des Kanalerbauers sicherlich nicht schlecht gestaunt.

Das eindrucksvollste von Menschenhand errichtete Bauwerk in der Nähe des Kanals ist aber noch sehr viel älter als der Canal du Midi: Die Zitadelle von Carcassonne wacht schon seit dem Mittelalter über die Ebene zwischen Pyrenäen und Zentralmassiv. Dieses Märchenschloss gilt als größte mittelalterliche Festung Europas: 52 Türmchen ragen in den südlichen Himmel.

In Carcassonne geben viele Skipper ihre Hausboote ab: das attraktivste Teilstück des Canal du Midi endet hier. Im winzigen Hafen der Stadt parkt eine Familie von Freizeitmatrosen ihr schwimmendes Zuhause, steigt aus der Zeitreise aus und verschwindet im Reisemobil, dessen Ausflug in die Vergangenheit noch lange nicht zu Ende ist.

WANDERN & RADELN

Der Mont Saint-Loup bedankt sich bei seinen Besuchern für den Aufstieg auf den 115 Meter hohen Vulkanberg mit einem prächtigen Panoramablick auf das nahe Agde, die Strände und das blau schimmernde Meer.

SEHEN & ERLEBEN

Als Welthauptstadt der Nudisten gilt das gigantische Ferienzentrum Cap d'Agde mit seinem riesigen Yachthafen, Diskotheken, Boutiquen und dem Aqualand. Bis zu 40 000 Nudisten tummeln sich in der Saison an einem einzigen Tag im Quartier Naturiste.

PROMOBIL-TIPP

Nicht weit von Béziers, dem kleinen Ort Colombiers und dem Tunnel von Malpas entfernt liegt auf einem 120 Meter hohen Hügel das Oppidum d'Ensérune, eine keltische Siedlung aus dem vierten Jahrhundert vor Christus mit etwa 7500 Einwohnern. Die Funde sind heute im Museum zu sehen. Gleichzeitig öffnet sich von hier ein guter Blick auf den ehemaligen See von Montady.

Mobil-Tour: **Canal du Midi**

Auf der Wasserstraße durch den sonnigen Süden

Route

Das schönste Teilstück des Canal du Midi verläuft zwischen Béziers und Carcassonne. Als Alternative zur Fahrt in nordwestlicher Richtung kann die Fahrt von Béziers auch nach Südosten gehen: Die Landschaft ist zwar etwas flacher, dafür führt der Kanal durch die große Lagune des Bassin de Thau und an alten Fischerdörfern vorbei. Das Ambiente ist in diesem Bereich sehr maritim. Es empfiehlt sich, mit einer detaillierten Straßenkarte der Region auf kleinsten Nebensträßchen so nah wie möglich am Kanal zu bleiben: Unzählige Entdeckungen romantischer Fleckchen sind garantiert.

Reisezeit

Das Languedoc gehört zu den sonnenverwöhnten Gegenden Frankreichs, und das zu jeder Jahreszeit. Im Juli und August ist sogar die Hitze ganz sicher. Die besten Reisemonate sind also Mai/Juni und September/Oktober. Der Kanal wird im Spätherbst oder im Winter teilweise gewartet. Der August sollte gemieden werden. Da ist ganz Frankreich im Urlaub, und es wird voll.

Sehenswertes

Agde: Attraktive Küstenstadt mit sehenswerter Altstadt (Quartier de la Glacière mit Kathedrale) sowie lebhafter Feriensiedlung am Meer (Cap d'Agde) mit schönen Stränden bei Vieux Cap und großer Nudistenkolonie.
Béziers: Moderne Handelsstadt mit altem, gut erhaltenem Zentrum. Sehenswerte Kathedrale in toller Lage auf einem Hügel über dem Schnittpunkt des Flusses Orb und des Canal du Midi.
Carcassonne: Größte, besterhaltene Festungsstadt aus dem Mittelalter in Europa (Weltkulturerbe der Unesco). Zwei abends wunderbar angestrahlte Mauerringe mit 38 Türmen umschließen das Schloss der Grafen von Trencavel sowie eine mittelalterliche Stadt mit Fachwerkhäusern und engen Gassen. In der Saison starker Andrang.
Narbonne: Liebenswerte Provinzstadt am Canal du Robin. Kleine, aber sehenswerte Altstadt mit Kathedrale.

Aktivitäten

Bootstouren: Wer diese Urlaubsform ausprobieren will, kann beim Hausbootverleih Ad' Navis in Béziers sein Reisemobil sicher in einer großen Garage unterstellen und mit einem Hausboot vertauschen. Eine Hin- und Rückfahrt zwischen Béziers und Trèbes kurz vor Carcassonne ist in einer Woche machbar. Besser aber ist der gegen Aufpreis erhältliche One-Way-Törn: Das Schiff wird dabei nach der Woche in Carcassonne abgegeben. Wer nur kurz in den Bootstourismus hineinschnuppern will, kann außerhalb der Saison so ein Gefährt auch nur tageweise mieten. Bei der Firma Ad' Navis in Béziers können Hausboote zwischen acht Meter und dreizehn Meter Länge gechartert werden. Auf den kleineren kommt ein Pärchen gut unter, auf den größten können bis zu zehn Personen reisen. Die Mietpreise variieren je nach Saison und Schiffsgröße zwischen 550 Euro und 2500 Euro, die Unterstellung des Reisemobils kostet zwischen 50 und 80 Euro pro Woche. Kontakt: Ad' Navis – La Maison du Canal, 8, Rue des Péniches, F-34500 Béziers, Telefon 00 33/4 67 62 18 18, Fax 00 33/ 4 67 35 05 12, www.adnavis.com. Achtung: Béziers ist ein diebstahlträchtiges Pflaster, auf keinen Fall sollte ein Reisemobil unbeaufsichtigt bleiben.
Wandern: Der Canal du Midi bietet sich auch für Spaziergänge

▲ **Zum Auftakt oder Ausklang einer Fahrt am Canal du Midi bieten sich ruhige Tage am Mittelmeer an.**

im Schatten der unzähligen Platanen an. Reizvoll ist die 19 Kilometer lange Tour auf dem Treidelpfad von Béziers nach Capestang.

Essen & Trinken

Die Region bietet eine Mischung aus ländlicher und mediterraner Küche Frankreichs. Im Küstenbereich sind Fisch und Schalentiere ein Muss: Die Austern des Bassin de Thau, wie etwa die „Huitres de Bouzigues", gehören zu den berühmtesten Frankreichs. Auch Miesmuscheln werden frisch aus dem Meer in allen Zubereitungsformen angeboten. Die Weine aus der Region zählen zu den Exportschlagern des Landes: Weltweit beliebt sind der weiße, süße Muskatwein aus Frontignan und die Roten aus dem Minervois und den Corbières.

Termine

Carcassonne gibt sich im Sommer oft sehr festlich. Das Feuerwerk zum Nationalfeiertag am 14. Juli oberhalb der Festung gehört zu den schönsten Frankreichs. Im August finden in der viel besuchten Festungsstadt viele mittelalterliche Vorführungen statt. Die bunten Wochenmärkte der Region sind auch schon fast ein touristisches Ereignis geworden: In Agde finden sie donnerstags statt, in Capestang mittwochs und sonntags, in Montady montags. In Städten am Meer wie Sète und Mèze finden im Sommer regelmäßig traditionelle Fischerfeste statt.

Bücher & Karten

Für den Überblick über die gesamte Region empfiehlt sich der Band von Ralf Nestmayer, Languedoc-Roussillon, Michael-Müller-Verlag, Erlangen, 2002, 19,90 Euro. Mit guten Routenempfehlungen überzeugt der Band Languedoc, Pyrenäen, Gorges du Tarn aus der Reihe der grünen Michelin-Reiseführer, 2003, 14, 80 Euro. Für Umsteiger vom Mobil ins Hausboot bietet sich an: Bernd-Wilfried Kießler, Canal du Midi, Mittelmeer–Toulouse, Edition Maritim, 2003, 14,90 Euro. Zur Orientierung auf den Nebenstraßen empfiehlt sich eine gute Straßenkarte, beispielsweise die Michelin-Karte Languedoc-Roussillon, Blatt Nr. 527. Maßstab 1: 200 000, 7,50 Euro.

WEITERE INFORMATIONEN

Comité Régional du Tourisme Languedoc-Roussillon,
Le Millenaire II, 417, rue Samuel Morse, F-349600 Montpellier Cedex 2,
Telefon 00 33/4 67 22 81 00, Fax 00 33/4 04 67 64 47 48,
E-Mail contact.crtlr@sunfrance.com, www.sunfrance.com

14 Provence

Alle **Farben** sind schon da

Lila Lavendel, roter Mohn, grauer Fels, ockerfarbene Erde und azurblaues Meer – die Provence verwöhnt nicht nur weltberühmte Maler mit einem außergewöhnlichen Potpourri.

14 Mobil-Tour: **Provence**

Farbenspiel in Frankreichs Süden

Bis eben ist noch alles grau gewesen. Leichte Regentröpfchen nieseln aus dem dunklen Himmel auf die Windschutzscheibe. Kurz hinter Grenoble kündigt sich der Süden aber schon an: Nice und Côte d'Azur steht da erstmals auf den Schildern zu lesen. Napoleon ist den Weg etwas weiter östlich in umgekehrter Richtung gepilgert, um nach seinem kurzen Exil auf der Insel Elba wieder die Herrschaft über Frankreich zu übernehmen. Am Col de la Croix Haute ist dann die Wetterscheide zwischen Nord- und Südalpen erreicht. Die dichten Wälder weichen den deutlich kahleren Landschaften der Provence. Am deutlichsten aber verrät der Himmel den Klimawechsel in Richtung Côte d'Azur: Strahlend azurblau leuchtet er hier.

Diese Region finden Sie im Kartenteil auf den Seiten 54–56.

Über dreihundert Tage im Jahr scheint die Sonne hier über roter Erde, weißen Felsen und lila Lavendel. Das besondere Licht der Provence hat schon immer Farbhungrige angelockt. Allen voran Berufsspezialisten fürs Bunte: Künstler wie van Gogh, Matisse, Gauguin und Monet haben sich vom Farbenfeuerwerk der Provence und der Côte d'Azur verzaubern lassen, und einige sind gleich für immer und ewig im tiefen Süden geblieben.

Schon im Hinterland der Provence wogt das lila Blütenmeer der Lavendelfelder unter strahlend blauem Himmel im Rhythmus des Mistral. Rote Mohnblumen setzen den noch grünen Getreidefeldern leuchtende Punkte auf. In Laragne kleben bunte Tupfer am Firmament: Die knalligen Tücher der Gleitschirmflieger finden nahezu ideale Bedingungen zur freien Entfaltung.

In Laragne ist die Provence fraglos erreicht: Auf dem bunten Wochenmarkt des Ortes hängen die typischen Knoblauchzöpfe an den Ständen, tiefdunkle Auberginen und helle Brotlaibe stapeln sich vor den Händlern mit den furchigen Gesichtern. Auch der Lavendel, das Symbol für die Provence, ist ab hier zu Hause. Die ersten lilafarbenen Felder finden sich südlich von Rosans und nördlich von Orpierre. Etwas weiter südlich, in Sisteron, kommen zu den Farben noch die Formen: Das Tal der Durance verengt sich zu einem kleinen Einschnitt, der von fächerförmig aufgeworfenen Felsen und dem malerischen Ortskern von Sisteron bewacht wird.

Am Flussbett hat ein Reisemobilist sein Camp aufgeschlagen. Ein kleiner Junge will wohl mit seinem Vater direkt vorm Mobil die Architektur des Ortes

Die Felseninsel St. Honorat bei Cannes lohnt für Ruhesuchende einen Tagesausflug. Sehenswert: ein sehr alter Wehrturm und ein Kloster. ▶

Rausch der Sinne: Das farbenprächtige Sainte-Victoire-Gebirge inspirierte den Maler Paul Cézanne zu einer Reihe berühmter Kunstwerke.

nachahmen und errichtet ein Gewölbe aus Kieselsteinen.

In Sisteron endet auch die Parallele zu Napoleon. Jener kam von weiter östlich, Kunst- und Farbenfreunde zieht es aber eher erst nach Aix-en-Provence – der berühmte Paul Cézanne hat dort gelebt und gearbeitet. Aix ist heute eine lebendige und beliebte Universitätsstadt. In den engen Gassen der Altstadt kann man auf den Spuren Cézannes wandeln.

In das Trottoir eingelassene Wegweiser führen zu den Schaffensstellen des Künstlers. Eines seiner beliebtesten Motive liegt aber vor den Toren der Stadt: Die hellen, fast weißen Felsen des Sainte-Victoire-Gebirges ragen stolz und mächtig in den blauen Himmel.

Der kalkige Stein auf ockerfarbener Erde musste in Cézannes Werken alle möglichen Stilrichtungen an sich erproben lassen. Längst hängen die Sainte-Victoire überall auf der Welt, unter anderem auch in der Neuen Staatsgalerie in München. Eine genauso bunte Mischung wie das Farbenspiel am Fuße der Sainte-Victoire ergeben die Düfte von Lavendel, Thymian, Rosmarin und Kiefern – sie vermengen sich vor der malerischen Kulisse.

Etwas weiter westlich, in der flachen Camargue, wird die Luft feuchter. Das Rhônedelta hat hier eine fruchtbare Ebene geschaffen, in der unter der Sonne weiße Pferde neben schwarzen Stieren grasen. Rosa Flamingos tunken daneben ihre langen Hälse in sumpfige Tümpel.

Das Surren der Vögel gehört zur Camargue wie die Pferde und die Stiere. Die Einwohner wissen das und haben die Fenster von ihren flachen Behausungen mit Moskitonetzen bespannt. Das Vorbild sollte Schule machen – nur gut ausgerüstete Mobilisten überstehen unzerstochen eine Nacht in der Camargue.

Die Gegend um die alte Römersiedlung Arles hatte es dem Maler van Gogh besonders angetan: Hier schuf er einen großen Teil seiner Werke. Allerdings trieb er es auch sonst recht bunt und

LAND & LEUTE

Die Provence ist ein historisches Gebiet im Südosten Frankreichs zwischen der Camargue und der Côte d'Azur. Sie umfasst das untere Rhônetal, das Rhônedelta einschließlich der Crau und die Küstenstreifen am Fuß der Seealpen.

SEHEN & ERLEBEN

Die kostbare Tracht der Frauen aus Arles ist am besten bei der Fête des Gardians am 1. Mai zu bewundern. Das traditionsreiche Fest zählt zu den glänzendsten Events in Südfrankreich.

ESSEN & TRINKEN

Ein Klassiker der südfranzösischen Küche ist die Bouillabaisse. Die Fischsuppe stammt ursprünglich aus Marseille und besteht aus Mittelmeerfischen wie Drachenkopf, Meerbarbe, Petermännchen, Seeaal, Knurrhahn und Meeresche, die gemeinsam mit Tomaten, Safran und Olivenöl gekocht werden. Der Fischsud wird oft mit Croutons serviert, die Fische liegen in diesem Fall dann getrennt davon auf einem eigenen Teller.

schnitt sich im Wahnanfall auch schon mal ein Ohr ab. Das berühmte Selbstporträt mit Verband hielt das für die Nachwelt fest.

Der Weg zurück an die Côte d'Azur führt durch die Megapole von Marseille. Eine sehr facettenreiche Stadt voller Kontraste: Im alten Hafen dümpeln kleine Fischerboote mit Dreieckssegeln. Etwas darüber thront die Skyline der Sozialwohnungsbauten. Ein buntes Volk drängt sich durch die Gassen und Straßen der Stadt. Die hohe Zahl nordafrikanischer Einwanderer gibt Marseille ein interessantes Kolorit. Ein großer Farbiger kommt schnell heran, sobald das Reisemobil steht. Aus Holz geschnitzte Statuen bietet er genauso an wie Sonnenbrillen aus Taiwan.

In den Cafés am alten Hafen herrscht das Leben, wie man es sich von Südfrankreich so vorstellt: Am Tresen stehen schnauzbärtige Männer, die bestimmt den Großteil ihres Lebens auf ihren kleinen, Pointu genannten Fischerbooten verbracht haben, um in den blauen Fluten vor der großen Stadt den kulinarischen Schätzen des Mittelmeers nachzustellen.

Jetzt süffeln sie an dem quietschgelben, hochprozentigen Getränk, für das die Gegend um Marseille berühmt ist: Der Anisschnaps Pastis wird in Marseille in großen Mengen abgefüllt – und in einem beeindruckenden Maße getrunken. Für viele Franzosen ist er sogar das Wahrzeichen von Marseille.

Weiter östlich, direkt am Stadtrand beginnt mit den Calanques eine höchst eindrucksvolle Landschaft. Riesige Wände aus hellem Kalkgestein stürzen sich steil ins Meer und bilden fjordähnliche Buchten, die unter anderem Signac, Braque und Matisse als Quelle künstlerischer Inspiration dienten.

Auch im Fischerflecken Cassis selbst herrscht ein eigentümliches Licht. Die gleißende Sonne spiegelt sich im Meer, strahlt über dem kalkigen Felsen im Westen, die ockerfarbene Klippe des Cap Canaille im Osten und taucht das Örtchen in pastellfarbene Töne.

In Cassis starten auch die Ausflugsboote zum Besuch der Calanques. Das größte Problem ist dabei, einen Parkplatz für den Camper zu finden. Nach langer Suche findet sich mit Glück ein kleines Plätzchen in der Nähe des Kais. Nach einem kurzen Schwenk um ein vorgelagertes Cap erforscht das Boot die tief eingeschnittenen Fjorde.

Hellgraue, fast weiße Felswände stürzen sich fast senkrecht ins Meer. Das grünblau schillernde Wasser ist glasklar. Schon vom Boot aus kann man fast bis in zehn Meter Tiefe blicken. Nach einem kleinen Schlenker in den Naturhafen von Port Miou braust das Boot weiter

Der kleine Ort Sisteron liegt an der Route Napoléon und bietet sich als Etappenstation bei der Fahrt in die Provence an. ▶

Buntes Treiben: Die malerische Altstadt des Hafenstädtchens Cassis lockt gerade im Sommer Ausflügler aus Marseille an.

bis in die Calanque von En Vau. Wer möchte, kann hier abmustern.

Das Schiff drückt sich mit Motorkraft gegen einen Felsvorsprung, und eine kleine Passerelle wird abgelassen. Der Ausflug lohnt: Hier eröffnet sich den Besuchern ein grandioses Picknick-Panorama. Schneeweiß leuchten Segelboote auf dem türkisfarbenen Wasser, die hohen Wände tauchen die Calanques in helles Licht. Wer seine Ausrüstung zum Schnorcheln mitgebracht hat, kommt auf seine Kosten. Farbenfroh ist das Leben in den klaren Fluten.

Auch weiter östlich vor Hyères laden vorgelagerte Inseln zum Tagesausflug ein. Allerdings sind Autos auf Porquerolles nicht zugelassen, Mobile schon gar nicht. Der kleine Ort auf der Insel leuchtet in allen Farben: Blumen aller Sorten gedeihen gepflegt in den Gassen. Mit dem Fahrrad geht es ab dem Ort Porquerolles quer über die Insel.

Die schattigen Wege zwischen den wohlriechenden Kiefern schützen vor der sengenden Sonne über dem Mittelmeer. Überall sitzen Zikaden auf der Rinde und zirpen unaufhörlich ihr durchdringendes Lied. Wer sich langsam anpirscht, kann die gut getarnten Tiere orten und bei der Konzertdarbietung beobachten. Erstaunlich, wie sich diese Symbole des Südens farblich an die braune Rinde anpassen.

Sehr viel deutlicher hebt sich eine Möwe vom grünen Wasser ab. Direkt vorm Strand von Alicastre sitzt sie schläfrig auf einem Felsen und lässt sich die Flügel trocknen. Der Strand von Alicastre gehört mit zu den schönsten der Provence. Der Sand ist fast weiß, und ein dichtes, grünes Band aus Kiefern säumt die große Bucht. Fast schon tropische Anmutung wird diesem Teil der Insel nachgesagt, dementsprechend viele kleine Segel- und Motorboote ankern hier und leuchten auf dem türkisfarbenen Wasser. Ohne Frage: Ein herrlicher Flecken, aber im Hochsommer wird es dem Besucher hier doch schnell zu bunt.

SEHEN & ERLEBEN

Die schönsten Strände an diesem Abschnitt der französischen Mittelmeerküste finden sich bei Saintes-Maries de la Mer. Für Familien mit Kindern bieten sich viele Mini-Clubs an, in denen die Kleinen gut aufgehoben sind.

WANDERN & RADELN

Fernwanderwege wie der GR 4 erschließen das herrliche Hinterland der Provence. Dieser Weg führt durch das Bas-Vivarais bis zum Ventoux und dann weiter durch die Haute Provence.

PROMOBIL-TIPP

Zum Wallfahrtsort der Roma hat sich das Städtchen Saintes-Maries de la Mer in der Camargue entwickelt. Diese strömen im Rahmen einer großen und farbenprächtigen Wallfahrt zur Maria Jacobäa herbei (24./25. Mai) und verehren dabei allerdings ihre eigene Heilige, die Schwarze Sara. Touristen staunen meist über den Tross oft luxuriöser Wohnwagen, die von schweren Limousinen gezogen werden.

Mobil-Tour: **Provence**

Farbenspiel in Frankreichs Süden

Route

Autobahn von Genf nach Grenoble (150 km), dann 140 Kilometer auf der Nationalstraße bis Sisteron, wahlweise über die Route Napoléon (La Mure, Gap) oder über die N 75. Ab Sisteron zieht sich die Route Napoléon als kleine Nationalstraße kurven- und steigungsreich über Digne in Richtung Cannes. Richtung Arles führt von Sisteron aus eine gut ausgebaute Autobahn. Je näher die Küste rückt, desto zahlreicher werden Langfinger. Das gilt besonders für die Gegend um die Regionalhauptstadt Marseille.

Reisezeit

Die beste Reisezeit für die Provence ist vom Frühjahr bis zum Sommer: Die unterschiedlichsten Blüten wechseln sich in ihrer Farbenpracht ab. Die Blüte der Mimosen beginnt schon im Februar, dann folgen die Mandelbäume. Gelber Ginster ziert farbenprächtig den Frühsommer, Lavendel den Sommer. Im Juli und im August ist die Küstenregion unerträglich voll. Besser eignet sich der noch sehr milde Herbst. Die küstennahen Regionen werden durch ein überaus mildes Klima mit mehr als 3000 Sonnenstunden jährlich verwöhnt.

Sehenswertes

Arles: Fondation Van Gogh, 24 bis, Rond point des Arènes. Täglich außer montags geöffnet. Zeitgenössische Künstler stellen hier Hommagen an van Gogh aus. Ein echter van Gogh zählt nicht zum Inventar.
Avignon: Im Musée Angladon ist der letzte van Gogh der Region zu bewundern: 5, Rue Laboureur, 84000 Avignon. Montags und dienstags geschlossen.
Aix-en-Provence: Musée Granet, Place Saint-Jean de Malte. Täglich außer dienstags geöffnet. Unter anderem sind dort Cézanne-Bilder ausgestellt, die einen repräsentativen Querschnitt seines Werkes darstellen. Diesem Urvater moderner Malerei widmet sich auch eine Stadtkarte des Verkehrsamtes, die zu ausgeschilderten Spuren Cézannes führt. Das Atelier Cézannes: Atelier des Lauves, 9, Avenue Paul Cézanne. Täglich geöffnet.

Aktivitäten

Hochseeangeln: Wer mal einen dicken Fisch angeln will, kann ab Marseille und vielen anderen Häfen einen Tagesausflug auf einer großen Motoryacht buchen. Die Ausrüstung wird gestellt, man braust aufs offene Meer hinaus und kommt einige Stunden später mit hoffentlich reicher Beute zurück.
Klettern: Die Calanques von Cassis sind beliebte Kletterreviere. Hier werden auch geführte Touren für weniger Geübte angeboten. Insgesamt stehen über tausend Stellen zur Auswahl, die meisten davon überm Meer.
Radfahren: In den Hügeln und Bergen der Provence finden sich überall Gelegenheiten zum Mountainbiking. Allerdings sind einige Gegenden wegen hoher Waldbrand-Gefahr zwischen dem 1. Juli und dem 15. September gesperrt: Deutliche Schilder weisen darauf hin, und berittene Feuerwehrleute achten auf die Einhaltung.
Reiten: In der Camargue bieten viele Farmen Ausflüge auf dem Pferderücken an. Auch wenn die Tiere etwas eintönig hintereinander herlaufen, lohnt es sich doch: Die flache Camargue mit ihren Pfaden ist ein ideales Reitrevier.

Essen & Trinken

Der Pastis, ein gelber, mit Wasser verdünnter Anisschnaps, ist in

▲ **Mitten im Grünen: Stellplätze für Reisemobile besitzen an der Küste der Provence echten Seltenheitswert.**

jeder Bar zu bekommen. In Marseille ist aber seine Hochburg. Hier sitzen die größten Brenner des Nationalaperitifs mit dem Zahnpastageschmack. Ebenfalls eine Spezialität von Marseille: die berühmte Fischsuppe Bouillabaisse. Die unterschiedlichsten Fischsorten und Schalentiere landen in der kräftigen Suppe, die mit geriebenem Käse, kleinen Toastscheiben aus Baguettebrot und der Knoblauchsauce „Aioli" serviert wird. Auf den sonnigen, trockenen Hängen der Provence wachsen süffige Weine. Prädikatsweine finden sich zum Beispiel am Fuße der Ste.-Victoire: die „AOC Côtes de Provence" sind seit 1977 eine geschützte Lage, die zu 60 Prozent Rosé-Weine hervorbringt. Man unterscheidet in der Regel zwei Typen von provenzalischen Weinen: die „Sommer-Weine" sind sehr fruchtig und werden jung getrunken. Die anderen sind stark strukturiert, oft in Holzfässern gereift und in der Regel vier bis fünf Jahre alt. Sie begleiten reichhaltige Mahlzeiten.

Termine

In den uralten Arenen mitten im Zentrum von Arles finden sich die in der Camargue gezüchteten Stiere zum Kampfe wieder: zum Beispiel bei der unblutigen Course Camarguaise, aber leider auch bei der brutalen spanischen Corrida. Die Camargue scheint zeitweilig nur für den Stierkult zu leben: Regelmäßig werden die stolzen Tiere bei Dorffesten durch die Gassen der Orte getrieben.

Bücher & Karten

Empfehlenswert dank zahlreicher, gut nachvollziehbarer Tipps: Dirk Althoff, Klaus Simon, Provence, Côte d'Azur, DuMont-Verlag, Köln, 2002, 22,50 Euro. Ein guter Serviceteil ist ebenfalls die Stärke des Bandes von Gabriele und Johannes Samuel, Cote d' Azur, Provence, Velbinger, 2004, 22,80 Euro. Ein zuverlässiger Begleiter zu den klassischen Sehenswürdigkeiten in Frankreichs Süden ist der Baedeker Allianz-Reiseführer Provence, Côte d'Azur, Mairs Geographischer Verlag, 2003, 15, 95 Euro. Eine gute Landkarte gibt es von Kümmerly + Frey, Maßstab 1: 250 000, 8,90 Euro.

WEITERE INFORMATIONEN

Comité Régional du Tourisme Provence – Alpes – Côte d'Azur,
10, Place de la Joliette, B. P. 46214, F-13567 Marseille,
Telefon 00 33/4 91 56 47 00, Fax 00 33/4 91 56 47 01,
E-Mail information@crt-paca.fr, www.crt-paca.fr

Blaues Meer und blanke Busen

Das Wohnmobil als VIP-Schaukel: Die Reise ins Zentrum der Schickimicki-Szene an der Côte d’Azur zwischen Cannes und St. Tropez erweist sich als lohnendes Abenteuer.

15 Mobil-Tour: **Côte d'Azur**

Sehen und gesehen werden an der Riviera

Pardon, Herr Ober, kann das stimmen? Vier Gläser Limonade für 16 Euro? Das waren ja früher – Moment mal – über 30 Mark!" „Naturellement", pikiert wirft der Kellner seinen Pferdeschwanz in den Nacken und schnappt: „C'est Saint Tropez." Jetzt noch die Nase ein Stück höher, und schon dampft er ab. St. Tropez ist zum Glück nur ein Ziel des Urlaubs an der Côte d'Azur. Das Reisemobil steht auf einem Campingplatz im Esterel-Gebirge, drei Kilometer vom Meer entfernt, und damit weitab vom Urlaubsrummel. Campingplatz? Freie Stellplätze sind an der weltberühmten Côte d'Azur so selten wie preiswerte Straßencafés in St. Tropez.

Diese Region finden Sie im Kartenteil auf den Seiten 55–57.

Den schönsten Teil der blauen Küste, zwischen St. Tropez und Cannes, in all seinen Facetten soll unser Turbodiesel erkunden: Wir wollen wandern im Esterel-Gebirge, bummeln im mondänen Seebad St. Raphaël, einen Ausflug in die Parfummetropole Grasse machen oder zu den Schluchten von Verdon, Port Grimaud anschauen und Bergdörfer wie Ramatuelle entdecken. Und vielleicht findet sich dabei wider Erwarten doch noch irgendwo unsere Bucht: Klein sollte sie sein, am besten menschenleer, mit einem weißen Sandstrand und glasklarem, blauem Wasser. Vielleicht gibt es das ja noch an der touristisch angeblich so perfekt erschlossenen Côte d'Azur?

Eine Karriere: „St. Tropez – bei aller Liebe –, aber dann schon lieber Neuruppin", schrieb Kurt Tucholsky vor nicht allzu ferner Zeit in sein Tagebuch. „Am Hafen liegt ein Gewirr von Tauen und Segelleinwand, überall drücken sich Männer herum, es ist schmutzig und dürftig."

Das Örtchen St. Maxime, am anderen Ende der Bucht, fand der Meister der spitzen Feder dagegen „sehr sauber und adrett und freundlich". Lang, lang ist's her. Es war ein düsterer Novemberabend im Jahr 1925. Knapp 80 Jahre später sieht alles anders aus: Heute stehen St. Maxime, St. Aygulf, St. Raphaël, Miramar, La Napoule und wie die Ferienorte an der Côte d'Azur alle heißen, längst im Schatten von St. Tropez – zumindest was den Bekanntheitsgrad angeht. Aus dem einstigen Fischerdorf ist ein Schickimicki-Ferienort mit dem angeblich gewissen Etwas geworden.

St. Tropez steht für einen Mythos, für den Traum vom leichten Leben ohne Geldsorgen. Seinen unverwechselbaren Ruf bekam „Saint Trop" zu der Zeit, „Als Gott die Frau erschuf" und Brigitte Bardot – wer denn auch sonst – 1959 in

Mauern und Gassen von Ramatuelle wecken die Lust auf Entdeckungen. ▶

◀ **Wer belebte Strände und Seebäder liebt, ist in St. Raphaël genau richtig.**

St. Tropez diese Frau im gleichnamigen Film spielte - mit sensationellem Erfolg.

Das war die Zeit, als Playboy noch ein ehrbarer Berufsstand war und ein blanker Busen am Strand einen Skandal verursachte. Da plötzlich mutierte „Saint Trop" zum gar nicht geheimen Treff der Schönen und der Reichen.

Von diesem Image lebt die Stadt noch heute. Im Grunde ist St. Tropez ein schönes Städtchen – und wer sagt denn, dass man ausgerechnet auf der Promenade Limonade trinken muss? Am Hafen flattern die Fahnen Europas im Wind, Yachten liegen dicht an dicht am Kai, einige haben Decks, so groß wie halbe Fußballfelder. Kurz vor Sonnenuntergang wird die Hafenpromenade zum Jahrmarkt der Eitelkeiten, und das Stück vom „Sehen und Gesehenwerden" wird Abend für Abend neu inszeniert.

Manchmal sitzt ein einsamer Milliardär an Deck seiner Yacht, lässt sich von seinem Johann das Menü servieren, immer unter den Augen der Menschen, die auf der Meile flanieren. Von der Zitadelle aus öffnet sich der beste Blick auf diese Stadt: In der Fußgängerzone mit den schicken Läden herrscht am frühen Abend mächtiges Gedränge. Und auf der Place Carnot spielen die Alten unter den schattigen Platanen Boule – oder Petanque, wie das Spiel hier heißt.

Die schönsten und turbulentesten Strände liegen auf der Halbinsel von St. Tropez. Nehmen wir zum Beispiel die Bucht von Pampelonne, ein Strand mit zehn, zwölf Kilometern feinem Sand. Hier sieht's nicht nur aus wie in der Südsee. Die einzelnen Strandabschnitte heißen auch gleich so: Plage de Tahiti oder Moorea. Im Hochsommer kommt hier gerne das Sardinenbüchsen-Syndrom auf: Ganz schön eng und ziemlich ölig.

Hier ist alles teuer: Schon der Parkplatz kostet locker fünf Euro, der Liegestuhl noch mehr, die Dusche zwei Euro. Es geht aber auch ganz anders: Zum Beispiel an den Stränden des Cap Lardier im Süden der Halbinsel von St. Tropez:

LAND & LEUTE

Die Côte d'Azur, der Abschnitt der französischen Mittelmeerküste zwischen St. Tropez und Monaco, erweist sich als eine turbulente Ferienregion mit Schickimicki-Betrieb an der Küste und einem viel ruhigeren und sehr reizvollen Hinterland.

SEHEN & ERLEBEN

Das Musée Naval de St.-Tropez zeigt außer alten Stichen und Gemälden auch eine nachgebaute griechische Galeere, zwei spanische Kanonen aus dem 16. Jahrhundert und den Querschnitt eines Torpedoboots aus unseren Tagen.

FEIERN & GENIESSEN

Alljährlich am 15. Juni steigt in St. Tropez die Juni-Bravade zu Ehren von St. Tropès, dem Schutzheiligen der Stadt. Mit einer Militärparade und krachenden Gewehrsalven erinnert das Fest an den 15. Juni 1637, als die einheimische Miliz eine spanische Flotte in die Flucht schlug, die versucht hatte, vier französische Schiffe zu kapern.

15

Mobil-Tour: **Côte d'Azur**

Sehen und gesehen werden an der Riviera

Mit dem Mobil endet die Fahrt im Dörfchen Gigaro, dann geht es zu Fuß weiter. Herrliche Strände liegen entlang der Strecke, nach zwei Stunden Wanderung lockt schließlich der herrliche, meist menschenleere Strand am Cap Lardier.

Wer die totale Ruhe sucht, der ist an diesem Abschnitt der Mittelmeerküste komplett fehl am Platz, die findet man allenfalls weit weg im Hinterland. Selbst die malerischen Dörfer wie Gassin und Ramatuelle auf der Halbinsel von St. Tropez sind schon längst viel besuchte Ausflugsorte geworden, mit schönen Kneipen und vor allem mit herrlichen Ausblicken auf die Küste.

Interessant und ziemlich trubelig ist auch Port Grimaud. Die Feriensiedlung wurde in den sechziger Jahren einem venezianischen Fischerort nachempfunden: Die Häuser sind bunt, Kanäle durchziehen die Stadt, und Brücken schaffen die notwendigen Verbindungen. Kurz und gut: Port Grimaud ist ein Ferienort zum Knuddeln.

Der schönste Teil der Côte d'Azur ist für uns aber die Küste des Esterel, des kleinen Gebirges, das sich zwischen St. Raphaël und Cannes bis direkt ans Meer schiebt. Die Berge des Esterel leuchten rot, die Wellen branden mit weißem Schaum, das Wasser scheint tiefblau – Romantiker sehen hier kurz vor jedem Sonnenuntergang die Farben der französischen Flagge durchscheinen.

Die Corniche de l'Esterel schlängelt sich mal hoch über dem Meer, mal unten am Hafen durch die roten Porphyr-Felsen und bietet zum Teil atemberaubende Ausblicke auf die kleinen und großen Hafenstädtchen, auf palmenbewachsene Strandpromenaden und mondäne Yachthäfen, in denen sich viele hundert Segelboote im Wind wiegen – von der winzigen Jolle bis zum protzigen Millionärsspielzeug.

Es lohnt sich, diese Straße einmal morgens um sechs Uhr zu befahren und zu sehen, wie die quirligen Städtchen am Meer langsam zum Leben erwachen. Sofern man Straßen überhaupt schön finden kann, ist die Corniche d'Esterel sicher eine der Traumstraßen der Welt.

Gelegentlich führt sie auch zum wahren und endgültigen Luxus: zu den Villen der Reichen und Superreichen, die irgendwo zwischen blühenden Gärten auf den Felsvorsprüngen direkt am Meer thronen. Dazwischen liegen immer wieder kleine Badebuchten und rote Felsen im Meer, Badeinseln für den sonnigen Mittag.

Ganz anders in St. Raphaël: Genau gegenüber dem Casino steht auf der großzügigen Promenade ein Karussell, auf dem Kinder für ein paar Euro ein paar Runden reiten dürfen. Drunten am

Mit Glück findet sich eine einsame Bucht wie die bei St. Raphaël. ▸

◀ **Sehen und gesehen werden ist das Motto am Hafen von St. Tropez.**

Strand herrscht das übliche Gedränge: Kaum mehr als eine Handtuchbreite beträgt der Platz für jeden. Zwischendrin stehen die Schirme der professionellen Schirm- und Liegestuhlverleiher. Eine Abteilung ist blau-weiß gestreift, die nächste grün, die ein paar hundert Meter weiter rot. Ein Liegestuhl ist hier das Maß aller Dinge: zwischen zweien bleibt wenigstens 20 Zentimeter Platz.

Drum herum tobt das teils nackte Leben: gestandene Männer mit Bierbauch, knackige Bikinischönheiten mit Modellformat, blanke Busen, laut rufende Eisverkäufer, Kinder, die Sandburgen bauen oder Ball spielen. So viel ist sicher: Langweilig wird's einem hier nie. Im Hafen von St. Raphaël legen die Ausflugsschiffe ab nach St. Tropez, zu den Iles de Lérins vor Cannes oder zum Nationalpark auf die Insel Port Cros.

Wer es weniger trubelig mag und sich sportlich betätigen möchte, der sollte vielleicht lieber surfen auf dem Lac de St. Cassien, in den Höhlen von St. Cézaire untertauchen oder aber auf Schusters Rappen die Höhen des Esterel-Gebirges erkunden. Bis Mitte des 19. Jahrhunderts war es noch ein Schlupfwinkel für Straßenräuber und allerlei zwielichtige Gestalten.

Wir wandern eineinhalb Stunden bergauf vom Parkplatz auf den Pic de L'Ours, den zweithöchsten Gipfel des Höhenzugs. Ganz oben, fast 500 Meter über dem Meer, machen wir ein Picknick im Schatten einer knorrigen Korkeiche, und dazu gibt's eine Topaussicht – und das ausnahmsweise sogar gratis.

Der Hafen von Miramar liegt tief drunten, dazu unzählige Buchten, die Inseln St. Honorat und Ste. Marguerite, die lange Promenade von Cannes und dahinter das Cap d'Antibes. Von hier oben fahnden wir in aller Ruhe mit dem Fernglas nach unserer Traumbucht: Schön klein muss sie sein, menschenleer, mit blauem, glasklarem Wasser und einem schönen Sandstrand. Wir geben die Hoffnung nicht auf.

ESSEN & TRINKEN

Die Bouillabaise ist das bekannteste Gericht der regionalen Küche. Die Suppe wird aus Fischen wie Seeaal, Drachenkopf, Meerbarbe sowie Tomaten, Olivenöl und Safran zubereitet und meist mit Crôutons serviert.

WANDERN & RADELN

Das Massif de l'Esterel erreicht zwar nur die bescheidene Höhe von 620 Metern, bietet aber viele schöne Wanderwege – zum Beispiel vom Parkplatz am Col Belle-Barbe zur Schlucht Mal Infernet beim Lac de l'Ecureuil.

PROMOBIL-TIPP

Seit rund 400 Jahren ist Grasse das Zentrum für die Parfumherstellung. Drei Parfumhersteller verarbeiten in ihren Fabriken importierte Blüten zu den teuren und exklusiven Düften. Einen Blick hinter die Kulissen gestattet das Musée International de la Parfümerie in Grasse. Wer es lebendiger mag: Am ersten Wochenende im August feiert das Städtchen die Fête du Jasmin mit Umzügen, Tanz und Musik.

Mobil-Tour: **Côte d'Azur**

Sehen und gesehen werden an der Riviera

Route

Die teilweise noch wilde Landschaft des 620 Meter hohen Massif de l'Esterel kontrastiert sehr schön mit der touristisch restlos erschlossenen Küste. Die RN 7 folgt am Nordrand des Höhenzugs der römischen Via Aurelia von Cannes nach Fréjus. Die RN 98 orientiert sich dagegen am Küstenverlauf und windet sich über die roten Klippen von St.-Raphaël zum Ferienort Agay. Da Reisemobil-Stellplätze an der Côte d'Azur Mangelware sind, ist der Aufenthalt auf einem Campingplatz ratsam. Allerdings ist auch hier in der Hauptsaison gerade an der Küste mit stark frequentierten Plätzen zu rechnen. Am besten wählt man einen zentral liegenden Platz, von dem aus die Umgebung in mehreren Tagestouren erkundet werden kann.

Reisezeit

Die Côte d'Azur gehört zu den von der Sonne verwöhnten Regionen Frankreichs – Statistiker zählen über 3000 Sonnenstunden pro Jahr. Im Juli und August kann es auch an der Küste sehr heiß werden, für eine aktive Freizeitgestaltung empfehlen sich daher vor allem Frühling und Herbst.

Sehenswertes

Fréjus: Domviertel im Zentrum der mittelalterlichen Stadt mit der herrlichen Kathedrale und dem Kloster St.-Léonce, Taufkirche, Kreuzgang, Bischofspalast und archäologischem Museum. Amphitheater aus römischer Zeit. Im Sommer unblutige Stierkämpfe in den Arènes de Fréjus.
Grasse: Parfummetropole im Hinterland der Côte d'Azur. Altstadt aus dem 18. Jahrhundert mit laubengesäumter Place des Aires, wunderbarer Weitblick von der Place du Cours. Internationales Parfummuseum, Marinemuseum mit Schiffsmodellen.
Grimaud: Befestigtes Dorf mit den Ruinen einer Festung aus dem elften Jahrhundert.
Port Grimaud: Der Fremdenverkehrsort aus der Retorte mit Lagunen, Liegeplätzen und auf „alt" getrimmten Fassaden gilt als Muster für sanften Tourismus.
Ramatuelle: Reizvolles Gebirgsdorf mit Wehrmauer, verwinkelten Gassen und alten Häusern im Inneren der Halbinsel von St. Tropez inmitten von Weinbergen.
St. Raphaël: Großer Badeort mit allen Arten von Wassersport: Surfen, Segeln, Bootsfahren.
St. Tropez: Schickimicki-Badeort der sechziger und siebziger Jahre des 20. Jahrhunderts mit schönem Hafen, breiter Strandpromenade und feinsandigen, sehr belebten Sandstränden.

Aktivitäten

Baden: Gute Bedingungen für alle Wassersportler: Schwimmen, Tauchen, Surfen, Segeln.
Höhlen: Führung durch die Tropfsteinhöhle Grottes de St. Cézaire-sur-Siagne, mehrere unterirdische Gänge, rot gefärbte Kalksteingrotten und bizarre Tropfsteinformationen.
Natur erleben: Palmengesäumte Straßen in der Neustadt von Hyères, exotische Pflanzen und ein Zoo in den Jardins Olbius Riquier. Zoo in Fréjus mit Antilopen, Elefanten, Raubkatzen und Affen. Besichtigung zu Fuß oder im Auto. Die letzten Schildkröten Frankreichs leben in Village des Tortues westlich von St. Tropez.
Shopping: In Grasse öffnen mehrere Parfumfabriken ihre Tore zur Besichtigung und zum günstigen Einkauf, zum Beispiel die Parfümerie Fragonard und die Parfümerie Galimard.
Tauchen: Unter Naturschutz steht die reiche Unterwasserwelt vor der Insel Port Cros. Wer See-

Parfumhersteller in Grasse laden Touristen zu geführten Werksbesichtigungen ein.

igel, Kraken, den Badeschwamm und den Meerbarbenkönig entdecken will, kann einer Schwimmroute folgen.

Wandern: Gute Möglichkeiten im Esterel-Gebirge. Höchster Berg ist der Mont Vinaigre, zu dessen Gipfel ein fünfzehnminütiger Fußweg führt. Vierzig Minuten dauert die Wanderung vom Parkplatz am Col Belle-Barbe in die beeindruckende Schlucht Mal Infernet beim Lac de L'Ecureuil. Ein hübscher Stadtspaziergang läuft durch den Stadtpark La Corniche im Norden von Grasse mit herrlicher Aussicht über das Esterel-Massiv bis zum Meer. Ebenfalls in Grasse liegen der schöne Garten der Prinzessin Pauline und der Park um das Landhaus und Museum in der Villa Fragonard am gleichnamigen Boulevard.

Essen & Trinken

Gemüsefans schwärmen von der Ratatouille. Der vitaminreiche Eintopf schmeckt nirgends so gut wie im Süden Frankreichs, wo die Zucchini, Auberginen, Tomaten und Paprika praktisch noch sonnenwarm in den Topf wandern. Würzige Kräuter und eine Messerspitze Knoblauch runden das Gericht ab. Fans der Knoblauchknolle kommen auch nicht an der Aioli vorbei, einer Mayonnaise aus Knoblauch und Olivenöl, die gekochte Eier, Schnecken und Fisch verfeinert. Gut und typisch provenzalisch essen können die Gäste im Restaurant Le Roy Gourmet in der Rue Robier in Hyères. Bei einem Picknick schmecken die Pain aux olives, ein Brot mit Oliven, und die Pain aux épinards, ein Brot mit Spinat. Im Straßenverkauf gibt es die Pissaladières, kleine Pizzen mit Oliven, Zwiebeln und Anchovis.

Bücher & Karten

Handlich und praktisch sind die Bände von Klaus Simon, Côte d'Azur, DuMont direkt, 2004, DuMont-Verlag, 2004, 7,95 Euro sowie von Gisela Buddée, Côte d'Azur, Merian live, 2003, 7,95 Euro. Viel ausführlicher kommt das Reisehandbuch von Ralf Nestmayer daher: Provence, Côte d'Azur, Michael-Müller-Verlag, Erlangen, 2003, 24,90 Euro. Zur Orientierung empfiehlt sich die Michelin-Karte Nr. 115, Côte d'Azur, Esterelmassiv, 7,50 Euro.

WEITERE INFORMATIONEN

Comité Régional du Tourisme Provence – Alpes – Côte d'Azur,
10, Place de la Joliette, B. P. 46214, F-13567 Marseille,
Telefon 00 33/4 91 56 47 00, Fax 00 33/4 91 56 47 01,
E-Mail information@crt-paca.fr, www.crt-paca.fr

16 Seealpen

Wenn der **Wolf los** ist

Begegnungen mit dem Wolf sind im Nationalpark Mercantour zwar selten, aber bei der Reise durch die einsamen Wälder in den Seealpen kommt die Fantasie auf Touren.

16

Mobil-Tour: **Seealpen**

Unterwegs im Nationalpark Mercantour

Die Menschen im fernen Südosten Frankreichs sprechen wieder von ihm: dem Wolf. Nahe der italienischen Grenze, zwischen dem touristischen Treiben in den gut besuchten Skigebieten der Nordalpen und dem mondänen Leben an der Côte d'Azur, liegen die einsamen Wälder des Nationalparks Mercantour. Hier oben sollen sie wieder herumstrolchen: zwei, drei Dutzend der grauen Räuber. Nur wenige Glückliche haben sie gesehen: Ranger und einige Schafzüchter, die dem französischen Staat saftige Rechnungen für Verluste in den Herden schreiben und am liebsten zur Jagd auf Tiere blasen würden.

Diese Region finden Sie im Kartenteil auf den Seiten 45, 46.

Der mobile Besucher der südfranzösischen Region hat es denn auch nicht leicht, einen der scheuen Vorfahren unserer Haushunde zu erspähen. Doch die fast unberührte Natur des Parks regt zumindest die Fantasie an und lädt ganz nebenbei zur skisportlichen Entdeckungsreise ein. Um die Wälder des Mercantour herum verteilen sich nämlich einige interessante Skigebiete: Die Anfahrt nach Pra Loup ist allerdings lang und auch ziemlich beschwerlich. Pra Loup, das heißt übersetzt Wolfsfeld – ein eindeutiger Hinweis auf das frühere Vorkommen der heulenden Hunde.

Am Eingang zur Skistation reckt auch gleich ein solches Raubtier die Nase in den Himmel – ein hölzernes Denkmal für die Streuner, die früher ihr Unwesen trieben. Lange ist es her, dass hier der letzte in freier Natur gesehen wurde. Der Mercantour-Nationalpark beginnt erst hinter den Bergen, und die Gebäude der Skistation locken eher Skifahrer denn wilde Tiere auf die weiten Hänge von Pra Loup.

Zusammen mit La Foux d'Allos und Les Agneliers bietet Pra Loup ein erstaunlich weitläufiges Skigebiet: Vom Ort auf 1500 Metern klettern die Pisten bis in 2500 Meter Höhe. Unter den Abfahrten in allen Schwierigkeitsgraden finden sich auch einige anspruchsvolle. Das südfranzösische Skigebiet steht vielen Skiorten in den Nordalpen um nichts nach. Mit nahezu 180 Pistenkilometern gehört Pra Loup sogar zu den französischen Top Ten der Wintersportgebiete. Auch junge Snowboard-Indianer kommen am Fuß der Seolane auf ihre Kosten: Einige steile Rinnen werden von Lawinen befreit, bleiben sonst aber völlig naturbelassen. In den Natural Fun Pipes können bissige Boarder atemberaubende Figuren fahren.

Einen entscheidenden Unterschied zu nordalpinen Skigebieten gibt es aller-

Harte Kontraste: Majestätische Berggipfel und klotzige Neubauten stehen sich in vielen Skigebieten Frankreichs fast direkt gegenüber. ▶

Abenteuer Bergwelt: Abseits der Pisten soll sich in der einsamen Bergwelt des Mercantour ein gutes Dutzend Wölfe herumtreiben.

dings: Die Sonne brennt hier früh im Jahr, und das nicht zu knapp. Schneearme Winter könnten Probleme bereiten, wenn nicht ein üppiges Netz von Schneekanonen Abhilfe leisten würde.

Abends, wenn die Sonne langsam untergeht, strömen die Skifahrer wieder in das moderne Zentrum zurück – oder in die alten Dorfteile von Pra Loup Molanès. Dann kommt der Zeitpunkt, dass Reisemobilisten bei den Liften die Atmosphäre der hereinbrechenden Dunkelheit vor dunklen Wäldern und einsamen Wiesen genießen können.

Entre chien et loup, zwischen Hund und Wolf, nennen die Franzosen jenen Zeitpunkt, wo der Tag gerade zu Ende ist und die Nacht noch nicht angefangen hat – der richtige Nährboden für Erzählungen, die die langen Abende verkürzen. „Als ich meinen Hund ausführte", erzählt Nathalie, die Besitzerin der Ferme du Couvent beim Servieren der Speisen in ihrer Gaststätte, „spürte ich plötzlich etwas in meinem Rücken."

Der Wein bleibt derweil unbeachtet auf dem schweren Esstisch stehen, selbst die Spezialitäten des Hauses verlieren angesichts des sich abzeichnenden Abenteuers der Hausherrin stark an Anziehungskraft. „Ich drehe mich also blitzschnell um, und was sehe ich?" Atemlose Spannung am Tisch. „Zwei Augen blitzen kurz auf und verschwinden wieder in der Dunkelheit."

Nathalie ist sich ganz sicher: „Viel zu groß für eine Katze, ganz anders als ein Fuchs. Ich könnte es nicht beschwören, aber ich bin sicher, dass es ein Wolf war." Bessere Beweise für Begegnungen mit den Grautieren kann in Pra Loup ohnehin niemand liefern. Die Umgangssprache macht es dem ausländischen Gast allerdings auch nicht ganz einfach, das Gehörte richtig einzuordnen. Wer hier von einem Mädchen spricht, das den Wolf gesehen hat, umschreibt mit dieser hierzulande geläufigen Redensart nur, dass das betreffende Fräulein zur Frau geworden ist.

LAND & LEUTE

Der Parc National du Mercantour liegt in der Region Provence-Alpes-Côte d'Azur im Südosten Frankreichs unweit der italienischen Grenze, etwa 50 Kilometer nördlich von Nizza. Das Reservat umfasst über 685 Quadratkilometer und gliedert sich in die zentrale Schutzzone und frei zugängliche Gebiete.

SEHEN & ERLEBEN

Der Lavendel ist das Markenzeichen des provenzalischen Oberlandes. Von Juni bis September blüht er zum Beispiel auf dem Valensole-Plateau, in der Umgebung von Sault und im Lubéron unterhalb des Lure-Gebirges.

ESSEN & TRINKEN

Ein Geheimtipp ist die rustikale Gastwirtschaft La Ferme du Couvent in Pra Loup, Ortsteil Molanès. Das Gebäude diente früher den Mönchen des Klosters als Speisesaal. Die Besitzerin kocht deftige Speisen in der Tradition des Ubaye-Tals und plaudert gern mit den Gästen. Telefon 00 33/4 92 84 05 05, www.ferme-du-couvent.com.

16

Mobil-Tour: **Seealpen**

Unterwegs im Nationalpark Mercantour

Wer an die vierbeinigen Wölfe in freier Wildbahn näher herankommen will, muss den Parc du Mercantour weitläufig umrunden und dessen Südseite ansteuern. Auf dem Weg dahin, gleich unterhalb von Pra Loup, fährt der Reisemobilist durch Barcelonnette. Die Hauptstraße des Städtchens läuft zwischen beeindruckenden Herrenhäusern hindurch.

Die Erbauer dieser prächtigen Villen aus dem Anfang des Jahrhunderts waren reiche Einwohner, die in Mexiko ihr Vermögen erwirtschaftet hatten und den Daheimgebliebenen ihren Erfolg auf diese Weise dokumentieren wollten. In Barcelonnette ist man immer noch stolz auf die Mexikaner, wie diese Exilfranzosen genannt werden, denen der Ort bis heute einiges zu verdanken hat.

Eine starke Kolonie amerikanischer Feriengäste etwa. Im lebhaften Treiben der Fußgängerzone ist immer noch so mancher lateinamerikanische Akzent zu hören, und einige Restaurants haben sich eher auf Tapas als auf französische Kost aus der Umgebung spezialisiert.

Nach einem interessanten Umweg durch typisch provenzalische Städtchen und wilde Schluchten schlängelt sich die Straße von Süden kommend mitten in den Nationalpark Mercantour hinein. Vom Ort Isola sind es nur noch 17 Kilometer bis zur Höhensiedlung Isola 2000. Früher verloren sich in dem abgelegenen Hochtal natürlich nur einige ärmliche Schäferhütten.

Schon lange, bevor die Skistation gebaut wurde, führten Hirten wie Joseph Ségur aus Isola ihre blökenden Herden hinauf in die Berge. Auch heute noch hütet der betagte Franzose im Sommer seine Schafe auf den saftigen Weiden links und rechts der serpentinenreich gewundenen Bergstraße. Hier will er auch schon Wölfe gesehen haben: „Siebzehn Lämmer haben mir die Drecksviecher gerissen!“ schwört er.

Auf den Hängen in Höhe der großen Haarnadelkurve sei es passiert: „Sie waren drei. Ganz eindeutig, drei Wölfe!“ Und die Hirtenhunde? „Die haben sich unterm Tisch in der Hütte verkrochen. So ein Wolf ist gefährlich. Wenn es weit kommt, frisst Ihnen so ein Raubtier im Nu sogar Frau und Kind!“

Und es ward Licht: Mit Dutzenden von Lichtern lädt die „Bergerie“ zum Abendmahl in der Nähe der Piste ein. ▶

Im Zentrum von Isola 2000 trifft heute unter Garantie niemand mehr auf Wölfe: Zwischen den Fassaden dieser modernen Siedlung streunen höchstens ein paar Hunde der Besucher über die Pisten. Doch gleich darüber hat wieder die wilde Natur des Mercantour das Sagen: Links und rechts der teilweise anspruchsvollen Pisten besticht die Landschaft durch ihre Vielseitigkeit.

Große Geröllhalden durchbrechen kleine Wäldchen, grandiose Gipfel und zackige Klippen recken sich stolz in den Himmel. Dazwischen winden sich Pisten aller Schwierigkeitsgrade bergab: Auch Isola 2000, nur einen Steinwurf von Nizza und dem Mittelmeer entfernt, braucht sich vor den nordalpinen Skiregionen nicht zu verstecken.

Dies tun sich hier nur die Wölfe: Abseits der viel bevölkerten Pisten könnten hier auch die Besucher Begegnungen wie der Schäfer Ségur machen. Sechs bis acht Wölfe sollen vor einigen Jahren aus Italien hierher eingewandert sein und sich zwischen den Tälern der Tinée und der Vésubie herumtreiben.

Auf der anderen Seite des Gebirges, in Saint Martin-Vésubie, lebt ein rechter Wolfskenner: Der Klempner des Ortes verbringt in jedem Sommer mehrere Nächte auf der Lauer in seiner Baumhütte am Rande des Naturparks.

Nicht weit davon, im Gîte du Boréon von Betty und Jean Claude Tardegl, organisiert er ab und an Vorträge über seine Begegnungen der tierischen Art. Saint Martin-Vésubie ist keine große Skistation wie Isola 2000 oder Pra Loup, der abgelegene Ort im Herzen der Wälder des Mercantour bietet aber herrliche Langlaufpisten und Wanderwege.

▲ **Romantische Täler: Der alte Ortskern von Isola mit seinen verwinkelten Gassen besitzt im Vergleich zur Skistation eine Menge Charme.**

Als Kontrast zur Urwüchsigkeit der dichten Wälder unter majestätischen Gipfeln ist im Ort schon die Nähe zur Stadt Nizza zu spüren: Viele reiche Städter haben sich in der Nähe des Ortskerns kleine Chalets für das Wochenende bauen lassen. Der Kontakt zur Natur ist offensichtlich genau das, was viele Großstädter in den Seealpen suchen.

Einen interessanten Kontrast bietet die Fahrt von St. Martin-Vésubie nach Nizza: Bald machen die schneebedeckten Hänge den steilen Wänden der Schlucht von Vésubie Platz, und nach einem Intermezzo durch verschandelte Vororte mit den Bausünden der Moderne führt die Straße an den alten Gassen der Stadt vorbei in Richtung Meer.

Auch im Winter ist dort die Luft mild, die Temperaturen angenehm, und die Restaurantterrassen laden zum Freiluftmahl. Zum Beispiel zum exzellenten Loup de Mer: Es braucht noch nicht mal ein besonderes Waidmannsheil, um den köstlichen Meerwolf mit Zitrone garniert zu Gesicht zu bekommen. Schließlich kommt der nicht aus dem abgeschiedenen Mercantour, sondern aus den Fluten des Mittelmeers.

SEHEN & ERLEBEN

Vom Genfer See führt die Route des Grandes Alpes bis ans Mittelmeer und überquert dabei die wichtigsten Alpenpässe: In den Südalpen sind es der Col d'Izoard, Col de la Cayolle und Col du Galibier – im Frühjahr oder im Herbst ist die Fahrt ein einzigartiges Naturerlebnis.

WANDERN & RADELN

Eine ungewöhnliche Art der Fortbewegung bietet sich in Isola 2000 im Mercantour-Massiv zumindest im Winter an. Mutige können sich mit einem Cross-Kart auf eine Eisbahn wagen und mit den winzigen Flitzern hier ihre Runden drehen. Infos: www.isola2000.com.

PROMOBIL-TIPP

Wenn im Februar hoch oben in den Bergen der Seealpen noch für lange Zeit die Skilifte surren, beginnt im Ort Mandelieu weiter im Süden an der Küste schon die Mimosenblüte. Der Ort feiert die ersten Boten des Frühlings mit einem großen Umzug durch die Stadt und einer richtigen Blütenschlacht.

Mobil-Tour: **Seealpen**

Unterwegs im Nationalpark Mercantour

Route

Mit dem Reisemobil bietet sich zunächst einmal die schnelle und unkomplizierte Route auf der Autobahn Saarbrücken–Metz–Dijon–Lyon nach Grenoble an. Weiter geht es auf der gut ausgebauten Alpenstraße Route des Grandes Alpes (Route Nationale 95) über Briançon Richtung Süden nach Barcelonnette und weiter nach Pra Loup. Alternative: Von Freiburg über Mulhouse–Besançon nach Beaune und dann wie oben beschrieben über Lyon in die Südalpen fahren. Das Massif du Mercantour steigt bis auf 3045 Meter über dem Meeresspiegel an. Die Landschaft besteht aus Weideland, alpinen Wäldern, Gletscherseen sowie Schluchten und hohen Bergen.

Reisezeit

Die Monate Januar und Februar sind für Wintercamper eine günstige Reisezeit, da gibt es die besten Chancen, schönen Schnee vorzufinden. Ab März ist die südliche Sonne oft schon zu stark für die weiße Pracht. Mitte Januar sind die Pisten angenehm leer, erst im Februar kommen die französischen Schulkinder. In den anderen Monaten des Jahres herrscht in der Region warmes Mittelmeerklima mit viel Sonne.

Sehenswertes

Barcelonnette: Südländisch anmutendes Städtchen in herrlicher Gebirgslandschaft in der Valleé de l'Ubaye im nördlichsten Winkel der Alpes de Haute-Provence. Lebhaftes Zentrum. Im Sommer guter Ausgangspunkt für Touren in den Parc National du Mercantour (Info-Zentrum Maison du Parc im Stadtkern) sowie stadtauswärts für Kajak- und Kanufahrten auf dem Fluss.
Pra Loup: Bekannter Wintersportort in den Alpes de Haute-Provence (1425 Meter über Normalnull). Beeindruckendes Bergpanorama, im Sommer nicht zu übersehende Landschaftsschäden in der näheren Umgebung.
Isola 2000: In den siebziger Jahren des vergangenen Jahrhunderts aus dem Boden gestampftes Skigebiet unweit von Nizza (1,5 Stunden Autofahrt). Höchstgelegenes Skigebiet der Seealpen. Der Name bezieht sich auf die Höhenlage und das 17 Kilometer entfernte Dorf Isola.

Aktivitäten

Naturerlebnisse: In der kleinen Schutzhütte von Betty und Jean Claude Tardegl, Lac du Boréon, Route de Salège, F-06450 Saint Martin-Vésubie, plaudern die Gäste gerne über Wölfe. Wer dort zu Abend isst, kann nach Absprache auch auf dem Parkplatz im Reisemobil übernachten. Das Gebiet ist auch bekannt für seine vorgeschichtlichen Höhlenzeichnungen, aber auch für seine Tiervielfalt: Steinadler, Lämmergeier, Turmfalken, Gämsen, Steinbock, Auerhahn und Mufflon sind bei einer vorsichtigen Bergtour mit etwas Glück zu entdecken. Die Betreiber der Schutzhütte haben manchen guten Tipp auf Lager.
Wintersport: Außer den relativ großen Skigebieten von Pra Loup und Isola 2000 bietet die Region unzählige andere Skigebiete unterschiedlichen Typs wie zum Beispiel Auron und La Colmiane in der Nähe von Isola 2000 und Le Sauze oder Sainte Anne la Condamine im Tal der Ubaye bei Pra Loup. Fast alle offerieren Möglichkeiten zum Langlauf und Alpinski, selbst Sainte Anne hat wenigstens zwei schwarze Pisten zu bieten. Alle Skigebiete dieser Region halten parallel zum Skisport großes Augenmerk auf zusätzliche Aktivitäten wie Gleitschirmfliegen, Schneeschuhwandern, Motorschlittenfahrten. In

▲ **Für ungestörtes Skivergnügen in den Seealpen empfiehlt sich vor allem der ruhige Januar.**

diesen südlichen Lagen mussten die Gastgeber bei schneearmen Wintern in jüngster Vergangenheit erfinderisch werden.

Essen & Trinken

Die Küche der Region ist ein buntes Gemisch aus französischer Bergkost, mediterraner französischer Küche und italienischen Pastagerichten. Raclette, Fondue und Kartoffelgratin gibt es wie überall in den französischen Alpen. In Isola 2000 essen die Einheimischen gern die Bagna Cauda, ein warmes Sardellengericht. In Pra Loup sind die Ravioli-Varianten berühmt: Ihre Geheimrezepte vererben die Mütter ihren Töchtern. Tänzer treffen sich in Pra Loup im Loup-Garou – der Werwolf ist ab 23 Uhr geöffnet. Vorher können sie sich in der Bar Wolfsfalle (Piège à Loup) einen Aperitif genehmigen. In Isola 2000 lohnt der Besuch des Restaurants La Bergerie, Front de Neige. Das urige, holzgetäfelte Restaurant steht direkt an den Pisten, einige hundert Meter vom Zentrum entfernt. Der Besitzer Gilbert holt Gäste nach Absprache auch schon mal mit dem Pferdeschlitten ab.

Bücher & Karten

Die Reiseführer über die Provence und die Côte d'Azur behandeln den Parc National du Mercantour meist nur am Rande. Einen guten Überblick über den Südosten Frankreichs gibt der Baedeker Provence/Côte d'Azur, Mairs Geographischer Verlag, 2003, 15,95 Euro. Für Wanderer empfiehlt sich: Reinhard Scholl, Französische Seealpen – Alpes Maritimes: Mercantour – Merveilles. 50 ausgewählte Berg- und Talwanderungen, Bergverlag Rother, 2002, 12,90 Euro. Gut: die Michelin-Karte, Blatt Nr. 245, Provence/Französische Riviera, 7,05 Euro. Sehr informativ sind auch die jährlich aktualisierten Info-Broschüren des Französischen Fremdenverkehrsamtes, allen voran das Heft zur Hochprovence und den Südalpen.

WEITERE INFORMATIONEN

Comité Régional du Tourisme Provence-Alpes-Côte d'Azur,
10, Place de la Joliette, BP 46214, F-13567 Marseille Cedex 02,
Telefon 00 33/4 91 56 47 00, Fax 00 33/4 91 56 47 01,
E-Mail information@crt-paca.fr, www.crt-paca.fr
Comité Régional du Tourisme Riviera-Côte d'Azur,
55, Promenade des Anglais, BP 1602, F-06011 Nice Cedex 1,
Telefon 00 33/4 93 37 78 78, Fax 00 33/4 93 86 01 06,
E-Mail info@guideriviera.com, www.guideriviera.com

Service: **Ausgewählte Stellplätze**

Wo Reisemobilisten willkommen sind

Aus reisemobiltouristischer Sicht gehört die französische Mittelmeerküste immer noch zu den Sorgenkindern der Szene: Sowohl das Languedoc-Roussillon an der Grenze zu Spanien wie auch die Küste der Provence-Côte d'Azur weiter im Osten, nach Italien hin, erweisen sich für Reisemobiltouristen auf der Suche nach einem geeigneten Stellplatz als schwieriges Terrain – und das liegt nicht nur an der erhöhten Gefahr, Opfer eines Gasangriffs oder eines Einbruchs zu werden.

Das Stellplatznetz in diesen sonst hochattraktiven Feriengebieten am Mittelmeer, man muss es leider so hart sagen, bleibt nach wie vor löchrig. Dafür finden sich an zahlreichen Parkplätzen in Küstennähe die berüchtigten Barrieren – Einfahrtssperren, die den Parkplatz für Fahrzeuge über zwei Meter versperren. In der Hochsaison verhindern oder erschweren sie auf vielen Parkplätzen auch schon den Aufenthalt für nur wenige Stunden. So manche geplante Besichtigung wird damit oft zu einer Nerven und auch Zeit raubenden Tortur.

Einige positive Ausnahmen gibt es freilich auch in dieser sonst so abweisenden Umgebung: Die Stadtväter von Narbonne-Plage im Languedoc-Roussillon und die von Ramatuelle bei Saint Tropez an der Côte d'Azur zeigen, wie vergleichsweise leicht und unkompliziert es wäre, auch in diesem Landesteil reisemobilgerechte Stellplätze anzulegen.

Beide Stellplätze sind groß genug, den unvermeidlichen Ansturm aufzunehmen, besitzen eine gute Ausstattung und locken mit einem absolut fairen Preis-Leistungs-Verhältnis, das sich auch im direkten Vergleich zu ähnlichen Stellplätzen in Aquitanien absolut sehen lassen kann.

Allein aber können diese Plätze die Nachfrage nicht befriedigen. Im Gegenteil: Sie leiden in der Hauptreisezeit mangels Alternative unter dem unverhältnismäßig großen Ansturm.

Fazit: Wer Wert auf eine ungezwungene Fahrt in einer reisemobilfreundlichen Umgebung legt, ist in Südfrankreich ganz sicher falsch. Bretagne, Normandie, Loire und Aquitanien bieten ein so unvergleichlich viel besseres Stellplatzangebot, dass Reisemobilfahrer gut beraten sind, sich mit den Schwankungen des Wetters im Nordwesten anzufreunden. Wer dagegen unbedingt in den sonnigeren Süden Frankreichs fahren und die Urlaubsorte der Reichen und der Schönen erleben will, darf von der Stellplatz-Infrastruktur nicht allzu viel erwarten – der Campingplatz ist auch aus Sicherheitserwägungen heraus hier oft die bessere Wahl.

Les Mages: Als Etappenstation zwischen Ardennen und Ardèche bietet sich die kleine, sehenswerte Kulturstadt bei Alès an. ▶

◀ Aniane: Das Städtchen vor den Toren von Montpellier weist für Reisemobile einen ordentlichen Stellplatz in zentraler Lage.

▶ Languedoc-Roussillon

Narbonne-Plage

Anfahrt: A 9 Nîmes–Perpignan bis zur Abfahrt Narbonne-Est (Nr. 37), weiter D 32/D 332 über Gruissan Richtung Narbonne-Plage. Etwa einen Kilometer vor Narbonne-Plage beim Bad Aqua-Jet rechts ab. Der Stellplatz liegt 50 Meter vom Strand entfernt.
Stellplätze: Gebührenpflichtiger Stellplatz für 100 Mobile auf der Aire Aquajet, Route de Gruissan. Gebühr: 5 Euro pro Nacht und Mobil inkl. WC und Duschen. Parkplatz für Reisemobile etwa 50 Meter vom Strand entfernt. Untergrund geschottert, teilweise uneben. Etwas Schatten durch junge Bäume. Maximale Aufenthaltsdauer: 48 Stunden. Ganzjährig nutzbar.
Ent-/Versorgung: Bodeneinlass und Frischwasseranschluss auf dem Stellplatz vorhanden.
Informationen: Office de Tourisme, Avenue des Vacances, F-11100 Narbonne-Plage, Telefon 00 33/4 68 49 84 86, Fax 00 33/4 68 75 09 52, E-Mail ot.narbonneplage@mairie-narbonne.fr, www.narbonne-plage.com.

Les Mages

Anreise: A 7 Lyon–Montpellier bis zur Abfahrt Nimes, auf der N 106 bis Alès, auf der D 904 bis Les Mages. Im Ort der Beschilderung Caravan-Service folgen.
Stellplatz: Gebührenfreier Stellplatz für 10 Mobile auf dem Parkplatz an der Ortsdurchfahrt. Für Reisemobile reserviertes Gelände. Ebener, geschotterter Untergrund. Kein Schatten. Lärmbelästigung durch Straßenverkehr möglich. Ganzjährig nutzbar.
Ent-/Versorgung: Bodeneinlass am Stellplatz, Frischwasseranschluss ebenfalls am Platz.
Informationen: Comité Regional du Tourisme, Le Millenaire II, rue Samuel Morse 417, F-34960 Montpellier, Telefon 00 33/4 67 22 81 00, Fax 00 33/4 67 64 47 48. www.sunfrance.com.

Aniane

Anreise: A 9 Nimes–Perpignan bis zur Ausfahrt Montpellier-Ost (Nr. 29) und auf der N 109 bis Gignac und dann weiter nach Aniane. Der Stellplatz liegt in der Ortsmitte, die Zufahrt ist mit dem Parkplatz-Symbol gekennzeichnet.
Stellplätze: Gebührenfreier Stellplatz für 20 Mobile auf der Place Étienne Sawier. Für Reisemobile reserviertes Gelände im Anschluss an einen Großparkplatz. Teilweise geschotterter Untergrund, zum Teil auch Wiese. Teils uneben. Nur partiell Schatten. Maximale Aufenthaltsdauer: 24 Stunden. Toiletten und Abfallbehälter am Platz vorhanden. Ganzjährig nutzbar.

Service: **Ausgewählte Stellplätze**

Wo Reisemobilisten willkommen sind

Ent-/Versorgung: Bodeneinlass, Frischwasseranschluss auf dem vorgelagerten Parkplatz für Pkw.
Informationen: Office de Tourisme Aniane, Chapelle des Penitents 34, F-10050 Aniane, Telefon 00 33/4 67 57 01 42.

Saint-Mathieu-de-Tréviers

Anreise: A 9/E 4 Nimes–Montpellier bis zur Ausfahrt Montpellier-Est (Nr. 29). Auf der D 986 bis Les Matelles und weiter bis Saint-Mathieu-de-Tréviers. Im Ort der Beschilderung „Camping-Car" folgen. Der Stellplatz befindet sich am Ortsrand hinter dem Kreisel.
Stellplatz: Gebührenfreier Stellplatz für 5 Mobile auf dem Parkplatz an der Place de la République. Großparkplatz für Pkw und Reisemobile am Ortsrand. Markierte Flächen im Pkw-Format. Ebener, asphaltierter Untergrund. Kein Schatten. Leichte Lärmbelästigung durch Straßenverkehr möglich. Ganzjährig nutzbar.
Ent-/Versorgung: Bodeneinlass, Frischwasseranschluss am Rand des Stellplatzes vorhanden.
Informationen: Mairie de Saint-Mathieu-de-Tréviers, Rue des Écoles, F-33270 Saint-Mathieu-de-Tréviers, Telefon 00 33/ 4 67 55 20 28.

Anduze

Anreise: A 7 Lyon–Montpellier bis zur Ausfahrt Nimes (Nr. 26), zunächst auf der N 106 Richtung Alès, dann weiter auf der D 907 bis Anduze. Im Ort der Beschilderung „Gare" folgen. Der Stellplatz liegt an der Place de la Gare.
Stellplatz: Gebührenfreier Stellplatz für 10 Mobile auf dem Parkplatz am Bahnhof, Place de la Gare. Parkplatz für Pkw und Reisemobile. Ebener und geschotterter Untergrund. Kein Schatten. Zentrale Lage zum Ortskern. Tagsüber etwas Unruhe durch motorisierte Besucher der Museumsbahn möglich, abends dann meist deutlich ruhiger. Ganzjährig nutzbar.
Ent-/Versorgung: Am Stellplatz nicht möglich.
Informationen: Office de Tourisme, Plan de Brie, B. P. 6, F-30140 Anduze, Telefon 00 33/ 4 66 61 98 17, Fax 00 33/ 4 66 61 79 77, E-Mail ot-anduze@worldonline.fr, www.ot-anduze.fr.

▶ Côte d'Azur

Ramatuelle

Anfahrt: A 8 Marseille–Genua bis zur Ausfahrt Le Muy/St. Tropez

Ramatuelle: Schatten bietet der beliebte Reisemobilstellplatz außerhalb des Dorfes nicht, er lockt aber mit der Nähe zum Meer. ▶

◀ Trigance: Als Etappenstation auf der Fahrt zum Mittelmeer bietet sich der Wiesenstellplatz in dem kleinen Bergdorf an.

(Nr. 36), auf der D 25 in Richtung St. Tropez bis Ste. Maxime, N 98/ D 98 bis nach St. Tropez, auf der D 93 bis Ramatuelle. Im Ort der Beschilderung folgen.
Stellplätze: Gebührenpflichtiger Stellplatz für 50 Mobile an der Plage de Pampelonne, Route de Bonne Terrasse. Gebühr: 6,60 Euro pro Nacht und Mobil inkl. Ent-/Versorgung und WC-Benutzung. Ebener, befestigter Untergrund, teilweise Wiese. Kein Schatten. Sanitärblock mit WC, Kaltwasserduschen am Platz, Müllcontainer vorhanden. Saison: Ende März bis Ende Oktober.
Ent-/Versorgung: Bodeneinlass zur Entsorgung und Frischwasser am Platz vorhanden. Zugänglich von 8. 30 Uhr bis 17 Uhr.
Informationen: Office de Tourisme et de la Culture, Place de l'Ormeau, F-83350 Ramatuelle, Telefon 00 33/4 98 12 64 00, Fax 00 33/4 94 79 12 66, E-Mail ot.ramatuelle@wanadoo.fr, www.golfe-infos.com/ramatuelle.

Trigance

Anreise: A 8 Marseille–Genua bis zur Abfahrt Le Muy/St. Tropez (Nr. 36), auf der N 555 bis Draguignan und weiter auf der D 955 bis zum Abzweig nach Trigance. Der Stellplatz liegt unterhalb des Ortes, die Zufahrt ist beschildert.
Stellplatz: Gebührenpflichtiger Stellplatz für 10 Mobile auf einem Gelände unterhalb des Ortes. Gebühr: 5 Euro pro Nacht und Mobil. Leicht geneigtes Wiesengelände nur für Mobile. Kein Schatten. Geschotterte Zufahrt. Ruhebänke vorhanden. Max. Aufenthaltsdauer: 48 Stunden. Ganzjährig.
Ent-/Versorgung: Am Stellplatz nicht vorhanden.
Informationen: Office de Tourisme, Ferme de La Sagne, D 955, F-83840 Trigance, Telefon und Fax 00 33/4 94 85 68 40, E-Mail ot-trigance@free.fr, www.ot-trigance.com.

Les Arcs-sur-Argens

Anfahrt: A 8 Marseille–Genua bis zur Abfahrt Le Luc und dann auf der N 7 bis Les Arcs-sur-Argens. Ab dem Ortsbeginn den Schildern „Cellier des Archers“ mit dem Reisemobil-Symbol folgen.
Stellplätze: Gebührenfreier Stellplatz für 10 Mobile auf dem Parkplatz an der Winzergenossenschaft Cellier des Archers. Parkplatz für Pkw und Mobile. Ebener, geschotterter Untergrund. Ruhige Lage, jedoch kann es bei Ladetätigkeiten zu Lärmbelästigungen kommen. Zum Teil Schatten. Müllcontainer. Ganzjährig nutzbar.
Ent-/Versorgung: Bodeneinlass, Frischwasseranschluss auf dem hinteren Teil des Platzes.
Informationen: Office de Tourisme, Place de Général de Gaulle, F-83640 Les Arcs-sur-Argens, Telefon und Fax 00 33/ 4 94 73 37 30, E-Mail off.tourisme. arcssurargens@wanadoo.fr, www.tourisme83.com/arcs.htm.

Schlössertour im Tal der Könige

Einst residierten Könige, Feldherren und Mätressen in majestätischen Schlössern. Heute genießen Touristen die zauberhaften Hinterlassenschaften einer anderen Zeit.

18

Mobil-Tour: **Loire**

Zwischen Saumur und Blois

Guten Abend, Mademoiselle, guten Abend Monsieur", begrüßt Monsieur Bonvallet seine neuen Gäste in fehlerfreiem Deutsch. „Stehen Sie lieber im Schatten oder in der Sonne?" fragt der Mann hinter der Rezeption noch kurz. Die Sonne lockt, der Stellplatz auch. Schnell ist auf dem Lageplan des Campingplatzes ein freies Plätzchen markiert, dann endet die lange Anreise von Deutschland in das Tal der Loire auf einem großzügig bemessenen Stellplatz des Schlosscampingplatzes Le Château de la Grenouillère bei Suèvres. Urgemütlich präsentiert sich die gepflegte Anlage, die sich zur Straße hin fast völlig unsichtbar hinter einer hohen Steinmauer verbirgt.

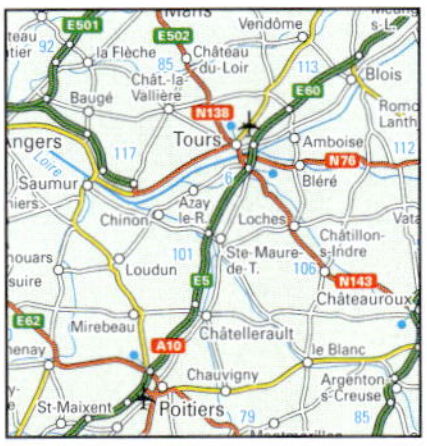

Diese Region finden Sie im Kartenteil auf den Seiten 20, 21.

Ein hübsches Schlösschen samt Wassergraben steht im Zentrum, für Sportfreunde gibt es zwei Schwimmbecken, Tennisplatz und Squashcourt, für die Genießer ein Restaurant und eine Crêperie im Efeu-umrankten Innenhof. Ein Dutzend Tische steht für Gäste bereit, die den Abend mit einer kleinen Mahlzeit beschließen wollen. Crêpe, Galette und Cidre sind gar zu verlockend – und die Zahl der Zutaten ist kaum zu überblicken. Über Sprachprobleme hilft Madame mit Eleganz hinweg. Versteht der Gast nicht auf Anhieb, was sich hinter all den Begriffen verbirgt, steht flugs ein Töpfchen mit der Süßspeise vor ihm – Probieren geht halt doch über Studieren.

Die Rundreise durch das Tal der Könige an der Loire beginnt tags darauf mit einem Paukenschlag – dem prächtigen Königsschloss von Chambord südöstlich von Blois. Ein riesiger, etwa 700 Hektar großer Schlosspark umgibt das grenzenlos scheinende, wahrhaft majestätische Anwesen im Wald von Sologne.

Allein die alles umschließende Mauer erreicht eine Länge von 31 Kilometern. Rekordverdächtig ist auch das Schloss selbst: 156 Meter lang, 117 Meter breit, 365 Fenster, 440 Räume und 84 Treppen, alles schön harmonisch verteilt auf drei Etagen und voll gestopft mit architektonischen Finessen: Eine Doppeltreppe mit zwei ineinander gewendeten Auf- und Abgängen verbindet die Stockwerke auf elegante Art. Außen verzieren Türmchen Dach und Fassade, wohin das Auge auch blickt.

König Franz I. ließ im Jahre 1519 bei Sologne eine Jagdburg der Grafen von Blois abreißen und setzte einen imposanten Neubau an ihre Stelle, für den der Monarch seine ohnehin schon chronisch leere Staatskasse vollends plünderte. Immer neue Wünsche des Königs kamen hinzu, koste es, was es wolle. Was

Das Wasserschloss Azay-le-Rideau ist eines der prächtigsten Anwesen im Tal der Könige. ▶

◄ **Stolz erhebt sich Schloß Saumur auf einem Gipfel über dem Fluß.**

machte es da schon, dass seine Söhne in spanischer Kriegsgefangenschaft schmachteten, weil keine Mittel für das verlangte Lösegeld aufzutreiben waren?

In seiner Finanznot waren auch Kirchenschätze vor dem strenggläubigen Monarchen nicht mehr sicher, der auch das Silberzeug seiner Untertanen einschmelzen ließ – Hauptsache, die Arbeiten gingen weiter. Nur einmal stieß der König auf Gegenwehr seiner Baumeister: Sein Wunsch, die fünf Kilometer entfernte Loire umleiten zu lassen, um sie am Schloss vorbeifließen zu sehen, schien selbst den Kummer gewohnten Architekten des Königs zu verwegen.

Ein Hauch der damaligen Zeit weht über das ehemalige Jagdschloss und seine großzügigen Gartenanlagen, wenn die bunt gekleideten Reiter der Reitschule hoch zu Ross vor dem massigen Bau flanieren. Einst wurden 300 Falken für die Jagd im Schlosspark gehegt und gepflegt, bei der sich auch eine Meute mit einigen hundert Hunden beteiligte.

Unvergesslich aber wird der Anblick von Chambord am späten Abend. Dann spiegeln sich die weißen Mauern des hell erleuchteten Schlosses im dunklen Wasser des Flüsschens Cosson und bilden einen reizvollen Kontrast zum mitternachtsblauen Himmel. In der Dunkelheit erstrahlt allabendlich in der Hauptsaison die Vorstellung von Son et Lumière – einem sehenswerten Musik- und Lichtspektakel, das Ereignisse und Anekdoten aus der Geschichte des Schlosses und seiner Bewohner mit Spezialeffekten gekonnt ins Bild setzt.

Das Gesicht von Blois, der nahen Stadt, prägt die Pont Gabriel. Diese gewaltige Bogenbrücke überwindet in eleganten Schwüngen die Loire. Im Hochsommer führt auch der letzte ungezähmte Fluss Europas nur wenig Wasser.

In der alten Königsstadt setzt eine Farbkomposition aus weißen Fassaden, bläulichen Schieferdächern und ziegelroten Schornsteinen bleibende Akzente. Die Stadt verwirrt ihre Besucher zu-

LAND & LEUTE

Das Tal der Loire zwischen Blois und Saumur heißt zu Recht das Tal der Könige. Dutzende hochherrschaftlicher Schlösser und die parkähnliche Landschaft zu beiden Seiten des Wildflusses vereinen sich zu einem einmaligen Erlebnis.

FEIERN & GENIESSEN

Bei der Fête de Jeanne d'Arc feiern die Einwohner von Orléans jedes Jahr den Sieg der legendären Jungfrau von Orléans über die englischen Belagerer mit einem historischen Kostümspektakel – ein herrliches Mittelalterfest, das jeweils Anfang Mai Einwohner und Gäste in Atem hält.

ESSEN & TRINKEN

Eine herzhafte Spezialität der Gegend um Tours sind die Rillons und die Rillettes. Dabei handelt es sich um gewürfelten Schweinekamm und -bauch, die langsam über einem Holzfeuer geschmort werden. In den Rillons sind die enthaltenen Fleischstücke größer, in den Rillettes dagegen zerdrückt.

nächst mit einem städtebaulichen Labyrinth aus schmalen Straßen, die durch einen kaum zu durchschauenden Wirrwarr von Gassen, Treppen und Aufstiegen miteinander verbunden sind.

Elegante Geschäfte und Handwerksbetriebe gilt es zu entdecken, aber auch jene Läden, in denen der leckere Ziegenkäse der Region zu haben ist. Hoch über der Stadt erhebt sich das Schloss. Sein Schmuckstück ist der offene Treppenturm der Hoffassade – ein Meisterwerk im Stil der Renaissance. Im zweiten Stock spielte sich im Jahre 1588 eine der berühmtesten Bluttaten der französischen Geschichte ab.

Acht Edelleute erdolchten im Auftrag des Königs hier den Herzog de Guise – aus sicherer Entfernung und durch ein Schlüsselloch überwachte der Herrscher die Ausführung des Attentats. Immerhin, in der Nacht vor dem Mord führte der König seinem Widersacher noch eine seiner eigenen Mätressen zu – ein Mord ganz im Stil der Zeit.

Geheimnisvoll liegt der Nebel frühmorgens in dichten Schwaden über dem Wasser, das Stunden später im Licht der Abendsonne golden glänzt. Hinter jeder Biegung, hinter jeder Kurve, die der Fluss auf seinem über 1000 Kilometer langen Lauf durch Frankreich schlägt, wartet eine Überraschung: eine kleine Insel im Strom, ein idyllisches Plätzchen zum Picknick, ein einsamer Angler, der seinem Hobby frönt, weit ausholende Brücken und sanft ansteigende Weinberge – das Tal der Könige gilt auch als der Garten Frankreichs.

Weite Sandbänke bestimmen das Landschaftsbild bei der Ankunft in Amboise. Auf einem Felsen hoch über der Stadt thront das unvermeidliche Schloss. Nur ein kleiner Teil der ursprünglichen Anlage überstand die Wirren der kriegerischen Jahrhunderte.

Napoleon Bonaparte ließ den größten Teil des hochherrschaftlichen Anwesens schnöde abreißen. Immerhin, die Schlossterrassen überstanden das kunsthistorische Massaker des kleinen Korsen und bieten heute eine formidable Aussicht auf den Strom.

Gleich sechs Frauen schufen sich im Süden der Stadt ein Denkmal: Schloss Chenonceaux gilt bei vielen Liebhabern des Loiretals als das Schloss der Schlösser, als Juwel in einer an Attraktionen gewiss nicht armen Gegend.

Ein herrlicher Schlossgarten empfängt die rund 800 000 Touristen, die jedes Jahr hierher kommen. Das stattliche grauweiße Gemäuer mit seinen zwei Etagen ist sicherlich sehenswert, wäre aber die einhellige Begeisterung allein nicht wert. Der Clou des Ganzen wartet gleich dahinter: Eine zweigeschossige

Von Schloss Chaumont aus bietet sich ein fantastischer Blick auf das Tal der Loire. ▶

Galeriebrücke überspannt das Flüsschen Cher. So erstaunlich wie die Bauweise sind auch die Intrigen, die sich hier zugetragen haben sollen.

König Heinrich II. beispielsweise überließ das Schloss seiner Geliebten Diane von Poitiers. Diese ließ den Garten anlegen, und auch die Brücke über die Cher geht auf eine Inspiration dieser königlichen Favoritin zurück. Katharina von Medici, die eigentliche Ehefrau des penetrant untreuen Monarchen, sah nach Heinrichs Tod ihre Stunde gekommen. Die schutzlose Geliebte wanderte flugs in das vergleichsweise finstere Schloss Chaumont, und die Königin zog höchstselbst nach Chenonceaux, das fürderhin als prächtiger Schauplatz königlicher Festivitäten diente.

An der Vienne, einem Seitenfluss der Loire, liegt das Städtchen Chinon. Uralte Holzgiebelhäuser, Türmchen und verzierte Fenster in der Rue Haute-St.-Maurice künden von der großen Geschichte der Stadt. Im Haus der Generalstände an der Place St.-Maurice starb der englische König Richard Löwenherz an einem Pfeil, der ihn bei einem Feldzug im Limousin getroffen hatte.

▲ **Schloss Chenonceaux, ein Meisterwerk der Baukunst, spiegelt sich majestätisch im Wasser des Flusses Cher.**

Auf dem Berg, der steil über der Vienne gen Himmel ragt, starren die bizarren Zacken einer riesigen Ruine in die Höhe. Gut 400 Meter lang ist die riesige Festungsanlage, die der englische König Heinrich II. angelegt hatte, der dank seiner Ehe mit Eleonore von Aquitanien auch über das Anjou, die Normandie sowie Teile von Aquitanien herrschte – schier endlose Kriegszüge zwischen ihm und seinem französischen Kollegen waren die fast logische Folge. Später verfiel die Burg, ein anderes Imperium überdauerte die Zeiten aber schadlos: das Reich der Tuffsteinhöhlen.

Bei Saumur reihen sich oberhalb der Loire diese ungewöhnlichen Behausungen dicht aneinander, die seit Menschengedenken als Wohnungen, Lagerstätten und Weinkeller dienen und als Zuchtstätten für Pilze. Ein Besuch lohnt sich, beispielsweise im Musée du Champignon in St. Hilaire-St. Florent.

Ein perfektes Zusammenspiel von Stadt, Land und Fluss tut sich schließlich in Saumur auf. Reisemobil und Schloss, Brücke und Loire tief unten im Tal vereinen sich zu einem Postkartenmotiv, das eines deutlich macht: Die Loire lohnt mehr als eine Reise.

LAND & LEUTE

Eleonore von Aquitanien und Richard Löwenherz, zwei der bedeutendsten Gestalten des Mittelalters, sind in der fantastischen Abtei Fontevraud bei Saumur begraben, die Eleonore als Königin stets gefördert hatte.

SEHEN & ERLEBEN

Zauberhafte Ausblicke auf die Loire, grüne Weinberge, sanfte Täler und freundliche Weindörfer bietet die romantische Panoramastraße Corniche Angevine zwischen den Orten Rochefort und Chalonnes-sur-Loire.

PROMOBIL-TIPP

Einen Stellplatz mit Stil bieten im Tal der Könige gleich zwei Schloss-Campingplätze. Das Château de la Grenouillère liegt im östlichen Teil des Loiretals bei Suèvres und eignet sich gut als Station für Ausflüge nach Blois und Orléans. In der Nähe von Saumur liegt der Vier-Sterne-Platz L'Etang de la Brèche. Die Anlage gruppiert sich um ein ehemaliges Herrenhaus in einem zwölf Hektar großen Gelände.

Mobil-Tour: **Loire**

Zwischen Saumur und Blois

Route

Die klassische Ferienroute zu den schönsten Schlössern an der Loire bewegt sich zwischen Saumur und Blois. Mit Chaumont, Ussé, Langeais, Chaumont und Chenonceaux stehen hier die wohl prächtigsten Schlösser Europas. Die wichtigsten Stationen zwischen den genannten Etappenzielen sind Amboise, Tours, Langeais und Angers. Die Route folgt meist dem Verlauf des Flusses. Für Weinliebhaber lohnt es sich, bereits im schmucken Weinstädtchen Sancerre im Süden von Orléans mit der Reise zu beginnen.

Reisezeit

Die ideale Reisesaison für das Loire-Tal sind das Frühjahr und der Herbst, dann ist das Wetter meist schon oder noch mild und niederschlagsarm. Im Juli und im August gibt es die meisten Animationsangebote für Touristen und die historischen Open-Air-Spektakel Son et Lumière, allerdings ist dann der Andrang groß, und die Temperaturen können schnell gut 30 Grad erreichen.

Sehenswertes

Schlösser: Zu den Top-Adressen für Schlosstouristen im Tal der Loire zählen die Schlösser von Chambord, Chaumont, Cheverny, Chenonceaux, Blois, Amboise, Valençay, Ussé, Langeais und Azay-le-Rideau, die auch Touristen offen stehen – gegen eine Eintrittsgebühr, die zwischen fünf und zehn Euro pro Person beträgt. Son et Lumière heißt die große, ebenfalls gebührenpflichtige Touristenattraktion, die fast alle Schlösser im Loire-Tal in der Hauptsaison organisieren. Dabei tauchen Scheinwerfer die Landsitze in buntes Licht. Musik, Anekdoten und Histörchen zu der jeweiligen Anlage ergänzen das Spektakel. Einen Besuch wert sind unter anderem auch die Altstadt von Blois und die Zentren von Chinon und Orléans.

Höhlen: Wer die Höhlenwohnungen am Loire-Ufer erkunden möchte, sollte einen Abstecher beispielsweise nach Saumur einplanen. In den Caves Gratien-Meyer oder den Caves en Grenelle können Touristen Wein kosten und natürlich auch kaufen. In einer Reihe von Höhlen laden auch gute Restaurants zu ihren Spezialitäten ein – beispielsweise zu Schnecken bei La Grotte in Azay-le-Rideau oder zu Gegrilltem bei La Cave in Montlouis-sur-Loire. Sehr hilfreich bei der Besichtigung der Höhlen ist die Broschüre Le Monde étrange des Troglodytes, die es vor Ort in den guten Touristenbüros zu kaufen gibt.

Aktivitäten

Angeln: Die Loire und ihre nicht minder reizvollen Nebenflüsse sind aber auch ein Paradies für Angler, die sich zuvor einen Angelschein beim örtlichen Touristenbüro besorgen sollten.

Bootstouren: Wassersportler finden allerorten Bootsverleiher, die Kanus oder Kajaks vermieten. In der Loire zu baden ist wegen gefährlicher Untergründe und unberechenbarer Strömungen aber nicht zu empfehlen.

Radeln: Radwanderer finden im Loire-Tal hervorragende Voraussetzungen für ihr Hobby. Sie haben die Wahl zwischen 200 ausgearbeiteten Touren.

Essen & Trinken

In der Region um Saumur werden etwa drei Viertel aller Speisepilze Frankreichs geerntet und sind auf den Märkten erntefrisch zu bekommen. Ebenso häufig anzutreffen ist der Ziegenkäse, der in allen Variationen angeboten wird. Sehr lecker ist die Rillette, die in der Gegend um Tours zubereitet wird – eine Art Schmalz

Elegantes Jagdschloss: Cheverny erlebt heute noch traditionelle Fuchsjagden.

mit Fleischfasern, das gut zu frischem Baguette passt. Herzhaft sind auch die Rillons, in Fett gebratene Stücke vom Schweinebauch. Flussfische und Meeresfrüchte ergänzen die umfangreichen Speisekarten. Schlemmerfreunde zieht es vor allem im Oktober nach Sologne. Drei Tage lang verwöhnt hier die gastronomische Ausstellung mit Wissenswertem rund ums Essen, mit Kochwettbewerben und natürlich mit Spezialitäten aus der Region.

Termine

Am ersten Wochenende im August wird in Chinon ein Mittelalter-Marktfest gefeiert. Um alles Grüne dreht sich das Internationale Gartenfestival in Chaumont-sur-Loire von Juli bis Oktober. Einen Terminkalender zu den Festen an der Loire gibt es beim Maison de la France in Frankfurt.

Insider-Tipp

Für seine traditionsreiche Kavallerieschule ist die Stadt Saumur frankreichweit bekannt. Immer Ende Juli zeigen Eliteeinheiten dieser Panzereinheit in ihren schwarz-goldenen Uniformen bei den „Carrousels" mit Dressur- und Paradevorführungen auf dem Paradeplatz der Stadt ihr großes Können.

Bücher & Karten

Einschlägige Literatur zu den hochherrschaftlichen Anwesen an der Loire findet sich in den Buchregalen reichlich. Die beiden Klassiker für das Tal der Könige sind: Wilfried Hansmann, Das Tal der Loire. Kunst-Reiseführer. Schlösser, Kirchen und Städte im Garten Frankreichs, DuMont-Verlag, Köln, 2003, 25,90 Euro, sowie der Baedeker Allianz-Reiseführer, Loire, Karl-Baedeker-Verlag, 2003, 12,95 Euro. Etwas älter ist schon das sonst vorzügliche Buch von Nikolaus Miller, Alo Miller, Das Tal der Loire, Reise Know-How-Verlag, Bielefeld, 2002, 19,90 Euro. Empfehlenswert ist unter anderem René Polette, Liebenswerte Loire-Schlösser, Morstadt Verlag, Kehl, 2001, 18,80 Euro. Interessant für Radwanderer ist das Bikeline Radtourenbuch, Loire-Radweg, Esterbauer/ILH-Verlag, Stuttgart, 2001, 11,90 Euro.

WEITERE INFORMATIONEN

Comité Régional du Tourisme,
37, Avenue de Paris, F-45000 Orléans,
Telefon 00 33/2 38 79 95 28, Fax 00 33/2 38 79 95 10,
E-Mail crtl.centre@crtlcentre.com, www.visaloire.com

19 Auvergne

Exquisiter **Hoch-Genuss**

Mächtige Vulkanberge, tiefe Kraterseen und guter Käse – die Auvergne im französischen Zentralmassiv erweist sich landschaftlich wie kulinarisch als Leckerbissen.

19

Mobil-Tour: **Auvergne**

Unterwegs im Land der Vulkane

So ähnlich muss es auf dem Mond aussehen. Krater drängt sich an Krater, dazwischen ragen immer wieder kegelartige Hügel aus der sattgrünen Landschaft. Sattgrün? Damit kann der Mond nicht dienen, und auch ein Drachenflieger sorgt mit seinem Anblick dafür, dass die Gedanken schnell wieder auf den Boden der Tatsachen zurückkehren. Die Krater gehören nämlich zu den Monts Dôme, achtzig Vulkanbergen, die sich wie Glieder einer geologischen Kette auf einer rund zwanzig Kilometer langen Linie im Norden der Auvergne aneinander reihen. Als Balkon mit Aussicht auf die Chaine des Puys bietet sich der Puy de Dôme an, der mit 1465 Metern höchste Gipfel der Bergkette.

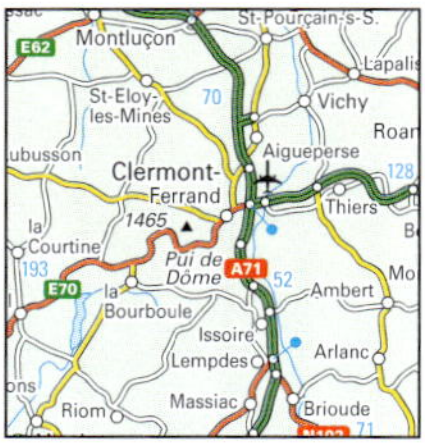

Diese Region finden Sie im Kartenteil auf den Seiten 32, 33, 42, 43.

Die Auvergne, das Land atemberaubender Vulkanberge, idyllischer Kraterseen und ausgedehnter Weidegebiete, Hochburg der Käse-Spezialitäten und Heimstatt der berühmten Salers-Rinder, liegt mitten im französischen Zentralmassiv und war bis vor gut zwei Jahrzehnten aufgrund der schlechten Verkehrswege fast abgeschieden von dem, was anderswo als Fortschritt galt.

Dabei war die Landschaft für ihren magischen Zauber schon seit Jahrtausenden bekannt. Die Gallier verehrten auf dem Puy de Dôme ihre Götter, die Römer errichteten hier zu Ehren ihres Gottes Merkur einen Tempel, und Flugpioniere starteten vor knapp hundert Jahren mit ihren abenteuerlichen Apparaten vom windumtosten Gipfel zu ihren ersten Flugversuchen.

Der moderne Tourismus hat die Auvergne erst vor wenigen Jahren entdeckt, dann aber mit voller Wucht. Eine halbe Million Menschen pilgert pro Jahr auf den Puy de Dôme, einige wenige zu Fuß auf dem Fernwanderweg GR 4, die meisten per Shuttle. Klimatisierte Komfortbusse schaukeln die Touristen auf steilen Straßen zum Gipfel empor und geben ihren Insassen nur eine vage Vorstellung von den Qualen und Strapazen, die Radrennfahrer erleiden, wenn die Tour de France gerade diesen Gipfel als Ziel anfährt. Noch vor 8000 Jahren spuckten die Krater Feuer, Asche, Bimsstein und Lava aus, bis ein faszinierendes Naturdenkmal entstand, das heute den Namen Parc des Volcans d'Auvergne trägt.

Selbst Laien können aus der Landschaft lesen, was damals geschah: Denn mit dem Puy de Pariou und dem Puy de Côme gibt es zwei Beispiele für den klassischen Typ eines Vulkanberges mit einem ringförmigen Krater und einer ke-

Die Kirche von St. Saturnin zählt zu den schönsten in der gesamten Auvergne. ▶

Grüne Hügel mit riesigen Weiden prägen die Landschaft im Süden der Auvergne.

gelförmigen Gestalt. Der Puy de Dôme gehört zu den so genannten Quellvulkanen, deren zähflüssige Lava langsam im Schlot emporquoll, hier abkühlte und einen steil emporragenden Berg ohne Krater entstehen ließ.

An seinem Fuße breitet sich die Metropole der Auvergne aus: Clermont-Ferrand. Eine bescheidene Hauptstadt rund um eine kleine, aber sehenswerte Altstadt, mit rund 150 000 Einwohnern, zu denen auch Bib gehört, das berühmte Michelin-Männchen. Der Reifenhersteller hat seinen Sitz ebenso in der Auvergne wie die bekanntesten französischen Mineralwasserfirmen.

Nur an den Landstädtchen und Dörfern der Auvergne ist die Moderne achtlos vorübergegangen. Saint-Nectaire ist einer der Orte, die ein Tourist besuchen sollte. Nicht so sehr wegen der großen Tradition als Heilbad, das schon bessere Zeiten gesehen haben mag, eher schon wegen der romanischen Kirche, die auf einer Anhöhe im oberen Ortsteil den Herrn preist. Vor allem aber wegen der Spezialität, die den Namen des Ortes in alle Welt getragen hat: der legendäre Bauernkäse Saint-Nectaire.

Einfach, zu einfach wäre es, irgendwo an der Hauptstraße anzuhalten und in einem der vielen Geschäfte einen der weißen Rundlinge einzukaufen. Die Herausforderung der Stunde heißt Ferme Bellonte, und die ist freundlicherweise ab der Ortsmitte ausgeschildert. Hoch auf den Bergrücken hinauf holpert die Straße, mitten hinein in das ländliche Nirgendwo.

Farges, ein winziger Weiler, tut sich schließlich auf, und mittendrin steht ein lang gestrecktes Gebäude: die Käserei des traditionsreichen Bauernhofs. Ein Bimmeln an der Tür, eine geschäftige Alte, die sich noch schnell ihre Hände an der weißen Schürze abwischt und dem Besucher ein Bonjour entgegenruft.

Ein Saint-Nectaire soll es sein, das ist klar, schließlich ist das der Käse der Könige – seit der Marschall Sennectaire

LAND & LEUTE

Die Auvergne liegt im Zentralmassiv und gliedert sich in die Départements Puy de Dôme, Cantal, Haute-Loire und Allier. Größte Stadt der dünn besiedelten, von Vulkanen geprägten Auvergne ist Clermont-Ferrand mit 150 000 Einwohnern.

SEHEN & ERLEBEN

St.-Nectaire lockt nicht nur mit seinem berühmten Käse, der Ort besitzt auch die schönste Kirche der Auvergne – ein Meisterwerk der Romanik auf einem Basaltkegel oberhalb des Ortes.

ESSEN & TRINKEN

Eintöpfe spielen in der bäuerlichen Küche der Auvergne eine große Rolle. Ein Klassiker ist die Kohlsuppe Soupe aux choux, die aus mehreren Sorten Fleisch, Speck, Möhren und Rüben, weißen Bohnen und Kartoffeln angerichtet wird. In vornehmen Restaurants wird dieses traditionelle Arme-Leute-Gericht gern auch etwa förmlich als Potée d'Auvergne serviert. Unter den regionalen Weinen ragt der St.-Pourçain heraus.

19 Mobil-Tour: **Auvergne**

Unterwegs im Land der Vulkane

seinem Herrscher Ludwig XIV. ein Stück zu kosten und dem würzigen Käse auch gleich seinen Namen gab.

Schnell dreht die Dame des Hauses eine Kostprobe aus dem guten Stück und reicht sie mit einem siegesgewissen Lächeln über den Tresen. Cremig ist der Käse, mit einem delikaten Aroma und einer leicht nussigen Note, ein Gedicht aus Rohmilch, Salz und Können.

Die Herstellung ist seit Jahrhunderten gleich: Der Saint-Nectaire wird zunächst geformt und gepresst, danach gesalzen und in ein Tuch gewickelt, dann neu geformt, ein zweites Mal gepresst und darf dann in Ruhe reifen – bei der Ferme Bellonte in einem Jahrhunderte alten Gewölbekeller am Ortseingang.

Ein wahres Schmuckstück ist auch Besse-en-Chandesse. Der Ort liegt in den nicht minder spektakulären Monts Dore, den Vulkanbergen im Südwesten von Clermont-Ferrand. Außergewöhnliche Bauten gibt es kaum in dem Dorf, das sich auf einen Hügel schmiegt.

Das seit Jahrhunderten nahezu unverändert bewahrte Ensemble aus basaltgrauen Patrizierhäusern und dunkelgrauen Befestigungsanlagen gibt dem Ort seine unverwechselbare Atmosphäre. Anders als das ebenfalls malerische Saint-Saturnin, lebt Besse besonders an Markttagen wie zu den guten alten Zeiten auf, wenn die Bauern aus der Umgebung mit ihren Viehwagen die große Wiese am Ortsrand ansteuern und das vielstimmige Muhen und Wiehern der Tiere ortsunkundigen Touristen den Weg weist.

Französisches Landleben wie gemalt baut sich auf: Stämmige Männer führen ihre Zossen mit festem Griff auf die Koppel, an der schon die Preisrichter warten. Von Wind und Wetter gegerbte Gesichter leuchten in der Morgensonne auf, die Zigarette im Mundwinkel fest eingeklemmt. Derbe Gummistiefel und grob gestrickte Schlägermützen gehören hier noch zum Festtagsschick.

Berühmt ist Besse auch bei frommen Pilgern. Zweimal im Jahr strömen sie in die Pfarrkirche St. André. Anfang Juli lockt La Montade. Bei dieser Wallfahrt in die Berge tragen sie die Statue der Schwarzen Madonna in einer feierlichen Prozession in die Kapelle von Vassivière, wo die Jungfrau als Schutzpatronin der Rinder dient. Ende September geht es retour. Dann steigt die Fête de Devalade, eine Wallfahrt von den Sommerweiden hinab ins Tal.

Atemberaubend und lehrreich: der Aussichtspunkt und das Info-Zentrum des Puy de Dôme. ▶

Als Region für Naturerlebnisse besitzt die Auvergne ebenfalls einen gewissen Ruf. Der Park der Vulkane weist ein dichtes Netz einfacher bis anspruchsvoller Wanderwege auf, und dazu kommt im Sommer eine zweite Attraktion: die

◀ **Einsam und abgeschieden: die Straße durch die Monts du Cantal.**

idyllischen Seen. Der Lac Pavin gilt als der schönste dieser voll Wasser gelaufenen Vulkankrater. Fast schwarz schimmern seine spiegelglatten Fluten, ebenso düster wirkt der dichte Nadelwald, der das Gewässer umschließt.

Die Kontraste jagen sich geradezu in diesem Teil der Region. Der Ort Murol zum Beispiel badet in der sonnenüberfluteten Senke, mittendrin thront auf einem Basaltkegel eine Burganlage.

Eine ganz andere Landschaft tut sich in den Monts du Cézallier im Süden auf: riesige Weidegebiete mit einem leuchtenden Grün, das es in dieser Intensität eigentlich nur in Irland geben dürfte. Dazwischen plätschert ein kleiner Bach, ein paar Bäume unterbrechen die rollenden Hügel, und als kontrastreicher Farbtupfer strahlt das tiefe Rotbraun der mächtigen Salers-Rinder auf. Vom Frühsommer bis in den September hinein genießen die Rinder dieses Paradies.

Im Hintergrund dräuen die Monts du Cantal. Eine neue Bergkette gewaltiger Vulkanriesen riegelt den Süden der Auvergne ab, mittendrin der Puy de Sancy. Die Straße erklimmt weitere Höhen, erreicht den Pas de Peyrol, eine karge, eintönige Landschaft aus Stein.

Mittendrin wartet eine touristische Perle auf ihre Entdeckung: Salers, das auvergnatische Rothenburg. Gemeint ist aber nicht die nordhessische Reisemobil-Metropole, sondern das Kleinod fränkischer Fachwerkskunst an der Tauber. Salers muss den Vergleich nicht scheuen. Fast schwarze Mauern stolzer Patrizierhäuser prägen den Ort, düstere Gassen führen durch das Zentrum, und selbst die Dächer sind noch dunkelgrau – heiter und lebensfroh wirkt dieser Ort nur bei strahlender Sonne.

Vor den Toren der Stadt versteckt sich ein Geheimtipp: die Ferme Auberge de Navaste bei St.-Bonnet-de-Salers. Hier serviert Monique Chassang eine gekonnte Interpretation der regionalen Küche, und natürlich gibt es gleich zwei ausgezeichnete Käse: Salers und Cantal.

SEHEN & ERLEBEN

Ein Renaissance-Festival erlebt das zauberhafte Basaltstädtchen Salers alljährlich im Sommer. Das farbenprächtige Kostümspektakel beginnt in der dritten Woche des Juli und dauert dann bis Mitte August.

WANDERN & RADELN

Rund um den Lac Pavin, einen malerischen und bis zu 90 Meter tiefen Kratersee bei Besse-en-Chandesse, führt ein idyllischer Uferwanderweg, der sich zwischen tiefen Nadelwäldern und dem Seeufer entlangschlängelt.

PROMOBIL-TIPP

Der Aufstieg auf den Puy de Sancy, den höchsten Gipfel der Monts Dore, rundet die Reise in die Auvergne erst richtig ab. Die Talstation der Seilbahn liegt bei Le Mont-Dore. Von der Bergstation aus ist der 1885 Meter hohe Gipfel in etwa einer halben Stunde zu erreichen. Am Puy de Sancy entspringen auch zwei Bächlein, die vereint als Dordogne Richtung Aquitanien fließen.

Mobil-Tour: **Auvergne**

Unterwegs im Land der Vulkane

Route

Mit einer Nord-Süd-Länge von etwa 300 Kilometern und einer Ost-West-Achse von 240 Kilometern ist die Auvergne nur etwas größer als Hessen. Die geschilderte Mobil-Tour beginnt am Puy de Dôme in der Nähe von Clermont-Ferrand, führt dann über die Kette der Puy Richtung Süden in die Bergwelt der Monts Dore und hier zu den Kraterseen bei Murol und Besse-en-Chandesse, um dann in die Weidegebiete des Cézallier im Massiv von Cantal zu gelangen.

Reisezeit

Die Auvergne ist ein ganzjährig attraktives Reiseziel, die besten Monate für Wanderungen und Ausflüge sind der Juni sowie September und Oktober. Von Ende Juli bis Ende August sind viele Campingplätze ausgebucht.

Sehenswertes

Besse-en-Chandesse: Malerisches Städtchen mit Befestigungsanlagen, Patrizierhäusern, Skimuseum und einem Infozentrum für Angler.
Clermont-Ferrand: Hauptstadt der Auvergne mit Industrie, Universität, lebhafter Innenstadt und kleinem historischem Zentrum. Sehenswert: Kathedrale, Place de Jaude, Marché Saint-Pierre.
Parc des Volcans d'Auvergne: Der größte Naturpark Frankreichs erstreckt sich über ein 395 000 Hektar großes Gebiet, schließt die Puys-Kette ein, das Monts-Dore-Massiv, das Weideland des Cézallier und die Monts du Cantal. Info-Zentren u. a. auf dem Gipfel des Puy de Dôme, in Issoire und Aydat.
Salers: Mittelalterliche Stadt mit Festungsanlagen, Patrizierhäusern im gut erhaltenen historischen Zentrum.

Aktivitäten

Angeln: Gute Bedingungen bieten die Seen in der Nähe der Monts Dore. Vor allem der Lac Pavin ist dank des Seesaiblings ein beliebtes Revier. Touristen benötigen eine Angelerlaubnis.
Ausflüge: Außer der Käsestraße durchlaufen drei weitere Ferienrouten die Auvergne: Die Straße der Thermen verbindet zehn traditionsreiche Heilbäder, die Straße der Schlösser („Route des Châteaux d'Auvergne") in sechs Teilstücken die schönsten Herrensitze. Die Straße des alten Handwerks „Route des Métiers" erschließt Werkstätten, Töpfereien und Ateliers im Naturpark Livradois-Forez.
Baden: Kraterseen wie der Lac d'Aydat, der Lac Pavin, der Lac du Chambon bieten sich für Badetage, zum Sonnen und zum Bootfahren an.
Wandern: Ausgezeichnete Möglichkeiten im Park der Vulkane mit gut ausgewiesenen Tagestouren. Sehr reizvoll sind auch die Langstrecken: Der GR 30 führt zu den schönsten Seen zwischen La Bourbole und Saint-Nectaire, der GR 400 zu den Vulkanen des Cantal, der GR 441 über die eindrucksvolle Puys-Kette.
Wassersport: Für Ausflüge mit Kanu oder Kajak bietet sich die Allier an, der wichtigste Fluss der Auvergne.

Essen & Trinken

Nur 33 französische Käsesorten besitzen das Gütesigel A.O.C., das eine hohe Qualität, den regionalen Ursprung und die traditionelle Art der Herstellung garantiert. Gleich fünf Sorten stammen aus der Auvergne: der cremig-nussige Saint-Nectaire, der je nach Reifegrad milde bis kräftige Cantal, der kräftig-volle Salers, der cremig-milde Fourme d'Ambert und der Schimmelkäse Bleu d'Auvergne. Das Faltblatt

▲ **Der Vulkan Puy de Dôme bietet eine herrliche Aussicht auf Clermont-Ferrand, die Metropole der Auvergne.**

zur Route des Fromages führt rund 50 Bauernhöfe auf, bei denen Touristen willkommen sind, probieren und einkaufen können. Einen exzellenten Saint-Nectaire gibt es zum Beispiel auf der Farm Bellonte im Weiler Farges oberhalb von St.-Nectaire, außerdem können Gäste die Käserei und die mittelalterlichen Reifekeller besichtigen. Einen hervorragenden Salers gibt es auf der Ferme Auberge de Navaste bei St.-Bonnet-de-Salers. Dieses Anwesen bietet auch eine Ferme Auberge mit vorzüglicher regionaler Küche. Ihre bäuerliche Herkunft können viele regionale Gerichte nicht verhehlen: Die Potée d'Auvergne ist ein Eintopf mit Schweinshaxe, gesalzenem Schweinefleisch, Speck, Rüben und Möhren. Tripoux sind gefüllte Schafsfüße, die mit Kräutern, Knoblauch und Schalotten in Magenstücken gegart werden. Sehr lecker: die Truffade, feine Kartoffelscheiben in einer Soße aus Cantal-Käse, Sahne und Knoblauch, die es als Beilage zur Hartwurst oder zum Schinken gibt. Typische Fleischgerichte sind Hammelkeule (Gigot Brayaud), Kaninchen (Lièvre) und das Huhn in Weinsauce. Gute Adressen sind die Ferme Auberge Le Ruisselet in Mazerat bei Roffiac (Reservierung notwendig) und das Restaurant Le Bougnat in Le Mont-Dore.

Termine

Juli/September: Fête Patronale in Besse-en-Chandesse. Traditionelle Wallfahrten zu Ehren der Schwarzen Madonna von der Pfarrkirche St. André in Besse-en-Chandesse nach Vassivière.

Bücher & Karten

Von den Frankreich-Experten des Michelin-Verlags stammt der Band Auvergne-Périgord, der die wichtigsten Sehenswürdigkeiten in Städten und Gemeinden in alphabetischer Reihenfolge vorstellt und darüber hinaus auch Routenempfehlungen für Rundreisen gibt (Michelin-Verlag, Karlsruhe, 2003, 14,80 Euro). Eine buntere Sprache und mehr Bilder sind die Vorzüge des DuMont-Reisetaschenbuchs von Gabriele Kalmbach und Hans E. Latzke, Auvergne & Cevennen, DuMont-Verlag, Köln, 2003, 12 Euro.

WEITERE INFORMATIONEN

Comité Régional du Tourisme d'Auvergne,
44, Avenue des Etats-Unis, F-63057 Clermont-Ferrand Cedex 1,
Telefon 00 33/4 73 29 49 49, Fax 00 33/4 73 34 11 11,
E-Mail documentation@crt-auvergne.fr, www.crt-auvergne.fr

Filet-Spitzen
für Genießer

Leben wie Gott in Frankreich: In Küche und Weinkeller feiert der ländliche Süden Burgunds kulinarische Genüsse. Zur Rast laden Campingplätze und Bauernhöfe ein.

20 Mobil-Tour: **Burgund**

Leben wie Gott in Frankreich

Glühend rot versinkt die Sonne hinter den Hügeln und erinnert noch lange an die Hitze des zu Ende gegangenen Sommertages. Wie Statuen verharren zwei Charolais-Rinder am Horizont. Ihre mächtigen Leiber, die tagsüber den in allen Grüntönen schillernden Wiesenbergen Burgunds weiße Farbtupfer verleihen, sind zu schwarzen Monumenten erstarrt.

Tempo ist dagegen bei den Reisemobilisten angesagt. 22 Uhr ist gleich durch, und noch ist weit und breit kein Stellplatz in Sicht. Bis zur La Motte aux Merles, dem Farmcampingplatz von Monsieur und Madame Piccard bei Artaix, sind es noch zwölf Kilometer.

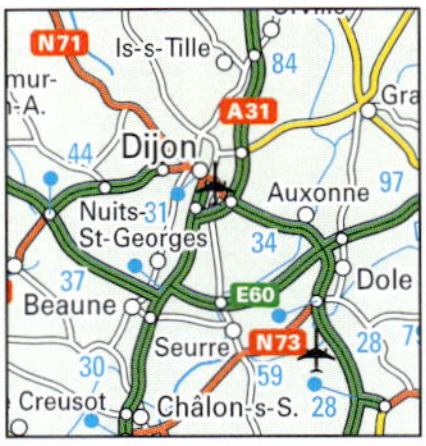

Diese Region finden Sie im Kartenteil auf den Seiten 34, 35.

Die Scheinwerfer des California tauchen die Pforten des Platzes in helles Licht. Doch zu spät – die Gatter sind geschlossen. „Messieurs, was wünschen Sie?" Der Bauer hat ein Einsehen. „Sie können das Gatter selbst öffnen, alles Weitere besprechen wir morgen. Bonsoir." La Motte aux Merles ist einer von über 1000 Bauernhöfen, die – über ganz Frankreich verteilt – Camping-à-la-ferme anbieten. Allein im Département Saône-et-Loire, dem südlichen Zipfel Burgunds, halten ein Dutzend Landwirte Stellplätze in der Nähe ihrer Höfe bereit. Gut 20 Stellplätze finden Reisemobilisten und Camper auf den welligen Wiesen beim liebevoll herausgeputzten Bauernhaus – nur fünf davon sind besetzt. „Wir hatten noch nie mehr als elf Gäste auf einmal", sagt die Bäuerin Irénée Piccard. „Es ist so viel Platz, man kann sich aus dem Wege gehen."

Früh aufstehen ist am nächsten Morgen angesagt. Der berühmte Viehmarkt der Region nimmt leider keine Rücksicht auf die Wünsche touristischer Frankreichfahrer.

Über die Loire hinweg und vorbei an Semur, einem der schönsten Dörfer Frankreichs, endet der Ausflug in St.-Christophe-en-Brionnais. Hunderte Lastwagen und große, leere Korrale fallen sofort auf – dann weist vielstimmiges, tierisches Gebrüll den Weg zu den offenen Markthallen. Wie nach einer geheimen Absprache treten Züchter und Händler einheitlich in blauer Arbeitskleidung auf. Um so farbiger wirkt unter all den Blaumännern die Hand voll bunt gewandeter Touristen, die mit Abstand an den mächtigen weißen Rinderleibern entlangflaniert.

„Heute sind nur wenige Tiere hier", sagt Paul Durix, ein Anwohner und Kenner der Szene von St.-Christophe, nach einem Blick über die Rindviecher. Der Wochenmarkt des Städtchens genießt als fünftgrößter Frankreichs einen

Burgund ist auch für Kirchen wie die in Paray-le-Monial bekannt. ▶

Mächtige Schlösser zieren die Landschaft im Süden Burgunds.

guten Ruf. „Gegen 6.30 Uhr beginnen die Verhandlungen bei den Kälbern und Ziegen in der Halle dort unten", sagt der Franzose. „Eine halbe Stunde später wandern die Händler zu den Jungtieren da drüben, und jetzt, so gegen acht Uhr, sind die ausgewachsenen Rinder hier vorn an der Reihe."

Gesprochen wird beim Geschäft nicht viel, die Blaukittel grüßen sich nur mit einem kurzen Nicken, der Käufer prüft das Tier mit Blicken und schreibt eine Summe auf einen kleinen Zettel, den er dem Bauern in die Hände drückt. Kein Händedruck, ein Aufstampfen des Stockes auf dem Betonfußboden zeigt das Einverständnis – der Handel ist perfekt. Jetzt, sicher ist sicher, schneidet der Käufer dem Tier mit einer kleinen Schere sein Zeichen in das weiße Fell, dann knipst ein Helfer dem widerstrebenden Rind vor dem Transport zum Lastwagen eine Nummer ins Ohr. Die Bauern wenden sich nach getaner Arbeit dem Vergnügen zu. Im Café du Champ de Foin setzen sie einen Teil ihrer Einnahmen in Pastis und Wein um.

Bis zum Wallfahrtsort Paray-le-Monial sind es von hier nur 20 Kilometer. Der dortigen Basilika, der Abtei von Cluny und der Kirche St. Philibert in Tournus verdankt Burgund seinen Ruf als Hochburg der Romanik. Paray-le-Monial im Norden ist ein guter Startpunkt für eine Rundreise zu den 250 bedeutenden romanischen Kirchen Burgunds. Ebenso eindrucksvoll wirkt das vieltürmige Schloss La Clayette; es thront schier uneinnehmbar über dem Wasser des gleichnamigen Sees.

Hoch oben auf dem Butte de Suin begrüßt eine Figur der Mutter Gottes die Reisenden. Für den Abstecher von der RN 79 auf den 600 Meter hohen Gipfel belohnt die Aussicht über die geschwungenen Felder des Charollais: Grün, wohin das Auge schaut.

Majestätisch streckt sich auch die graubraune Felsnase des Le Solutré wenige Kilometer weiter in den Himmel.

LAND & LEUTE

Das Burgund ist eine attraktive Kurzreise-Region für Freunde einer guten Küche und exzellenter Weine. Reisemobilfreundliche Bauernhöfe sind vorhanden. Beste Reisezeit: Herbst.

ESSEN & TRINKEN

Die wurstähnlichen Andouillettes sind eine absolute Spezialität im Maison Mâconnaise des Vins im Zentrum von Mâcon. Für Reisende ist das Haus an der Avenue-de-Lattre-de-Tassigny ein echter Geheimtipp. Denn hier können sie außer einer wohlschmeckenden Unterlage für eine Weinprobe einen schnellen Überblick über die köstlichen Weine Burgunds bekommen – Probieren erwünscht. Info: www.maison-des-vins.com.

FEIERN & GENIESSEN

Die Trois Glorieuses, eines der traditionsreichsten Weinfeste in Burgund, steigt jedes Jahr im November in der Wein- und Kunststadt Beaune an der Côte d'Or – dabei werden unter anderem auch die großen Hospizweine versteigert.

20

Mobil-Tour: **Burgund**

Leben wie Gott in Frankreich

Am Fuße des Berges fanden Forscher zehntausende von Pferdeknochen, Feuersteinen und andere Utensilien aus grauer Vorzeit.

Sollten die Vorfahren der heutigen Burgunder tatsächlich die Tiere in den Abgrund getrieben haben, um ihre Beute zu bekommen? Mindestens so berühmt ist der Wanderweg, der am Parkplatz unterhalb des Gipfels beginnt.

Alljährlich zu Pfingsten pflegte der verstorbene Staatspräsident François Mitterrand den Berg zu besteigen. Von seinem Gipfel aus fällt der Blick auf die Weinberge des Mâconnais, die einen erstklassigen Ruf genießen: Der weiße Pouilly-Fuissé aus der Chardonnay-Traube ist ein Wein der allerersten Güte.

Gott Bacchus hält seine Hand über die Winzer an der rund 120 Kilometer langen Weinstraße, die vom nahe gelegenen Cluny aus durch die Weinberge des Mâconnais und an der Côte Chalonnaise bis nach Beaune führt. Von dieser Lage profitiert auch Brancion.

Hinter den Mauern döst das bedeutendste befestigte Dorf Burgunds scheinbar ausgestorben vor sich hin – bis auf den hellwachen Parkwächter, der ganz im Stil vergangener Zeiten die Ankommenden zur Begrüßung gleich zur Kasse bittet. Kaum ist das Portemonnaie verstaut, begehrt der Mensch am Bergfried abermals einen Obolus für den Besuch der Ruine. Der Blick von den Mauern ist allerdings ist nicht zu verachten.

Zum Übernachten empfiehlt sich für Reisemobilisten die nahe gelegene Ferme Auberge von Malo. Der Hof gehört zu den zehn urigen Bauernstuben in Südburgund, die ihren Gästen in rustikaler Atmosphäre die Spezialitäten der Region schmackhaft machen. Jacqueline und René Goujon garnieren dieses verlockende Angebot mit Stellplätzen auf zwei ebenen Wiesen inmitten von Sonnenblumenfeldern. Auch hier stehen trotz Hochsaison nur wenige Camper und Zelte auf dem Gelände.

Kaum haben die Reisemobilisten am nächsten Tag in Tournus die Saône überquert, verabschiedet sich die hügelige Mittelgebirgslandschaft. In der Bresse, dem flachen Landstrich im Osten des Département dominieren Mais- und Rapsfelder sowie die Hühnerzucht. Doch wo sind sie nur, die rund 1,2 Millionen Hendl, die als Poulets de Bresse Feinschmeckern das Wasser im Munde zusammenlaufen lassen? Von den 300 Hühnern auf diesem Feld ist weit und breit nichts zu sehen. „Ganz einfach", lacht Patrick Beguyot, Herr über 16 000 Hühner auf der Farm Les Flattots bei St. Germain du Bois. „Bei dieser Hitze ist es ihnen ganz einfach zu warm draußen." Die Hühner, erfahren die Reisemobilisten, flüchten entweder in den Schatten

Eine Fahrt mit dem Hausboot ist eine Abwechslung für Reisemobilisten. ▶

unter den Büschen oder bleiben gleich in ihren Holzhäusern. Mit Mais und Milch, dem vorgeschriebenen Futter für ein Bresse-Hühnchen, lockt der Farmer die frei laufenden Federviecher abends aber doch zurück an den Futtertrog.

Nach einem Spaziergang unter den 400 Jahre alten Arkaden der Hauptstraße und zur Kirche St. Pierre mit ihren prächtig in Rot, Grün, Gelb und Schwarz glasierten Dachziegeln ist die Terrasse des kleinen Lokals L'Hutau in Louhans genau der richtige Ort, den Tag stilvoll schlemmend ausklingen zu lassen. Denn Monsieur Tavernier versteht sich ganz prächtig darauf, aus den bäuerlichen Schätzen der Bresse einen wahren Gaumenschmaus zu kreieren.

Als Vorspeise Hühnchenbrust auf Salat? Können Sie das Poulet Louhannais empfehlen? Der Kellner führt die Fingerspitzen an den Mund. „Einfach délicieux." Als Wein noch eine Flasche Bourgogne Rosé. Nur der Fahrer muss trocken bleiben, denn Ziel der Etappe ist der Aire Naturelle bei Rancy – ein ebener Natur-Campingplatz am Ufer der Seille, der auch Spätankömmlingen freie Zufahrt bietet. Neben den Campingplätzen und zwei weiteren Aires Naturelles in Brienne und Branges lädt in der Bresse auch die Ziegenfarm in Flacey-en-Bresse Reisemobilisten zum Camping-à-la-ferme ein.

Der erste Griff des nächsten Tages gilt der Straßenkarte. Wo ist denn nur dieses Rully? Hier, an der Côte Chalonnaise, der berühmten Weingegend um Chalon-sur-Saône, steht das Weingut von Jean-François Delorme, dessen edler Tropfen zum Poulet in guter Erinnerung blieb. De Vignes en Caves steht auf der Plakette am Tor zum Hof des vielfach ausgezeichneten Weinbaubetriebes. Zu den Spezialitäten des Hauses gehört aber auch ein Sekt, der nach der Champagnermethode gekeltert wird.

In die Legende schließlich führt die Straße nach Autun, dem römischen Augustodunum. Eine sechs Kilometer lange Stadtmauer mit über 50 Toren wehrte Feinde von der Residenz des Präfekten ab. Die Stadt, die sich stolz Schwester und Rivalin Roms nannte, schmückte sich mit dem größten Amphitheater Galliens. Wenn dann noch während der Vorführung die Sonne versinkt, fühlt man sich an diesem Ort ein klein bisschen so wie Gott in Frankreich.

▲ **Die Reise durch Burgund erweist sich als ein Fest der Sinnlichkeit und des guten Geschmacks.**

SEHEN & ERLEBEN

Sechs Ferienstraßen von jeweils 120 bis 230 Kilometern Länge geleiten Touristen durch Südburgund und führen dabei auch zu den berühmten romanischen Kirchen der Region: nach Cluny und nach Paray-le-Monial.

FEIERN & GENIESSEN

Senf ist die klassische Spezialität von Dijon. Die Moutarde de Dijon wird seit Jahrhunderten in immer mehr Rezepten hergestellt. Besonders lecker sind die Senf-Spezialisten Fallot aus Beaune.

PROMOBIL-TIPP

Bootstouristen können auf einem 1200 Kilometer langen Netz von Kanälen und Flüssen ihrem Hobby nachgehen. Sehr attraktiv sind die Yonne zwischen Auxerre und Montereau (108 km, 26 Schleusen), der Canal du Centre zwischen Chalon-sur-Saône und Digoin (122 km, 61 Schleusen) sowie der Canal du Bourgogne zwischen Laroche-Migennes und St.-Jean-de-Losne (242 km, 189 Schleusen).

Mobil-Tour: **Burgund**

Leben wie Gott in Frankreich

Route

Aus dem Norden führt die Autobahn A 6 über Dijon nach Chalon-sur-Saône und weiter nach Mâcon. Für die beschriebene Tour bieten sich aufgrund der kurzen Entfernungen im Süden Burgunds ein oder zwei verkehrsgünstig gelegene Startpunkte an, von denen aus sich die Region sternförmig entdecken lässt.

Reisezeit

Wie die meisten Weinregionen ist auch im Burgund der Herbst die attraktivste Reisezeit. Dann zeigt sich die Landschaft mit ihren sanft geschwungenen Hügeln am schönsten, leuchten die Rebstöcke in schier endlosen Reihen noch im satten Grün oder schon in den braun-roten Herbstfarben. Der Hochsommer ist nicht ganz so attraktiv, die Entfernung zu den Küsten ist zu groß, das Burgund kommt über den Status einer Durchgangsregion auf der Fahrt zum Mittelmeer nicht hinaus.

Sehenswertes

Autun: Amphitheater, Janustempel und zwei Stadttore aus römischer Zeit. Altes Zentrum mit Kathedrale und Resten der Stadtmauer.
Beaune: Attraktive Wein- und Kunststadt an der Côte d'Or mit 20 000 Einwohnern. Sehenswert: mittelalterliches Armenhospital Hôtel-Dieu von 1443, romanische Basilika Notre-Dame, Weinmuseum im ehemaligen Herzogspalast. Tipp: Spaziergang auf der gut erhaltenen Stadtmauer.
Beuvray: Archäologische Ausgrabungen des gallischen Dorfes Bibracte am Mont Beuvray und Ausstellungen über das Leben der Häduer. Aussichtsplattform mit schöner Fernsicht.
Cluny: Freundlich-verschlafene Kleinstadt mit 5000 Einwohnern. Interessant dank der Ruinen der ehemals zweitgrößten Kirche der Christenheit. Das Kloster Cluny war die geistliche Großmacht des Mittelalters. 1798 wurde mit dem Abbruch begonnen. Von den gewaltigen Klostertürmen steht lediglich noch der Clocher de L'Eau Bénite.
Mâcon: Bedeutende Weinstadt und Metropole von Südburgund mit rund 40 000 Einwohnern. Sehenswert: Patrizierhäuser im Zentrum, Steinbrücke Saint-Laurent, Ruinen der Kathedrale Saint-Vincent, Apotheke im Stil Ludwigs XV. mit schöner Sammlung von Fayencen. Ausflüge in das Mâconnais mit seinen romanischen Kirchen und kleinen Dörfern.
St.-Christophe-en-Brionnais: Jeden Donnerstag findet in dem kleinen Dorf von 6.30 Uhr bis 9.00 Uhr ein Viehmarkt statt, auf dem die berühmten Charollais-Rinder verkauft werden. Französischsprachige Führer warten um 7.30 Uhr vor dem Bürgermeisteramt auf Touristen, die sie durch die offenen Hallen begleiten.

Aktivitäten

Besichtigungen: Mehr als 50 Burgen und Schlösser sind für Besucher offen: Die interessantesten Festungen stehen in Brancion, La Clayette, Cormatin sowie in Melay, Pierreclos, Pierre-de-Bresse und Sully.
Touren: Die Route de la Bresse erschließt in einem Rundkurs die Hochburg des berühmten Geflügels. Eine Broschüre empfiehlt auch Züchter, die gern ihren Betrieb vorführen, sowie Restaurants, in denen Touristen sich vom Geschmack der frei laufenden Tiere überzeugen können. Ein anderes Faltblatt weist den Weg auf der 500 Kilometer langen und in zwölf Etappen eingeteilten Weinstraße Mâconnais–Beaujolais.
Wandern: Wanderer finden im Süden Burgunds etwa 150 aus-

Selbst das Baguette schmeckt im Burgund besser als anderswo in Frankreich.

geschilderte, kurze Rundwanderwege und markierte Fernwanderwege. Empfehlenswert: der 45-minütige Aufstieg auf den Le Solutré im Mâconnais.
Wassersport: Südburgund bietet alle Möglichkeiten des Flusstourismus: Angeln, Rundfahrten mit Passagierschiffen sowie Mietbooten. Übernahmestationen befinden sich etwa in Branges, Brienne, Tournus und Guegnon.

Essen & Trinken

Als Hochburg für Feinschmecker ist Burgund seit Jahrhunderten berühmt. Ein Geheimtipp außerhalb der touristischen Pfade ist das relativ kleine Restaurant Les Tontons in Beaune, Rue du Fauborg Madeleine 22. Das Haus pflegt eine saisonal und regional geprägte Küche – vom Bresse-Huhn bis zum jungen Rind. Außer den erwähnten Bauernhofgaststätten empfiehlt sich die Fahrt zur Ferme Auberge de Lavaux in Châtenay – eine gute Adresse zum Kosten des berühmten Charollais-Rindfleischs.

Bücher & Karten

Als Begleiter zu den klassischen Sehenswürdigkeiten glänzt der Allianz Baedeker-Reiseführer Burgund, Mairs Geographischer Verlag, 2002, 15,95 Euro. Für Kulturreisende: Thorsten Droste, Burgund – Klöster, Schlösser, historische Städte und die Kultur des Weinbaus im Herzen Frankreichs, DuMont-Kunstreiseführer, 2003, 25,90 Euro. Wer nicht nur auf kulinarischen Pfaden wandern will, sondern auch in die Kunstgeschichte der Region eintauchen möchte, der ist mit diesem Werk gut bedient. Eine Mischung aus Sprach-, Restaurant- und Weingutführer ist der Band von Klaus Simon, Burgund – Reisen für Genießer, DuMont-Verlag, 2002, 12,90 Euro. Ratsam für Umsteiger vom Reisemobil auf ein Hausboot: Ursula und Wolfgang Taschner, Wasserwege in Burgund – Canal de Bourgogne, Saône, Canal du Centre, Canal lateral à la Loire, Canal du Nivernais, Yonne, Edition Maritim, 2004, 14,90 Euro. Dank seiner Routenvorschläge eignet sich der Grüne-Michelin-Reiseführer Burgund/Französischer Jura gut für Burgund-Neulinge: Travel Hause Media, 2004, 14,80 Euro.

WEITERE INFORMATIONEN

Comité Régional du Tourisme de Bourgogne,
Conseil Régional, BP 1602, F-21035 Dijon Cedex,
Telefon 00 33/3 80 28 02 80, Fax 00 33/3 80 30 59 45,
E-Mail documentation@crt-bourgogne.fr,
www.burgund-tourismus.com

21 Champagne

Ein köstliches **Vergnügen**

Champagner, Pfefferkuchen, Andouillettes: Eine Reise in die Champagne ist nicht nur ein prickelndes Erlebnis, sondern auch ein spannender Trip in die Geschichte Frankreichs.

21

Mobil-Tour: **Champagne**

Wo das gute Leben zu Hause ist

Herrje, ich glaube, ich bin falsch angezogen.“ Mit einem einzigen Blick in die mächtige Eingangshalle der Kellerei Pommery ist der jungen Frau in Jeans und T-Shirt alles klar. Hochglanzpolierte Champagnerflaschen glitzern in den gläsernen Vitrinen, hölzerne Fässer zieren die hohen Wände in dem vornehmen Empfangsbereich. In königsblauen Kostümen bemüht sich eine kleine Schar elegant und makellos gewandeter junger Damen an der Rezeption, die Touristen angemessen und im Stil des Hauses zu begrüßen. Haltung ist jetzt das Gebot der Stunde. Oder, wie es hier in Reims wohl eher heißen würde. Contenance.

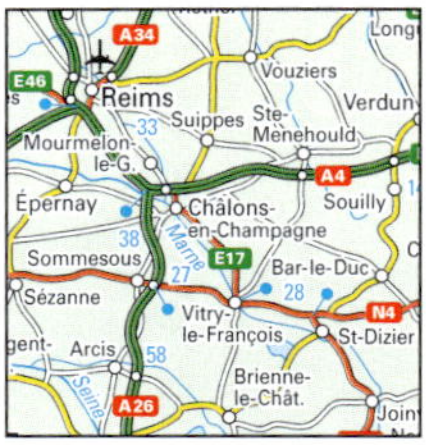

Diese Region finden Sie im Kartenteil auf den Seiten 12, 13.

Auf den ersten Blick wäre ein Hollywood-Regisseur ins Schwärmen geraten über den Anblick der Domaine Pommery. Die berühmte Champagner-Kellerei liegt etwas außerhalb des Stadtzentrums von Reims. Unzählige Erker, Türmchen und zwei mächtige schmiedeeiserne Tore mit den goldenen Buchstaben des Firmennamens vereinen sich zu einem architektonischen Gesamtkunstwerk, das bereits beim Betreten des Grundstücks den gewünschten hochherrschaftlichen Eindruck hinterlässt. „Die deutschsprachige Führung ist in einer halben Stunde“, verkünden die schicken Damen vom Empfang. „Sie können schon in der Halle Platz nehmen.“

Bald darauf schwebt die ebenfalls blau gewandete Carole herbei, die ein exzellentes Deutsch spricht und mit einem halben Dutzend Touristen in den Katakomben der berühmten Kellerei verschwindet. Genau 116 Stufen geht es steil bergab. Nach und nach umschließt Dunkelheit die Besuchergruppe, die sich in 30 Metern Tiefe in einem ehemaligen Kreidesteinbruch aus alten Römerzeiten wiederfindet. Mitte des 19. Jahrhunderts kaufte Louise Pommery die stillgelegten Steinbrüche und ließ sie durch kilometerlange Gänge miteinander verbinden. Zu beiden Seiten reifen die kommenden Champagner-Jahrgänge ihrem späteren Genuss entgegen. Carole erklärt ihren Gästen den Anbau der Weintrauben in der nahen Montagne de Reims sowie die Produktion des prickelnden Getränks. Zum guten Schluss der Führung geleitet sie ihre Besucher in den Shop des Hauses und verabschiedet sich – nicht ohne auf die Möglichkeit hinzuweisen, den edlen Tropfen gleich an Ort und Stelle erwerben zu können.

Champagner ist auch in der Innenstadt von Reims ein ständiger Begleiter,

Auf dem Rathausmarkt schlägt das Herz der schönen Stadt Troyes. ▶

◀ **Der Besuch einer Kellerei gehört zur Reise wie ein Korken in die Flasche.**

Parkplätze dagegen sind Mangelware. Nur mit viel Glück ist ein Plätzchen für das Mobil zu erhaschen – aber das immerhin gleich bei der Kathedrale.

Trutzig ragen ihre beiden Türme gut 80 Meter hoch in den Himmel. Eine mächtige Rosette, drei Portale und mehr als 500 Skulpturen zieren die Fassade des Gotteshauses, das unter Kennern als einer der großartigsten europäischen Sakralbauten gilt. Kaum vorstellbar, dass Teile des Dachstuhls ebenso wie 80 Prozent der Stadt im September 1914 in Trümmern lagen – verheerendes Ergebnis eines Bombardements durch die kaiserlich-deutsche Armee, die an die Marne vorzurücken versuchte.

Viel unscheinbarer, aber nicht weniger reizvoll ist die Kirche von St. Rémi – ganz im Gegenteil. Frühmorgens erstrahlt die Apsis im warmen Sonnenlicht, das die Kirchenfenster in den buntesten Farben zum Leuchten bringt. Innen zeigt sich das Gotteshaus vorwiegend schlicht und gerade deswegen sehr eindrucksvoll.

Sieben Einzelstrecken der Route Touristique du Champagne erschließen die Umgebung von Reims, führen inmitten der Weinberge zu den besten Lagen, schönsten Dörfern und natürlich zu vielen Kellereien. Villedommange ist eines der ersten Dörfer an der gelben Route durch die Montagne de Reims. Eine hübsche Kirche, blumengeschmückte Vorgärten und ein verträumtes Bürgermeisteramt – die ländliche Idylle ist perfekt.

Dutzende Hinweisschilder von Kellereibetrieben zeigen: Hier beginnt das Anbaugebiet, in dem viele der berühmtesten Kellereien ihre Trauben ernten. In ständigem Auf und Ab schlängelt sich die Ferienstraße über die grünen Hügel, durchläuft tagsüber stille Dörfer und passiert einsame Gehöfte.

Alle Champagnerkellereien zu besichtigen, die auf sich aufmerksam zu machen suchen, würde Monate dauern: Es gibt hunderte kleiner Familienbetrie-

LAND & LEUTE

Die Champagne zieht besonders Freunde des guten Lebens für eine Kurzreise im Frühjahr oder Herbst an. Viele Kellereien bieten Kostproben an, gute Stellplätze sind vorhanden.

SEHEN & ERLEBEN

Wehrkirchen und Festungsstädte prägen das Tal der Thiérache in den Vorardennen. Zwischen 1450 und 1560 entstanden über 60 befestigte Gotteshäuser mit einem bergfriedartigen Torturm, mit Flankentürmen, Pechnasen und Schießscharten – eine architektonische Antwort auf den Hundertjährigen Krieg zwischen Engländern und Franzosen.

FEIERN & GENIESSEN

Jedes Jahr im Juni steigt in Châlons-en-Champagne das große Straßentheater- und Zirkusfestival Furies mit einer Fülle von Aufführungen und Darbietungen. Die Stadt an der Marne ist eine der Zirkushochburgen des Landes und beherbergt übrigens die Hochschule für Zirkuskunst in ihren Mauern.

21

Mobil-Tour: **Champagne**

Wo das gute Leben zu Hause ist

be und ein gutes Dutzend Großkellereien. Lautes Hupen durchbricht die samstägliche Stille in Sacy. Der mobile Bäcker kündigt sein Erscheinen in der kleinen Ortschaft an, was prompt die Damen des Dorfes mit Einkaufsutensilien aller Art auf die Straße treibt. Am fahrbaren Tresen gibt es mehr als nur Baguettes und Brot. Hier kommt der gesellschaftliche Treffpunkt angefahren. Ein Schwätzchen in Ehren kann auch in der Champagne niemand verwehren, und da lassen die Einheimischen die Reisemobilisten aus Deutschland vor, die sich geduldig hinten anstellen wollten.

Freundlichkeit gegenüber den Fremden begegnet der Besucher allerorten auf der Reise von Reims nach Troyes. Ein Lächeln, ein Nicken oder auch ein freundliches Bonjour gehören hier einfach zum Miteinander – vergessen scheint le ist Zeit für eine Mahlzeit. Der Duft des frischen Baguettes weht durch das Reisemobil, Kaffee und Käse tun ein Übriges – angesichts der nahen Weinberge und der Mühle kann auch ein mehrgängiges Menü kaum besser munden.

Am Straßenrand zieren weiße Steine die sanft ansteigenden Hänge mit schier endlosen Reihen von Rebstöcken. Golden schimmernde Buchstaben markieren die Lagen der großen Kellereien: Mumm, Moët & Chandon, Pommery – ein steinernes Who's who der mächtigen Champagnerdynastien. Am Wochenende liegen die Weinberge natürlich brach. Trotz der nahen Erntezeit sind nur sehr wenige fleißige Hände zu entdecken, die sich der Rebstöcke annehmen.

Premier cru nennt fast jedes Dorf an der Route Touristique seine Lagen, manchmal sogar gesteigert als 100 % Premier cru. Dabei wirken die Weinber-

Auch in der Champagne bieten einige Weinbauern Stellplätze. ▶

die Zeit, als sich die Urgroßväter aus beiden Ländern in den großen Marneschlachten des Ersten Weltkrieges zu tausenden massakrierten.

Weithin sichtbar ist die Windmühle von Verzenay, die der berühmten Kellerei Pieper-Heidsieck gehört. Mühsam keucht der Dieselmotor den Hügel hinauf, um seine Passagiere für die Geduld und das Gezuckel mit einer schönen Aussicht über die grünen Hügel zu belohnen. Auf dem Parkplatz an der Mühge auf den ersten Blick gar nicht so eindrucksvoll. Sieht man genauer hin, fallen schnell die kleinen, aber ungemein süßen und saftigen Trauben ins Auge. Allerdings hängen nicht sehr viele an einem Rebstock. Die Winzer halten die Anzahl der Trauben ganz bewusst sehr klein. Die ganze Kraft der Natur soll sich in wenigen Früchten sammeln.

Nur drei Rebsorten wachsen in der gesetzlich festgelegten Anbauregion, die sich als Champagne bezeichnen darf:

der rassige, rote Pinot Noir, der frische Pinot Meunier und der elegante Chardonnay. Die Trauben werden separat gekeltert, und auch die Moste vergären getrennt. Nach den ersten Verkostungen und der zweiwöchigen Gärung vermählt die Kunst der Kellermeister und Verkoster die verschiedenen Cuvées.

Die Heimat des Champagners soll das zauberhafte Dorf Hautvilliers sein. In der altehrwürdigen Abtei soll der Überlieferung zufolge der Mönch Dom Pérignon vor rund 350 Jahren das Geheimnis der Schaumweinherstellung entdeckt haben. Dem Bruder Kellermeister gelang es seinerzeit, die ideale Mischung von Rebsäften aus verschiedenen Lagen zu entdecken und damit Furore zu machen. Selbst ein gewisser britischer Geheimagent namens James Bond pflegt ja bis heute – außer trockenen, geschüttelten und nicht gerührten Martinis – vor allem den Genuss dieser legendären Champagner-Marke.

Von hier oben schweift der Blick über die Weinberge. Zu deren Füßen liegt die Stadt Épernay, die sich selbst als Hauptstadt des Champagners feiert. Eine kleine, auf den ersten Blick ziemlich unscheinbare, aber ungemein lebendige Stadt, deren Rhythmus sich am besten in einem der Straßencafés unweit der Kirche spüren lässt.

▲ **Die Ferienstraße „Route Touristique du Campagne" führt in einem großen Bogen durch die Region.**

Allerlei Jungvolk versammelt sich hier zum abendlichen Rendezvous, tauscht erst vier Begrüßungsküsschen und dann schmachtende Blicke aus. Ein Rudel Flics auf Motorrädern wird mit hämischem Beifall begrüßt, während der Garçon mit nicht nachlassendem Eifer frisch gezapfte Biere herbeischafft.

Einen besonderen Charme besitzt auch die alte Textilmetropole Troyes. Der Zauber steigert sich mit jedem Schritt, mit dem man sich auf der Rue Champeaux der Altstadt nähert. Rund 400 restaurierte Fachwerkgebäude drängen sich hier auf wenigen Quadratkilometern zusammen. Der Grundriss der Stadt gleiche einem Champagnerkorken, erzählen Einheimische augenzwinkernd ihren Gästen.

Ob historischer Zufall oder nette Anekdote, bei den leckeren Andouillettes de Troyes lässt sich herrlich fantasieren über die Reize der Champagne – und ebenso herzhaft lachen über die Vorstellung, man könne ausgerechnet im Urlaub falsch angezogen sein.

ESSEN & TRINKEN

In der Rue Périn in Reims treffen sich alle Süßen. In der Bäckerei Biscuits Fossier dürfen sie solch traditionelle Leckereien wie knusprige Makronen und Baisers naschen. Die neueste Bäckerkreation ist rosa Biskuit in Blätterteig.

WANDERN & RADELN

Der Lac du Der Chantecoq südlich von St.-Dizier ist mit seinem 77 Kilometer langen Ufer einer der größten künstlich angelegten Seen in ganz Europa. Außer guten Bedingungen für Wassersportler gibt es hier ein dichtes Netz von Campingplätzen, Spazier- und Wanderwegen.

PROMOBIL-TIPP

Zwiespältige Gefühle hinterlässt ein Besuch der Schlachtfelder von Verdun, der sich auf der Hin- oder Rückreise in die Champagne anbietet. Auch knapp 90 Jahre nach dem Ersten Weltkrieg lassen die ehemaligen Schlachtfelder das Grauen des Stellungskrieges ahnen, das gut 700 000 deutsche und französische Soldaten das Leben kostete.

Mobil-Tour: **Champagne**

Wo das gute Leben zu Hause ist

Route

Sieben sehr gut markierte Ferienstraßen erschließen die Champagne. Die hier beschriebene Fahrt folgt der gelben Strecke durch die Montagne de Reims. Weitere Strecken widmen sich dem Massiv von Saint-Thierry, dem Tal der Marne oder der Côte des Blancs. Die Broschüre ist auch in deutscher Sprache in den Touristenbüros oder beim Comité Régional du Tourisme zu bekommen.

Reisezeit

Die beste Reisezeit für die Champagne beginnt im Spätsommer und dauert bis zum Ende der Weinlese an. Dann zeigen sich die grünen Rebhügel um Reims und Épernay von ihrer besten Seite. Im zeitigen Frühjahr dagegen wirken die kahlen Hänge oft noch abweisend. Außerdem winken im Herbst in Dörfern an der Route du Champagne Straußwirtschaften und Weinfeste.

Sehenswertes

Châlons-en-Champagne: Sehenswertes Städtchen mit Fachwerkhäusern inmitten von Weinbergen. Kirche Notre-Dame-en-Vaux mit Fenstern aus dem 16. Jahrhundert und einem 56-tönigen Glockenspiel. Kathedrale mit schönen Kirchenfenstern und Kirchenschatz. Kreuzgang-Museum mit Skulpturen. In der Bibliothek im ehemaligen Gouverneurspalast das Gebetbuch der Königin Marie-Antoinette, in das sie vor ihrer Hinrichtung bewegende Zeilen schrieb.
Chatillon-sur-Marne: 33 Meter hohe Statue von Papst Urban II. Die Statue kann bestiegen werden, von oben fantastischer Blick auf die Dörfer rundum.
Épernay: Sitz vieler Champagner-Kellereien, etwa Moët et Chandon, Mercier und De Castellane. Museum für Champagnerkunde im Château Perrier.
L'Epine: Basilique de Notre-Dame de l'Epine, Wallfahrtskirche mit kostbarer Innenausstattung und Wasserspeiern, die böse Geister und Todsünden verkörpern.
Fromentieres: Blumendorf mit einem ausdrucksstarken großen Altarbild an der Kirche.
Hautvilliers: Malerisches Weindorf zwischen Weinbergen, Reste des Klosters von Dom Pérignon, Sammlung von Handschriften und Erinnerungen. Im Park des Klosters netter Picknickplatz.
La Motte-Tilly: Zauberhaftes Schloss mitten in einem Park, innen wertvolle Möbel, Ausstellungen und Konzertveranstaltungen.
Reims: Kathedrale Notre-Dame mit Königsgalerie, dem lächelnden Engel und der von Chagall entworfenen Fensterrosette. Neben der Kathedrale das Palais du Tau mit Festsaal und buntem Wandteppich, dazu ein Museum für Wandteppiche. Ancien Collège des Jésuites, mit doppelter Wendeltreppe zu einer barocken Bibliothek, Planetarium und einer astronomischen Uhr. Automobilmuseum mit Oldtimern und Modellautos. Besichtigung von Champagner-Kellereien, in der Champagne Pieper-Heidsieck im Boulevard Henry-Vasnier Besichtigungstour mit Kleinbahn.
Sézanne: Mittelalterliche Stadt, Spazierweg auf ehemaligen Stadtmauern mit Blick auf Weinberge.
Troyes: Hôtel de Ville, schöne Altstadt mit Fachwerkhäusern, Kathedrale St.-Pierre-et-St.-Paul mit wunderhübschen Kirchenfenstern. Museum der Modernen Kunst mit Werken von Matisse, Rodin, Cézanne. Von Ende Juni bis Ende August akustisch untermalte Lichtspiele in drei Kirchen.

Aktivitäten

Baden: An den großen Seen, vor allem am Lac du Der Chantecoq, tummeln sich Surfer, Schwimmer, Angler.

▲
In der Montagne de Reims hängen die Trauben hoch. Sie sind dazu bestimmt, als Campagner zu überzeugen.

Radfahren: In der Montagne de Reims und im Umkreis der Seen von Orient und des Lac du Der Chantecoq finden Fahrradfahrer ausgeschilderte Routen in reizvoller Landschaft.
Wandern: In der nahen Umgebung von Troyes liegt der Park Lac et Frêt d'Orient. Den Wald des Sumpf- und Naturschutzgebietes erschließen ruhige Wanderwege. Zu weiteren Erkundungen auf Wanderschuhen lädt der ausgedehnte Eichenwald Frêt de la Traconne östlich von Sézanne. Auch die westlich von Vitry-le-François gelegenen Waldhügel zwischen Maurupt und Trois-Fontanes laden zu Spaziergängen ein. Seltsames lässt sich bei Verzy entdecken, im Wald Les Faux de Verzy wachsen wie verwunschen wirkende Buchen.

Essen & Trinken

Die geführte Besichtigung einer Champagnerkellerei gehört natürlich zum Pflichtprogramm einer Reise in die Champagne – beispielsweise der Besuch der berühmten Kellerei Pommery, die in einem schlossähnlichen Anwesen in Reims residiert. Auch in Épernay und in der Montagne de Reims laden überall Schilder „Degustation" zum Kellerrundgang und zur Champagnerprobe ein. Vorsicht beim Einkauf: Häufig sind die Preise im heimischen Supermarkt dank Großeinkauf spürbar niedriger als direkt beim Erzeuger. Leckere Spezialitäten sind die Poularde au Champagne, die Andouillettes von Troyes, die weißen Würste aus Rethel sowie der Kochschinken nach Reimser Art. Wer eine stilvolle Pause bei der Stadtbesichtigung einlegen möchte, besucht das Café de Palais gegenüber dem Justizpalast in Reims. Das Café hat eine farbige Glasdecke im Art-déco-Stil.

Bücher & Karten

Am besten ist der Michelin-Reiseführer Elsass, Vogesen, Champagne, Michelin-Touristikabteilung, 2003, 14,80 Euro. Aus dem gleichen Haus stammt eine Karte, die sich gut zur individuellen Reiseplanung eignet: die Michelin-Karte 514, Maßstab 1: 200 000, 7, 50 Euro. Zum Einlesen in die Champagnerherstellung und -häuser bietet sich das Buch an von Frederique Crestin-Billet und Dominique Pascal, Champagner, Moewig-Verlag, 10,95 Euro.

WEITERE INFORMATIONEN

Comité Régional du Tourisme Champagne-Ardenne,
15, avenue du Maréchal Leclerc, F-51013 Châlons-en-Champagne,
Telefon 00 33/3 26 21 85 80, Fax 00 33/3 26 21 85 90,
E-Mail contact@tourisme-champagne-ardenne.com,
www.tourisme-champagne-ardenne.com

Wiedersehen macht **Freude**

Es muss nicht immer Glühwein sein: Märchenerzähler, Chöre, Straßentheater und natürlich der Saint Nicolas setzen in der Adventszeit im Elsass die Akzente.

Mobil-Tour: **Elsass**

22

Eine Adventsreise an die Weinstraße

Wenn die Abenddämmerung langsam ihr dunkles Tuch über Thann ausbreitet, ist die beste Zeit für einen Bummel über den bekannten Weihnachtsmarkt auf der Place Saint-Thiébaut gekommen. Dicht an dicht drängen sich die kleinen, voll behängten Buden zu Füßen der gotischen Stiftskirche. Ihre Lampen werfen ein warmes Licht auf die Gesichter der Gäste, auf Krippen, Spielsachen, glitzernde Girlanden und all die kalorienträchtigen Süßigkeiten, mit denen die Elsässer ihre Gäste in Versuchung führen wollen. Das Stadtbild von Thann tut ein Übriges. Eingezwängt im Tal der Thur zwischen den Ausläufern der Vogesen, zeigt die Stadt mit ihren jahrhundertealten Häusern und der mächtigen Stiftskirche Saint-Thiébaut ein typisch elsässisches Gesicht.

Diese Region finden Sie im Kartenteil auf den Seiten 15, 27.

Gemütlichkeit und eine gelassene Stimmung breiten sich auf dem kleinen, familiären Weihnachtsmarkt von Thann fast ebenso schnell aus wie die abendliche Dunkelheit. Jetzt ist die Zeit für den Nachtwächter gekommen, Gäste und Einheimische durch die beleuchteten Straßen der Stadt zu führen.

Advent im Elsass – eine ungewöhnliche Jahreszeit, den Sprung über den Rhein zu wagen. Aber auch eine ungemein reizvolle. Denn jedes Jahr bieten sich mehr als 30 Weihnachtsmärkte in Dörfern und Städten als Etappenziele einer Advents-Tour d'Alsace geradezu an – vom kleinen, verträumten Vogesenstädtchen Thann bis in die große, weltbekannte Weihnachtsmetropole Straßburg. Traditionell beginnt die Zeit der süßen Versuchungen spätestens am letzten Samstag im November und reicht dann bis zum Weihnachtsfest selbst.

Den Reiz dieser Reise machen die Städte aus, die in der Vorweihnachtszeit einfach mehr bieten als eine meistens austauschbare Ansammlung von Essbuden und Krimskrams. Zwar gehören auch hierzulande Glühweinstände in die Innenstädte wie Rebstöcke auf die nahen Weinberge, doch die wichtigsten Akzente setzen andere: Die Märchenerzähler und Schauspieler von Straßentheater-Ensembles, Aussteller und Musiker zaubern ein unverwechselbares Flair herbei, das die Kenner dieser Region zu schätzen wissen.

Seit mehr als 500 Jahren ist der Christkindelsmärit auch im Elsass zu Hause. Im Heiligen Römischen Reich deutscher Nation war es schon im ausgehenden Mittelalter üblich, am Niko-

Rund um das Straßburger Münster erstreckt sich der Weihnachtsmarkt. ▶

◀ **Kontraste zwischen dem einfachen Landleben und modernen Metropolen zeichnen das Elsass aus.**

laustag kleine Geschenke an Kinder zu verteilen. Süßigkeiten und Gaben wurden auf Nikolausmärkten angeboten, aus denen sich die Weihnachtsmärkte entwickelten. Eine Idee, die allen Wirrungen der Geschichte trotzte und die bis heute im Elsass zu Hause ist.

Von Thann aus führen zwei Routen durch das vorweihnachtliche Elsass Richtung Norden bis nach Straßburg: die berühmte Weinstraße Route des vins d'Alsace und die weniger bekannte, im Winter gelegentlich schwierig zu fahrende, aber landschaftlich auch sehr reizvolle Route des crêtes.

Mit ein wenig Glück deckt bereits der erste Schnee die Hänge der Vogesen zu und verwandelt die raue Landschaft in eine sanfte, weiße Märchenwelt. Etwa 75 Kilometer schlängelt sich die ehemalige Versorgungsstraße der französischen Armee auf einer Höhe von 1200 Metern in der Nähe des Vogesenkamms von einem Aussichtspunkt zum nächsten. Mindestens ebenso reizvoll führt die Route aber auch von einem Bauerngasthof zum nächsten.

Diese Fermes Auberges mit ihren einfachen, aber deftigen Speisen allein lohnen schon den kleinen Umweg. Mindestens 70 Prozent der hier servierten Speisen müssen aus eigener Herstellung stammen – so will es der Gesetzgeber.

In vielen Fermes Auberges ist der leckere Munsterkäse zu haben, ein durchgegorener, würziger Käse aus roher Kuhmilch, der oft mit Kümmel bestreut wird. Eine gute Gelegenheit, sich selbst oder anderen ein kleines Weihnachtsgeschenk mitzubringen. Allerdings tut man gut daran, den Käse luftdicht zu verpacken und im Kühlschrank zu transportieren – der Geruch würde die Reise sonst zu einem unvergesslichen Erlebnis machen.

Die Vogesen, so behaupten zumindest patriotisch und geschäftstüchtig veranlagte Elsässer, sollen auch die Heimat des Christbaums sein. Anno 1525 bestätigte tatsächlich der Rat der Stadt

LAND & LEUTE

Das Elsass ist ein attraktives Reiseziel für Urlauber, die Wein und eine gute Küche lieben. Im Frühling und Herbst zeigt sich die Region von der schönsten Seite. Stimmungsvolle Märkte verschönern auch den Advent.

SEHEN & ERLEBEN

Über 60 historische Häuser stehen im Ecomusée d'Alsace in Ungersheim. In alten Werkstätten des Freilichtmuseums zeigen Handwerker Techniken aus vergangenen Zeiten.

FEIERN & GENIESSEN

Zu den schönsten Festen außerhalb der Adventszeit zählen der Corso Fleuri, ein Folklorefest mit einem Korso von blumengeschmückten Wagen (Mitte August), und der Pfifferdai, der jedes Jahr am ersten Sonntag im September in Ribeauvillé begangen wird. Dieses Volksfest erinnert mit bunten Umzügen an den Jahrestag der Spielleute. Zum Schluss fließt der Wein gratis aus den Brunnen.

22

Mobil-Tour: **Elsass**

Eine Adventsreise an die Weinstraße

Sélestat, dass Weihnachtsbäume geschlagen werden dürfen. Der Brauch breitete sich so schnell aus, dass die einfallsreichen Touristiker ihn heute flugs als elsässische Erfindung vermarkten.

Am Col du Bonhomme ist es an der Zeit, die Route des crêtes zu verlassen und auf der D 415 Richtung Colmar und damit zu einem der Höhepunkte jeder Reise durch das Elsass zu fahren: nach Kaysersberg. Schmucke Fachwerkhäuser aus dem 14. und 15. Jahrhundert zieren heute noch die lang gezogene Hauptstraße der ehemaligen Reichsstadt. Ein besonderer architektonischer Glanzpunkt ist die befestigte Brücke mit ihren schmalen Schießscharten und trutzigen Brustwehren. Über den Dächern der Stadt thronen die traurigen Reste der alten Kaiserburg, die im Dreißigjährigen Krieg in Trümmer fiel.

Im Innenhof des Rathauses breiten sich die Stände des Weihnachtsmarktes aus, dem sogar der Held des Tages die Ehre gibt: Allerdings saust Sankt Nikolaus nicht etwa stilecht mit einem Schlitten samt Rentieren durch die Lüfte, sondern bleibt mit seiner Kutsche sicherheitshalber doch lieber auf Mutter Erde. Aber diesen kleinen Stilbruch verzeihen die Kinder spätestens beim Anblick der Naschsachen, die der Rotkittel reichlich mitbringt.

Bredele und Männele sind das überlieferte Weihnachtsgebäck der Region – Plätzchen und Männlein. Das Rezept für die Männele ist ebenso einfach wie überzeugend. Hefeteig wird zu fingergroßen Würstchen gedreht, eine kleine Einbuchtung ergibt den Hals. Jetzt werden Arme und Beine aus Hefeteig vorsichtig angesetzt, dann wird das Ganze mit Mandeln, Nüssen, Rosinen und Schokoladenstreuseln verziert – nach etwa 30 Minuten im Backofen ist der Hefemann fertig, der zum Advent im Elsass gehört wie ein Elisen-Lebkuchen auf den Nürnberger Christkindlmarkt.

Auch Colmar und Turckheim, Riquewihr, Ribeauvillé und all die anderen Perlen an der Weinstraße glänzen in der Vorweihnachtszeit besonders schön. Besonders Riquewihr, das herausgeputzte Museumsdorf inmitten der Weinberge, besitzt eine unvergleichliche Atmosphäre: Die malerische Hauptstraße mit ihrem altersschiefen Kopfsteinpflaster und den schmucken Innenhöfen bietet die schönste Kulisse, die sich für einen Weihnachtsmarkt vorstellen lässt.

Die elsässische Touristen-Information in Straßburg stellt übrigens in jedem Jahr eine informative Broschüre mit den schönsten Adventsveranstaltungen und ihren Terminen zusammen.

Auch Ribeauvillé leistet sich eine Besonderheit: einen mittelalterlich wirkenden Weihnachtsmarkt sowie Auftritte von Feuerspeiern und Tanzbären auf

In Saverne – zu deutsch Zabern – sind die Kähne in Augenhöhe mit den Reisemobil-Touristen. Ampeln regeln die Vorfahrt. ▶

◀ **Über sechzig liebevoll gepflegte historische Gebäude stehen im Ecomusée von Ungersheim.**

der Place de l'Hotel de Ville. Diese Veranstaltung gehört mit Sicherheit zu den Höhepunkten im vorweihnachtlichen Elsass. Doch im Vergleich zu Haut-Koenigsbourg nimmt sich diese Extravaganz geradezu bescheiden aus.

Die alte Stauferburg thront gut 700 Meter hoch auf einem Felsen und ist nach dem Straßburger Münster das zweitbeliebteste Ausflugsziel im Elsass. Ihr Aussehen verdankt die Feste allerdings nicht allein ihren mittelalterlichen Baumeistern, sondern der Fantasie und Ehrpusseligkeit des deutschen Kaisers Wilhelm II., dem die Stadtväter von Sélestat die fast schon verfallene Ruine schenkten – aus Ratlosigkeit und Geldmangel, was sie mit dem Gemäuer beginnen sollten. Der Kaiser im fernen Berlin ließ die Burg dann so wiederherstellen, wie man sich zu Beginn des vorvergangenen Jahrhunderts eine mittelalterliche Festung vorstellte.

Im Wettbewerb der Städte um den allerschönsten Weihnachtsmarkt hat auch Straßburg sehr gute Chancen, auch wenn sich hier der moderne Massentourismus in Form von Omnibuskolonnen wieder einstellt. Ein riesiger, 30 Meter hoher Tannenbaum schmückt den Place Kléber. Auf dem Place Broglie und vor allem auf dem Vorplatz des Münsters reihen sich die Buden des Weihnachtsmarktes mit ihren Spezialitäten aneinander. Zu Füßen der Kathedrale Notre-Dame nebelt der Duft von Zimt, Orangenschalen, Röstmandeln und Brezeln die Stände ein.

Auf den Weihnachtsmärkten der Stadt ist der Einfluss der glänzenden Metropole nicht zu übersehen. Fast jeder Besucher trägt eine der knallroten Nikolausmützen, die junge Elsässerinnen auf unnachahmliche Art an den Mann bringen. Straßburg ist auch der richtige Ort, dem Gebäck Lebewohl zu sagen und die Adventsreise mit einem elsässischen Weihnachtsklassiker zu beenden: mit warmen Gänselebermedaillons nach Straßburger Art.

ESSEN & TRINKEN

Eine exzellente Küche mit verfeinerten elsässischen Spezialitäten pflegt das reisemobilfreundliche Restaurant „Au Vieux Pressoir" in Rouffach-Bollenberg. Einladend sind aber auch gemütliche Weinstuben wie zum Beispiel das urige Pfifferhuis in Ribeauvillé.

WANDERN & RADELN

19 markierte Weinlehrpfade laden an der Weinstraße des Elsass ein, die Rebhänge zu Fuß zu entdecken. Schautafeln am Wegesrand informieren über Wein und Weinanbau.

PROMOBIL-TIPP

Unterhalter und Außenseiter zugleich waren die Spielleute des Elsass, denen sich das ausgesprochen spannende Buch von Hartwig Büsemeyer widmet. Der Autor zeichnet die Historie der elsässischen Spielleute vom Mittelalter bis zur Französischen Revolution nach – eine wunderbare Einstimmung zum Pfifferdai, dem Fest der Spielleute im September in Ribeauvillé.

Mobil-Tour: **Elsass**

Eine Adventsreise an die Weinstraße

Route

Ein idealer Ausgangspunkt für die beschriebene Route ist Freiburg im Breisgau. Thann westlich von Mulhouse ist die erste Station auf französischer Seite. Danach richtet sich die Reiseroute in einem Bogen nach Nordwesten und erreicht unweit von Colmar wieder die Elsässische Weinstraße. Als Etappenziel bietet sich das malerische Städtchen Kaysersberg an. Wer zum Beispiel bei Colmar über den Rhein fährt, erreicht bei Breisach am Rhein wieder deutschen Boden.

Reisezeit

Wie auch in anderen Weinregionen beginnt im Elsass die eigentliche Hochsaison im Weinherbst. Die Dörfer an der Route du Vin unterliegen dann regelmäßig einem starken Ansturm feierfreudiger Besucher. Besser ist es, diesen Massen auszuweichen und bereits im Frühjahr ins Elsass zu fahren – die Lokale sind dann leerer, die Ortschaften gemütlicher. Die bekannten Touristenmagneten wie Straßburg, Colmar oder Kaysersberg sind allerdings das ganze Jahr über sehr stark besucht.

Sehenswertes

Colmar: Zentrum des Oberelsass mit 62 000 Einwohnern. Malerische Altstadt mit dem Martinsmünster, alten Zunftvierteln, dem restaurierten Stadtviertel Petite Venise am Fluss Lauch, vielen Renaissance- und Fachwerkhäusern. Die Stadt erlebt Anfang/ Mitte August mit dem Weinfest die größte Weinmesse des Elsass mit über 150 000 Besuchern.
Osenbach: In dem kleinen Ort bei Colmar steigt im Mai das Schneckenfest Fête de l'escargot, bei dem sich die Tierchen ein atemberaubendes Rennen liefern.
Ribeauvillé: Malerische Kleinstadt an der Weinstraße. Farbenprächtiges Fest der Spielleute am Pfifferdai Anfang September.
Straßburg: Attraktiver, vom Fluss Ill umgebener Stadtkern mit mittelalterlichen Fachwerkhäusern, eleganten Stadtpalästen und pompösen Prachtbauten. Sehenswert: das Münster, die Museen im Château des Rohans, der malerische Rabenhof, ein von Fachwerkbauten umgebener Innenhof (Cour de Corbeau). Gemütliche Weinstuben wie Le Strissel an der Place de la Grande Boucherie oder das Chez Yvonne in der Rue du Sanglier.
Kaysersberg: Ehemals freie Reichsstadt am Flüsschen Weiß mit mittelalterlichem Charme und Fachwerkbauten aus dem 15./16. und 17. Jahrhundert, dem Renaissance-Rathaus von 1604, einer mit Brustwehren befestigten Brücke sowie der Ruine der im Dreißigjährigen Krieg zerstörten Kaiserburg. Geburtsort des Arztes Albert Schweitzer.
Mulhouse: Zweitgrößte Stadt des Elsass mit 110 000 Einwohnern und einer langen Geschichte als Industriestadt. Ausstellungen zur Technikhistorie im Automobilmuseum, Keramikmuseum, Eisenbahnmuseum, Museum zur Geschichte der Elektrizität und Stoffdruckmuseum.
Thann: Hübsches Städtchen im Südelsass mit der sehenswerten gotischen Stiftskirche Saint Thiébaut. Spaziergang zur romantischen Ruine der Engelsburg. Ausflug auf der Route Joffre, einer 15 Kilometer langen Bergstraße, die über den Hundsrücksattel in das Städtchen Masevaux führt.
Ungersheim: Elsässisches Freilichtmuseum mit über 60 Gebäuden aus der Zeit vom 12. bis zum 20. Jahrhundert, unter anderem Bauernhöfen, Fischerhütten, Werkstätten und dem Wehrturm eines Adeligen, einer Ölmühle und einer Weberei. Von November bis März ist das Museum von 11 bis 17 Uhr geöffnet. Info: www.ecomusee-alsace.com.

Das Schiffshebewerk von Sail-Louis-Arzvilles – ein Schrägaufzug – ist eine der technischen Sensationen im Elsass.

Essen & Trinken

Typisch für das Elsass sind die Sauerkrautberge, die viele Hauptgerichte begleiten. Die Kombination von Würstchen, Fleisch und Leberknödeln mit Kraut ist in nahezu jedem Lokal an der Weinstraße zu bekommen. Etwas feiner ist da schon der Coq au Riesling, ein Hähnchen im Weißwein. Sehr lecker sind die elsässischen Flammkuchen (Tarte flambée), die aus einem dünn gewalzten Brotteig bestehen, der mit Quark, Zwiebeln und Speck belegt wird. Einfache Speisen in rustikaler Atmosphäre lassen sich in den Bauerngasthöfen (Fermes auberges) kosten, die vor allem im Südelsass zu finden sind. Diese etwa 60 bewirtschafteten Bergbauernhöfe sind unter Einheimischen und Touristen gleichermaßen beliebt, in der Hauptreisezeit vor allem im Wein- und Wanderherbst sind Speisen oft nur nach Anmeldung zu bekommen. Vorsicht allerdings vor Gaststätten in viel besuchten Städten wie Kaysersberg: Preis-Leistungsverhältnis sind oftmals sehr ungünstig.

Insider-Tipp

Mehr als 50 Weihnachtsmärkte im gesamten Elsass versetzen ihre Besucher in besinnliche Stimmung. Zu den schönsten und interessantesten zählen die Märkte in Straßburg, Mulhouse, Kaysersberg und Thann. Die touristischen Veranstaltungen (Märkte, Ausstellungen, Vorträge, Führungen) beginnen Ende November und dauern bis Anfang Januar.

Bücher & Karten

Informativ und handlich ist das Taschenbuch von Manfred Braunger, Elsass, DuMont-Verlag, 2003, 12 Euro. Preiswert und gut ist auch der Marco Polo Elsass von Jutta Hartlieb, Mairs Geographischer Verlag, 2003, 7,95 Euro. Sehr schön, aber nur antiquarisch zu bekommen ist der Band vom Feinschmecker-Papst Wolfram Siebeck: Die Weinstuben des Elsass – mit 40 Rezepten, Heyne Verlag, München, 1997, Neupreis zirka 25 Euro.

WEITERE INFORMATIONEN

Association Dép. du Tourisme du Haut-Rhin,
1, rue Schlumberger, F-68006 Colmar Cedex,
Telefon 00 33/3 89 20 10 68, Fax 00 33/3 89 23 33 91,
E-Mail adt@tourisme68.com, www.tourisme68.com
Agence de Développement Touristique du Bas-Rhin,
9, rue de Dôme, F-67061 Strasbourg Cedex,
Telefon 00 33/3 88 15 45 88, Fax 00 33/3 88 75 67 64,
E-Mail info@tourisme67.com, www.tourisme67.com

Service: **Ausgewählte Stellplätze**

Wo Reisemobilisten willkommen sind

Die Regionen im Herzen und im Osten Frankreichs – die Auvergne, Lothringen, das Elsass und Burgund – zählen nicht zu den absoluten reisemobiltouristischen Hochburgen des Landes, sie bieten aber immerhin ein ausreichend dichtes Stellplatznetz, das so etwas wie guten Durchschnitt repräsentiert. Mobile Urlauber dürfen nicht die Erwartungen hegen, die sie in der Bretagne erfüllt bekommen, müssen aber auch nicht von den schwierigen Bedingungen ausgehen, die sie an der Mittelmeerküste vorfinden.

So unterschiedlich wie der Charakter der Regionen fallen auch ihre Stellplatzangebote aus. Die Loire, der majestätische Strom Frankreichs, zeigt sich in der Mitte des Landes Reisemobilisten gegenüber zunächst noch nicht sehr aufgeschlossen. Stellplätze sind in diesem Landesteil weitaus seltener gesät als im berühmten Tal der Königsschlösser weiter im Westen. Faustregel: Je weiter die Fahrt gen Atlantik führt, desto besser wird die Lage.

In der rauen und abgeschiedenen Bergwelt der Auvergne, dem ländlichen Käseparadies im Massif Central, bieten sich vor allem kommunale Plätze mit hinreichend guter Ausstattung an – Ent- und Versorgungseinrichtungen sind in der Regel vorhanden, so dass sich die wenigen Plätze dennoch zu einem ausreichend dicht geknüpften Netz kombinieren lassen.

Nicht ganz so rosig sieht es im Burgund aus. Diese Hochburg der Feinschmecker besitzt zwar einige empfehlenswerte Anlaufstationen, vor allem auf Bauernhöfen, die sich auf das Camping à la ferme eingestellt haben, doch dabei handelt es sich aber um positive Ausnahmen. Die attraktivsten Städte der Region – Beaune, Dijon oder Auxerre – zeigen den mobilen Urlaubern immer noch die kalte Schulter. Nicht optimal, aber auch nicht ganz so schwierig ist die Lage im Elsass. Mit Kaysersberg gibt es immerhin einen sehr gute Etappenstation, die einige einfachere Stellplätze in anderen Landesteilen gut ergänzen.

Außergewöhnlich sind auch die Stellplätze in der Champagne. Hier dominieren nicht die kommunalen Stellplätze wie etwa an der Loire, Reisemobilisten können stattdessen Champagner-Güter ansteuern, die außer der berühmten Edelbrause auch noch einen Stellplatz anbieten.

Wie in Deutschland fallen diese Stellplätze sehr unterschiedlich aus: Das Angebot reicht vom einfachen Gratis-Platz auf dem freien Innenhof bis zum komplett ausgestatteten Stellplatz auf einer eigens angelegten und reservierten Fläche für Reisemobile.

Chenonceaux: Ein Teil des Besucherparkplatzes am berühmten Schloss steht Reisemobilen als Stellplatz zur Verfügung. ▶

◀ Ste. Maure-de-Touraine: Ein begrünter Parkplatz in einem ruhigen Wohnviertel dient in dem Provinzstädtchen als Stellplatz.

▶ Loire

Beaugency

Anfahrt: A 10 Paris–Bordeaux bis zur Ausfahrt Meung-sur-Loire/ Beaugency (Nr. 15). Weiter bis Beaugency, im Ort den Schildern zum Château folgen. Der Stellplatz am rechten Loire-Ufer ist in einer Rechtskurve nach links hin ausgeschildert.
Stellplätze: Gebührenfreier Stellplatz für 20 Mobile auf einem Parkplatz am Quai Dunois. Für Reisemobile reservierter Platz am rechten Ufer der Loire. Naturbelassener, fast ebener und zur Loire hin leicht abschüssiger Untergrund. Landschaftlich reizvolle Lage. Relativ ruhig, schattig. Info-Tafel am Platz. Toilettenhaus vorhanden. Ganzjährig nutzbar.
Ent-/Versorgung: Kostenlose Ent- und Versorgung auf dem benachbarten Camping Municipal
Informationen: Office de Tourisme, 3, Place du Dr. Hyvernaud, F-45190 Beaugency, Telefon 00 33/2 38 44 54 42, Fax 00 33/ 2 38 46 45 31, E-Mail tourisme.beaugency@wanadoo.fr, www.coeur-de-france.com/ Beaugency.html.

Chenonceaux

Anfahrt: A 10 Poitiers–Blois bis zur Abfahrt St.-Avertin (Nr. 22), weiter auf der N 76 Richtung St.-Aignan bis zum Abzweig nach Chenonceaux. Im Ort den Hinweisen zu den Parkplätzen am Schloss Chenonceaux folgen.
Stellplätze: Gebührenfreier Parkplatz für 40 Mobile auf dem Parkplatz am Schloss Chenonceaux. Für Reisemobile reservierter Teilbereich eines begrünten, in mehrere Abteile gegliederten Parkplatzes für Pkw und Busse, durch Büsche und Bäume begrünt. Geschotterte Zufahrt, Stellflächen mit ebenem Wiesenuntergrund. Wenig Schatten, beleuchtet. Ruhige Lage am Schlosspark, geringe Entfernung zum Zentrum. Max. Aufenthalt: 24 Stunden. Ganzjährig nutzbar.
Ent-/Versorgung: Am Stellplatz nicht möglich.
Informationen: Office de Tourisme, Rue Bretonneau 1, F-37150 Chenonceaux, Telefon 00 33/2 47 23 94 45, Fax 00 33/ 2 47 23 82 41, E-Mail chateau.de.chenonceau@wanadoo.fr, www.chenonceau.com.

Ste.-Maure-de-Touraine

Anfahrt: N 10 Tours–Châtellerault bis Ste.-Maure-de-Touraine. Im Ort den Hinweis „Aire de Repos" beachten, von der Durchgangsstraße rechts abbiegen in die Rue Dr. Patry, dann rechts auf den Parking Ronsard.
Stellplätze: Gebührenfreier Stellplatz für 12 Mobile auf dem Parking Ronsard. Separates, durch Grünflächen gegliedertes Gelände für Mobile. Asphaltierter, leicht

abschüssiger Untergrund. Ruhige Lage in einem Wohnviertel in Zentrumsnähe, mit Bäumen und Rasenabteilen begrünt, Bänke vorhanden. Etwas Schatten, durch Straßenlaternen beleuchtet. Ganzjährig nutzbar.
Ent-/Versorgung: Frischwasserhahn und Bodeneinlass am Stellplatz vorhanden. Zufahrt durch Poller gesperrt.
Informationen: Office de Tourisme, Rue du Château, F-37800 Ste.-Maure-de-Touraine, Telefon 00 33/2 47 65 66 20, Fax 00 33/2 47 34 04 28.

Aubusson d'Auvergne

Anfahrt: A 72 Clermont-Ferrand–St. Etienne bis zur Abfahrt Thiers-Ouest (Nr. 2), D 906 bis Courpière, dann auf der D 7/ D 311 nach Aubusson d'Auvergne. Im Ort den Hinweisschildern zur Base de Loisirs am Lac d'Aubusson folgen.
Stellplätze: Gebührenpflichtiger Stellplatz für 50 Mobile auf dem Parkplatz am Lac d'Aubusson, Base de Loisirs. Gebühr: 5 Euro pro Nacht und Mobil. Großparkplatz für Pkw und Reisemobile. Großzügig angelegtes, begrüntes Gelände mit mehreren Parkboxen. Geschotterter, teils fast ebener, teils leicht abschüssiger Untergrund. Picknick-Bänke, Grillecke, Info-Tafel, Papierkörbe, Telefonzelle am Platz. Ganzjährig nutzbar.
Ent-/Versorgung: Bodeneinlass und Frischwasseranschluss vorhanden.
Informationen: Mairie d'Aubusson d'Auvergne, F-63120 Aubusson d'Auvergne, Telefon 00 33/4 73 53 56 02, Fax 00 33/4 73 53 56 74, E-Mail lacdaubusson@wanadoo.fr.

Cayrols

Anfahrt: A 75 Clermont-Ferrand–St. Flour bis zur Abfahrt Massiac (Nr. 23), N 122 über Murat und Aurillac nach Cayrols. Der für Mobile vorgesehene Parkplatz an den Sportanlagen liegt am Ortsausgang nach Maurs.
Stellplätze: Gebührenfreier Stellplatz für 20 Mobile auf dem Parkplatz an den Sportanlagen. Für Reisemobile reservierter Bereich. Geschotterter, teilweise fast ebener, teilweise abschüssiger Untergrund. Asphaltierte Zufahrtsstraße, beidseits gepflegte Grünanlagen mit WC-Häuschen, Picknick-Bänken, Spielgeräten, Boule-Platz, Tennisfeldern. Auf dem hinteren Teil ruhig, vorne etwas lauter. Müllcontainer vorhanden. Ganzjährig nutzbar.
Ent-/Versorgung: Euro Relais junior auf dem Stellplatz.

Cayrols: Das großzügig angelegte Sport- und Freizeitgelände am Ortsrand weist auch einen Stellplatz für Mobile auf. ▶

◀ Saint Rémy-de-Blot: Eine Ent- und Versorgungsanlage vom Typ Flot Bleu steht auf dem kleinen Reisemobilhafen im Ortskern.

Informationen: Commune de Cayrols, Mairie, Rue Lebourg, F-15290 Cayrols, Telefon und Fax 00 33/4 71 46 19 20.

Drugeac

Anfahrt: A 75 Clermont-Ferrand–St. Flour bis zur Abfahrt Sauvetat (Nr. 6), auf der D 978/ D 996/D 130 über Champeix, St.-Nectaire und Le Mont-Dore bis zur Kreuzung mit der D 922 bei La Bourbole fahren. Dann weiter auf der D 922 Richtung Aurillac bis zum Abzweig nach Drugeac. Der Stellplatz ist ausgeschildert.
Stellplätze: Gebührenfreier Stellplatz für 5–10 Mobile auf dem Parkplatz am stillgelegten Bahnhof. Ebener, asphaltierter Untergrund. Etwas Schatten. Relativ ruhige Lage an einer wenig befahrenen Anwohnerstraße. Info-Tafel, Papierkorb am Stellplatz vorhanden, WC-Häuschen neben dem Bahnhof. Zentrale Lage. Ganzjährig nutzbar.
Ent-/Versorgung: Euro Relais junior am Stellplatz.
Informationen: Mairie et Information Tourisme, Lebourg, F-15140 Drugeac, Telefon 00 33/4 71 69 10 11, Fax 00 33/4 71 69 12 70.

Saint Rémy-de-Blot

Anfahrt: A 71 Bourges–Clermont-Ferrand bis zur Abfahrt Gannat (Nr. 12), auf dem Zubringer bis Ebreuil, auf der D 915 durch die Gorges de la Sioule bis zur Kreuzung mit der N144. Weiter Richtung Riom, auf die D 109 Richtung Châteauneuf-les-Bains bis zum Abzweig nach St.-Rémy-de-Blot. Der Platz ist im Ort ausgeschildert.
Stellplätze: Gebührenfreier Stellplatz für 10 Mobile auf dem Parkplatz im Zentrum, La Place. Für Reisemobile reserviertes Gelände. Mit Rasengittersteinen befestigter, fast ebener bis leicht abschüssiger Untergrund. Begrünt durch Büsche und Bäume. Ruhige Lage am Ortsrand. Bar und Mairie in Sichtweite. Müllcontainer vorhanden. Ganzjährig benutzbar.
Ent-/Versorgung: Flot Bleu auf dem Stellplatz vorhanden. Gebühr: 2 Euro.
Informationen: Commune de St.-Rémy-de-Blot, Mairie, Lebourg, F-63440 Saint Rémy-de-Blot, Telefon 00 33/4 73 97 97 73, Fax 00 33/4 73 97 97 38.

▶ Burgund

Artaix

Anfahrt: A 6 Chalon-sur-Saône bis zur Abfahrt Mâcon-Sud (Nr. 29), weiter auf der N 79 bis Paray-le-Monial. Dann auf der D 982 in südlicher Richtung bis Marcigny, von dort auf der Landstraße bis Artaix fahren.
Stellplätze: Gebührenpflichtiger Stellplatz für 25 Mobile auf der Ferme La Motte aux Merles.

Service: **Ausgewählte Stellplätze**

Wo Reisemobilisten willkommen sind

Gebühr: 6,20 Euro pro Nacht und Mobil inkl. Strom (3,80 Euro ohne Strom), 2,90 Euro pro Nacht und Person, 1,60 Euro pro Nacht und Kind. Gepflegtes und eingezäuntes, für Reisemobile und Wohnwagen reserviertes Gelände neben dem Bauernhaus. Naturbelassener, leicht gewellter Wiesenuntergrund, wenig Schatten. Volleyballfeld, Schwimmbecken vorhanden. Benutzbar vom 1. April bis zum 15. Oktober. Aufenthaltsdauer unbegrenzt.
Ent-/Versorgung: Entsorgungsmöglichkeit, Frischwasser am Stellplatz.
Informationen: Camping à la Ferme La Motte aux Merles, Irénée Picard, Artaix, F-71110 Marcigny, Telefon 00 33/3 85 25 37 67.

Étrigny

Anfahrt: A 6 Chalon-sur-Saône bis zur Abfahrt Tournus (Nr. 27), weiter auf der D 215 über Mancey und kurz vor Collonge rechts abbiegen nach Balleure und Étrigny.
Stellplätze: Gebührenpflichtiger Stellplatz für 25 Mobile bei der Ferme Auberge de Malo. Gebühr: 3 Euro pro Nacht und Mobil, 2,40 Euro pro Nacht und Person, 1,20 pro Nacht und Kind bis 7 Jahre, 3 Euro Pauschale für Strom. Für Mobile und Wohnwagen reserviertes Wiesengelände auf einem Bauernhof. Ebener Untergrund, ruhige Lage in der Nähe zum Bauernhof. Je 4 WC, Duschen, Waschräume, Spülbecken am Hof vorhanden. Einkauf und Einkehr in die Bauernstube möglich. Saison: 1. Mai bis 31. Oktober. Aufenthaltsdauer unbegrenzt.
Ent-/Versorgung: Frischwasseranschluss und Stromversorgung. Kein Brauchwassereinlass.
Informationen: Ferme Auberge de Malo, Isabelle und Pascal Goujon, Champlieu, F-71240 Étrigny, Telefon 00 33/3 85 92 23 40, Fax 00 33/3 85 92 22 13, E-Mail fam@aubergemalo.com, www.aubergemalo.com.

Prémery

Anreise: A 6 Lyon–Paris bis zur Abfahrt Auxerre-Sud, dann auf der N 151 Richtung Süden bis Varzy und auf der D 977 in Richtung Nevers bis Prémery. Im Ort der Beschilderung „Camping“ folgen. Vor dem Campingplatz dem Schild 100 Meter zum Parkplatz folgen.
Stellplatz: Gebührenfreier Stellplatz für 10 Mobile auf dem Parkplatz, Route de Varzy. Parkplatz

Prémery: Der kleine Ort an der Nièvre bietet sich als Ausgangspunkt für Ausflüge durch das Nivernais an. ▶

◄ Autun: Auf dem Stellplatz an der Base de Loisirs der Bischofsstadt am Arroux können bis zu 15 Reisemobile in Seenähe stehen.

für Pkw und Reisemobile. Stellflächen mit ebenem Wiesenuntergrund, zwei geschotterte Fahrwege. Wenig Schatten. Tagsüber Geräusche vom nahen Baustofflager her hörbar, nachts ruhig. Ganzjährig nutzbar.
Ent-/Versorgung: Am Stellplatz nicht möglich. Abfallentsorgung.
Attraktionen: Ehemalige Sommerresidenz der Bischöfe von Nevers am Ufer der Nièvre. Bademöglichkeiten im nahen See. Ausflug nach Nevers: Kathedralen, Kirchen und Ausstellungen. Archäologisches Museum und Museum zur Metallindustrie der Region.
Informationen: Office de Tourisme du Canton de Prémery, Tour du Château, F-58700 Prémery, Telefon 00 33/3 86 37 99 07, Fax 00 33/3 86 37 98 72.

Autun

Anreise: A 6 Dijon–Lyon bis zur Ausfahrt Beaune (Nr. 24.1) und auf der N 973 bis Autun. Im Ort der Beschilderung „Chalon-sur-Saône" folgen. Der Stellplatz liegt gegenüber der Avia-Tankstelle unmittelbar am See von Vallon.
Stellplatz: Gebührenfreier Stellplatz für 15 Mobile auf dem Parking de la Base de Loisirs du Plan d'Eau du Vallon, Rue du Théâtre Romain. Für Reisemobile reserviertes Areal direkt am See. Leicht geneigter, asphaltierter Untergrund. Kein Schatten, beleuchtet. Autogeräusche von der Straße her hörbar. Geringe Distanz zum Zentrum. Ganzjährig nutzbar.
Ent-/Versorgung: Bodeneinlass und Frischwasser am Stellplatz.
Attraktionen: Geschichtsreiches Städtchen mit gut 22 000 Einwohnern. Sehenswert: Römische Ruinen, Kathedrale St.-Lazare (Aufstieg auf die 80 Meter hohe Plattform), Musée Rolin mit gallorömischen Funden, Bildwerken aus der Gotik.
Informationen: Office de Tourisme, Avenue Charles de Gaulle 2, F-71400 Autun, Telefon 00 33/3 85 86 80 38, Fax 00 33/3 85 86 80 49, www.autun.com.

► Champagne

Chavot

Anfahrt: A 4/A 26 Troyes–Reims bis zur Abfahrt Saint Gibrien (Nr. 27), auf der D 3 nach Epernay, am Kreisverkehr in der Innenstadt auf die D 51 Richtung Sézanne bis nach Chavot. Im Ort links Richtung Monthelon, dann rechts in die Rue du Maréchal Juin. Der Straße bergauf folgen, bis links das Tor zur Champagne Lagache-Lecourt auftaucht.
Stellplätze: Gebührenpflichtiger Platz für 3 Mobile bei der Champagne Lagache-Lecourt. Gebühr: 16 Euro pro Nacht und Mobil inkl. Ent- und Versorgung und einer Flasche Champagner. Betonierter, ebener Platz im Weingut. Enge Zufahrt. Beleuchtet, etwas Schatten, ganzjährig nutzbar, außer im August und zur Ernte.

Ent-/Versorgung: Strom- und Frischwasserversorgung, Entsorgung in einen Tank.
Informationen: Champagne Lagache-Lecourt, 29, Rue du Maréchal Juin, F-51530 Chavot-Courcourt, Telefon 00 33/ 3 26 54 86 79, Fax 00 33/ 3 26 58 66 15, E-Mail lagache.lecourt.champagne@wanadoo.fr.

Vandières

Anfahrt: A 4 Reims–Paris bis zur Abfahrt Dormans (Nr. 21). D 380 bis Verneuil, D 1 bis Vandières. Ab Ortseingang den Schildern folgen bis zur Champagne Nowack.
Stellplätze: Gebührenpflichtiger Stellplatz für 5 Mobile bei der Champagne Nowack. Gebühr: 6 Euro pro Nacht und Mobil. Naturbelassene, leicht abschüssige Obstwiese mit ebenen Parzellen unter Bäumen. Strom, Beleuchtung, WC, Duschen, Waschmaschine, Kühlschrank, Mikrowelle, Aufenthaltsraum, Terrasse, Spielplatz vorhanden. Geöffnet 1. 4.–1. 11. Möglichkeit zur Kostprobe und zum Einkauf am Gut.
Ent-/Versorgung: Frischwasseranschluss am Platz vorhanden, ebenso Brauchwassertank.
Informationen: Champagne Nowack, Rue Bailly 10, F-51700 Vandières, Telefon 00 33/3 26 58 02 69, Fax 00 33/ 3 26 58 39 62, E-Mail champagne. nowack @wanadoo.fr.

▶ Elsass

Kaysersberg

Anfahrt: N 83 Straßburg–Colmar bis zu einem der beiden Abzweige nach Kaysersberg. Auf der N 415 oder der D 4/D 1 nach Kaysersberg fahren, im Ort den Reisemobil-Piktogrammen im Verkehrsleitsystem zum Parkplatz P 1 folgen.
Stellplätze: Gebührenpflichtiger Stellplatz für 40 Mobile auf dem Parkplatz P 1. Nachtgebühr (19 bis 9 Uhr): 4 Euro pro Mobil, Tagesgebühr (9 bis 19 Uhr): 2 Euro pro Mobil. Parkplatz für Pkw und Reisemobile am Rand der historischen Innenstadt. Ruhige Lage zwischen fast ebenen Rebgärten, lediglich leichtes Rauschen von der Nationalstraße vernehmbar. Breite, geschotterte Zufahrt, Stellflächen mit ebenem und geschottertem Untergrund. Vorn eine Reihe, hinten zwei Reihen in Queraufstellung. Keine Parzellierung, daher kann es an Wochenenden und zur Weinlese sehr eng werden. Durch Laternen gut beleuchtet, kein Schatten. An der Zufahrt zum Stellplatz Parkscheinautomat (nur Münzen), Müllcontainer, WC-Häuschen

Kaysersberg: Der zentrumsnahe Stellplatz auf dem P 1 kann etwa 40 Reisemobile aufnehmen und lockt mit einer guten Ausstattung. ▶

◀ **Rouffach-Bollenberg: Auf einer Wiese zwischen den Rebgärten oberhalb des Restaurants Au Vieux Pressoir stehen Reisemobile ruhig und sicher im Grünen.**

(geöffnet 8 bis 20 Uhr). Fußweg zum Zentrum: 5 Minuten. Ganzjährig benutzbar.
Ent-/Versorgung: Bodeneinlass und Frischwassersäule neben dem WC-Häuschen an der Zufahrt.
Informationen: Office de Tourisme, 39, Rue du Général de Gaulle, F-68240 Kaysersberg, Telefon 00 33/3 89 78 22 78, Fax 00 33/3 89 78 27 44, E-Mail info@kaysersberg.com, www.kaysersberg.com.

Rouffach-Bollenberg

Anfahrt: A 5 Karlsruhe–Basel bis zum Kreuz Appenweier, B 28 nach Strasbourg. Auf der A 35/ N 83 über Colmar nach Rouffach. Den Ort auf der N 83 umfahren bis zur Ausfahrt Westhalten/ Soultzheim. Auf der Parallelstraße zur N 83, dann der Beschilderung „Bollenberg" bzw. „France Passion" 3 km bis Bollenberg folgen.
Stellplätze: Gebührenfreier Stellplatz für 5 Mobile oberhalb des Restaurants Auberge Au Vieux Pressoir. Für Reisemobile reservierte, nicht ganz ebene Rasenfläche in den Weinbergen. Ruhige Lage im Grünen. Keine Beleuchtung, kaum Schatten. Mülleimer vorhanden. Maximale Aufenthaltsdauer: 2 Nächte. Ganzjährig nutzbar.
Ent-/Versorgung: Frischwasser am Platz (im Restaurant fragen). Entsorgung nicht möglich.
Informationen: Hotel-Restaurant Auberge Au Vieux Pressoir, Domaine du Bollenberg, F-68250 Rouffach, Telefon 00 33/3 89 49 60 04, Fax 00 33/3 89 49 76 16, E-Mail info@bollenberg.com, www.bollenberg.com.

Ungersheim

Anfahrt: A 5 Karlsruhe–Basel bis zum Dreieck Neuenburg, auf der A 36 nach Mulhouse bis zur Abfahrt Mulhouse-Centre (Nr. 17). Auf der D 430 Richtung Guebwiller bis zum Abzweig zum Écomusée d'Alsace. Der Stellplatz ist ausgewiesen.
Stellplätze: Gebührenpflichtiger Stellplatz für 50 Mobile beim Freilandmuseum. Gebühr: 5,50 Euro pro Nacht und Mobil inkl. Ent- und Versorgung (zu bezahlen an der Rezeption des Hotels Les Loges de l'Écomusée). Weitgehend ebener Schotterplatz mit Parkboxen für je 3–4 Mobile zwischen Bäumen, teils tief hängende Äste und enge Einfahrten. Schatten und Müllbehälter, Toiletten. Ganzjährig, keine Stellzeitbegrenzung.
Ent-/Versorgung: Bodeneinlass und Frischwasseranschluss am Stellplatz vorhanden.
Informationen: Écomusée d'Alsace, Chemin du Grosswald, F-68190 Ungersheim, Telefon 00 33/3 89 74 44 95, Fax 00 33/3 89 74 44 65, E-Mail hotel.loges@ecoparcs.com, www.ecomusee-alsace.com.

So planen Sie Touren **richtig**

Freie **Fahrt**

Alles, was Reisemobilisten über das Nachbarland wissen müssen, auf einen Blick: Die wichtigsten Informationen und Regeln für ungetrübten Spaß im reisemobilfreundlichsten Land von Europa.

Auskunft

Allgemeine Reiseauskünfte erteilt das Französische Fremdenverkehrsamt, Westendstraße 47, 60325 Frankfurt am Main, Telefon 01 90/57 00 25, Fax 01 90/ 59 90 01 (Kosten: 0,62 Euro pro Minute), E-Mail info.de@franceguide.com, Internet www.franceguide.com. Empfehlenswert sind vor allem die heftähnlichen Broschüren Tour de France zu den beliebtesten Reiseregionen des Landes und die Prospekte zum Camping & Caravaning.

Einreise

Besonderheiten: Bei Bürgern aus EU-Staaten reichen der Personalausweis, Führerschein und Kfz-Schein. Die grüne Versicherungskarte mitzunehmen ist empfehlenswert.

Zoll und Devisen: Innerhalb der EU dürfen Waren ohne mengen- und wertmäßige Beschränkung für den eigenen Bedarf mitgeführt werden. Zur Abgrenzung vom gewerblichen Reiseverkehr gelten folgende Mengenbeschränkungen: 800 Zigaretten oder 400 Zigarillos oder 200 Zigarren oder ein Kilogramm Tabak. Zehn Liter Spirituosen, 90 Liter Wein (höchstens 60 Liter Schaumwein), 110 Liter Bier.

Tiere: Für Hunde und Katzen, die älter als drei Monate sind, wird ein internationaler Impfpass verlangt mit eingetragener Tollwutschutzimpfung. Diese muss mindestens 30 Tage vor der Einreise erfolgen und darf nicht länger als zwölf Monate zurückliegen. Tiere, die jünger sind als vier Monate, brauchen eine Einreiseerlaubnis für Frankreich. Tiere müssen durch Tätowierung oder Mikrochip identifizierbar sein. Auf Campingplätzen wird die Einhaltung der Vorschriften gelegentlich kontrolliert.

Straßenverkehr

Besonderheiten: Bei Regen, Schneefall und in Tunnels müssen Autofahrer das Abblendlicht einschalten.

- Sehr häufig sind Kreisel (rondpoint). Der Kreisverkehr hat in der Regel Vorfahrt.
- Großparkplätze am Rande der historischen Zentren sind meist ausgeschildert. In größeren Städten gibt es oft Kurzparkzonen (zone bleu), die für maximal eine Stunde belegt werden können (Parkscheibe benutzen).
- Eine französische Spezialität sind die Bodenwellen, vor allem an Ortseinfahrten (ralentisseur).

Autobahnen: Die mautpflichtigen Autobahnen sind angenehm wenig befahren. Durch die ständig steigenden Gebühren aber wird eine längere Autobahnfahrt zu einem recht teuren Vergnügen. Zudem kommt es bei der Einstufung von Reisemobilen immer wieder zu Streitigkeiten, ob Reisemobile in die deutlich günstigere Pkw-Tarifklasse oder in die teure Lkw-Klasse fallen. Die gän-

gigen Kreditkarten werden an den Mauthäuschen akzeptiert. Ärgerlicher Streit und überflüssige Ausgaben lassen sich vermeiden, wenn Sie die landschaftlich oft reizvolleren, meist auch touristisch interessanteren Nebenstrecken wählen. Die Nationalstraßen (RN) sind oft stark befahren, die Landstraßen (RD) dagegen deutlich weniger.
Alkohol: Die zulässige Höchstmenge liegt bei 0,5 Promille.
Tempolimits: Geschwindigkeit für Reisemobile bis 3,5 Tonnen: innerorts 50 km/h, auf der Landstraße 90 km/h, bei zwei Fahrstreifen in jeder Richtung 110 km/h und auf der Autobahn 130 km/h. Bei Regen verringert sich die zulässige Höchstgeschwindigkeit von 130 auf 110 km/h, von 110 auf 100 km/h und von 90 auf 80 km/h. Reisemobile über 3,5 Tonnen dürgen außerorts 80 km/h schnell fahren, auf Schnellstraßen 100 km/h und auf Autobahnen 110 km/h.

Camping

Frankreich ist das europäische Campingland Nummer eins und bietet eine Vielzahl von Campingplätzen in allen Qualitäts- und Preislagen. Die Plätze sind durch ein landesweit einheitliches System kategorisiert: Ein Stern steht für die Minimalausstattung, vier Sterne für eine Urlaubsanlage mit allem Komfort.

- Viele Campingplätze werden von einer Stadt oder Gemeinde betrieben (Camping municipal). Diese Anlagen sind oft einfacher und auch billiger als die Angebote der Privatplätze.
- Eine französische Spezialität sind die Aires naturelles. Diese Plätze liegen oft schön in der Natur, bieten maximal 25 Stellplätze pro Hektar und eine sehr schlichte Ausstattung. Ihr Vorteil: Sie sind sehr preisgünstig und entsprechen oft einem Stellplatz in einer deutschen Gemeinde.
- Besonders komfortabel ausgestattet sind die Schloss-Campingplätze, die sich in dem landesweiten Verband Camping & Castels Caravaning zusammengeschlossen haben. Die Organisation gibt einen Prospekt heraus, der die Mitgliedsplätze vorstellt. Anschrift: Camping & Castels Caravaning, BP 301, F-56008 Vannes Cedex, www.les-castels.com.
- Als Nachschlagewerk für französische Campingplätze hat sich der Michelin Camping Caravaning France bewährt, der jährlich neu erscheint und weit mehr Anlagen nennt als etwa der ADAC-Campingführer, der nur eine Auswahl von Campinganlagen in den beliebtesten Feriengebieten aufführt. Empfehlenswert ist auch der Internationale Campingführer Acsi 2004, der 8000 Campingplätze in allen Teilen Europas ausführlich vorstellt. Preis inkl. CD, Routenplaner und mehrsprachigen Reservierungs-Formularen: 17,95 Euro.
- Wer auf die kritische Bewertung eines Campingplatzes verzichten kann, sollte sich im örtlichen Touristenbüro den Campingprospekt der Region besorgen, der eine Vielzahl von Anlagen aufführt.
- Generell gilt: Die Campingplätze sind an den Durchgangsstraßen und in Städten meist gut ausgeschildert, die Anreise dürfte kein Problem sein.
- Auf den größeren Campinganlagen ist die CEE-Norm mittlerweile verbreitet. Auf kleineren und älteren Anlagen herrschen dagegen die französischen Normen vor. Die Mitnahme von Adaptern ist daher zu empfehlen.
- Deutsche Gasflaschen dürfen in Frankreich nicht gefüllt werden. Die Versorgung mit französischen Gasflaschen ist unproblematisch.
- Spezielle FKK-Campingplätze gibt es vor allem am Golfe du Lion, an der Atlantik-Küste und auf der Insel Korsika.

Stellplätze

Das einmalige Übernachten außerhalb von Campingplätzen ist außerorts lediglich an Straßen, auf Park- oder Rastplätzen erlaubt. Auf Parkplätzen in touristisch stark frequentierten Regionen (Côte d'Azur) kann es auch Übernachtungsverbote geben. Dennoch ist Frankreich das reisemobilfreundlichste Urlaubsland in Europa. Außer einer Fülle von Campings gibt es in einigen Landesteilen ein gutes Netz von offiziellen Stellplätzen. Die reisemobilfreundlichsten Regionen sind die Bretagne und Aquitanien.

● Sehr populär wurde in den vergangenen Jahren das Camping à la ferme. Diese Bauernhöfe haben in der Regel bis zu sechs Stellplätze und eine einfache Ausstattung. Ihr besonderer Charme liegt in dem Familienanschluss, den sie oftmals bieten. Wer das Glück hat, einen Bauernhof zu finden, der auch eine Bauernstube (Ferme Auberge) führt, kann hier gleich die Spezialitäten der Region kosten. Größere Nachschlagewerke zum Camping auf dem Bauernhof gibt es zur Zeit nicht. Tip: Die Touristenzentrale im gesuchten Landesteil anfaxen und um Auskunft bitten – oft gibt es interne Verzeichnisse, die dann in kopierter Form zugeschickt werden.

● Sehr interessant speziell für Weintrinker ist die Initiative La France Passion. Rund 1000 Winzer in allen Teilen Frankreichs beteiligen sich an der Aktion und bieten Reisemobilisten gelegentlich sogar kostenlose Stellplätze in allen Weinbauregionen des Landes an. Und so wird's gemacht: Gegen eine Gebühr von 26 Euro bekommen die Teilnehmer eine Vignette für ihr Reisemobil sowie ein Verzeichnis der Weinbauern, die sich an der Aktion beteiligen. Mit dieser Liste können sie die Winzer aufsuchen und mit ein wenig Glück einen freien Stellplatz bekommen. Weitere Auskünfte: France Passion, BP 57, F-84202 Carpentras Cedex, www.france-passion.com.

● Vorsicht geboten ist auf Autobahnraststätten speziell an der Transitstrecke nach Spanien. Hier ist es in den vergangenen Jahren zu einer Reihe von Einbrüchen in Reisemobile gekommen, die für eine kurze Pause vor der Weiterfahrt gen Süden auf dem Rastplatz standen. Auch das Zusammenrücken in Gruppen erwies sich als wenig abschreckend. Tip: Auch für einen kurzen Zwischenaufenthalt besser einen autobahnnahen Campingplatz anfahren.

Ver-/Entsorgung

Frankreich besitzt ein dichtes Netz von Entsorgungseinrichtungen (Aires de Service). Sehr häufig sind die meist münzbetriebenen Anlagen vom Typ Euro Relais Junior, die Frischwasser und Strom liefern, sowie Abwasser und Fäkalien aufnehmen.

Telekom

Im Herbst 1996 änderte sich das französische Telefonsystem. Jetzt lautet die Auslandsvorwahl bei Gesprächen von Frankreich nach Deutschland 00 49, dann folgt die deutsche Ortsvorwahl ohne die führende Null, anschließend die Durchwahl.

● Bei Gesprächen nach Frankreich lautet die Ländervorwahl 00 33, dann folgt die neue Vorwahlnummer ohne die Null zu Beginn, dann die bisherige achtstellige Rufnummer. Bei innerfranzösischen Gesprächen muss man die Null wählen.

Notfälle

Krankheit: Für Reisende aus Ländern der EU gibt es einen internationalen Krankenschein (Formular E 111), der von der heimischen Krankenkasse ausgestellt wird und mitgeführt werden muss. Er wird im Bedarfsfall mit den vom Arzt oder dem Krankenhaus ausgestellten Papieren der örtlichen französischen Kasse übermittelt, die vom Patienten ausgelegte Beträge erstattet.

Ausgewählt: **62 Premium-Campingplätze**

Region: Ile de France bis Bretagne

Campingplätze sind oft eine willkommene Alternative zum Stellplatz-Angebot. Deshalb ist hier eine Auswahl der beliebtesten und bekanntesten Premium-Campingplätze in Frankreich aufgelistet, die auch Reisemobilisten willkommen heißen. Weitere Informationen und ausführliche Beschreibungen bietet der Campingführer Europa Süd, der von CARAVANING, der Schwesterzeitschrift von *promobil*, jedes Jahr herausgegeben wird.

Camping de Jablines

Region: Ile de France/Paris
Adresse: Camping International de Jablines, F-77450 Jablines, Telefon 00 33/1 60 26 09 37, Fax 00 33/1 60 26 43 33, Internet www.camping-jablines.com, E-Mail welcome@camping-jablines.com
Öffnungszeiten: Ende März bis Ende Oktober.

Château de Drancourt

Region: Normandie
Adresse: Le Château de Drancourt, Boîte Postale 22, F-80230 St.-Valéry-sur-Somme, Telefon 00 33/3 22 26 93 45, Fax 00 33/3 22 26 85 87
Öffnungszeiten: Ende März bis Ende Oktober.

Camping Le Brèvedent

Region: Normandie
Adresse: Camping Le Brèvedent, F-14130 Pont l'Evêque, Telefon 00 33/2 31 64 72 88, Fax 00 33/2 31 64 33 41
Öffnungszeiten: 1. Mai bis 25. September.

Camping de la Côte de Nacre

Region: Normandie
Adresse: Camping de la Côte de Nacre, 17 rue du Général Moulton, F-14750 St.-Aubin-sur-Mer, Telefon 00 33/2 31 97 14 45, Fax 00 33/2 31 97 22 11, Internet www.camping-cote-de-nacre.com, E-Mail camping-cote-de-nacre@wanadoo.fr
Öffnungszeiten: Anfang April bis Ende September.

Château de Martragny

Region: Normandie
Adresse: Château de Martragny, F-14740 Martragny, Telefon 00 33/2 31 80 21 40, Fax 00 33/2 31 80 14 91, Internet www.chateau-martragny.com, E-Mail chateau.martragny@wanadoo.fr
Öffnungszeiten: Anfang Mai bis Mitte September.

Camping L'Anse du Brick

Region: Normandie
Adresse: Camping L'Anse du Brick, F-50330 Maupertus-sur-Mer, Telefon 00 33/2 33 54 33 57, Fax 00 33/2 33 54 49 66, Internet www.anse-du-brick.com, E-Mail welcome @anse-du-brick.com
Öffnungszeiten: Anfang April bis Mitte September.

Le Château des Ormes

Region: Bretagne
Adresse: Le Château des Ormes, Epiniac, F-35120 Dol-de-Bretagne, Telefon 00 33/2 99 73 49 59, Fax 00 33/2 99 73 49 55,

E-Mail info@lesormes.com
Öffnungszeiten: Ende Mai bis Anfang September.

Camping Nautic International

Region: Bretagne
Adresse: Camping Caravaning Nautic International, Beau Rivage, F-22530 Caurel, Telefon 00 33/ 2 96 28 57 94, Fax 00 33/ 2 96 26 02 00, Internet www.sites-et-paysages.com, E-Mail sites.et.paysages@ wanadoo.fr
Öffnungszeiten: Anfang April bis Ende September.

Camping des Abers

Region: Bretagne
Adresse: Camping des Abers, Plage de Sainte Marguerite, F-29870 Landéda Finistère, Telefon 00 33/2 98 04 93 35, Fax 00 33/2 98 04 84 35, Internet www.abers-tourisme.com, E-Mail office@abers-tourisme.com
Öffnungszeiten: Mitte April bis Ende September.

Camping Le Ty Nadan

Region: Bretagne
Adresse: Castel Camping Caravaning Le Ty Nadan, Route d'Arzano, F-29310 Locunolé, Telefon 00 33/2 98 71 75 47, Fax 00 33/2 98 71 77 31, Internet www.camping-ty-nadan.fr, E-Mail ty-nadan@wanadoo.fr
Öffnungszeiten: Mitte Mai bis Anfang September.

Camping Manoir de Kerlut

Region: Bretagne
Adresse: Camping Village le Manoir de Kerlut, F-29740 Plobannalec-Lesconil, Bretagne Sud, Telefon 00 33/2 98 82 23 89, Fax 00 33/2 98 82 26 49, Internet www.campings bretagnesud.com, E-Mail info@campings bretagnesud.com
Öffnungszeiten: 15. Mai bis 11. September.

L'Orangerie de Lanniron

Region: Bretagne
Adresse: L'Orangerie de Lanniron, Château de Lanniron, F-29336 Quimper Cedex, Telefon 00 33/2 98 90 62 02, Fax 00 33/2 98 52 15 56, Internet www.lanniron.com, E-Mail camping@lanniron.com
Öffnungszeiten: Mitte Mai bis Mitte September.

Le Grand Large

Region: Bretagne
Adresse: Camping Village Le Grand Large, Mousterlin, F-29170 Fouesnant, Telefon 00 33/2 98 56 04 06, Fax 00 33/2 98 56 58 26, Internet www.campingsbretagnesud.com, E-Mail info@campings bretagnesud.com
Öffnungszeiten: 15. Mai bis 11. September.

Camping du Letty

Region: Bretagne
Adresse: Camping du Letty, F-29950 Bénodet, Telefon 00 33/2 98 57 04 69, Fax 00 33/ 2 98 66 22 56, Internet www. campingduletty.com, E-Mail reception@campingduletty.com
Öffnungszeiten: 15. Juni bis 6. September.

Étangs de Trévignon

Region: Bretagne
Adresse: Camping des Étangs de Trévignon, Kerlin, F-29910 Trégunc Concarneau, Telefon und Fax 00 33/2 98 50 00 41
Öffnungszeiten: Anfang Juni bis Mitte September.

Ausgewählt: **62 Premium-Campingplätze**

Region: Bretagne bis Dordogne

Camping Bois d'Amour

Region: Bretagne
Adresse: Camping Bois d'Amour, Rue St. Clément, F-56170 Quiberon, Telefon 00 33/2 97 50 13 52, Fax 00 33/4 42 95 03 63, Internet www.homair-vacances.fr, E-Mail info@ homair-vacances.fr
Öffnungszeiten: Anfang April bis Ende September.

Camping de la Plage

Region: Bretagne
Adresse: Camping de la Plage, Plage de Kervilen, F-56470 La Trinité sur Mer, Bretagne Sud, Telefon 00 33/2 97 55 73 28, Fax 00 33/2 97 55 88 31, Internet www.camping-plage.com, E-Mail laplage@club-internet.fr
Öffnungszeiten: Anfang Mai bis Mitte September.

Camping La Yole

Region: Atlantikküste
Adresse: Camping La Yole, Chemin des Bosses, F-85160 Orouet, Telefon 00 33/2 51 58 67 17, Fax 00 33/ 2 51 59 05 35, Internet www.la-yole.com, E-Mail camping.layole@wanadoo.fr
Öffnungszeiten: 1. Mai bis 18. September.

Camping Les Gros Joncs

Region: Atlantikküste
Adresse: Camping Village Les Gros Joncs, Les Sables Vignier, Domino, F-17190 St. Georges d'Oléron, Telefon 00 33/ 5 46 76 52 29, Fax 00 33/ 5 46 76 67 74, Internet www.Les-Gros-Joncs.fr, E-Mail camping.gros.joncs@wanadoo.fr
Öffnungszeiten: Mitte März bis Mitte Oktober.

Camping Séquoia Parc

Region: Atlantikküste
Adresse: Camping Séquoia Parc, F-17230 St.-Just-Luzac, Telefon 00 33/5 46 85 55 55, Fax 00 33/5 46 85 55 56, E-Mail sequoia.parc@wanadoo.fr
Öffnungszeiten: Ende April bis Anfang September.

Camping Clairefontaine

Region: Atlantikküste
Adresse: Camping Caravaning Clairefontaine, Allée des Peupliers (Avenue Louise), F-17200 Royan-Pontillac, Telefon 00 33/5 46 39 08 11, Fax 00 33/5 46 38 13 79, Internet www.camping-clairefontaine.com, E-Mail camping.clairefontaine@ wanadoo.fr
Öffnungszeiten: Ende Mai bis Mitte September.

Le Truc Vert Camping

Region: Atlantikküste
Adresse: Le Truc Vert Camping International, Route de Truc Vert, F-33970 Lège/Cap Ferret Océan, Telefon 00 33/5 56 60 89 55, Fax 00 33/5 56 60 99 47, Internet www.trucvert.com, E-Mail camping.truc-vert@ worldonline.fr
Öffnungszeiten: Anfang Mai bis Ende September.

Camping Les Abberts

Region: Atlantikküste
Adresse: Camping Les Abberts, F-33740 Arès, Telefon und Fax 00 33/5 56 60 26 80
Öffnungszeiten: 1. Mai bis 30. September.

Camping Mayotte

Region: Atlantikküste
Adresse: Camping Village Mayotte, Le Lac, B.P. 110, F-40600 Biscarosse, Telefon 00 33/5 58 78 00 00, Fax 00 33/5 58 78 83 91, E-Mail camping@mayottevacances.com
Öffnungszeiten: Mitte Juni bis Mitte September.

Sen Yan Village Tropical

Region: Atlantikküste
Adresse: Sen Yan Village Tropical, F-40170 Mézos, Telefon 00 33/ 5 58 42 60 05, Fax 00 33/ 5 58 42 64 56, E-Mail Jean-Baptiste.Dagreou@wanadoo.fr
Öffnungszeiten: Anfang Juni bis Mitte September.

Airotel Le Vieux Port

Region: Atlantikküste
Adresse: Airotel Le Vieux Port, Route Plage Sud, F-40660 Messanges, Telefon 00 33/5 58 48 22 00, Fax 00 33/5 58 48 01 69, Internet www.levieuxport.com, E-Mail contact@levieuxport.com
Öffnungszeiten: 1. April bis 30. September.

Camping La Pailotte

Region: Atlantikküste
Adresse: Camping Caravaning La Pailotte, F-40140 Azur, Telefon 00 33/5 58 48 12 12, Fax 00 33/5 58 48 10 73, Internet www.la-pailotte-vacances.com, E-Mail info@paillotte.com
Öffnungszeiten: Mitte Mai bis Mitte September.

Camping Pyrénées Natura

Region: Pyrenäen
Adresse: Castel Camping Caravaning Pyrénées Natura, Route du Lac, F-65400 Estaing, Telefon 00 33/5 62 97 45 44, Fax 00 33/ 5 62 97 45 81, Internet www.camping-pyrenees-natura.com, E-Mail info@camping-pyrenees-natura.com
Öffnungszeiten: 1. Mai bis 20. September.

Château Le Verdoyer

Region: Dordogne
Adresse: Castel Camping Caravaning Château Le Verdoyer, F-24470 Champs Romain, Telefon 00 33/5 53 56 94 64, Fax 00 33/5 53 56 38 70, Internet www.verdoyer.fr, E-Mail chateau@verdoyer.fr
Öffnungszeiten: Ende April bis Ende September.

Camping Le Paradis

Region: Dordogne
Adresse: Camping le Paradis, F-24290 St.-Léon-sur-Vézère, Telefon 00 33/ 5 53 50 72 64, Fax 00 33/5 53 50 75 90, Internet www.le-paradis.com, E-Mail le-paradis@perigord.com
Öffnungszeiten: 1. April bis 25. Oktober.

Les Terrasses du Périgord

Region: Dordogne
Adresse: Camping Les Terrasses du Périgord, Pech d'Orance, F-24200 Sarlat, Telefon 00 33/ 5 53 59 02 25, Fax 00 33/

5 53 59 16 48, E-Mail terrasses-du-perigord@wanadoo.fr.
Öffnungszeiten: 1. April bis 30. September.

Les Hauts de Ratebout

Region: Dordogne
Adresse: Camping Les Hauts de Ratebout, F-24170 Belvès, Telefon 00 33/5 53 29 02 10, Fax 00 33/5 53 29 08 28, E-Mail camping@hauts-ratebout.fr
Öffnungszeiten: Ende April bis Anfang September.

Castel Camping Les Tours

Region: Auvergne
Adresse: Castel Camping Les Tours, F-12460 St.-Amans-des-Cots, Telefon 00 33/5 65 44 88 56, Fax 00 33/5 65 44 83 07, Internet www.les-tours.com, E-Mail camping@les-tours.com
Öffnungszeiten: Ende Mai bis erste Woche im September.

Les Genets Camping Club

Region: Cevennen
Adresse: Les Genets Camping Club, Lac de Pareloup, F-12410 Salles-Curan, Telefon 00 33/5 65 46 35 34, Fax 00 33/5 65 78 00 72, Internet www.camping-les-genets.fr, E-Mail contact@camping-les-genets.fr
Öffnungszeiten: Anfang April bis Mitte September.

Le Val de Cantobre

Region: Cevennen
Adresse: Camping Le Val de Cantobre, F-12230 Nant, Telefon 00 33/5 65 58 43 00, Fax 00 33/5 65 33 06 45
Öffnungszeiten: 15. Mai bis 15. September.

Camping Le Ranc Davaine

Region: Ardèche
Adresse: Camping Caravaning Le Ranc Davaine, Saint Alban Auriolles, F-07120 Ruoms, Telefon 00 33/4 75 39 60 55, Fax 00 33/4 75 39 38 50, Internet www.camping-ranc-davaine.fr, E-Mail camping.ranc.davaine@wanadoo.fr
Öffnungszeiten: Anfang April bis Mitte September.

Camping l'Ardèchois

Region: Ardèche
Adresse: Camping l'Ardèchois, F-07150 Vallon-Pont-d'Arc, Telefon 00 33/4 75 88 06 63, Fax 00 33/4 75 37 14 97, Internet www.ardechois-camping.com, E-Mail ardecamp@aol.com
Öffnungszeiten: April bis Ende September.

Camping Carpe Diem

Region: Provence
Adresse: Camping Carpe Diem, Croisement Route de St. Marcellin, B.P. 68, F-84110 Vaison-la-Romaine, Telefon 00 33/4 90 36 02 02, Fax 00 33/4 90 36 36 90, Internet camping-carpe-diem.com, E-Mail contact@camping-carpe-diem.com
Öffnungszeiten: 20. März bis 6. November.

Camping Brasilia

Region: Roussillon
Adresse: Camping Brasilia, B.P. 204, F-66141 Canet-Pl., Telefon 00 33/4 68 80 23 82,

Fax 00 33/4 68 73 32 97, Internet www.brasilia.fr, E-Mail camping-le-brasilia@wanadoo.fr
Öffnungszeiten: 30. April bis 25. September.

Camping Ma Prairie

Region: Roussillon
Adresse: Camping Ma Prairie, F-66140 Canet-en-Roussillon, Telefon 00 33/4 68 73 26 17, Fax 00 33/4 68 73 28 82, E-Mail ma.prairie@wanadoo.fr
Öffnungszeiten: Anfang Mai bis Ende September.

Camping Le Palais de la Mer

Region: Roussillon
Adresse: Camping Caravaning Le Palais de la Mer, F-66470 Saintes-Marie-de-la-Mer en Roussillon, Telefon 00 33/4 68 73 07 94, Fax 00 33/4 68 73 57 83
Öffnungszeiten: Mitte Mai bis Ende September.

Camping La California

Region: Roussillon
Adresse: Camping Caravaning California, Route de Saint Laurent, F-66420 Port-Barcarès, Telefon 00 33/4 68 86 16 08, Fax 00 33/4 68 86 18 20
Öffnungszeiten: Ende April bis Ende September.

Camping de la Yole

Region: Languedoc
Adresse: Camping Domaine de la Yole, B.P. 23, F-34350 Valras-Plage, Telefon 00 33/4 67 37 33 87, Fax 00 33/4 67 37 44 89, Internet www.campinglayole.com, E-Mail layole34@aol.com
Öffnungszeiten: 1. Mai bis 25. September.

Camping Nouvelle Floride

Region: Languedoc
Adresse: Camping Clubs Les Méditerranées, Nouvelle Floride, F-34340 Marseillan-Plage, Telefon 00 33/4 67 21 94 49, Fax 00 33/4 67 21 81 05, Internet www.nouvelle-floride.com, E-Mail nouvelle-floride@wanadoo.fr
Öffnungszeiten: Ende März bis Ende September.

Camping Club Farret

Region: Languedoc
Adresse: Camping Club Farret, F-34450 Vias-Plage, Telefon 00 33/ 4 67 21 64 45, Fax 00 33/4 67 21 70 49, Internet www.farret.com, E-Mail farret@wanadoo.fr
Öffnungszeiten: Ende März bis Ende September.

Camping Le Sérignan Plage

Region: Languedoc
Adresse: Camping Village Méditerranée Le Sérignan Plage, L'Orpellière, F-34410 Sérignan, Telefon 00 33/4 67 32 35 33, Fax 00 33/4 67 32 26 36, Internet www.leserignanplage.com, E-Mail info@leserignanplage.com
Öffnungszeiten: 15. April bis 16. September.

La Petite Camargue Camping

Region: Camargue
Adresse: Yelloh Village La Petite Camargue, BP 21/D 62, F-30220 Aigues-Mortes, Telefon 00 33/4 66 53 98 98, Fax 00 33/4 66 53 98 80, Internet yellohvillage-petite-camargue.com, E-Mail info@yellohvillage-petite-camargue.com
Öffnungszeiten: 24. April bis 19. September.

Ausgewählt: **62 Premium-Campingplätze**

Region: Côte d' Azur bis Elsass

Camping du Cros de Mouton

Region: Côte d' Azur
Adresse: Camping Caravaning du Cros de Mouton, B.P. 116, F-83240 Cavalaire, Telefon 00 33/4 94 64 10 87, Fax 00 33/4 94 05 46 38
Öffnungszeiten: 15. März bis 7. November.

Au Paradis des Campeurs

Region: Côte d' Azur
Adresse: Camping au Paradis des Campeurs, La Gaillarde-Plage, F-83380 Les Issambres, Telefon 00 33/4 94 96 93 55, Fax 00 33/49 62 99, Internet www.paradis-des-campeurs.com
Öffnungszeiten: Ende März bis Anfang Oktober.

Les Pêcheurs Camping

Region: Côte d' Azur
Adresse: Les Pêcheurs Camping Caravaning, F-83520 Roquebrune-sur- Argens, Telefon 00 33/ 4 94 45 71 25, Fax 00 33/ 4 94 81 65 13, Internet www.camping-les-pecheurs.com, E-Mail info@camping-les-pecheurs.com
Öffnungszeiten: 1. April bis 15. Oktober.

Domaine du Colombier

Region: Côte d' Azur
Adresse: Camping Club Domaine du Colombier, D 4/Route des Anciens Combattants en AFN, F-83600 Fréjus, Telefon 00 33/4 94 51 56 01, Fax 00 33/ 4 94 51 55 57, Internet www.domaine-du-colombier.com, E-Mail info@domaine-du-colombier.com
Öffnungszeiten: 15. Juni bis 2. Oktober.

Esterel Camping Caravaning

Region: Côte d' Azur
Adresse: Esterel Camping Caravaning, Avenue des Golfs, F-83530 Agay/St. Raphaël, Telefon 00 33/4 94 82 03 28, Fax 00 33/4 94 82 87 37, Internet www.esterel-caravaning.fr, E-Mail contact@esterel-caravaning.fr
Öffnungszeiten: 27. März bis 2. Oktober.

Camping Les Cigales

Region: Provence
Adresse: Camping Les Cigales, 721 chemin du Jas de la Paro, F-83490 Le Muy, Telefon 00 33/4 94 45 18 08, Fax 00 33/4 94 45 92 80, Internet www.les-cigales.com, E-Mail contact@les-cigales.com
Öffnungszeiten: Anfang April bis 31. Oktober.

Castel Camping Le Camp du Verdon

Region: Provence
Adresse: Castel Camping Caravaning Le Camp du Verdon, F-04120 Castellane, Telefon 00 33/ 4 92 83 61 29, Fax 00 33/ 4 92 83 69 37, Internet www. camp-du-verdon.com, E-Mail contact@camp-du-verdon.com
Öffnungszeiten: Mitte Mai bis Mitte September.

Camping Le Coin Tranquille

Region: Dauphiné
Adresse: Camping Le Coin Tranquille, F-38490 Les Abrets, Telefon 00 33/4 76 32 13 48, Fax 00 33/4 76 37 40 67
Öffnungszeiten: Anfang April bis Ende Oktober.

Camping Belledonne

Region: Savoyen
Adresse: Camping Belledonne, Monique et Guy Arnaud, Rochetaillée, F-38520 Bourg d'Oisans, Telefon 00 33/4 76 80 07 18, Fax 00 33/4 76 79 12 95, Internet www.sites-et-ysages.com, E-Mail belledonne@club-internet.fr
Öffnungszeiten: Anfang Juni bis Anfang September.

Camping L'Oustalet

Region: Savoyen
Adresse: Camping L'Oustalet, F-74390 Châtel, Telefon 00 33/ 4 50 73 21 97, Fax 00 33/ 4 50 73 37 46, Internet www.sites-et-paysages.com, E-Mail sites.et.paysages@ wanadoo.fr
Öffnungszeiten: Mitte Dezember bis Ende April und Ende Juni bis Anfang September.

Château de l'Epervière

Region: Burgund
Adresse: Château de l'Epervière, F-71240 Gigny-sur-Saône, Telefon 00 33/ 3 85 94 16 90, Fax 00 33/ 3 85 94 16 97, Internet www. domaine-eperviere.com, E-Mail domaine-de-leperviere@ wanadoo.fr
Öffnungszeiten: 1. April bis 30. September.

Château de Poinsouze

Region: Limousin
Adresse: Les Castels-Camping du Château de Poinsouze, BP 12, Route de la Châtre, F-23600 Boussac, Telefon 00 33/5 55 65 02 21, Fax 00 33/5 55 65 86 49, E-Mail info@camping-de-poinsouze.com, Internet www.camping-de-poinsouze.com
Öffnungszeiten: 15. Mai bis 12. September.

Camping du Lac de la Liez

Region: Champagne
Adresse: Camping du Lac de la Liez, Peigney, F-52200 Langres, Telefon 00 33/3 25 90 27 79, Fax 00 33/3 25 90 66 79, Internet www.campingliez.fr, E-Mail campingliez@free.fr
Öffnungszeiten: Mitte Juni bis Ende Oktober.

Les Bois du Bardelet

Region: Loire
Adresse: Camping Les Bois du Bardelet, Route de Bourges, Poilly, F-45500 Gien, Telefon 00 33/2 38 67 47 39, Fax 00 33/2 38 38 27 16, Internet www.bardelet.com, E-Mail contact@bardelet.com
Öffnungszeiten: Anfang April bis Ende September.

Camping Clair Vacances

Region: Elsass
Adresse: Camping Clair Vacances, D 1, Route de Herrlisheim, F-68127 Sainte-Croix-en-Plaine, Telefon 00 33/3 89 49 27 28, Fax 00 33/3 89 49 31 37, E-Mail clairvacances@wanadoo.fr
Öffnungszeiten: Ostern bis 17. Oktober.

24

Register: **Alle auf einen Blick**

Ausgewählte Stell- und Campingplätze

Dieses Ortsregister liefert Ihnen in alphabetischer Reihenfolge einen Gesamtüberblick über alle in diesem Band im Anschluss an die Tourenvorschläge veröffentlichten Stellplatz- und Campingplatz-Empfehlungen. Zur besseren Orientierung folgt nach dem Ortsnamen die Postleitzahl und die Seitenzahl.

Stellplätze

Campingplätze

25 Straßenatlas

Teil zwei des Reisemobil-Touren-Buchs bietet Ihnen die komplette Straßenkarte Frankreich von Hallwag im Maßstab 1:750 000 mit Transit- und Cityplänen sowie einem ausführlichen Ortsverzeichnis.

Hallwag
INTERNATIONAL

Gesamtherstellung:

Printed in Switzerland

ISBN 3-8283-0050-2

Laufzeit bis 2007 • Recommandé jusqu'en 2007
Validità fino 2007 • Valid until 2007

Hallwag Kümmerly+Frey AG
Grubenstrasse 109
CH-3322 Schönbühl
www.swisstravelcenter.com

Hallwag
INTERNATIONAL

Übersichtskarte · Carte synoptique
Carta sinòttica · Mapa sinóptico

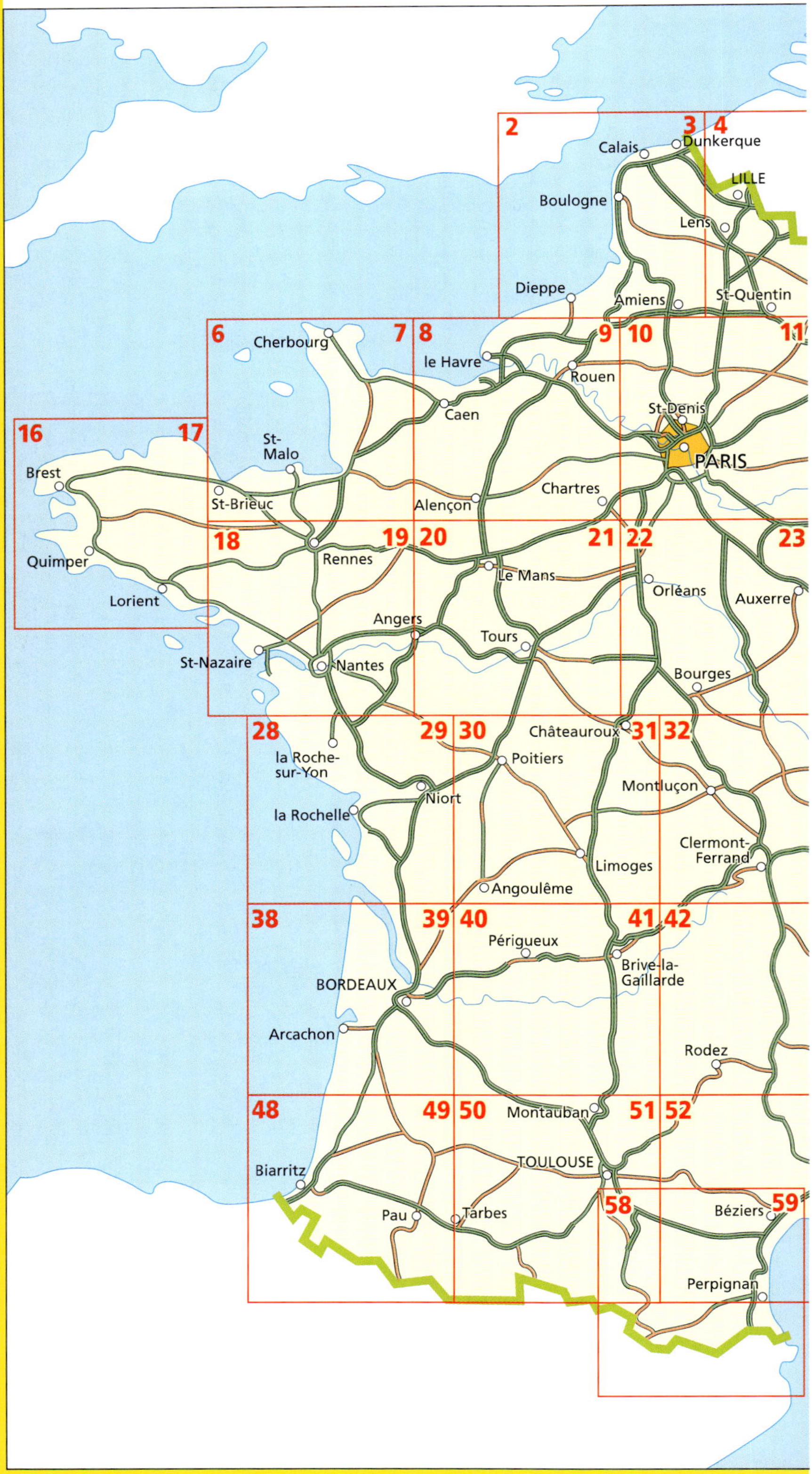

Map key · Overzichtkaart
Översiktskarta · Oversigtskort

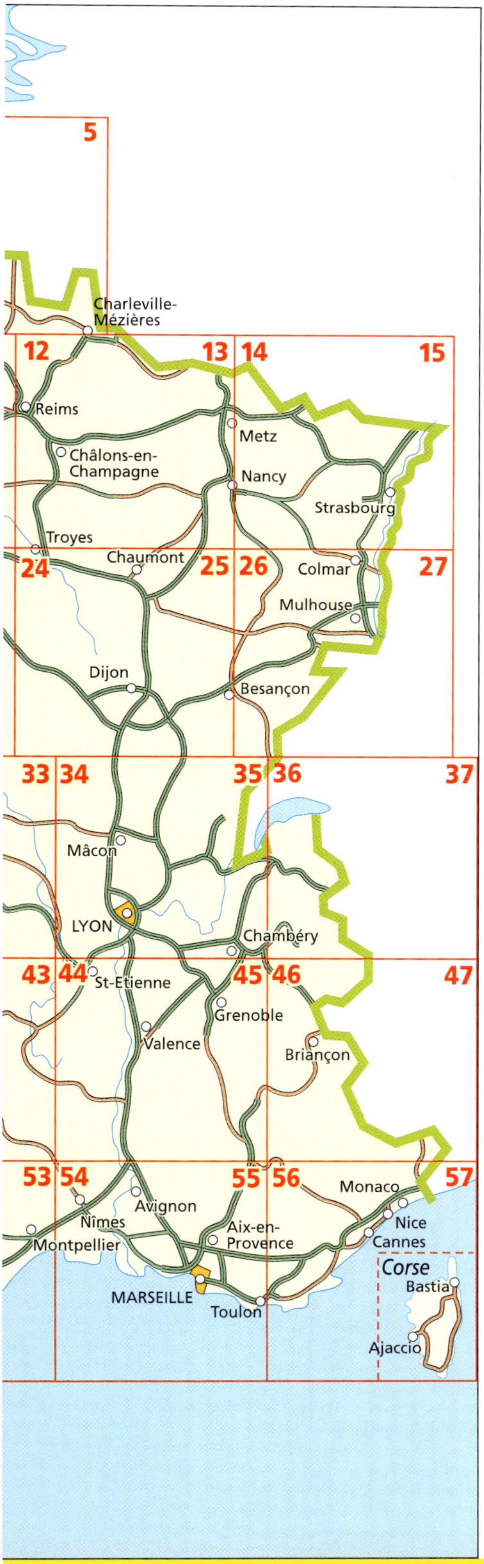

Transitpläne · Plans de transit
Transit maps · Transitkaarten
Piante di transito · Mapas de tránsito
Genomfartskartor · Transitkort

Autobahn • Anschluss • Halb-Anschluss Autoroute • Echangeur • Semi-échangeur Autostrada • Svincolo • Semi-svincolo Autopista • Acceso • Medio acceso	4	Motorway • Junction • Restricted junction Autosnelweg • Aansluiting • Halve aansluiting Motorväg • Anslutning • Ofullständig anslutning Motorvej • Tilslutningsanlæg • Indskrænket tilslutning
Tankstelle / Bar • Restaurant • Motel Station-service / bar • Restaurant • Motel Stazione di servizio / bar • Ristorante • Motel Estación de servicio / bar • Restaurante • Motel		Petrol station / bar • Restaurant • Motel Benzinestation / bar • Restaurant • Motel Bensinstation / bar • Restaurang • Motell Tankanlæg / bar • Restaurant • Motel
Autobahn im Bau mit Eröffnungsdatum Autoroute en construction avec date d´ouverture Autostrada in costruzione con data d´apertura Autopista en construcción con fecha de apertura	2005	Motorway under construction with opening date Autosnelweg in aanleg met datum van openstelling Motorväg under byggnad med öppningsdatum Motorvej under bygning med åbningsdato
Autostrassen Routes rapides Superstrade Autovías		Dual / single carriageways Autowegen Motortrafikleder Motortrafikveje
Hauptstrassen Routes principales Strade principali Carreteras principales		Primary roads Hoofdwegen Huvudvägar Hovedveje
Regionale-, lokale Verbindungsstrasse Route de liaison régionale ou locale Strada di collegamento regionale e locale Carretera de comunicación regional, local		Main-, secondary road Verbindingsweg regionaal, locaal Regional och lokal förbindelseväg Regionale og lokale forbindelsesvej
Nebenstrasse • Gesperrte Strasse Autre route • Route interdite Strada secondaria • Strada vietata Carretera secundaria • Carretera cortada		Minor road • Closed road Secundaire weg • Verboden weg Övrig väg • Avstängd väg Sidevej • Spærret vej
Gebührenpflichtige Strasse Route à péage Strada a pedaggio Carretera con peaje	5 5	Toll-road Tolweg Avgiftsbelagd väg Vej med betalingspligt
Pass • Offene Monate • Steigung Col • Mois d´ouverture • Pente Passo • Mesi aperti • Pendenza Puerto • Meses abierto • Pendiente	May-Oct 12%	Pass • Open months • Gradient Pas • Openingsmaanden • Helling Pass • Månadsöppen • Backe Pas • Åben måneder • Stigning
Distanzen in Kilometern Distances en kilomètres Distanze in chilometri Distancias en kilómetros	5 10 3 2 6 4 6 5 2 5 10	Distances in kilometers Afstanden in kilometers Avstånd i kilometer Afstande i kilometer
Autobahn • Europastrasse • Nationalstrasse Autoroute • Route européenne • Route nationale Autostrada • Strada europea • Strada statale Autopista • Carretera europea • Carretera nacional	A25 E45 87	Motorway • European road • National road Autosnelweg • Europese weg • Nationale weg Motorväg • Europaväg • Riksväg Motorvej • Europavej • Hovedvej
Autoverlad: Bahn • Fähre Transport des voitures: Voie ferrée • Bac Trasporto automobili: Ferrovia • Traghetto Transporte de automóvil: Ferrocarril • Transbordador		Car transportation: Rail • Ferry Transport van auto´s: Spoor • Veerdienst Biltransporter: Järnväg • Färja Biltransport: Jernbane • Færge
Eisenbahn: Hauptlinie • Nebenlinie Chemin de fer: Ligne principale • Ligne secondaire Ferrovia: Linea principale • Linea secondaria Ferrocarril: Línea principal • Línea secundaria		Railway: Main line • Branch line Spoorweg: Hoofdspoor • Zijspoor Järnväg: Huvudlinje • Annan linje Jernbane: Hovedstrækning • Sidebane
Luftseilbahn • Landschaftlich schöne Strecke Téléphérique • Parcours pittoresque Funivia • Tratto di strada panoramica Teleférico • Ruta pintorescas		Cable car • Scenic route Kabelbaan • Schilderachtige route Linbana • Naturskön sträcka Tovbane • Naturskøn rute
Staatsgrenze mit Zoll Frontière d´Etat avec douane Confine di stato con dogana Frontera del Estado con aduana		International boundary with customs Staatsgrens met douane Riksgräns med tull Rigsgrænse med told

Die Redaktion bemüht sich, die Karten trotz der ständigen Veränderungen auf aktuellem Stand zu halten, kann aber für den Inhalt keine absolute Garantie übernehmen. Für Hinweise und Beobachtungen sind wir Ihnen dankbar.

Flughafen • Flugplatz Aéroport • Aérodrome Aeroporto • Campo d´aviazione Aeropuerto • Aeródromo	Airport • Airfield Luchthaven • Vliegveld Flygplats • Flygfält Lufthavn • Flyveplads
Schloss / Burg • Ruine Château / château fort • Ruine Castello / rocca • Rudero Castillo / fortaleza • Ruina	Castle / stately home • Ruin Kasteel / burcht • Ruïne Slott / borg • Ruin Slot / borg • Ruin
Kirche / Kapelle • Kloster Eglise / chapelle • Couvent Chiesa / cappella • Monastero Iglesia / capilla • Monasterio	Church / chapel • Monastery / convent Kerk / kapel • Klooster Kyrka / kapell • Kloster Kirke / kapel • Kloster
Einzelstehendes Hotel / Restaurant • Denkmal Hôtel isolé / restaurant • Monument Albergo isolato / ristorante • Monumento Hotel aislado / restaurante • Monumento	Secluded hotel / restaurant • Monument Afgelegen hotel / restaurant • Gedenkteken Enslig hotell / restaurang • Minnesmärke Ensomt beliggende hotel / restaurant • Mindesmærker
Leuchtturm • Höhle Phare • Grotte Faro • Grotta Faro • Cueva	Lighthouse • Cave Vuurtoren • Grot Fyr • Grotta Fyrtårn • Hule
Golfplatz • Festungsanlage Terrain de golf • Fortification Campo da golf • Fortificazione Campo de golf • Fortificación	Golf course • Fortification Golfbaan • Vesting Golfbana • Fästningsanläggning Golfbane • Fæstning
Autodrom • Pferderennbahn Circuit automobile • Hippodrome Circuito automobilistico • Ippodromo Autódromo • Hipódromo	Motor circuit • Racecourse Autocircuit • Renbaan Motorbana • Kapplöpningsbana Motorsportsbane • Hestesportsbane
Römische / griechische Ruine • Prähist. Monument Ruine romaine / grecque • Monument préhistorique Rovina romana / greca • Monumento preistorico Ruina romana / griega • Monumento prehistórico	Roman / greek ruin • Prehistoric monument Romeinse / griekse ruïne • Prehistorisch monument Romersk / grekisk ruin • Förhistorisk monument Romersk / græsk ruin • Forhistorisk monument
Sehenswerter Ort • Sehenswertes Objekt Localité intéressante • Edifice remarquable Luogo d´interesse • Oggetto interessante Localidad interesante • Construcción interesante	Place of interest • Object of interest Bezienswaardige plek • Bezienswaardigheid Sevärd ort • Sevärdhet Seværdigt sted • Seværdigt objekt
Freizeitpark • Zoo Parc de loisirs • Jardin zoologique Parco ricreativo • Zoo Parque de recreo • Zoo	Theme park • Zoo Recreatiepark • Dierentuin Nöjespark • Zoo Forlystelsespark • Zoologisk have
Panoramasicht • Schöne Aussicht Vue panoramique • Point de vue Vista panoramica • Veduta Vista panorámica • Bella vista	Panoramic view • Viewpoint Panorama • Mooi uitzicht Panorama • Vacker utsikt Panoramaudsigt • Udsigtspunkt
Camping • Heilbad Camping • Station thermale Campeggio • Stazione termale Camping • Balneario	Camp site • Health spa Camping • Kuuroord Camping • Spa Campingplads • Kursted
Natursehenswürdigkeiten • Wasserfall Curiosités naturelles • Cascade Curiosità naturali • Cascata Curiosidades naturales • Salto de agua	Natural curiosities • Waterfall Natuurmonumenten • Waterval Natursevärdheter • Vattenfall Naturseværdigheder • Vandfald

0 10 20 30 40 50 km

1:750 000

Hallwag INTERNATIONAL

A
B
C
1
2
3
4
5
Hever
Penshurst
Tonbridge
Paddock Wood
Headcorn
Wye
Stelling Minnis
Denton
Shepherdswell
Ashford
Elham
Dover
Royal Tunbridge Wells
Horsmonden
Staplehurst
Smarden
Biddenden
Terminal
Groombridge
Cranbrook
Lympne
East Wear Bay
Folkestone
Crowborough
Wadhurst
Flimwel
Tenterden
Rolvenden
Hamstreet
Dymchurch
Hythe
Hawkhurst
Mayfield
Hurst Green
Bodiam
Appledore
Wittersham
St.Mary's Bay
Heathfield
Robertsbridge
Cripp's Corner
Brookland
New Romney
Broad Oak
Rye
Camber
East Road
Netherfield
Lydd
Icklesham
Winchelsea
Battle
West Road
Herstmonceux
Ninfield
Horsebridge
Guestling Green
Hailsham
HASTINGS
Bexhill
Wilmington
Pevensey
The Long Man
EASTBOURNE
East Dean
Beachy Head
Strait of
Pas
La Manche
Quen
Aq
Baie
Cayeux-s-Mer
Ault
Mers-l.-Bains
Allenay
le Tréport
Mesnil-Val
Eu
Criel-s-Mer
Beauchamps
Tocqueville-s-Eu
Côte d'Albâtre
St-Martin-en-Campagne
Guilmécourt
Monchy s-Eu
Yères
Dieppe
Neuville
Bailly-en-Rivière
Sept-Meules
Glicourt
Quiberville
Grandcourt
Arques-la-Bataille
Envermeu
St-Valery-en-Caux
Veules-les-Roses
Varengeville-s-Mer
Fresnoy-Folny
St-Nicolas-d'Aliermont
Eaulne
Veulettes-s-Mer
le Bourg-Dun
Offranville
Londinières
Luneray
St-Vaast-d'Equiqueville
St-Pierre-en-Port
Sassetot-le-Mauconduit
Eletot
Fontaine-le-Dun
Torcy
Clais
Bacqueville-en-Caux
Vatierville
Cany-Barville
Longueville-s-Scie
Senneville
Valmont
St-Laurent-en-Caux
Neufchâtel-en-Bray
Toussaint
Ourville-en-Caux
Doudeville
Scie
Auffay
Saâne
Val-de-Saâne
Ypreville-Biville
Héricourt-en-Caux
Bellencombre
St-Saire
9

D
E
F
St.Margaret's at Cliffe
South Foreland
White Cliffs
Channel Tunnel
Pas de Calais
Tunnel sous la Manche
De Panne
Bray-Dunes
Malo-les-Bains
DUNKERQUE
Grande-Synthe
Terminal Transmanche
Gravelines
Oye-Plage
CALAIS
Sangatte
Marck
Loon-Pl.
Bergues
Hondschoote
Brouckerque
Bourbourg
Rexpoëde
Termin. Tunnel
Nouv.-Eglise
Les Attaques
Audruicq
Looberghe
Zegerscappel
Herzeele
Houtkerque
Wissant
Cap Gris-Nez
St-Inglevert
Guînes
Ardres
Bollezeele
Wormhout
Ferques
Audresselles
Marquise
Tournehem-s-la-Hem
Watten
Arnèke
Steenvoorde
Licques
Hardinghen
Bonningues-lès-Ardres
Tilques
Cassel
Wimereux
BOULOGNE-SUR-MER
le Portel
le Wast
Belle
Colembert
Journy
Quercamps
St-Omer
Arques
Caëstre
Ebblinghem
Baincthun
Selles
Nielles-lès-Bléquin
Lumbres
Blendecques
Hazebrouck
Equihen-Plage
Wirwignes
Desvres
Cléty
Ecques
Merville
Hardelot-Plage
Samer
Bourthes
Therouanne
Coyecques
Aire-s-la-Lys
St-Venant
Isbergues
Nesles
Zoteux
Fauquembergues
Estrée-Blanche
Norrent-Fontes
Robecq
Dannes
Camiers
Frencq
Lillers
Reclinghem
Beussent
Clenleu
Hucqueliers
Laires
Westrehem
BÉTHUNE
le Touquet-Paris-Plage
Etaples
Créquy
Fruges
Auchel
Stella-Plage
Merlimont-Plage
Humbert
Heuchin
Pernes
Divion
Nœux-les-Mines
Montreuil
Offin
Lebiez
Ruisseauville
Merlimont
Brimeux
Valhuon
Bruay-la-Buissière
Barlin
Berck-s-Mer
Beaurainville
Diéval
Houdain
Boisjean
Wa
Blangy-s-Ternoise
Campagne-lès-Hesdin
St-Pol-s-Ternoise
Camblain
Berck-Plage
Nempont-St-Firmin
le Parcq
Tinques
Fort-Mahon-Plage
Hesdin
Croisette
Aubigny-en-Artois
Quend
Douriez
Fillièvres
Buneville
Vron
Raye
Parc Ornithologique
Crécy-en-Ponthieu
Labroye
Quœux
Canche
Frévent
Avesnes-le-Comte
Habarcq
Rue
Gueschart
Auxi-le-Château
Estrée-Wamin
Barly
Beaumetz-lès-Loges
de Somme
le Crotoy
Nouvion-en-Ponthieu
Brailly
Frohen
Saulty
Ransart
Domvast
Bernâtre
Lucheux
Pommier
St-Valery-s-Somme
Canchy
Agenville
Pas-en-Artois
Ayette
Arrest
St-Riquier
Doullens
Amplier
Foncquevillers
Abbeville
Beaumetz
Bernaville
Fienvillers
Thièvres
Friville-Escarbotin
Ailly-le-Ht-Clocher
Domqueur
Beauval
Puisieux
Moyenneville
Parc mémorial
Acheux-en-Amiénois
Beauquesne
Hédauville
Pozières
Feuquières-en-Vimeu
Pont-Rémy
Domart-en-Ponthieu
Canaples
Puchevillers
Dargines
Huppy
Naours
Talmas
Warloy-Baillon
Vignacourt
Villers-Bocage
Contay
Albert
Gamaches
St-Maxent
Longpré-les-Corps-Saints
Flixecourt
Flesselles
Hallencourt
Allery
Airaines
AMIENS
St-Gratien
Maricourt
Blangy-s-Bresle
Oisemont
Querrieu
Morlancourt
Bray-s-Somme
Picquigny
Ailly-s-Somme
Corbie
St-Maulvis
Camps-en-Amiénois
Molliens-Dreuil
Daours
Villers-Bretonneux
Foucaucourt-en-Santerre
Senarpont
Liomer
Hornoy
Bougainville
Foucarmont
Beaucamps-le-Vieux
Quevauvillers
Dury
Boves
Démuin
Caix
Chaulnes
Richemont
Rosières-en-Santerre
Poix-de-Picardie
St-Sauflieu
Moreuil
Mortemer
Aumale
Lignières-Châtelain
Essertaux
Ailly-s-Noye
Bouchoir
Liancourt-Fosse
Equennes
Conty
Hangest-en-Santerre
Davenescourt
Belleuse
Dargies
Daméraucourt
Abancourt
Croissy-s-Conty
Pierrepont-s-Avre
Guerbigny
Roye

A B C

Seite/Page 100/101 LILLE/ROUBAIX

11

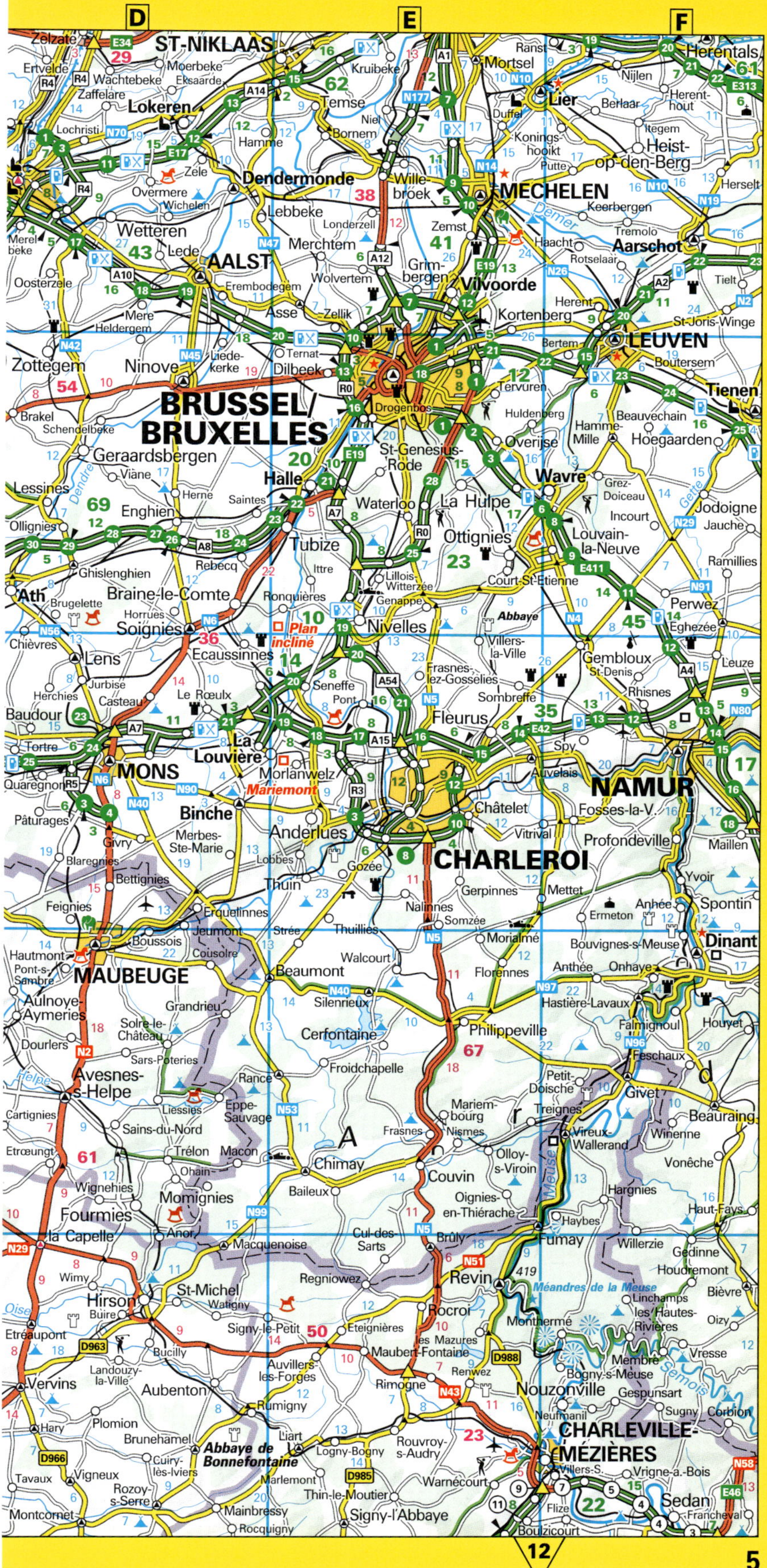
D
E
F
ST-NIKLAAS
Zelzate
Ertvelde
Moerbeke
Wachtebeke
Eksaarde
Zaffelare
Lokeren
Lochristi
Kruibeke
Temse
Niel
Bornem
Hamme
Zele
Overmere
Wichelen
Dendermonde
Willebroek
Lebbeke
Londerzeel
Wetteren
Lede
AALST
Merchtem
Oosterzele
Mere
Heldergem
Erembodegem
Asse
Zellik
Wolvertem
Grimbergen
Vilvoorde
Zemst
Mortsel
Ranst
Lier
Duffel
Nijlen
Berlaar
Herentals
Herenthout
Itegem
Heist-op-den-Berg
Koningshooikt
Putte
MECHELEN
Keerbergen
Herselt
Tremelo
Haacht
Aarschot
Rotselaar
Tielt
Herent
Kortenberg
Bertem
LEUVEN
St-Joris-Winge
Boutersem
Tienen
Zottegem
Ninove
Liedekerke
Ternat
Dilbeek
BRUSSEL/
BRUXELLES
Drogenbos
Tervuren
Brakel
Schendelbeke
Geraardsbergen
Viane
Lessines
Huldenberg
Hamme-Mille
Beauvechain
Hoegaarden
Overijse
St-Genesius-Rode
Halle
Herne
Saintes
Enghien
Ollignies
Waterloo
La Hulpe
Wavre
Grez-Doiceau
Incourt
Jodoigne
Jauche
Tubize
Rebecq
Ittre
Ottignies
Louvain-la-Neuve
Ramillies
Ghislenghien
Ath
Brugelette
Braine-le-Comte
Ronquières
Lillois-Witterzée
Genappe
Court-St-Etienne
Perwez
Eghezée
Chièvres
Horrues
Soignies
Plan incliné
Nivelles
Abbaye
Villers-la-Ville
Ecaussinnes
Lens
Jurbise
Herchies
Baudour
Casteau
Le Rœulx
Seneffe
Pont
Frasnes-lez-Gosselies
Sombreffe
Gembloux
St-Denis
Rhisnes
Leuze
Fleurus
Tertre
La Louvière
Morlanwelz
Mariemont
MONS
Quaregnon
Spy
Auvelais
NAMUR
Binche
Châtelet
Fosses-la-V.
Pâturages
Merbes-Ste-Marie
Anderlues
Vitrival
Profondeville
Maillen
Givry
Blaregnies
Lobbes
Gozée
CHARLEROI
Bettignies
Thuin
Gerpinnes
Mettet
Yvoir
Feignies
Erquelinnes
Nalinnes
Somzée
Ermeton
Anhée
Spontin
Jeumont
Strée
Thuillies
Morialmé
Bouvignes-s-Meuse
Dinant
Hautmont
Boussois
Cousolre
Walcourt
Florennes
Anthée
Onhaye
Pont-s-Sambre
MAUBEUGE
Beaumont
Aulnoye-Aymeries
Grandrieu
Silenrieux
Hastière-Lavaux
Solre-le-Château
Cerfontaine
Philippeville
Falmignoul
Houyet
Dourlers
Sars-Poteries
Feschaux
Avesnes-s-Helpe
Froidchapelle
Rance
Petit-Doische
Givet
Beauraing
Cartignies
Liessies
Eppe-Sauvage
Mariembourg
Treignes
Sains-du-Nord
Frasnes
Nismes
Vireux-Wallerand
Winenne
Etrœungt
Trélon
Macon
Olloy-s-Viroin
Vonêche
Ohain
Chimay
Wignehies
Baileux
Couvin
Hargnies
Momignies
Oignies-en-Thiérache
Fourmies
Haybes
Haut-Fays
Anor
Cul-des-Sarts
la Capelle
Macquenoise
Brûly
Fumay
Willerzie
Gedinne
Wimy
Regniowez
Revin
Houdremont
Méandres de la Meuse
Hirson
St-Michel
Watigny
Rocroi
Linchamps
Bièvre
Buire
Monthermé
les Hautes-Rivières
Oizy
Etréaupont
Signy-le-Petit
Eteignières
les Mazures
Bucilly
Maubert-Fontaine
Membre
Vresse
Landouzy-la-Ville
Auvillers-les-Forges
Renwez
Bogny-s-Meuse
Vervins
Aubenton
Rimogne
Nouzonville
Gespunsart
Rumigny
Neufmanil
Sugny
Corbion
Hary
Plomion
CHARLEVILLE-MÉZIÈRES
Brunehamel
Liart
Logny-Bogny
Rouvroy-s-Audry
Abbaye de Bonnefontaine
Cuiry-lès-Iviers
Villers-S.
Vrigne-a.-Bois
Tavaux
Vigneux
Rozoy-s-Serre
Marlemont
Warnécourt
Thin-le-Moutier
Sedan
Montcornet
Mainbressy
Signy-l'Abbaye
Flize
Francheval
Rocquigny
Boulzicourt
Dendre
Demer
Gette
Meuse
Semois
Helpe
Oise
12

A
B
C
1
2
3
4
5
Alderney
St. Anne
Guernsey
Vale
St. Sampson
St. Peter-Port
St. Peter-in the Wood
Forest
St. Martin
Sark
Channel Islands (GB)
St. John
St. Saviour
St. Aubin
Pointe du Château
Larmor-Pleubian
Plougrescant
Pleubian
Ile de Bréhat
Loguivy-de-la-Mer
Pnte de l'Arcouest
Ploubazlanec
Lézardrieux
Tréguier
Paimpol
Pointe de Minard
Golfe de St-Malo
Côte d'Emeraude
la Roche-Jagú
Plouézec
Lanloup
Pontrieux
Yvias
Pléhédel
Kermaria
Plouha
St-Quay-Portrieux
St-Clet
Trévérec
Lanvollon
Etables-s-Mer
Pabu
Tréguidel
Binic
Guingamp
Trégomeur
Pordic
Plouagat
Plélo
Châtelaudren
Plérin
St-Brieuc
Plouvara
Ploufragan
Hillion
Langueux
Cap Fréhel
Fort la Latte
Sables-d'Or-les-Pins
St-Cast-le-Guildo
Erquy
Fréhel
le Val-André
Pléneuf-Val-André
Matignon
la Bouillie
Hénanbihen
Pludunо
Planguenoual
St-Denoual
Plancoët
Pléven
Lamballe
Corseul
Chât. de la Hunaudaie
Rothéneuf
Paramé
St-Malo
St-Lunaire
St-Briac-s-Mer
St-Jacut-de-la-Mer
Dinard
Pleurtuit
Ploubalay
Pleslin
St-Solen
Dinan
Plesder
Evran
St-Juvat
le Hinglé
Bécherel
Plouasne
Caulnes
St-Péver
St-Fiacre
Cohiniac
St-Gildas
Quintin
St-Gilles-Pligeaux
le Vieux-Bourg
Corlay
la Harmoye
la Bodéo
St-Martin-des-Prés
Uzel
Plussulien
Plédran
Plaintel
Quessoy
Hénon
Moncontour
Plœuc-s-Lié
Plouguenast
Plessala
Pommeret
Noyal
Plestan
Bréhand
St-Trimoël
Plénée-Jugon
le Gouray
Collinée
Langourla
Sévignac
Broons
Eréac
Jugon-les-Lacs
Plédéliac
Plélan-le-Petit
Brusvily
Yvignac
Leff
Evron
Rance
N12
N176
N137
E401
D786
D700
D790
D766
65
45
36
53
18

Cap de la Hague
Auderville
Omonville-la-Rogue
Nez de Jobourg
Beaumont-Hague
Urville-Nacqueville
Cherbourg-Octeville
Maupertus-s.-Mer
Cap Lévy
Fermanville
Pointe de Barfleur
Gatteville-le-Phare
Barfleur
Tourlaville
St-Pierre-Eglise
Calvaire des Dunes
Biville
Vasteville
la Glacerie
le Theil
la Pernelle
Réville
Pointe de Saire
Quettehou
St-Vaast-la-Hougue
Diélette
Flamanville
les Pieux
Virandeville
Brix
Rauville-la-Bigot
Vaudreville
Aumeville-Lestre
Quinéville
Valognes
Iles St Marcouf
Quettetot
Bricquebec
Montebourg
Ravenoville
Utah Beach
Surtainville
Colomby
le Valdécie
Orglandes
Ste-Mère-Eglise
Grandcamp-Maisy
Pointe du Hoc
Vierville-s-Mer
Carteret
Barneville-Carteret
St-Sauveur-le-Vicomte
Douve
Pont-l'Abbé
Chef-du-Pont
Ste-Marie-du-Mont
la Cambe
Formigny
Portbail
Varenguebec
Vierville
Trévières
Carentan
Isigny-s-Mer
Monfréville
Jersey
la Haye-du-Puits
St-Jores
Cotentin
Bernesq
Bretteville-s-Ay
Laulne
Sèves
Sainteny
Cartigny-l'Epinay
le Molay-Littry
St-Jean-de-Daye
St. Martin
Lessay
Tribehou
les-Champs-de-Losques
St-Clair-s-l'Elle
Grouville
Créances
Périers
Vire
Pont-Hébert
St. Helier
St-Sauveur-Lendelin
Bérigny
St-Lô
Cormolain
St-Jean-des-Baisants
Gouville-s-Mer
Montsurvent
Marigny
St-Gilles
St-Malo-de-la-Lande
Coutances
Cathédrale
Canisy
Condé-s-Vire
Agon-Coutainville
St-Samson-de-Bonfossé
Roches de Ham
Torigni-s-Vire
Heugueville
Soulles
Cerisy-la-Salle
St-Martin-d.-Besaces
Hyenville
Montmartin-s-Mer
St-Martin-de-Cenilly
Tessy-s.-Vire
Annoville
Quettreville-s-Sienne
Hambye
Villebaudon
Campeaux
Lingreville
Lengronne
Pont-Farcy
le Bény-Bocage
Cérences
Gavray
Iles Chausey
Abbaye de Hambye
Percy
Beaumesnil
Bréhal
la Graverie
Grand Ile
Donville-les-Bains
le Loreur
Montbray
St-Sever-Calvados
Vire
Pointe du Roc
Beauchamps
Granville
Villedieu-les-Poêles
St-Pair-s-Mer
la Haye-Pesnel
Rouffigny
St-Germain-de-Tallevende
Jullouville
Coulouvray-Boisbenâtre
Gathemo
Vengeons
Sartilly
Carolles
St-Pois
Champeaux
Pnte du Grouin
Baie du Mt-St-Michel
Tirepied
Brécey
Sée
Cuves
Sourdeval
Avranches
Junigny-le-Tertre
Ger
Cancale
Genêts
St-Ovin
Reffuveille
St-Méloir-des-Ondes
le Mont-St-Michel
Montgothier
Mortain
St-Benoît-des-Ondes
Pontaubault
Ducey
Martigny
le Vivier-s-Mer
Servon
Isigny-le-Buat
Bion
Cherrueix
St-Broladre
Sélune
Notre-Dame-du-Touchet
Barenton
Mt Dol
Pontorson
St-Aubin-de-Terregatte
St-Hilaire-du-Harcouet
Châteauneuf-d'Ille-et-V.
Sains
le Teilleul
St-Mars-d'Egrenne
Dol-de-Bretagne
la Boussac
la Croix-Avranchin
St-James
St-Martin-de-Landelles
Buais
Mantilly
Passais
Miniac-Morvan
Epiniac
Pleine-Fougères
Louvigné-du-Désert
Landivy
Fougerolles-du-Plessis
St-Fraimbault
Trans-la-Forêt
Argouges
St-Siméon
Lanhélin
Bonnemain
Antrain
la Dorée
Portmain
Désertines
Couesmes-en-Froulay
St-Pierre-de-Plesguen
Cuguen
Tremblay
Parigné
St-Mars-s-la-Futaie
le Pas
Trémeheuc
Bazouges-la-Pérouse
Landéan
Gorron
Meillac
Combourg
St-Brice-en-Coglès
Forêt de Fougères
Levaré
le Loroux
Montaudin
St-Mars-s-Colmont
Carelles
St-Domineuc
Dingé
St-Rémy-du-Plain
Baillé
Larchamp
St-Denis-de-Gastines
Oisseau
Feins
Fougères
Tinténiac
Sens-de-Bretagne
Romagne
la Pellerine
Châtillon-s-Colmont
Montreuil-s-Ille
Gahard
Ernée
Hédé
Couesnon
St-Pierre-des-Landes
Vautorte
St-Georges-Buttavent
N13
D904
D2
D903
N174
E3
D972
E46
D999
D973
N176
D4
D155
D177
A84
D798
N175
D907
D977
19

A
B
C
1
2
3
4
5
Baie de la Seine
Côte de Nacre
Plages du débarquement
Côte Fleurie
Etretat
Falaise d'Aval
Cap d'Antifer
Havre-Antifer
St-Jouin
Octeville-s-Mer
Montivilliers
Harfleur
Ste-Adresse
LE HAVRE
Gonfreville
Pont de Normandie
Honfleur
Villerville
Trouville-s-Mer
Deauville
Blonville-s-Mer
Villers-s-Mer
St-Gatien-des-Bois
Cabourg
Houlgate
Dives-s-Mer
Beaumont-en-Auge
Pont-l'Evêque
Vierville-s-Mer
Omaha Beach
Port-en-Bessin
Formigny
Arromanches-les-Bains
Ver-s-Mer
Courseulles-s-Mer
St-Aubin-s-Mer
Langrune-s-Mer
Bernières-s-Mer
Luc-s-Mer
Douvres-la-Délivrande
Riva-Bella
Ouistreham
Merville-Franceville-P.
Trévières
Bayeux
Creully
Banville
Martragny
Bretteville-l'Orgueilleuse
Mathieu
Blainville-s-O.
Colombelles
le Molay-Littry
Vaubadon
Abbaye de Mondaye
Tilly-s-Seules
Balleroy
Fontenay-le-Pesnel
CAEN
Troarn
Beuvron-en-Auge
Dozulé
Bonnebosq
Manerbe
Cambremer
Lisieux
le Breuil-en-Auge
Blangy-le-Ch
Cormolain
Anctoville
Caumont-l'Eventé
Villers-Bocage
Evrecy
Maizet
Ifs
Cagny
Bourguébus
Moult
Airan
Mézidon-C.
Conteville
Laize-la-Ville
Bretteville-s-Laize
St-Sylvain
St-Martin-de-la-Lieue
St-Julien-le-Faucon
la Chapelle-Yvon
St-Martin-de-Bienfaite
Aunay-s-Odon
Jurques
St-Martin-d.-Besaces
Campandré-Valcongrain
Thury-Harcourt
Grainville-Langannerie
Sassy
Boissey
Livarot
Notre-Dame-de-Courson
St-Pierre-s-Dives
Brèche au Diable
Jort
Louvagny
Meulles
le Bény-Bocage
St-Jean-le-Blanc
Montchamp
Potigny
Ussy
St-Germain-Langot
Ammeville
Vimoutiers
Clécy
Estry
Falaise
Morteaux-Coulibœuf
le Renouard
le Sap
Guerquesalles
Proussy
Condé-s-Noireau
Vassy
Pont d'Ouilly
Crocy
Fontaine-les-Bassets
Cordey
Trun
Roche d'Oëtre
la Forêt-Auvray
Nécy
Chambois
Bernières-le-Patry
Montsecret
Athis-de-l'Orne
Bazoches-au-Houlme
Occagnes
la Carneille
le Bourg-St-Léonard
Gacé
Tinchebray
Ste-Honorine-la-Guillaume
Montgaroult
Putanges-Pont-Ecrepin
Argentan
Exmes
Ste-Gauburge-Ste-Colombe
Flers
la Chapelle-Biche
Ste-Opportune
Fromentel
Messei
Nonant-le-Pin
Larchamp
Ger
le Châtellier
Briouze
Ecouché
Almenêches
Planches
le Merlerault
Beauchêne
Bellou-en-Houlme
St-Christophe-le-Jajolet
Marmouillé
la Ferrière-a.-Etangs
Lonlay-le-Tesson
Vieux-Pont
Boucé
Mortrée
Lonlay-l'Abbaye
la Sauvagère
le Grais
Rânes
Gâprée
Dompierre
Montmerrei
Sées
Courtomer
Domfront
St-Maurice-du-Désert
la Ferté-Macé
le Ménil-Scelleur
Carrouges
Ste-Scolasse-s-Sarthe
Montchevrel
Bagnoles-de-l'Orne
Forêt d'Ecouves
Boitron
Laleu
St-Mars-d'Egrenne
Tessé
Juvigny-s/s-Andaine
Lignières-la-Doucelle
Rouperroux
Rochers du Vigmage
Essay
Passais
Couterne
le Mêle-s-Sarthe
St-Fraimbault
Ceaucé
Sept-Forges
Neuilly-le-Vendin
Ciral
la Roche-Mabile
Radon
Hauterive
St-Siméon
Couesmes-en-Froulay
Madré
Couptrain
Lalacelle
Cuissai
Blèves
la Fresnaye-s-Ch.
Pré-en-Pail
St-Denis-s-Sarthon
Lassay
Javron
Alençon
St-Paterne
Perven-chères
Forêt de Perseigne
Contilly
St-Mars-Colmont
Ambrières-les-Vallées
le Horps
St-Pierre-des-Nids
Villaines-la-Juhel
Gesvres
St-Léonard-des-Bois
Oisseau-le-Petit
Neufchâtel-en-Saosnois
Oisseau
Averton
Mayenne
Assé-le-Boisne
St-Rémy-du-Val
Mamers
Marcillé-la-Ville
Courcité
la Hutte
St-Georges-Buttavent
Champgenéteux
Fresnay-s-Sarthe
Courgains
Aron
René
St-Cosme-en-Vairais
Sarthe
Orne
Odon
Dives
Vie
Touques
Mayenne
Drôme
A13
A29
A84
N13
N158
N26
N138
N12
N176
D940
D45
D579
D924
D907
D962
D23
D955
2005

20

2

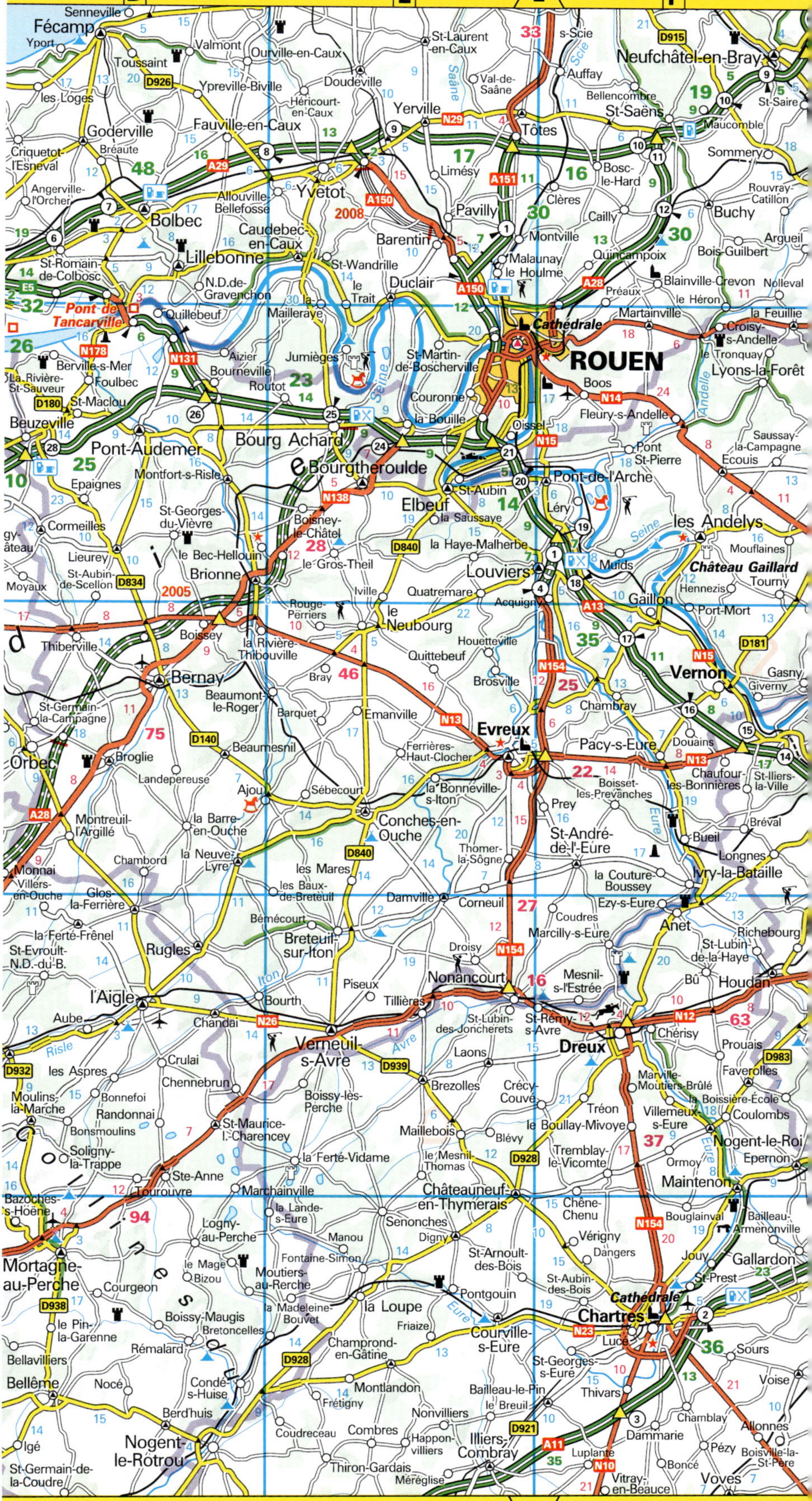
D
E
F
Senneville
Fécamp
Yport
Toussaint
Valmont
Ourville-en-Caux
St-Laurent-en-Caux
s-Scie
Auffay
Neufchâtel-en-Bray
Val-de-Saâne
Doudeville
les Loges
Ypreville-Biville
Héricourt-en-Caux
Yerville
Bellencombre
St-Saëns
St-Saire
Goderville
Bréaute
Fauville-en-Caux
Tôtes
Maucomble
Sommery
Criquetot-l'Esneval
Limésy
Bosc-le-Hard
Rouvray-Catillon
Angerville-l'Orcher
Bolbec
Allouville-Bellefosse
Yvetot
Pavilly
Clères
Cailly
Buchy
Caudebec-en-Caux
Barentin
Montville
Argueil
Lillebonne
St-Romain-de-Colbosc
St-Wandrille
Malaunay
le Houlme
Quincampoix
Bois-Guilbert
N.D.-de-Gravenchon
le Trait
Duclair
Blainville-Crevon
Nolléval
Préaux
le Héron
Pont de Tancarville
Quillebeuf
la Mailleraye
Martainville
la Feuillie
Cathédrale
Croisy-s-Andelle
Aizier
Jumièges
St-Martin-de-Boscherville
ROUEN
le Tronquay
Lyons-la-Forêt
Berville-s-Mer
Bourneville
Routot
Boos
la Rivière-St-Sauveur
Foulbec
St-Maclou
Couronne
Fleury-s-Andelle
Beuzeville
la Bouille
Oissel
Saussay-la-Campagne
Pont-Audemer
Bourg Achard
Pont-St-Pierre
Ecouis
Epaignes
Montfort-s-Risle
Bourgtheroulde
St-Aubin
Pont-de-l'Arche
St-Georges-du-Vièvre
Elbeuf
la Saussaye
Léry
les Andelys
Cormeilles
Boisney-le-Châtel
Mouflaines
Lieurey
le Bec-Hellouin
le Gros-Theil
la Haye-Malherbe
Muids
Château Gaillard
St-Aubin-de-Scellon
Brionne
Louviers
Tourny
Moyaux
Hennezis
Iville
Quatremare
Acquigny
Gaillon
Rouge-Perriers
le Neubourg
Port-Mort
Thiberville
Boissey
la Rivière-Thibouville
Houetteville
Quittebeuf
Vernon
Gasny
Giverny
Bernay
Bray
Brosville
St-Germain-la-Campagne
Beaumont-le-Roger
Barquet
Emanville
Chambray
Evreux
Pacy-s-Eure
Douains
Orbec
Broglie
Beaumesnil
Ferrières-Haut-Clocher
Chaufour-lès-Bonnières
St-Illiers-la-Ville
Landepereuse
Ajou
Sébécourt
la Bonneville-s-Iton
Boisset-les-Prevanches
Prey
Montreuil-l'Argillé
la Barre-en-Ouche
Conches-en-Ouche
St-André-de-l'Eure
Bréval
Bueil
Chambord
la Neuve-Lyre
Thomer-la-Sôgne
Longnes
Monnai
Villers-en-Ouche
Glos-la-Ferrière
les Mares
les Baux-de-Breteuil
la Couture-Boussey
Ivry-la-Bataille
Damville
Corneuil
Ezy-s-Eure
Anet
Richebourg
la Ferté-Frênel
Bémécourt
Breteuil-sur-Iton
Coudres
Marcilly-s-Eure
St-Lubin-de-la-Haye
St-Evroult-N.D.-du-B.
Rugles
Droisy
Mesnil-s-l'Estrée
Houdan
Bû
l'Aigle
Bourth
Piseux
Tillières
Nonancourt
Aube
Chandai
Verneuil-s-Avre
St-Lubin-des-Joncherets
St-Rémy-s-Avre
Chérisy
Prouais
Dreux
Laons
Risle
les Aspres
Crulai
Brezolles
Crécy-Couvé
Marville-Moutiers-Brûlé
Faverolles
Moulins-la-Marche
Bonnefoi
Chennebrun
Boissy-lès-Perche
la Boissière-École
Randonnai
Tréon
Villemeux-s-Eure
Coulombs
Bonsmoulins
St-Maurice-l.-Charencey
Maillebois
Blévy
le Boullay-Mivoye
Soligny-la-Trappe
la Ferté-Vidame
le Mesnil-Thomas
Tremblay-le-Vicomte
Nogent-le-Roi
Ormoy
Epernon
Ste-Anne
Bazoches-s-Hoëne
Tourouvre
Marchainville
Châteauneuf-en-Thymerais
Chêne-Chenu
Maintenon
la Lande-s-Eure
Bouglainval
Bailleau-Armenonville
Longny-au-Perche
Senonches
Vérigny
Manou
Digny
Dangers
Mortagne-au-Perche
Fontaine-Simon
St-Arnoult-des-Bois
Jouy
Gallardon
le Mage
Bizou
Moutiers-au-Perche
St-Prest
Courgeon
St-Aubin-des-Bois
Pontgouin
Chartres
la Madeleine-Bouvet
la Loupe
le Pin-la-Garenne
Boissy-Maugis
Bretoncelles
Friaize
Courville-s-Eure
Champrond-en-Gâtine
Rémalard
Lucé
Sours
Bellavilliers
St-Georges-s-Eure
Bellême
Nocé
Montlandon
Thivars
Voise
Condé-s-Huisne
Bailleau-le-Pin
Frétigny
le Breuil
Berd'huis
Nonvilliers
Chamblay
Allonnes
Igé
Coudreceau
Combres
Happon-villiers
Illiers-Combray
Dammarie
Pézy
Nogent-le-Rotrou
Boisville-la-St-Père
St-Germain-de-la-Coudre
Thiron-Gardais
Méréglise
Luplante
Bonce
Vitray-en-Beauce
Voves
Seine
Saâne
Scie
Andelle
Eure
Iton
Avre
Cathédrale
A29
A28
A13
A150
A151
A154
A11
N29
N14
N15
N13
N12
N131
N178
N138
N154
N26
N10
N23
D915
D926
D180
D834
D840
D140
D181
D932
D939
D938
D928
D921
D983
E5
2008
2005
33
17
16
19
48
30
32
26
25
23
28
14
10
46
35
75
22
27
16
63
37
94
36

21

Seite/Page 112/113 PARIS

Bouchoir
Nesle
Ham
Essigny-le-Grand
Moy-de-l'Aisne
Monceau-le-Neuf
Marle
Hangest-en-Santerre
Davenescourt
Liancourt-Fosse
St-Simpn
Montescourt-Lizerolles
Renansart
la Ferté-Chevresis
Voyenne
Cugny
Jussy
Crécy-s-Serre
Froidmont
Guerbigny
Roye
Ercheu
Libermont
Frières
Grandlup
Ognolles
Ecuvilly
Guiscard
la Fère
Tergnier
Couvron
Notre-Dame-de-Liesse
Conchy-les-Pots
Lassigny
Noyon
Chauny
Grandru
St-Gobain
Forêt de St-Gobain
Crépy
Laon
Gizy
Rollot
Ressons-s-Matz
Thiescourt
Pont-l'Evêque
Cuts
Sinceny
Manicamp
Cessières
Chivy
Coucy-lès-Eppes
Mauregny-en-Haye
Abbaye
Coucy-le-Château
Anizy-le-Château
Vorges
Elincourt-Ste-Marguerite
Ribécourt
Blérancourt
Guny
Pinon
Urcel
Chamouille
Gournay-s-Aronde
Thourotte
Tracy-le-Mont
Vézaponin
Corbeny
Craonne
Pontavert
Compiègne
Margny
Rethondes
Attichy
Nouvron
Vic-s-Aisne
Pommiers
Vailly-s-Aisne
Beaurieux
Bourg-et-Comin
Berry-au-Bac
Chevrières
Forêt de Compiègne
Pierrefonds
Soissons
Venizel
Chassemy
Braine
Courcelles-s-Vesle
Ventelay
Hermonville
Lacroix-St.Ouen
Retheuil
Cœuvres-et-Valsery
Laversine
Chaudun
Fismes
Béthisy
Morienval
Chacrise
Mont-Notre-Dame
Jonchery-s-Vesle
Verberie
Vez
Longpont
Hartennes
Arcy-St-Restitue
Crépy-en-Valois
Villers-Cotterêts
St-Remy-Blanzy
Oulchy-le-Château
Château de Fère
Fère-en-Tardenois
Faverolles-et-Coemy
Pargny-lès-Reims
Rully
Ormoy-Villers
Ivors
Lévignen
la Ferté-Milon
Chouy
Neuilly-St-Front
Coulonges-Cohan
Cierges
Ville-en-Tardenois
Baron
Betz
Coincy
Courmont
Chaumuzy
Abb. de Chaalis
Nanteuil-le-Haudouin
Acy-en-Multien
Mareuil-s-Ourcq
Chézy-en-Orxois
Grisolles
Beuvardes
Epieds
Anthenay
Basilieux-s/s-Châtillon
Ermenonville
le Plessis-Belleville
Brégy
Crouy-s-Ourcq
Belleau
Jaulgonne
Vandières
Châtillon-s-Marne
Dormans
Damery
Coulombs-en-Valois
St-Soupplets
Port-à-Binson
Marne
Barcy
Lizy-s-Ourcq
Montreuil-aux-Lions
Azy-s-Marne
Château-Thierry
Crézancy
Igny-Comblizy
Juilly
Varreddes
Ourcq
Charly
Condé-en-Brie
St-Martin-d'Ablois
Chavot
Penchard
Meaux
Trilport
la Ferté-sous-Jouarre
Chézy-s-Marne
Courboin
le Breuil
Mareuil-en-Brie
Jablines
Vifford
Pargny-la-Dhuys
Orbais
Bussières
Corrobert
Montmort
Chaltrait
Jouarre
Viels-Maisons
Fromentières
Esbly
Couilly
Disneyland
Sancy
Pierre-Levée
St-Cyr-s-Morin
Montmirail
Vauchamps
Champaubert
Etoges
Etréchy
Doue
Petit Morin
le Thoult
Rebais
Baye
Tigeaux
Boissy-le-Châtel
Montolivet
le Vézier
Soizy-aux-Bois
Faremoutiers
Coulommiers
Meilleray
le Gault-Soigny
Bannes
Villeneuve-le-Comte
Mortcerf
la Ferté-Gaucher
Beautheil
Grand Morin
Champguyon
Choisy-en-Brie
Esternay
Allemant
Tournan
Lumigny
Touquin
Dagny
Beton-Bazoches
St-Martin-du-Boschet
Sézanne
Connantre
Fontenay-Trésigny
Vaudoy-en-Brie
Pleurs
Gaye
Corroy
Rozay-en-Brie
Montceaux-lès-Provins
les Essarts-le-Vicomte
Marigny
Chaumes
Jouy-le-Châtel
Villiers-St-Georges
Barbonne-Fayel
Guignes
Pecy
Gastins
Voulton
Louan
Mormant
la Croix-en-Brie
Chenoise-la-Croix
Villenauxe-la-Grande
Bethon
Marcilly-s-Seine
Anglure
Plancy-l'Abbaye
Champeaux
Nangis
Maison-Rouge
Léchelle
Provins
Montpothier
St-Just
la Chapelle-Gauthier
St-Loup-de-Naud
Sourdun
Conflans-s-Seine
Pont-s-Seine
Méry-s-Seine
le Châtelet-en-Brie
Villeneuve-les-Bordes
Donnemarie-Dontilly
Savins
Blunay
Nogent-s-Seine
Romilly-s-Seine
Châtres
Hermé
St-Aubin
Pars-lès-Romilly
Origny-le-Sec
Rilly-Ste-Syre
Valence-en-Brie
Montigny-Lencoup
les Ormes-s-Voulzie
Noyen-s-Seine
Fontaine-Mâcon
Fontaine-les-Grès
Chatenay-s-Seine
Seine
Trainel
Avant-l.-Marcilly
Marigny-le-Châtel
Moret-s-Loing
Bray-s-Seine
Baby
Fontaine-Fourches
Avon-la-Pèze
Prunay
le Pavillon-Ste-Julie
Montereau-Fault-Yonne
Trancault
Pailly
Grange-l'Evêque
Villeneuve-la-Guyard
Vinneuf
Sergines
Marcilly-le-Hayer
Faux-Villecert
Dierrey-St-Pierre
Villecerf
Champigny
Grange-le-Bocage
Pouy-s-Vannes
Pâlis
Macey
Villemer
Voulx
Pont-s-Yonne
Thorigny-s-Oreuse
Courgenay
Planty

A
5
B
C
CHARLEVILLE-MÉZIÈRES
Monceau-le-Neuf
Lugny
Marle
Vigneux
Brunehamel
Cuiry-lès-Iviers
Abbaye de Bonnefontaine
Liart
Logny-Bogny
Marlemont
Thin-le-Moutier
Warnécourt
Flize
la Ferté-Chevresis
Voyenne
Tavaux
Rozoy-s-Serre
Mainbressy
Signy-l'Abbaye
Crécy-s-Serre
Froidmont
Ebouleau
Montcornet
Rocquigny
Boulzicourt
Grandlup
Fraillicourt
Draize
Launois-s-Vence
Poix-Terron
Bucy-lès-Pierrepont
Dizy-le-Gros
Chaumont-Porcien
Wasigny
Seraincourt
Novion-Porcien
Vendresse
Omont
Gizy
Liesse-Notre-Dame
Hannogne-St-Rémy
Bouvellemont
Laon
Lappion
la Selve
Sery
Sauville
Sissonne
Nizy-le-Comte
le Thour
St-Fergeux
Saulces-Monclin
Tourteron
Coucy-lès-Eppes
Mauregny-en-Haye
la Malmaison
Ecly
Chivy
Vorges
Amifontaine
Gomont
Château-Porcien
Novy-Chevrières
Rethel
le Chesne
Semuy
Aisne
Chamouille
Asfeld
Avançon
Biermes
Perthes
Seuil
Givry
Attigny
Châtillon-s-Bar
Corbeny
Neufchâtel-s-Aisne
Quatre-Champs
Craonne
Pontavert
Guignicourt
Roizy
Tagnon
Neuflize
Pauvres
Grivy
Vouziers
Beaurieux
Bourg-et-Comin
Berry-au-Bac
Juniville
Mazagran
Savigny-s-Aisne
Courcelles-s-Vesle
Bazancourt
Isles-s-Suippe
la Neuville-en-Tourne-à-Fuy
Machault
Contreuve
Ventelay
Bourgogne
Semide
Olizy
Fismes
Hermonville
Pontfaverger-Moronvilliers
Monthois
Merfy
Witry-lès-Reims
St-Etienne-à-Arnes
Aure
Montcheutin
Mont-Notre-Dame
Jonchery-s-Vesle
Bétheniville
Séchault
Cathédrale
Ste-Marie-à-Py
Manre
Faverolles-et-Coemy
Beine-Nauroy
Dontrien
Sommepy-Tahure
Aubérive
Cernay-en-Dormois
Pargny-lès-Reims
Coulonges-Cohan
Cierges
Ville-en-Tardenois
Ecueil
REIMS
Ville-s-Tourbe
Prosnes
Souain-Perthes-lès-Hurlus
Bacondes
Chaumuzy
Anthenay
Rilly-la-Montagne
Sept-Saulx
St-Hilaire-le-Grand
Berzieux
Wargemoulin-Hurlus
Verzy
Mourmelon-le-Grand
Suippes
Basilieux-s/s-Châtillon
Germaine
Vandières
Châtillon-s-Marne
Champillon
Avenay-Val-d'Or
Bonzy
Bouy
Somme-Suippe
Somme-Tourbe
Valmy
Damery
Vadenay
Dormans
Port-à-Binson
Marne
Ay
Tours-s-Marne
Condé-s-Marne
la Cheppe
Voilemont
Igny-Comblizy
Épernay
Auve
Chouilly
St-Martin-d'Ablois
Pivot
Jâlons
la Veuve
Dampierre-le-Château
Chavot
Cramant
Matougues
Herpont
le Breuil
l'Epine
Courtisols
Mareuil-en-Brie
Avize
les Istres-et-Bury
Châlons-en-Champagne
Somme-Yèvre
Orbais
Noirlieu
le-Mesnil-s-Oger
Thibie
Montmort
Chaltrait
Moivre
Coupéville
Vertus
Chaintrix
Contault
Marson
Fromentières
Etoges
Etréchy
Possesse
Champaubert
Vélye
Germinon
Ecury-s-Coole
Bergères-lès-Vertus
Vanault-le-Châtel
le Thoult
Baye
Villeseneux
Vitry-la-Ville
Pogny
la Chaussée-s-Marne
Vanault-les-Dames
Cernon
St-Amand-s-Fion
Bannes
Morains
Vatry
Fontaine
Songy
Soizy-aux-Bois
Fère-Champenoise
Normée
Heiltz-le-Maurupt
Dommartin-Lettrée
Haussimont
Allemant
Coole
Vitry-en-Perthois
Pargny-s-Saulx
Sommesous
Brusson
Pleurs
Connantre
Euvy
Vitry-le-François
Montépreux
Thieblemont-Faremont
Gaye
Corroy
Gourgançon
Sompuis
Mailly-le-Camp
St-Eulien
Humbauville
Bignicourt-s-Marne
Marigny
Semoine
le Meix-Tiercelin
Perthes
Barbonne-Fayel
Salon
St-Remy-en-Bouzemont
Champfleury
Trouans
Arrigny
St-Ouen
Dosnon
Eclaron
Anglure
Plancy-l'Abbaye
Allibaudières
Marcilly-s-Seine
Bréban
Somsois
Drosnay
Lac du Der-Chantecoq
Margerie-Hancourt
Giffaumont-Champaubert
St-Just
Pouan-les-Vallées
Lhuître
Vinets
Dampierre
Romilly-s-Seine
Méry-s-Seine
Arcis-s-Aube
Ramerupt
Braucourt
Droyes
Nozay
Chavanges
Pars-lès-Romilly
Châtres
les Grandes-Chapelles
Jasseines
Rosnay-l'Hôpital
Origny-le-Sec
Nogent-s-Aube
Bailly-aux-Forges
Montier-en-Der
Voué
Brillecourt
Hampigny
Fontaine-les-Grès
Louze
Pougy
Rilly-Ste-Syre
Charmont-s/s-Barbuise
Avant-lès-Ramerupt
Lesmont
Sommevoire
Marigny-le-Châtel
Juzanvigny
Sauvage-Magny
Onjon
Brienne-le-Château
St-Benoît-s-Seine
Prunay
le Pavillon-Ste-Julie
Piney
Soulaines-Dhuys
Doulevant-le-Château
Faux-Villecert
Grange l'Evêque
Pont-Ste-Marie
Brevonnes
Dienville
Lac du Temple
Dierrey-St-Pierre
Ville-s-Terre
TROYES
Géraudot
Unienville
Pâlis
Macey
Amance
Thennelières
Lac d'Orient
Trannes
Maisons-lès-Soulaines
24

D E F

Sedan
Vrigne-a.-Bois
Bazeilles
Douzy
Francheval
Ste-Cécile
Florenville
Suxy
Lacuisine
Rossignol
Tintigny
Jamoigne
Abbaye d'Orval
Bellefontaine
Habay-la-Neuve
Heinstert
Anlier
Attert
Redange
Useldange
Saeul
Beckerich
Arlon
Steinfort
Capellen
Dippach
Bascharage
Pétange
Differdange
Esch-s-A.
Cheméry
Raucourt-et-Flaba
Chémery-s-Bar
la Sesace
Mouzon
Moulins-St-Hubert
Carignan
Sachy
Gérouville
Meix-devant Virton
Avioth
Margut
Thonnelle
Rouvroy
Virton
Ethe
St-Léger
Châtillon
Messancy
Aubange
Musson
Mont-St-Martin
Longwy
Herserange
Hussigny Godbrange
Audun-le-Tiche
Tannay
Stonne
Beaumont-en-Argonne
Inor
Stenay
Montmédy
Iré-le-Sec
Charency
Tellancourt
Longuyon
Villers-la-Montagne
Villerupt
Ottange
Brieulles-s-Bar
Parc de Vision
Baâlon
Mouzay
Wiseppe
Nouart
Marville
Jametz
St-Laurent-s-Othain
Pierrepont
Fillières
Aumetz
Audun-le-Roman
Boult-aux-Bois
Buzancy
Thénorgues
Sassey-s-Meuse
Rémonville
Brandeville
Dun-s-Meuse
Ecurey-en-Verdunois
Mangiennes
Pillon
Arrancy-s-Crusne
Xivry-Circourt
Murville
Algrange
Hayange
Grandpré
St-Juvin
Bantheville
Brieulles-s-Meuse
Romagne-s/s-Montfaucon
Sivry-s-Meuse
Damvillers
Nouillonpont
Spincourt
Trieux
Senuc
Fléville
Butte de Montfaucon
Consenvoye
Azannes-et-Soumazannes
Bouligny
Piennes
Avril
Moyeuvre-Grande
Autry
Binarville
Varennes-en-Argonne
Montfaucon-d'Argonne
Samogneux
Maucourt-s-Orne
Eton
Norroy-le-Sec
Fléville
Briey
Servon-Melzicourt
Avocourt
Chattancourt
Charny-s-Meuse
Étain
Rouvres-en-Woëvre
Ozerailles
Jœuf
Neuvilly-en-Argonne
Esnes-en-Argonne
Verdun
Eix
Abaucourt
Vienne-la-Ville
Moiremont
le Claon
les Islettes
Dombasle-en-Argonne
Ronvaux
St-Jean-lès-Buzy
Conflans-en-Jarnisy
Doncourt-lès-Conflans
Clermont-en-Argonne
Sommedieue
Harville
Brainville
Gravelotte
Ste-Menehould
Futeau
Dugny-s-Meuse
Fresnes-en-Woëvre
Mars-la-Tour
Vionville
Ars-s-Moselle
Ippécourt
Ancemont
Hannonville-s/s-l.-Côtes
Woël
Jonville-en-Woëvre
Gorze
Villers-en-Argonne
Souilly
Villers-s-Meuse
Génicourt-s-Meuse
Troyon
Chambley-Bussières
Onville
Corny-s-Moselle
Fleury-s-Aire
Hattonchâtel
Charey
St-Benoît-en-Woëvre
Pagny-s-Moselle
Triaucourt-en-Argonne
Beauzée-s-Aire
Issoncourt
Bouquemont
Lacroix-s-Meuse
Vigneulles-lès-Hattonchâtel
Givry-en-Argonne
Vaubécourt
Dompcevrin
Chaillon
Pannes
Thiaucourt-Regniéville
Pont-à-Mousson
Sommeilles
Laheycourt
Marat-la-Grande
Erize-la-Petite
Pierrefitte-s-Aire
L. de Madine
Montsec
Butte de Montsec
Nettancourt
Fresnes-au-Mont
St-Mihiel
Flirey
Blénod
Revigny-s-Ornain
Laimont
Vavincourt
Rumont
Apremont-la-Forêt
Bernécourt
Mamay
Dieulouard
Chardogne
Sampigny
Mécrin
Broussey-en-Woëvre
Domèvre-en-Haye
Marbache
Sermaize-les-Bains
Robert-Espagne
Bar-le-Duc
Lavallée
Ménil-aux-Bois
Géry
Vignot
Menil-la-Tour
Frouard
Longeville-en-Barrois
Salmagne
Commercy
Corniéville
Villey-St-Etienne
Liverdun
Tannois
St-Aubin-s-Aire
Vertuzey
Lagney
Gondreville
Chancenay
Brillon-en-Barrois
Sommelonne
Foug
Toul
St-Dizier
Stainville
Ligny-en-Barrois
Void-Vacon
St-Germain-s-Meuse
Neuves-Maisons
Ancerville
Reffroy
Naives-en-Blois
Vaucouleurs
Blénod-lès-Toul
Bicqueley
Pont-St-Vincent
Humbécourt
Savonnières-en-Perthois
Narcy
Villers-le-Sec
Tréveray
Mauvages
Bulligny
Uruffe
Thuilley-aux-Groseilles
Morley
Houdelaincourt
Rosières-en-Blois
Maxey-s-Vaise
Pagny-la-Blanche-Côte
Crépey
Attancourt
Chevillon
Montiers-s-Saulx
Bonnet
Amanty
Colombey-les-Belles
Rachecourt-s-Marne
Gondrecourt-le-Château
Vézelise
Wassy
Effincourt
Autreville
Selaincourt
Tantonville
Laloeuf
Pancey
Chassey-Beaupre
Ruppes
Noméourt
Sion
Joinville
Poissons
Lezéville
Dainville
Greux
Domremy-la-Pucelle
Martigny-l.-Gerbonvaux
Gémonville
Signal de Vaudémont
Diarville
Dommartin-le-Franc
Germay
Harchéchamp
Brachay
Mussey-s-Marne
Annonville
Epizon
Grand
Coussey
Neufchâteau
Removille
Trampot
Ailianville
Cirey-s-Blaise
Doulaincourt
Liffol-le-Grand
Gironcourt-s-Vraine
Mirecourt
Ambonville
Busson
Bettaincourt-s-Rognon
Châtenois
Rouvres-en-Xaintois
Blaise
Marbéville
Froncles
Vignory
St-Blin
Bazoilles-s-Meuse
Tilleux
Mattaincourt

25

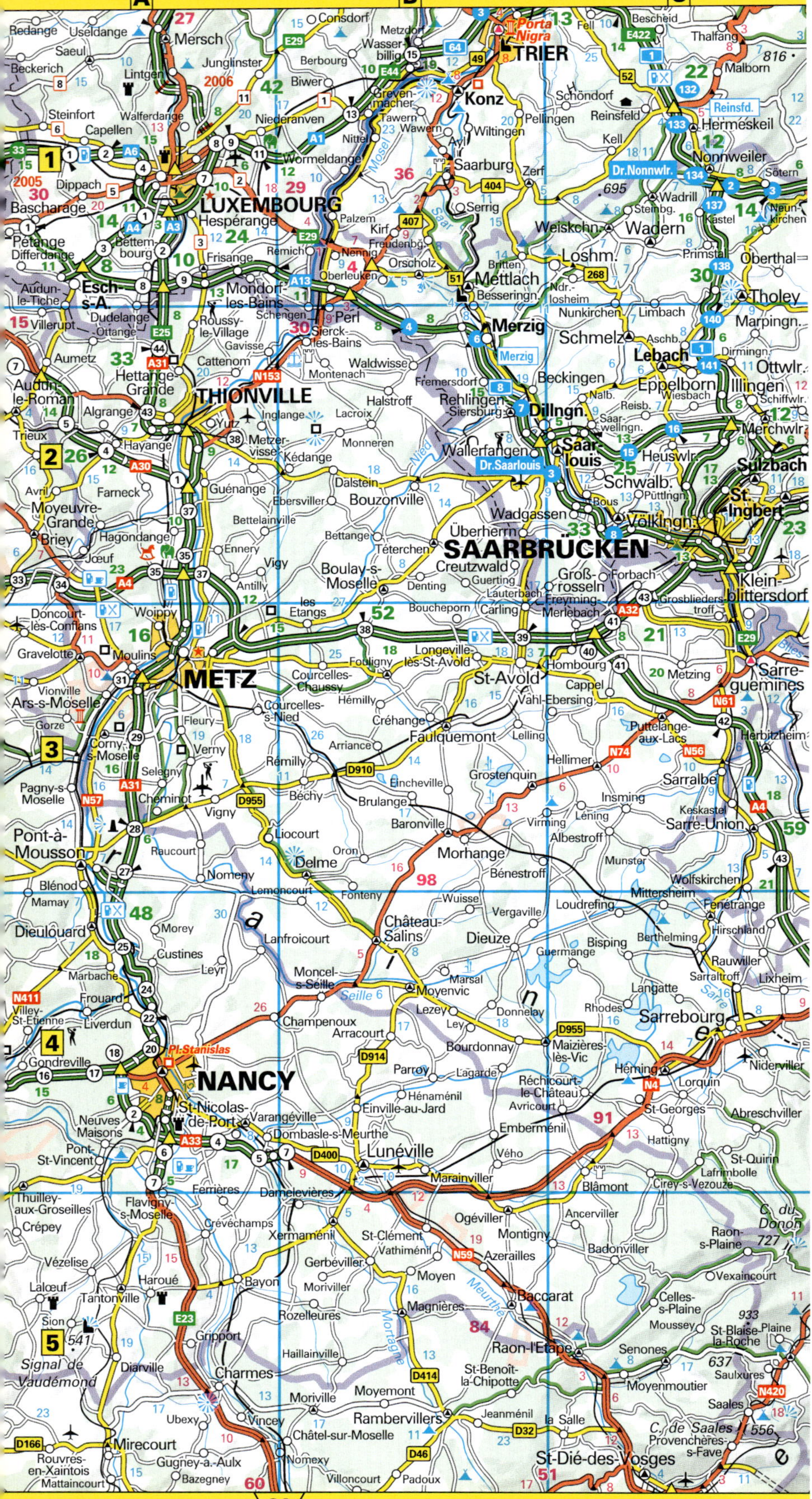

A
B
C
1
2
3
4
5
LUXEMBOURG
TRIER
Porta Nigra
Konz
Saarburg
Hermeskeil
Wadern
Mettlach
Merzig
Lebach
Dillngn.
Saarlouis
Dr.Saarlouis
Völklingn.
SAARBRÜCKEN
St. Ingbert
Sulzbach
Forbach
Klein-blittersdorf
Sarreguemines
THIONVILLE
Esch-s-A.
Dudelange
Mondorf-les-Bains
Perl
Sierck-les-Bains
Hayange
Briey
METZ
Woippy
Boulay-s-Moselle
Bouzonville
Creutzwald
St-Avold
Faulquemont
Morhange
Château-Salins
Dieuze
Sarralbe
Sarre-Union
Sarrebourg
Pont-à-Mousson
Dieulouard
NANCY
Pl.Stanislas
St-Nicolas-de-Port
Lunéville
Blâmont
Baccarat
Raon-l'Etape
St-Dié-des-Vosges
Rambervillers
Charmes
Mirecourt
Signal de Vaudémond

26

D E F

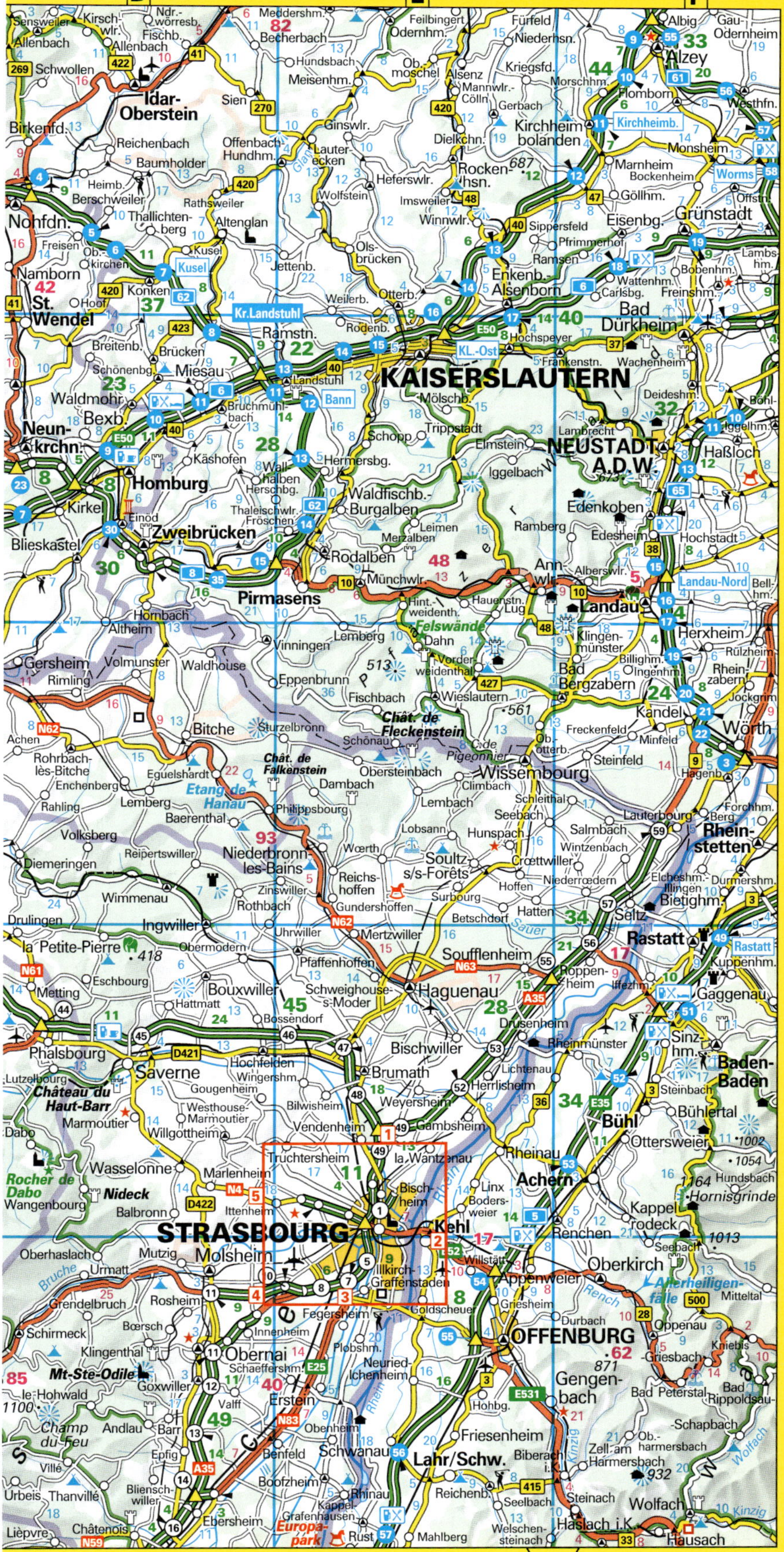

Idar-Oberstein
Birkenfd.
Baumholder
Kusel
Nohfdn.
St. Wendel
Ramstn.
KAISERSLAUTERN
Kirchheimbolanden
Alzey
Grünstadt
Bad Dürkheim
NEUSTADT A.D.W.
Haßloch
Neunkrchn.
Homburg
Zweibrücken
Pirmasens
Landau
Bad Bergzabern
Wörth
Edenkoben
Dahn
Bitche
Wissembourg
Lauterbourg
Niederbronn-les-Bains
Haguenau
Rastatt
Baden-Baden
Bühl
Achern
Saverne
Phalsbourg
Brumath
STRASBOURG
Kehl
Molsheim
Obernai
Erstein
OFFENBURG
Gengenbach
Lahr/Schw.
Haslach i.K.
Hausach
Wolfach
Europa-park
Rust
Mt-Ste-Odile
Château du Haut-Barr
Rocher de Dabo
Nideck
Chât. de Fleckenstein
Chât. de Falkenstein
Felswände
Etang de Hanau
Allerheiligen-fälle
Hornisgrinde
Champ du Feu

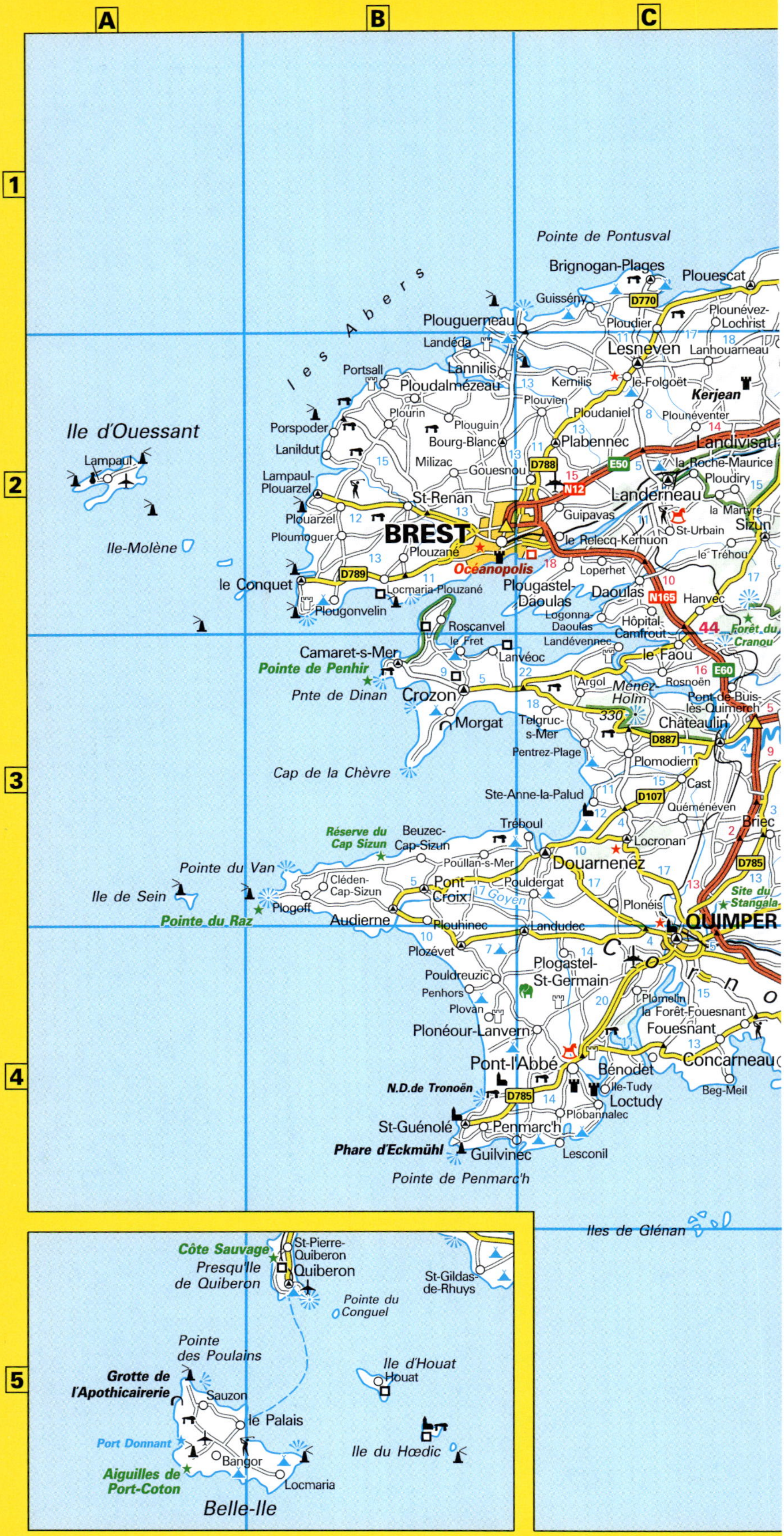
A
B
C
1
2
3
4
5
Pointe de Pontusval
Brignogan-Plages
Plouescat
Guissény
D770
Plounévez-Lochrist
Plouguerneau
Plouider
les Abers
Landéda
Lesneven
Lanhouarneau
Portsall
Lannilis
Kernilis
le Folgoët
Ploudalmézeau
Plouvien
Kerjean
Ploudaniel
Plounéventer
Plourin
Plouguin
Ile d'Ouessant
Porspoder
Bourg-Blanc
Plabennec
Landivisau
Lanildut
Milizac
D788
E50
la Roche-Maurice
Lampaul
Lampaul-Plouarzel
Gouesnou
Ploudiry
N12
Landerneau
St-Renan
Guipavas
la Martyre
Plouarzel
BREST
St-Urbain
Sizun
Ile-Molène
Ploumoguer
Plouzané
le Relecq-Kerhuon
le Tréhou
Océanopolis
Loperhet
D789
le Conquet
Locmaria-Plouzané
Plougastel-Daoulas
Daoulas
Hanvec
N165
Plougonvelin
Logonna-Daoulas
Hôpital-Camfrout
Forêt du Cranou
Roscanvel
le Fret
Landévennec
Camaret-s-Mer
Lanvéoc
le Faou
Pointe de Penhir
E60
Argol
Rosnoën
Ménez-Hom
Pnte de Dinan
Crozon
Pont-de-Buis-lès-Quimerch
330
Telgruc-s-Mer
Morgat
Châteaulin
D887
Pentrez-Plage
Plomodiern
Cap de la Chèvre
Cast
Ste-Anne-la-Palud
D107
Quéménéven
Tréboul
Réserve du Cap Sizun
Beuzec-Cap-Sizun
Locronan
Briec
Poullan-s-Mer
Douarnenez
D785
Pointe du Van
Cléden-Cap-Sizun
Pont-Croix
Pouldergat
Site du Stangala
Ile de Sein
Goyen
Plogoff
Plonéis
Pointe du Raz
Audierne
Plouhinec
Landudec
QUIMPER
Plozévet
Plogastel-St-Germain
Cornouaille
Pouldreuzic
Penhors
Plomelin
Plovan
la Forêt-Fouesnant
Fouesnant
Plonéour-Lanvern
Concarneau
Pont-l'Abbé
Bénodet
Beg-Meil
N.D.de Tronoën
Ile-Tudy
Loctudy
Plobannalec
St-Guénolé
Penmarc'h
Lesconil
Phare d'Eckmühl
Guilvinec
Pointe de Penmarc'h
Iles de Glénan
Côte Sauvage
St-Pierre-Quiberon
Presqu'Ile de Quiberon
Quiberon
St-Gildas-de-Rhuys
Pointe du Conguel
Pointe des Poulains
Ile d'Houat
Houat
Grotte de l'Apothicairerie
Sauzon
le Palais
Port Donnant
Ile du Hœdic
Bangor
Aiguilles de Port-Coton
Locmaria
Belle-Ile

D E F

Ile de Batz
Roscoff
St-Pol-de-Léon
Côte de Granit Rose
Rochers de Ploumanach
Ploumanach
Perros-Guirec
Trégastel-Plage
Corniche Bretonne
Trégastel
Trébeurden
Pleumeur-Bodou
Pleulec'h
Lannion
Trédrez-Locquémeau
Pointe de Primel
Plougasnou
Locquirec
St-Jean-du-Doigt
Carantec
Cléder
Plouénan
Taulé
Lanmeur
Plestin-l.-Grèves
St-Michel-en-Grève
Tréduder
Trémel
Plouégat-Guérand
Plouaret
le Vieux-Marché
Plouzévédé
Plouvorn
Morlaix
Plouigneau
Plounévez-Moëdec
Louargat
Bégard
Pédernec
Guingamp
Plouagat
Châtelaudren
Plélo
Trégomeur
Tréguidel
Lanvollon
Pointe du Château
Plougrescant
Port-Blanc
Penvénan
Travou-Tréguignec
Larmor-Pleubian
Pleubian
Ile de Bréhat
Loguivy-de-la-Mer
Ploubazlanec
Lézardrieux
Paimpol
Plouézec
Tréguier
la Roche-Derrien
Pommerit-Jaudy
la Roche-Jagú
Lanloup
Yvias
Pléhédel
Kermaria
Plouha
Pontrieux
Brélidy
St-Clet
Trévérec
Pabu
Ploubezre
Cavan
Pluzunet
Plourin
Plougonven
Loguivy-Plougras
Belle-Isle-en-Terre
Gurunhuel
Guerlesquin
St-Thégonnec
Guimiliau
Pleyber-Christ
Lannéanou
Mousteru
Plouvara
le Cloître-St-Thégonnec
Plounéour-Ménez
St-Sauveur
Commana
Roc Trévezel
Scrignac
Plougonver
Bourbriac
St-Péver
St-Fiacre
Cohiniac
Calanhel
Callac
Bulat-Pestivien
Kerien
St-Gildas
Quintin
Berrien
Brennilis
Huelgoat
Carnoët
St.Servais
Maël-Pestivien
St-Gilles-Pligeaux
le Vieux-Bourg
la Harmoye
St-Rivoal
Loqueffret
St-Herbot
Poullaouen
Duault
Locarn
Gorges
St-Nicolas-du-Pélem
Corlay
la Bodéo
Brasparts
Plouyé
Collorec
Carhaix-Plouguer
Maël-Carhaix
Plounévez-Quintin
St-Martin-des-Prés
Uzel
le Cloître-Pleyben
Plonévez-du-Faou
Landeleau
Plussulien
Gorges du Daoulas
le Quillio
Grâce-Uzel
Pleyben
Cléden-Poher
Plévin
Glomel
Rostrenen
Plou-guernével
Gouarec
Caurel
St-Guen
St-Caradec
Lennon
Châteauneuf-du-Faou
Spézet
N.D. du Crann
Motreff
Tréogan
Mellionnec
Lac de Guerlédan
Mur-de-Bretagne
Gourin
Plouray
Langoëlan
Silfiac
Neulliac
Laz
Roudouallec
Groas-Loas
Séglien
Cléguérec
St-Maudan
Trégourez
Langonnet
Ploërdut
le Croisty
Locmalo
Malguénac
Noyal-Pontivy
Langolen
Coray
Guiscriff
St-Caradec-Trégomel
Lignol
Guémené-s-Scorff
Pontivy
Guern
Rohan
Tourch
le Faouët
Lanvénégen
Persquen
Crédin
Elliant
Scaër
St-Fiacre
Kernascléden
Melrand
St-Nicodème
Naizin
St-Yvi
Kernevel
St-Thurien
Meslan
Inguiniel
Bubry
Réguiny
Rosporden
Melgven
Bannalec
Querrien
Roches du Diable
Pluméliau
Moréac
Arzano
Quistinic
Remungol
le Trévoux
Plouay
Lanvaudan
Quimperlé
Baud
Locminé
St-Allouestre
la Chapelle-Neuve
Bignan
Pont-Aven
Trégunc
Névez
Riec-s-Bélon
Pont-Scorff
Inzinzac-Lochrist
Plumelin
St-Jean-Brévelay
Camors
Port-Manech
Moëlan-s-Mer
Clohars-Carnoët
Hennebont
Caudan
Quéven
Languidic
Colpo
Brandérion
Landévant
Landes de Lanvaux
Pointe de Trévignon
le Pouldu
Guidel
Guidel-Plages
Lanester
Pluvigner
LORIENT
Nostang
Landaul
Grand-Champ
Plaudren
Ploemeur
Locmiquélic
Merlevenez
Plumergat
Riantec
Ste-Anne-d'Auray
Larmor-Plage
Gâvres
Port-Louis
Plouhinec
Locoal-Mendon
Auray
Plescop
Ile de Groix
Groix
Belz
Etel
Erdeven
Ploemel
Bono
Arradon
Vannes
Séné
Theix
Crach
Larmor-Baden
Golfe du Morbihan
Plouharnel
les Mégalithes
Carnac
Carnac-Plage
la Trinité-s-M.
Cairn de Gavrinis
Locmariaquer
Arzon
Surzur
Port Navalo
Sarzeau
Côte Sauvage
St-Pierre-Quiberon
Presqu'Ile de Quiberon
Quiberon
St-Gildas-de-Rhuys
Chât. de Suscinio
Pointe du Conguel
Ile Dumet
D788
D767
D786
D58
D785
D787
D764
D790
N164
D769
D3
D15
D768
D767
N24
N165
D22
N166
102
160
71
95
46

A 6 B C

1
2
3
4
5
Moncontour
la Harmoye
Plœuc-s-Lié
Corlay
St-Martin-des-Prés
la Bodéo
Uzel
Plouguenast
Plussulien
le Quillio
Grâce-Uzel
St-Guen
St-Caradec
Mur-de-Bretagne
Lac de Guerlédan
Loudéac
Plénée-Jugon
le Gouray
Sévignac
Broons
Collinée
Plessala
Langourla
Eréac
St-Gilles-du Mené
St-Vran
Lanrelas
Laurenan
Merdrignac
Trémorel
Plémet
Goméné
Yvignac
St-Juvat
Plouasne
Bécherel
Caulnes
la Chapelle-Chaussée
Quédillac
Médréac
Landujan
Irodouër
St-M'Hervon
Romillé
Montauban
Pleumeleuc
Bédée
Boisgervilly
St-Gilles
St-Méen-le-Grand
Neulliac
la Chèze
Coëtlogon
Ménéac
Brignac
Illifaut
Gaël
Iffendic
Montfort-s-Meu
Muel
Talensac
St-Maudan
Noyal-Pontivy
Rohan
la Trinité-Porhoët
St-Brieuc-de-Mauron
Mauron
Evriguet
St-Malon-s-Mel
Mordelles
Pontivy
Bréhan
Mohon
Guilliers
Forêt de Paimpont
St-Péran
Bréal-s/s-Montfort
Crédin
St-Malo-des-3-Fontaines
Néant-s-Yvel
Beauvais
Paimpont
Pleugriffet
Lanouée
Plélan-le-Grand
St-Thurial
Goven
Naizin
Lac au Duc
Campénéac
Gourhel
Beignon
Maxent
Baulon
St-Nicodème
Réguiny
Radenac
Josselin
Guichen
Pluméliau
Remungol
Moréac
Augan
la Chapelle-Bouëxic
Guignen
Campel
Ploërmel
St-Allouestre
Locminé
Guéhenno
le Roc-St-André
la Chapelle-Caro
Guer
Maure-de-Bretagne
la Chapelle-Neuve
Bignan
Lizio
Monteneuf
Réminiac
Comblessac
Lohéac
Plumelin
St-Jean-Brévelay
Plumelec
St-Séglin
Lieuron
Guipry
Colpo
Sérent
Malestroit
Ruffiac
Carentoir
Pipriac
Messac
Landes de Lanvaux
Trédion
St-Guyomard
Pleucadeuc
Grand-Champ
Plaudren
Sixt-s-Aff
St-Martin
la Gacilly
Grand-Fougeray
Plumergat
Forteresse de Largoët
Elven
St-Gravé
Molac
Peillac
Renac
Plescop
Rochefort-en-Terre
St-Vincent-s-Oust
Massérac
Beslé
Vannes
Sulniac
Questembert
Redon
St-Nicolas-de-Redon
Guémené-Penfao
Arradon
Séné
Theix
Berric
Caden
Allaire
Conquereuil
Larmor-Baden
Golfe du Morbihan
Noyal-Muzillac
Béganne
Cairn de Gavrinis
Surzur
Muzillac
Péaule
Vilaine
Fégréac
le Coudray
Vay
Arzon
Sarzeau
Ambon
Marzan
St-Dolay
Séverac
Plessé
Billiers
la Roche-Bernard
Guenrouet
le Gâvre
Damgan
St-Gildas-des-Bois
St-Gildas-de-Rhuys
Chât. de Suscinio
Missillac
Blain
Pénestin
Camoël
Herbignac
la Chapelle-des-Marais
Quilly
Assérac
Fay-de-Bretagne
Pen-Bé
Pontchâteau
Bouvron
Ile Dumet
St-Lyphard
Crossac
Besné
Campbon
Héric
St-Molf
Pointe du Castelli
Piriac-s-Mer
St-Joachim
Savenay
Piriac-s-M.-Lérat
Kerhinet
la Turballe
Montoir-de-Bretagne
la Pâquelais
Guérande
Trignac
Donges
le Temple-de-Bretagne
le Croisic
la Baule
Lavau-s-Loire
Cordemais
la Calebasse
Pointe du Croisic
Batz
Paimbœuf
Sautron
le Pouliguen
St-Brevin-les-Pins
St-Etienne-de-Montluc
Pornichet
St-Viaud
Frossay
St-Brevin-l'Océan
Couëron
ST-NAZAIRE
le Pellerin
St-Père-en-Retz
Loire
St-Michel-Chef-Chef
Rouans
la Montagne
la Plaine-s-Mer
Chauvé
Bouaye
Pnte de St-Gildas
Préfailles
Pornic
Chemeré
Port-St-Père
Pont-St-Martin
St-Hilaire-de-Ch.
Ste-Pazanne
Passay
la Bernerie-en-Retz
St-Lumine-de-Coutais
Bourgneuf-en-Retz
l'Herbaudière
Bois de la Chaise
St-Philbert-de-Grand-Lieu
Ile de Noirmoutier
Fresnay-en-Retz
St-Colomban
Noirmoutier-en-l'Ile
Machecoul
Corcoué-s-Logne
l'Epine
Bouin
la Guérinière
Paulx
Barbâtre
Beauvoir-s-M.
Bois-de-Céné
Touvois
St-Gervais
la Garnache
Fromentine
St-Urbain
Legé
D790
D766
D700
N164
N12
E50
D768
D767
D766
N166
D117
D773
N171
E60
D773
N165
D213
D723
D751
D13
D38
D948
28

St-Domineuc
Dingé
St-Rémy-du-Plain
Feins
Baillé
Fougères
Larchamp
St-Denis-de-Gastines
Châtillon-s-Colmont
Oisseau
Tinténiac
Sens-de-Bretagne
Romagné
Ernée
Hédé
Montreuil-s-Ille
Gahard
la Pellerine
Vautorte
St-Georges-Buttavent
St-Aubin-d'Aubigné
Couesnon
Moulay
St-Aubin-du-Cormier
Rochers du Saut Roland
Dompierre-du-Chemin
St-Pierre-des-Landes
Placé
Gévezé
Melesse
St-Christophe-des-Bois
Juvigné
Chailland
Alexain
la Mézière
Liffré
Châtillon-en-Vendelais
la Croixille
St-Germain-d'Anxure
Chevaigné
la Bouëxière
Taillis
St-M'Hervé
la Baconnière
Martigné-s-Mayenne
Betton
Vilaine
Pacé
Thorigné-Fouillard
Val d'Izé
Balazé
le Bourgneuf-la-Forêt
Andouillé
RENNES
l'Hermitage
Cesson-Sévigné
Château-bourg
Vitré
Port-Brillet
le Genest
Louverné
le Rheu
Argentré
Chantepie
Domagné
St-Jacques-de-la-Lande
Vern-s-Seiche
Châteaugiron
la Gravelle
Loiron
St-Berthevin
Laval
Bruz
Noyal-Châtillon-s-Seiche
Louvigné-de-Bais
Argentré-du-Plessis
le Pertre
Force
Louvigné
Bazougers
Bais
Montjean
Nuillé-s-Vicoin
Entrammes
Corps-Nuds
Piré-s-Seiche
Crévin
Janzé
Moutiers
Cuillé
Méral
Cossé-le-Vivien
Seiche
Marcillé-Robert
St-Poix
Laubrières
Quelaines
Houssay
Villiers-Charlemagne
Pléchâtel
la Guerche-de-Bretagne
Ruillé-Froid-Fonds
Mayenne
Oudon
Poligné
le Sel-de-Bretagne
Retiers
Coësmes
Ballots
Gennes-s-Glaize
la Roë
Simplé
Bain-de-Bretagne
Lalleu
Thourie
Chelun
la Selle-Craonnaise
Craon
Laigné
Ercé-en-Lamée
Martigné-Ferchaud
St-Aignan-s-Roë
Bierné
Teillay
Mée
Château-Gontier
Senonnes
Congrier
Renazé
Fercé
St-Sulpice-des-Landes
Rouge
St-Quentin-l.-Anges
Chemazé
St-Laurent-d.-Mortiers
Sion-l.-Mines
Soudan
Pouancé
Bouillé-Ménard
Daon
Vergonnes
St-Aubin-des-Châteaux
Châteaubriant
Combrée
Aviré
Chambellay
Lusanger
Segré
Derval
St-Vincent-d.-L.
Juigné-d.-Moutiers
Champigné
St-Julien-de-Vouvantes
Challain-la-Potherie
le Lion-d'Angers
Treffieux
Isse
Moisdon-la-Rivière
la Chapelle-Glain
Raguin
le Plessis Bourré
Marsac-s-Don
Loiré
Vern-d'Anjou
Grez-Neuville
Feneu
Nozay
la Meilleraye-de-Bretagne
St-Sulpice-d.-Landes
Angrie
la Membrolle-s-L.
Abbaretz
Freigné
Candé
Montreuil-Juigné
Erdre
le Louroux-Béconnais
la Pouëze
Riaillé
St-Mars-la-Jaille
la Meignanne
Saffré
la Cornuaille
Bécon-les-Granits
Avrillé
la Chevallerais
Joué-s-Erdre
Pannecé
Maumusson
Teillé
Belligné
St-Augustin-des-Bois
Nort-s-Erdre
les Touches
Mésanger
ANGERS
Trélazé
Champtocé-s-L.
St-Georges-s-L.
Ligné
Petit-Mars
Couffé
Ancenis
Serrant
Mûrs-Erigné
Casson
St-Mars-du-Desert
Varades
Montjean-s-Loire
Béhuard
Brissac-Quincé
le Mesnil-en-Vallée
Sucé-s-Erdre
Oudon
Liré
St-Florent-le-Vieil
Chalonnes-sur-Loire
Rochefort-s-Loire
Champtoceaux
Bouzillé
Beaulieu-s-Layon
Carquefou
Bourgneuf-en-M.
la Chapelle
Mauves-s-Loire
St-Lambert-du-Lattay
la Chapelle-Basse-Mer
St-Laurent-d.-A.
St-Pierre-Montlimart
St-Quentin-en-Mauges
Montrevault
Layon
le Loroux-Bottereau
la Jumellière
Thouarce
Landemont
le Pin-en-M.
Martigné-Briand
NANTES
la Boissière-du-Doré
la Poitevinière
Chemillé
Valanjou
Tigné
Beaupreau
Geste
Jallais
Melay
Montilliers
Trémont
Vallet
la Jubaudière
Vertou
Tillières
Villedieu-la-Blouère
le May-s-Evre
Vihiers
Sorinières
St-Macaire-en-Mauges
Trémentines
Coron
Aigrefeuille-s-Maine
Clisson
St-Léger-s/s-Ch.
Vezins
le Bignon
Montfaucon-Montigné
Nuaille
Cugand
Geneston
Torfou
la Romagne
CHOLET
la Plaine
Somloire
la Bruffière
Tiffauges
Yzernay
St-Maurice-la-Fougereuse
St-Philbert-de-B.
Mortagne-s-Sèvre
la Tessoualle
Maulévrier
Treize-Septiers
la Verrie
Argenton Château
Vieillevigne
Montaigu
St-Georges-de-Montaigu
les Landes-Genusson
St-Laurent-s-Sèvre
St-Aubin-de-Baubigné
les Aubiers
Roche-servière
la Gaubretière
Nueil-s-Argent
St-Aubin-du-Plain
l'Herbergement
les Epesses
Mauléon
Maine
Chavagnes-en-Paillers
Sèvre Nantaise
la Petite-Boissière

A
8
B
C
1
2
3
4
5
30
Mayenne
St-Georges-Buttavent
Châtillon-s-Colmont
Oisseau
Aron
Moulay
Commer
Jublains
Ville Romaine
le Rocher
Martigné-s-Mayenne
St-Germain-d'Anxure
Andouillé
Louverné
Argentré
Montsûrs
la Chapelle-Rainsouin
Neau
Evron
Mézangers
Voutré
Ste-Suzanne
Laval
Louvigné
Soulgé-s-Ouette
Vaiges
Force
Entrammes
Bazougers
St-Jean-s-Erve
Chémeré-le-Roi
St-Denis-du-Maine
Meslay-du-Maine
Villiers-Charlemagne
Ruillé-Froid-Fonds
Houssay
Gennes-s-Glaize
Grez-en-Bouère
Ballée
Bouessay
Sablé-s-Sarthe
Solesmes
Bierné
Château-Gontier
St-Denis-d'Anjou
St-Laurent-d.-Mortiers
Daon
Morannes
Chambellay
Châteauneuf-s-Sarthe
Champigné
le Plessis Bourré
Grez-Neuville
Feneu
Montreuil-Juigné
Tiercé
Seiches-s-le-Loir
Pellouailles-les-Vignes
Avrillé
ANGERS
Trélazé
Corné
Mazé
Mûrs-Erigné
Béhuard
St-Mathurin-s-Loire
Brissac-Quincé
Beaulieu-s-Layon
Thouarcé
Martigné-Briand
Valanjou
Montilliers
Trémont
Vihiers
Notre-Dame
Louerre
Noyant-la-Plaine
Gennes
Cunault
Milly
Louresse
Tigné
Concourson-s-Layon
Doué-la-Fontaine
Nueil-s-Layon
le Puy-Notre-Dame
St-Pierre-à-Champ
St-Maurice-la-Fougereuse
Bouillé-Loretz
Cersay
Massais
Argenton-Château
St-Aubin-du-Plain
Coulonges-Th.
St-Varent
Geay
St-Généroux
Thouars
Luzay
Taizé
Brion-près-Thouet
Villaines-la-Juhel
Averton
Gesvres
Courcité
Champgenéteux
Bais
Trans
Izé
St-Pierre-s-Orthe
Vimarcé
St-Germain-de-Coulamer
Sillé-le-Guillaume
Crissé
Rouez
Parennes
Conlie
Torcé-Viviers-en-Charnie
Domfront-en-Champagne
St-Denis-d'Orques
St-Symphorien
Bernay
Longnes
Loué
Brûlon
Epineux-le-Séguin
Poillé-s-Vègre
Vallon-s-Gée
Chantenay-Villedieu
Auvers-le-Hamon
Asnières-s-Vègre
Noyen-s-Sarthe
Parcé-s-Sarthe
Malicorne-s-Sarthe
Vion
Louailles
le Bailleul
Précigné
la Chapelle-d'Aligné
la Flèche
Daumeray
Durtal
Lézigné
Clefs
Cheviré-le-Rouge
Beauvau
Jarzé
Baugé
Fontaine-Milon
Cuon
Forêt de Chandelais
Beaufort-en-Vallée
Jumelles
la Ménitré
Longué
les Rosiers
St-Clément-d.-L.
Vivy
St-Martin-d.-l.-Pl.
Allonnes
Saumur
Varrains
Turquant
le Coudray-Macouard
Montsoreau
Fontevraud-l'Abb.
Candes-St-Martin
Montreuil-Bellay
Brézé
Roiffé
les-Trois-Moutiers
Curçay-s-Dive
Loudun
Arçay
Pas-de-Jeu
Oiron
Angliers
Martaizé
Monts-s-Guesnes
St-Jouin-d.-M.
Moncontour
Aulnay
Berthegon
St-Léonard-des-Bois
Montreuil-le-Chétif
Ségrie
Oisseau-le-Petit
Assé-le-Boisne
la Hutte
Fresnay-s-Sarthe
Beaumont-s-Sarthe
Ste-Sabine-s-Longève
la Bazoge
la Quinte
Coulans-s-Gée
Allonnes
Louplande
Arnage
la Suze-s-Sarthe
Guécélard
Cérans-Foulletourte
Oizé
la Fontaine-St-Martin
Mansigne
Clermont-Créans
Luché-Pringé
Thorée-les-Pins
le Lude
Savigné-s/s-le-Lude
Genneteil
Chigné
Broc
Auverse
Noyant
Mouliherne
Breil
Parçay-les-Pins
Rillé
Vernantes
Gizeux
Vernoil
la Breille-l.-Pins
les Essards
Bourgueil
Ingrandes
Chouzé
Avoine
Huismes
Rigny-Ussé
Chinon
Thizay
Beuxes
Sazilly
Champigny-s-Veude
Richelieu
St-Gervais-les-Trois-Clochers
Orches
St-Rémy-du-Val
Courgains
René
Dangeul
Marolles-les-Braults
Ballon
Courcemont
Montbizot
Torcé-en-Vallée
Savigné-l'Evêque
St-Corneille
Lombron
Yvré-l'Evêque
Montfort-le-Gesnois
LE MANS
Ruaudin
Parigné-l'Evêque
Brette-les-Pins
Mulsanne
St-Mars-d'Outillé
Laigné-en-Belin
Pruillé-l'Eguillé
Ecommoy
Jupilles
Mayet
Pontvallain
Château-du-Loir
Aubigné-Racan
Vaas
Dissay-s/s-Courcillon
St-Christophe-s-le-Nais
Chenu
St-Paterne-Racan
Brèches
Neuillé-P.
Pont-Pierre
Château-la-Vallière
Sonzay
Meigné-le-Vicomte
Souvigné
Channay-s-Lathan
Savigné-s-Lathan
Ambillou
Pernay
Avrillé-les-Ponceaux
Cléré-l.-Pins
Luynes
Cinq-Mars-la-P.
Langeais
Villandry
Lignières-de-Touraine
Azay-le-Rideau
Saché
Villaines-l.-Rochers
St-Epain
l'Ile-Bouchard
Pouzay
Verneuil-le-Château
Marigny-Marmande
Nouâtre
la Celle
les Ormes
Dangé-St-Romain
Jaulnay
Vellèches
Usseau
Ingrandes
Oyré
Loir
Loire
Vienne
Sarthe
Mayenne
Evre
Dive
Thouet
Anjou
Maine
Touraine
Poitou
N162
N157
N23
N137
N152
N10
D23
D35
D304
D21
D306
D938
D952
D761
D960
D759
D748
D959
A81
A11
A28
A85
E50
E501
E502

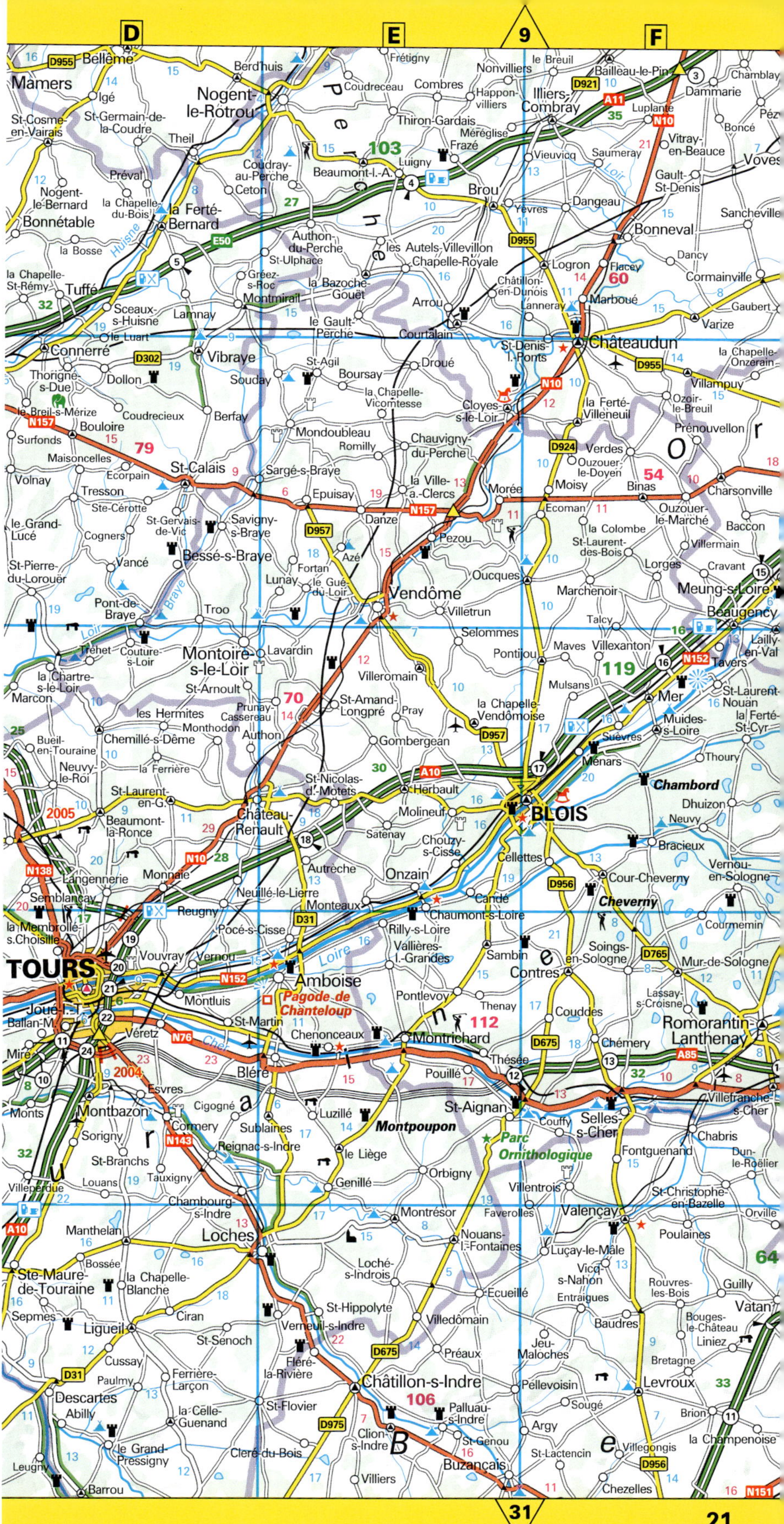

D
E
9
F
Bellême
Mamers
Igé
Berd'huis
Nogent-le-Rotrou
Coudreceau
Combres
Frétigny
Nonvilliers
le Breuil
Illiers-Combray
Happonvilliers
Bailleau-le-Pin
Chamblay
Dammarie
St-Cosme-en-Vairais
St-Germain-de-la-Coudre
Thiron-Gardais
Méréglise
Luplante
Bonce
Vitray-en-Beauce
Voves
Theil
Perche
Coudray-au-Perche
Beaumont-l.-A.
Frazé
Luigny
Vieuvicq
Saumeray
Gault-St-Denis
Préval
Nogent-le-Bernard
Ceton
Brou
Yèvres
Dangeau
Loir
la Chapelle-du-Bois
la Ferté-Bernard
Bonnétable
Huisne
Authon-du-Perche
les Autels-Villevillon
Chapelle-Royale
Bonneval
Sancheville
la Bosse
St-Ulphace
Logron
Flacey
Dancy
la Chapelle-St-Rémy
Tuffé
Gréez-s-Roc
Montmirail
la Bazoche-Gouët
Arrou
Châtillon-en-Dunois
Lanneray
Marboué
Cormainville
Sceaux-s-Huisne
Lamnay
le Gault-Perche
Courtalain
Gaubert
Varize
le Luart
Connerré
Vibraye
St-Agil
Droué
St-Denis-l.-Ponts
Châteaudun
la Chapelle-Onzerain
Thorigné-s-Due
Dollon
Souday
Boursay
la Chapelle-Vicomtesse
Cloyes-s-le-Loir
Villampuy
le Breil-s-Mérize
Coudrecieux
Berfay
Ozoir-le-Breuil
la Ferté-Villeneuil
Surfonds
Bouloire
Mondoubleau
Romilly
Chauvigny-du-Perche
Prénouvellon
Maisoncelles
Ecorpain
St-Calais
Sargé-s-Braye
Verdes
Ouzouer-le-Doyen
Volnay
la Ville-a.-Clercs
Morée
Moisy
Binas
Charsonville
Tresson
Epuisay
Ste-Cérotte
Danzé
Ecoman
Ouzouer-le-Marché
le Grand-Lucé
St-Gervais-de-Vic
Savigny-s-Braye
Pezou
la Colombe
Baccon
Cogners
St-Laurent-des-Bois
Villermain
Bessé-s-Braye
Azé
Lorges
Cravant
St-Pierre-du-Lorouër
Vancé
Fortan
Lunay
le Gué-du-Loir
Oucques
Meung-s-Loire
Marchenoir
Pont-de-Braye
Braye
Vendôme
Villetrun
Beaugency
Troo
Talcy
Selommes
Tréhet
Couture-s-Loir
Montoire-s-le-Loir
Lavardin
Pontijou
Maves
Villexanton
Lailly-en-Val
la Chartre-s-le-Loir
Villeromain
Tavers
St-Arnoult
Mulsans
Marcon
St-Amand-Longpré
St-Laurent-Nouan
Prunay-Cassereau
Pray
la Chapelle-Vendômoise
Mer
les Hermites
Monthodon
la Ferté-St-Cyr
Authon
Muides-s-Loire
Bueil-en-Touraine
Chemillé-s-Dême
Gombergean
Suèvres
Neuvy-le-Roi
Thoury
la Ferrière
Ménars
St-Nicolas-d.-Motets
Herbault
Chambord
St-Laurent-en-G.
Dhuizon
Molineuf
Blois
Beaumont-la-Ronce
Château-Renault
Neuvy
Chouzy-s-Cisse
Bracieux
Sateney
Cellettes
Vernou-en-Sologne
Langennerie
Monnaie
Autrèche
Onzain
Cour-Cheverny
Neuillé-le-Lierre
Candé
Semblançay
Monteaux
Cheverny
Reugny
Chaumont-s-Loire
la Membrolle-s.Choisille
Pocé-s-Cisse
Rilly-s-Loire
Cour-Cheverny
Vallières-l.-Grandes
Sambin
Soings-en-Sologne
Mur-de-Sologne
Vouvray
Vernou
Tours
Amboise
Contres
Montlouis
Pagode-de-Chanteloup
Pontlevoy
Thenay
Lassay-s-Croisne
Couddes
St-Martin
Romorantin-Lanthenay
Joué-l.-T.
Ballan-M.
Véretz
Chenonceaux
Montrichard
Chémery
Cher
Thésée
Miré
Bléré
Pouillé
Esvres
Villefranche-s-Cher
Monts
Montbazon
Cigogné
St-Aignan
Selles-s-Cher
Luzillé
Couffy
Chabris
Sorigny
Cormery
Sublaines
Montpoupon
Parc Ornithologique
Fontguenand
Dun-le-Roëllier
St-Branchs
Reignac-s-Indre
le Liège
Orbigny
Tauxigny
Genillé
Villentrois
St-Christophe-en-Bazelle
Louans
Villeperdue
Chambourg-s-Indre
Montrésor
Faverolles
Valençay
Orville
Manthelan
Loches
Nouans-l.-Fontaines
Poulaines
Luçay-le-Mâle
Bossée
Loché-s-Indrois
Vicq-s-Nahon
Ste-Maure-de-Touraine
la Chapelle-Blanche
Ecueillé
Rouvres-les-Bois
Guilly
Entraigues
Vatan
Sepmes
Ciran
St-Hippolyte
Villedômain
Baudres
Bouges-le-Château
Ligueil
St-Senoch
Verneuil-s-Indre
Liniez
Jeu-Maloches
Cussay
Fléré-la-Rivière
Préaux
Bretagne
Paulmy
Ferrière-Larçon
Châtillon-s-Indre
Pellevoisin
Levroux
Descartes
Sougé
Abilly
la Celle-Guenand
St-Flovier
Palluau-s-Indre
Brion
Argy
Clion-s-Indre
St-Genou
la Champenoise
le Grand-Pressigny
Cléré-du-Bois
St-Lactencin
Villegongis
Leugny
Villiers
Buzançais
Barrou
Chezelles
31

A
10
B
C
1
2
3
4
5
32
Dammarie
Chamblay
Allonnes
Ouarville
Pussay
Saclas
Monnerville
Méréville
Mespuits
Tousson
le Vaudoué
la Chapelle-la-Reine
Ury
Pézy
Boisville-la-St-Père
Baudreville
Angerville
Sermaises
Malesherbes
Larchant
Boncé
Moutiers
Ymonville
Autruy-s-Juine
Césarville-Dossainville
Amponville
Gault-St-Denis
Voves
Trancrainville
D921
Aulnay-la-Rivière
Puiseaux
Aufferville
Fains-la-Folie
Viabon
Outarville
Guigneville
Sancheville
Allaines
Toury
Pithiviers-le-Vieil
Pithiviers
Essonne
Boësses
Château-Landon
Dancy
Orgères-en-Beauce
N154
Bazoches-l.-Gallerandes
Beaumont-du-Gâtinais
Cormainville
Baigneaux
Aschères-le-Marché
Montigny
Ascoux
Boynes
Sceaux-du-Gâtinais
Gaubert
Trinay
Beaune-la-Rolande
Varize
Guillonville
Terminiers
Chilleurs-a.-Bois
Chambon-la-Forêt
Corbeilles
Sougy
Artenay
Neuville-a.-Bois
Mignerette
Villampuy
Patay
N20
Chevilly
Nibelle
la Chapelle-Onzerain
Loury
Boiscommun
Beauce
Orléanais
Gâtinais
A10
St-Péravy-l.-Colombe
Traînou
Bellegarde
Ladon
Gidy
Sully-la-Chapelle
Combreux
Prénouvellon
Gémigny
ORLÉANS
Lombreuil
Thimory
Châtenoy
Fay-aux-Loges
Charsonville
Ingré
N60
A77
E60
Lorris
Ouzouer-le-Marché
Baccon
St-Jean-de-Braye
Chécy
St-Denis
Châteauneuf-s-Loire
Varennes-Changy
Villermain
St-Ay
Olivet
Jargeau
D952
Bouzy-la-Forêt
Montereau
Cravant
Meung-s-Loire
Sandillon
Sigloy
A71
Cléry-St-André
St-Cyr-en-Val
St-Benoît-s-Loire
les Bordes
Langesse
Beaugency
E9
Ardon
Tigy
Ouzouer-s-Loire
Lailly-en-Val
Marcilly-en-Villette
Sully-s-Loire
Lion-en-Sullias
N152
Tavers
Jouy-le-Potier
la Ferté-St-Aubin
Vannes-s-Cosson
Viglain
St-Aignan-le-Jaillard
St-Laurent-Nouan
St-Gondon
Ligny-le-Ribault
St-Florent
Poilly-lez-Gien
Loire
Gien
Cosson
Isdes
Sennely
Vouzon
Thoury
la Ferté-St-Cyr
Yvoy-le-Marron
Souvigny-en-Sologne
Cerdon
St-Brisson-s-Loire
Briare
Villeny
Chaumont-s-Tharonne
Lamotte-Beuvron
Coullons
Chaon
Châtillon-s-Loire
Autry-le-Châtel
N922
Dhuizon
la Marolle-en-Sologne
Clémont
Neuvy
Neung-s-Beuvron
Beuvron
Nouan-le-Fuzelier
Brinon-s-Sauldre
Argent-s-Sauldre
Cernoy-en-Berry
Blancafort
Pierrefitte-s-Sauldre
St-Viâtre
Aubigny-s-Nère
Vernou-en-Sologne
Marcilly-en-Gault
Ste-Montaine
Concressault
Oizon
Souesmes
Courmemin
Ménétréol-s-Sauldre
Vailly-s-Sauldre
Millançay
Villegenon
Salbris
Ennordres
Mur-de-Sologne
Sublìgny
Selles-St-Denis
Loreux
Presly
Jars
Lassay-s-Croisne
la Ferté-Imbault
le Noyer
Villeherviers
la Chapelle-d'Angillon
la Chapelotte
Romorantin-Lanthenay
Nançay
Ivoy-le-Pré
A85
Theillay
Sens-Beaujeu
Neuvy-s-Barangeon
Henrichemont
Neuilly-en-Sancerre
Orçay
D944
Villefranche-s-Cher
Mennetou-s-Cher
Vouzeron
Humbligny
Veaugues
Chabris
Cher
Allogny
Menetou-Salon
D955
Montigny
St-Georges-s-la-Prée
Vierzon
Vignoux-s-Barangeon
St-Martin-d'Auxigny
Dun-le-Poëlier
Dampierre-en-Graçay
les Aix-d'Anguillon
Groises
Genouilly
Soulangis
Foëcy
Bourgneuf
Rians
Azy
St-Christophe-en-Bazelle
D940
Brinay
Mehun-s-Yèvre
Vasselay
Etréchy
Orville
Nohant-en-Graçay
Massay
Poulaines
Graçay
Quincy
Fussy
Ste-Solange
A20
Berry-Bouy
Brécy
Lury-s-Arnon
St-Doulchard
N151
Villabon
Rouvres-les-Bois
Guilly
Reuilly
St-Germain-du-Puy
Baugy
Luçay-le-Libre
Limeux
Ste-Thorette
E11
BOURGES
Farges-en-Septaine
Villequiers
Vatan
Giroux
Bouges-le-Château
Paudy
Diou
Poisieux
Soye-en-Septaine
Avord
Bengy-s-Craon
Liniez
Ste-Lizaigne
Villeneuve-s-Cher
Trouy
D976
Ménétréols-s/s-Vatan
Crosses
Bretagne
Chârost
St-Florent-s-Cher
Plaimpied-Givaudins
St-Just
Nérondes
les Bordes
N144
Raymond
Brion
St-Valentin
Civray
Rosières
Senneçay
Vornay
Ouroüer-les-Bourdelins
Arnon
Vorly
Issoudun
la Champenoise
Lunery
Levet
D953
Lapan
Ségry
Mareuil-s-Arnon
Blet
Neuvy-Pailloux
D940
Dun-s-Auron
Berry

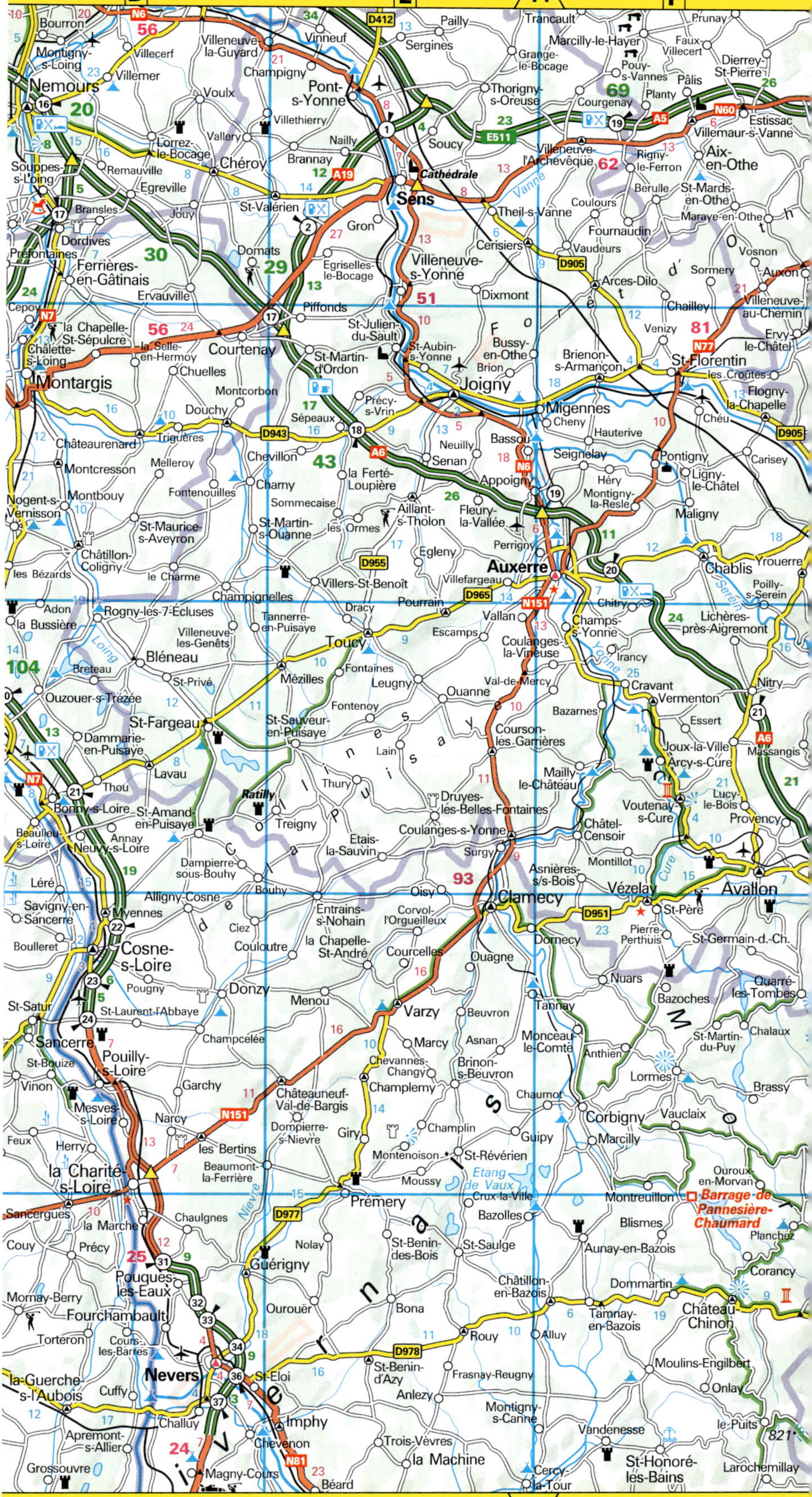

Nemours
Bourron
Montigny-s-Loing
Villecerf
Villemer
Villeneuve-la-Guyard
Champigny
Vinneuf
Pont-s-Yonne
Pailly
Sergines
Trancault
Marcilly-le-Hayer
Prunay
Faux-Villecerf
Dierrey-St-Pierre
Grange-le-Bocage
Pouy-s-Vannes
Pâlis
Thorigny-s-Oreuse
Planty
Courgenay
Estissac
Villemaur-s-Vanne
Voulx
Villethierry
Vallery
Lorrez-le-Bocage
Nailly
Soucy
Villeneuve-l'Archevêque
Rigny-le-Ferron
Aix-en-Othe
Souppes-s-Loing
Remauville
Chéroy
Brannay
Egreville
Cathédrale
Sens
Berulle
St-Mards-en-Othe
Coulours
St-Valérien
Theil-s-Vanne
Bransles
Jouy
Gron
Maraye-en-Othe
Dordives
Fournaudin
Préfontaines
Ferrières-en-Gâtinais
Domats
Egriselles-le-Bocage
Cerisiers
Vaudeurs
Vosnon
Villeneuve-s-Yonne
Sormery
Auxon
Arces-Dilo
Ervauville
Dixmont
Villeneuve-au-Chemin
Cepoy
Piffonds
Chailley
la Chapelle-St-Sépulcre
St-Julien-du-Sault
Venizy
Ervy-le-Châtel
Châlette-s-Loing
la Selle-en-Hermoy
Courtenay
Bussy-en-Othe
St-Martin-d'Ordon
St-Aubin-s-Yonne
Brion
Brienon-s-Armançon
St-Florentin
Les Croûtes
Montargis
Chuelles
Joigny
Flogny-la-Chapelle
Montcorbon
Précy-s-Vrin
Migennes
Cheny
Chéu
Douchy
Sépeaux
Hauterive
Châteaurenard
Triguères
Neuilly
Bassou
Pontigny
Carisey
Chevillon
Senan
Seignelay
Montcresson
Melleroy
la Ferté-Loupière
Appoigny
Héry
Ligny-le-Châtel
Charny
Montigny-la-Resle
Nogent-s-Vernisson
Montbouy
Fontenouilles
Sommecaise
Aillant-s-Tholon
Fleury-la-Vallée
Maligny
St-Maurice-s-Aveyron
St-Martin-s-Ouanne
les Ormes
Perrigny
Egleny
Châtillon-Coligny
Auxerre
Chablis
Yrouerre
les Bézards
le Charme
Villers-St-Benoît
Villefargeau
Poilly-s-Serein
Champignelles
Pourrain
Chitry
Adon
Rogny-les-7-Ecluses
Dracy
Vallan
Champs-s-Yonne
Lichères-près-Aigremont
la Bussière
Tannerre-en-Puisaye
Escamps
Villeneuve-les-Genêts
Toucy
Coulanges-la-Vineuse
Irancy
Loing
Bléneau
Fontaines
Breteau
Mézilles
St-Privé
Leugny
Val-de-Mercy
Cravant
Vermenton
Nitry
Ouzouer-s-Trézée
Ouanne
Fontenoy
Bazarnes
Essert
St-Fargeau
St-Sauveur-en-Puisaye
Courson-les-Carrières
Joux-la-Ville
Massangis
Dammarie-en-Puisaye
Lain
Arcy-s-Cure
Lavau
Mailly-le-Château
Thou
Thury
Ratilly
Druyes-les-Belles-Fontaines
Lucy-le-Bois
Voutenay-s-Cure
Provency
Bonny-s-Loire
St-Amand-en-Puisaye
Treigny
Beaulieu-s-Loire
Annay
Neuvy-s-Loire
Etais-la-Sauvin
Coulanges-s-Yonne
Châtel-Censoir
Surgy
Montillot
Dampierre-sous-Bouhy
Asnières-s/s-Bois
Léré
Vézelay
Avallon
Alligny-Cosne
Bouhy
Entrains-s-Nohain
Oisy
Clamecy
Savigny-en-Sancerre
Myennes
Corvol-l'Orgueilleux
Ciez
St-Père
Pierre-Perthuis
St-Germain-d.-Ch.
Boulleret
Cosne-s-Loire
Couloutre
la Chapelle-St-André
Courcelles
Dornecy
Ouagne
Pougny
Nuars
Quarré-les-Tombes
Donzy
Bazoches
St-Satur
Menou
Varzy
Tannay
St-Laurent-l'Abbaye
Beuvron
Champcelée
Marcy
Asnan
Monceau-le-Comte
Chalaux
Sancerre
St-Martin-du-Puy
Pouilly-s-Loire
St-Bouize
Chevannes-Changy
Brinon-s-Beuvron
Anthien
Lormes
Vinon
Garchy
Champlemy
Brassy
Mesves-s-Loire
Châteauneuf-Val-de-Bargis
Chaumot
Narcy
Dompierre-s-Nièvre
Corbigny
Vauclaix
Feux
Herry
Champlin
Giry
Guipy
Marcilly
les Bertins
St-Révérien
Montenoison
la Charité-s-Loire
Beaumont-la-Ferrière
Etang de Vaux
Ouroux-en-Morvan
Moussy
Crux-la-Ville
Prémery
Montreuillon
Barrage de Pannesière-Chaumard
Sancergues
la Marche
Chaulgnes
Nièvre
Bazolles
Blismes
Planchez
Couy
Précy
Nolay
St-Benin-des-Bois
St-Saulge
Aunay-en-Bazois
Guérigny
Corancy
Pougues-les-Eaux
Châtillon-en-Bazois
Dommartin
Mornay-Berry
Ourouër
Bona
Tamnay-en-Bazois
Château-Chinon
Fourchambault
Torteron
Cours-les-Barres
Rouy
Alluy
Nevers
St-Eloi
St-Benin-d'Azy
Frasnay-Reugny
Moulins-Engilbert
la-Guerche-s-l'Aubois
Cuffy
Anlezy
Onlay
Imphy
Montigny-s-Canne
Challuy
Vandenesse
le Puits
Apremont-s-Allier
Chevenon
Trois-Vèvres
Grossouvre
la Machine
Cercy-la-Tour
St-Honoré-les-Bains
Larochemillay
Magny-Cours
Béard
Loire
Forêt d'Othe
la Puisaye
Morvan
Nivernais

A
12
B
C
1
2
3
4
5
34
Prunay
le Pavillon-Ste-Julie
Faux-Villecert
Grange-l'Évêque
Pont-Ste-Marie
Piney
Brevonnes
Dienville
Ville-s-Terre
Dierrey-St-Pierre
TROYES
Géraudot
Lac du Temple
Unienville
Macey
Thennelières
Amance
Trannes
Maisons-lès-Soulaines
Pâlis
Lac d'Orient
Saulcy
Colombey-les-deux-Églises
Estissac
Villemaur-s-Vanne
Mesnil
Dolancourt
Aix-en-Othe
Bucheres
Lusigny-s-Barse
Briel-s-Barse
Vendeuvre-s-Barse
Spoy
Bar-s-Aube
Bayel
Vauchassis
Prugny
Clérey
Bligny
Urville
St-Mards-en-Othe
Bouilly
St-Parres-l.-Vaudes
Magnant
Clairvaux
Maraye-en-Othe
Longchamp-s-Aujon
Vosnon
Jeugny
Bar-s-Seine
Ville-sur-Arce
Eguilly-s/s-Bois
Sormery
Auxon
St-Phal
Laferté-s-Aube
Orges
Villeneuve-au-Chemin
Lantages
Villemorien
Celles-s-Ource
Essoyes
Fontettes
Landreville
Villars-en-Azois
Cunfin
Ervy-le-Châtel
Chaource
Arelles
Châteauvillain
Vanlay
Pargues
Gyé-s-Seine
Grancey-s-Ource
Autricourt
Bagneux-la-Fosse
les Croûtes
Flogny-la-Chapelle
Bernon
Chesley
Bragelogne
les Riceys
Mussy-s-Seine
Coupray
Gevrolles
Montigny-s-Aube
Cheu
Coussegrey
Arthonnay
Channes
Molesme
Villedieu
Belan-s-Ource
Brion-s-Ource
Dancevoir
Carisey
Cheney
Villon
Bouix
Vix
Aubepierre-s-Aube
Ligny-le-Châtel
St-Martin-s-Armançon
Cruzy-le-Châtel
Nicey
Larrey
Louesme
Gurgy-la-Ville
Maligny
Tonnerre
Tanlay
Pimelles
Cérilly
Châtillon-s-Seine
Vanvey
Lucey
Chablis
Lézinnes
Gigny
Laignes
Ampilly-le-Sec
Buncey
Leuglay
Colmier-le-Haut
Poilly-s-Serein
Yrouerre
Ancy-le-Franc
Jully
Balot
Chamesson
Recey-s-Ource
Argenteuil-s-Armançon
Coulmier-le-Sec
Aisey-s-Seine
Essarois
Bure-les-Templiers
Lichères-près-Aigremont
Verdonnet
Planay
Busseaut
Rochefort
Moulins-en-Tonnerrois
Ravières
Etais
Villaines-en-Duesmois
St-Marc-s-Seine
St-Broing-les-Moines
Noyers
Nitry
Etivey
Aisy-sur-Armançon
Beneuvre
Sarry
Châtel-Gérard
Touillon
Fontaines-en-Duesmois
Aignay-le-Duc
Minot
Essert
Étalante
Abbaye de Fontenay
Montbard
Lucenay-le-Duc
Baigneux-les-Juifs
Salives
Massangis
Fain-l.-Montbard
Echalot
l'Isle-s-Serein
Bussy-Rabutin
Léry
Lucy-le-Bois
Viserny
Alésia
Billy-les-Chanceaux
Moloy
Provency
Vassy
Venarey-les-Laumes
Alise-Ste-Reine
Montréal
Guillon
Genay
Semur-en-Auxois
Flavigny-s-Ozerain
Lamargelle
Epoisses
Sources de la Seine
Pellerey
Vernot
Avallon
Saussy
Courcelles-lès-Semur
Marigny-le-Cahouët
Jailly-les-Moulins
Bligny-le-Sec
St-Seine-l'Abbaye
Cussy-les-Forges
Montberthault
Thoste
Lac de Pont
Messigny-et-Vantoux
Posanges
Villy-en-Auxois
Val-Suzon
Rouvray
Précy-s/s-Thil
Vitteaux
St-Germain-d.-Ch.
Prenois
Quarré-les-Tombes
St-Léger-Vauban
la Roche-en-Brenil
St-Thibault
Blaisy-Bas
St-Martin-du-Puy
Abbaye de la Pierre-qui-Vire
Montlay-en-Auxois
Marcellois
Drée
Baulme-la-Roche
Chalaux
Molphey
Grosbois-en-Montagne
Sombernon
Dun-les-Places
St-Agnan
Missery
M.Afrique
600
Chenôve
Saulieu
Chailly-s-Armançon
Pouilly-en-Auxois
Pont-de-Pany
Brassy
Thoisy-la-Berchère
Commarin
Créancey
Fixin
Barbirey-s-Ouche
Montsauche-les-Settons
Thoisy-le-Désert
Arconcay
Châteauneuf
Gevrey-Chambertin
Ouroux-en-Morvan
Moux-en-Morvan
Liernais
Allerey
Essey
Ternant
Vougeot
Barrage de Pannesière-Chaumard
Lac d. Settons
Musigny
Meuilley
Planchez
Chissey-en-Morvan
Arnay-le-Duc
Bouilland
Nuits-St-Georges
Gerland
Corgoloin
Lucenay-l'Évêque
Maligny
Savigny-lès-Beaune
Corancy
Anost
Cussy-en-Morvan
Lacanche
Château-Chinon
Reclesne
Cordesse
Thury
Beaune
Corberon
Arleuf
Ivry-en-Montagne
la Celle-en-Morvan
Sully
Curgy
Epinac
Archéodrome
Levernois
Onlay
la Grande-Verrière
Autun
Auxy
Meursault
St-Loup-de-la-Salle
le Puits
St-Léger-s/s-Beuvray
Nolay
821
Mt Beuvray
St-Emiland
Mont de Sène
521
Demigny
Allerey-s-Saône
Laizy
•545
Chagny
Larochemillay
Mesvres
Couches
Rully
Gergy
Verdun-s-le-Doubs
N60
N77
N71
N6
N81
A5
A6
A31
A36
A38
E54
D905
D965
D980
D978
D973
139
111
94
93
81
44
37
36
26

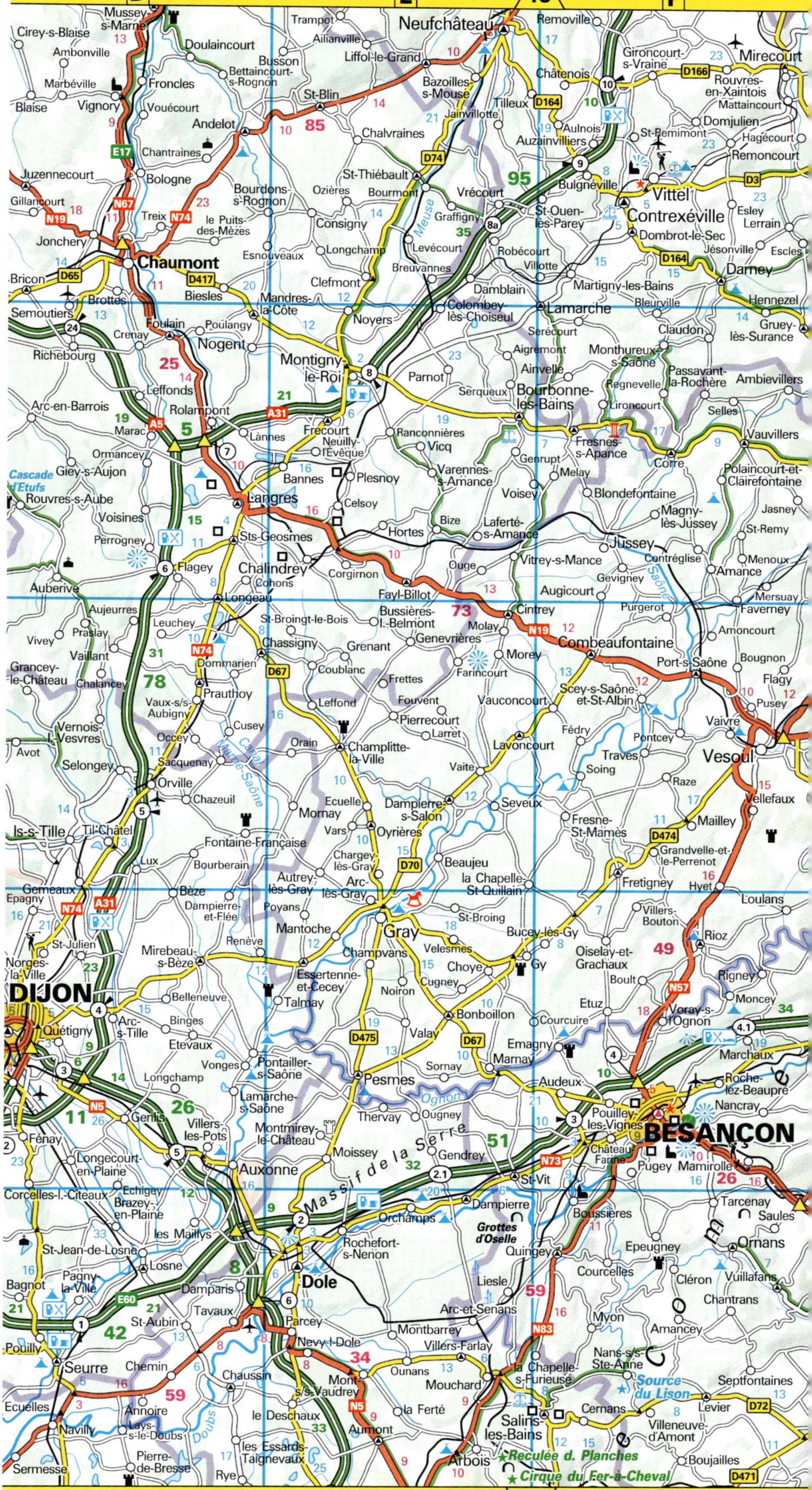
D
E
13
F
Neufchâteau
Mirecourt
Vittel
Contrexéville
Chaumont
Langres
Darney
Bourbonne-les-Bains
Montigny-le-Roi
Nogent
Chalindrey
Jussey
Combeaufontaine
Vesoul
Champlitte-la-Ville
Gray
Dijon
Is-s-Tille
Til-Châtel
Fontaine-Française
Mirebeau-s-Bèze
Pesmes
Auxonne
Dole
Besançon
Marnay
Rioz
Ornans
Quingey
Arc-et-Senans
Salins-les-Bains
Arbois
Seurre
Mouchard
Port-s-Saône
Lamarche
Bulgnéville
Colombey-lès-Choiseul
Andelot
Vignory
Juzennecourt
Arc-en-Barrois
Auberive
Grancey-le-Château
Selongey
Fayl-Billot
Prauthoy
Scey-s-Saône-et-St-Albin
Vauvillers
Faverney
Gy
Montmirey-le-Château
Chaussin
Cascade d'Etufs
Meuse
Saône
Ognon
Doubs
Canal de la Marne à la Saône
Massif de la Serre
Grottes d'Oselle
Source du Lison
Reculée d. Planches
Cirque du Fer-à-Cheval
A5
A31
A36
N19
N74
N67
N5
N57
N73
N83
D67
D70
D74
D164
D166
D417
D474
D475
D3
D471
D72
E17
E60
35

14

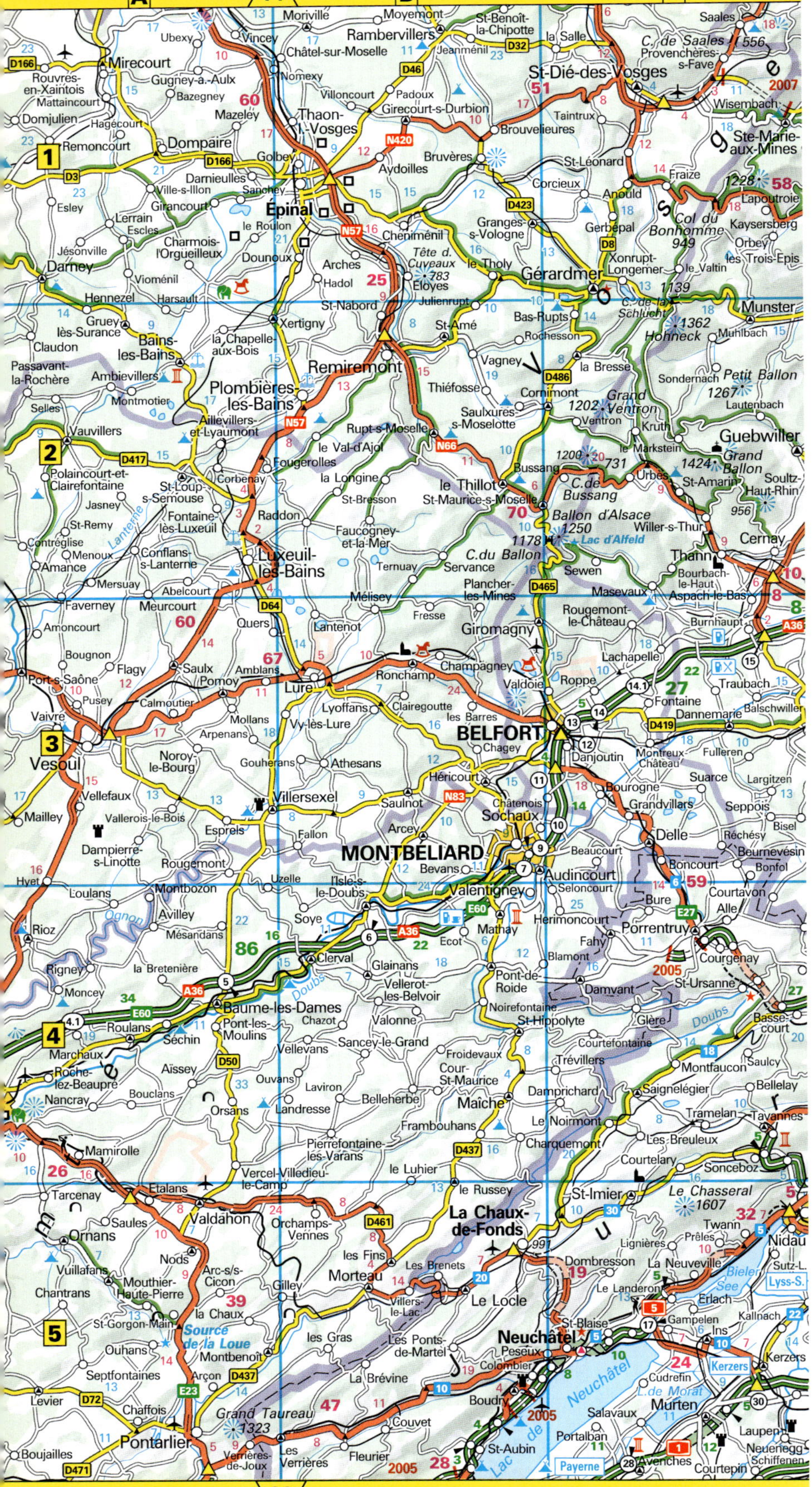
A
B
C
1
2
3
4
5
Mirecourt
Rouvres-en-Xaintois
Mattaincourt
Domjulien
Hagécourt
Remoncourt
Ubexy
Gugney-a.-Aulx
Bazegney
Dompaire
Mazeley
Darnieulles
Ville-s-Illon
Girancourt
Esley
Lerrain
Escles
Jésonville
Darney
Charmois-l'Orgueilleux
Viomenil
Hennezel
Harsault
Gruey-lès-Surance
Claudon
Bains-les-Bains
Passavant-la-Rochère
Ambievillers
Montmotier
Selles
Vauvillers
Polaincourt-et-Clairefontaine
Jasney
St-Remy
Contréglise
Menoux
Amance
Mersuay
Faverney
Amoncourt
Bougnon
Port-s-Saône
Pusey
Vaivre
Vesoul
Mailley
Vellefaux
Vallerois-le-Bois
Dampierre-s-Linotte
Hyet
Loulans
Rioz
Rigney
Moncey
Roulans
Marchaux
Roche-lez-Beaupré
Nancray
Mamirolle
Tarcenay
Ornans
Saules
Vuillafans
Chantrans
Mouthier-Haute-Pierre
St-Gorgon-Main
Ouhans
Septfontaines
Levier
Chaffois
Pontarlier
Boujailles
Moriville
Vincey
Châtel-sur-Moselle
Nomexy
Thaon-l.-Vosges
Golbey
Sanchey
Épinal
le Roulon
Dounoux
Uxegney
Arches
Hadol
St-Nabord
Xertigny
la Chapelle-aux-Bois
Plombières-les-Bains
Aillevillers-et-Lyaumont
Corbenay
St-Loup-s-Semouse
Fontaine-lès-Luxeuil
Conflans-s-Lanterne
Abelcourt
Luxeuil-les-Bains
Meurcourt
Quers
Saulx
Pomoy
Amblans
Flagy
Calmoutier
Noroy-le-Bourg
Mollans
Arpenans
Gouhenans
Villersexel
Esprels
Rougemont
Montbozon
Avilley
Mésandans
la Bretenière
Baume-les-Dames
Séchin
Aïssey
Bouclans
Pont-les-Moulins
Orsans
Etalans
Valdahon
Vercel-Villedieu-le-Camp
Nods
Arc-s/s-Cicon
la Chaux
Montbenoît
Arçon
Source de la Loue
Grand Taureau 1323
Verrières-de-Joux
Les Verrières
Rambervillers
Moyemont
Padoux
Villoncourt
Girecourt-s-Durbion
Aydoilles
Bruyères
Cheniménil
Tête d. Cuveaux 783
Eloyes
Remiremont
Julienrupt
St-Amé
le Tholy
Granges-s-Vologne
Thiéfosse
Vagney
Rupt-s-Moselle
le Val-d'Ajol
Fougerolles
la Longine
St-Bresson
Raddon
Faucogney-et-la-Mer
Ternuay
Mélisey
Lantenot
Lure
Ronchamp
Lyoffans
Clairegoutte
Vy-lès-Lure
Athesans
Saulnot
Fallon
Arcey
MONTBÉLIARD
Bevans
l'Isle-s-le-Doubs
Uzelle
Soye
Clerval
Glainans
Vellerot-lès-Belvoir
Valonne
Chazot
Vellevans
Sancey-le-Grand
Ouvans
Laviron
Landresse
Belleherbe
Pierrefontaine-lès-Varans
Orchamps-Vennes
les Fins
Gilley
Morteau
Villers-le-Lac
les Gras
La Brévine
Les Ponts-de-Martel
Couvet
Fleurier
St-Benoît-la-Chipotte
Jeanménil
la Salle
St-Dié-des-Vosges
Taintrux
Brouvelieures
St-Léonard
Corcieux
Anould
Gerbépal
Gérardmer
Xonrupt-Longemer
Bas-Rupts
Rochesson
Cornimont
la Bresse
Saulxures-s-Moselotte
Ventron
Grand Ventron 1202
le Thillot
St-Maurice-s-Moselle
Bussang
C. de Bussang
C.du Ballon
Servance
Plancher-les-Mines
Fresse
Giromagny
Champagney
Valdoie
Roppe
BELFORT
Chagey
Héricourt
Châtenois
Sochaux
Audincourt
Valentigney
Mathay
Ecot
Pont-de-Roide
Noirefontaine
St-Hippolyte
Froidevaux
Cour-St-Maurice
Maîche
Frambouhans
Charquemont
Damprichard
le Luhier
le Russey
La Chaux-de-Fonds
Les Brenets
Le Locle
Neuchâtel
Peseux
Colombier
Boudry
St-Aubin
Lac de Neuchâtel
Saales
C. de Saales 556
Provenchères-s-Fave
Wisembach
Ste-Marie-aux-Mines
Fraize
Lapoutroie
Col du Bonhomme 949
Kaysersberg
Orbey
les Trois-Epis
le Valtin
1139
C. de la Schlucht
Munster
Muhlbach
1362 Hohneck
Sondernach
Petit Ballon 1267
Lautenbach
Kruth
Guebwiller
le Markstein
Grand Ballon 1424
Soultz-Haut-Rhin
Urbès
St-Amarin
Ballon d'Alsace 1250
Lac d'Alfeld
Willer-s-Thur
Cernay
Thann
Sewen
Bourbach-le-Haut
Masevaux
Aspach-le-Bas
Rougemont-le-Château
Burnhaupt
Lachapelle
Traubach
Fontaine
Dannemarie
Balschwiller
Danjoutin
Montreux-Château
Fulleren
Bourogne
Suarce
Largitzen
Grandvillars
Seppois
Delle
Réchésy
Bisel
Beaucourt
Beurnevésin
Boncourt
Bonfol
Seloncourt
Bure
Courtavon
Alle
Hérimoncourt
Porrentruy
Fahy
Blamont
Courgenay
Damvant
St-Ursanne
Glère
Doubs
Bassecourt
Courtefontaine
Trévillers
Montfaucon
Saulcy
Saignelégier
Bellelay
Le Noirmont
Tramelan
Tavannes
Les Breuleux
Courtelary
Sonceboz
St-Imier
Le Chasseral 1607
Twann
Prêles
Lignières
Nidau
Dombresson
La Neuveville
Bieler See
Sutz-L.
Lyss-S.
Le Landeron
Erlach
St-Blaise
Gampelen
Ins
Kallnach
Kerzers
Cudrefin
L. de Morat
Murten
Salavaux
Portalban
Avenches
Payerne
Laupen
Neuenegg
Schiffenen
Courtepin

36

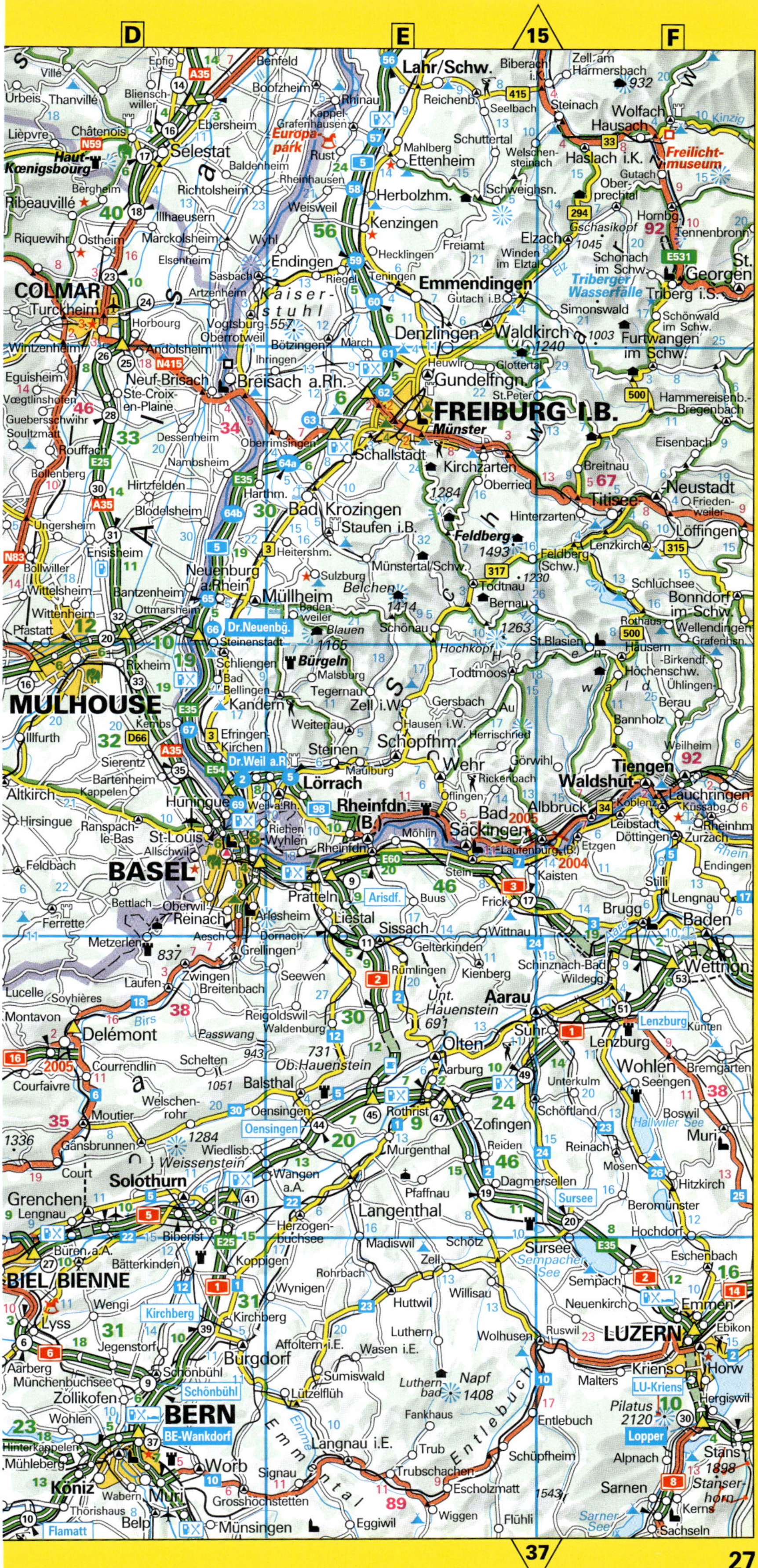
D
E
15
F
Lahr/Schw.
Biberach i.K.
Zell am Harmersbach
Wolfach
Hausach
Haslach i.K.
Freilicht-museum
Europa-park
Rust
Ettenheim
Herbolzheim
Kenzingen
Endingen
Emmendingen
Waldkirch
Elzach
Triberg i.S.
Triberger Wasserfälle
St. Georgen
Furtwangen im Schw.
Denzlingen
Gundelfingen
FREIBURG I.B.
Münster
Schallstadt
Kirchzarten
Titisee
Neustadt
Löffingen
Feldberg
Bad Krozingen
Staufen i.B.
Müllheim
Neuenburg a.Rhein
Belchen
Todtnau
Bonndorf im Schw.
St.Blasien
Todtmoos
Zell i.W.
Schopfheim
Wehr
Bad Säckingen
Albbruck
Waldshut-Tiengen
Lauchringen
Lörrach
Rheinfelden (B.)
Kandern
Weil a.Rh.
Dr.Weil a.R.
Dr.Neuenbg.
Sélestat
Haut-Kœnigsbourg
Châtenois
Ribeauvillé
Riquewihr
COLMAR
Turckheim
Neuf-Brisach
Breisach a.Rh.
Kaiserstuhl
Vogtsburg
Rouffach
Guebwiller
Soultzmatt
Ensisheim
MULHOUSE
Illfurth
Altkirch
Huningue
St-Louis
BASEL
Pratteln
Liestal
Sissach
Arisdf.
Reinach
Laufen
Delémont
Moutier
Balsthal
Oensingen
Olten
Aarau
Brugg
Baden
Wettingen
Lenzburg
Wohlen
Bremgarten
Zofingen
Sursee
Sempacher See
Solothurn
Grenchen
BIEL/BIENNE
Lyss
Burgdorf
Langenthal
Huttwil
Willisau
Wolhusen
Kirchberg
Schönbühl
BERN
BE-Wankdorf
Köniz
Muri
Belp
Worb
Münsingen
Langnau i.E.
Emmental
Entlebuch
Napf 1408
Luthern
Emmen
LUZERN
LU-Kriens
Kriens
Horw
Pilatus 2120
Lopper
Stans
Stanserhorn
Sarnen
Sarner See
Sachseln
Flühli
Escholzmatt
Schüpfheim
Trubschachen
Flamatt
37

A
B
C
18
1
2
3
4
5
Barbâtre
Beauvoir-s-M.
Bois-de-Céné
Paulx
Corcoué-s-Logne
Touvois
Legé
St-Gervais
la Garnache
Fromentine
St-Urbain
Challans
Notre-Dame-de-Monts
le Perrier
St-Christophe-du-Ligneron
Palluau
St-Jean-de-Monts
Soullans
Orouet
Commequiers
Maché
Aizenay
Port-Joinville
Port-de-la-Meule
Pointe des Corbeaux
Ile d'Yeu
Sion-s-l'Océan
St-Hilaire-de-Riez
Apremont
Coëx
Croix-de-Vie
St-Gilles-Croix-de-Vie
Beaulieu-s/s-la-Roche
la Chaize-Giraud
la Mothe-Achard
Clouzeaux
Brétignolles-s-Mer
Vairé
Nieul-le-Dolent
l'Ile d'Olonne
St-Mathurin
le Girouard
Olonne-s-Mer
Grosbreuil
les Sables-d'Olonne
Pointe de l'Aiguille
Poiroux
Avrillé
Talmont-St-Hilaire
Longeville-s-Mer
Jard-s-Mer
la Tranche-s-Mer
D38
D948
D753
D949
N160
66
D735
les Portes-en-Ré
Phares d. Baleines
Loix
St-Clément-d.-B.
Ars-en-Ré
la Couarde
Ile de Ré
Océan Atlantique
Pointe de Chassiron
St-Denis-d'O.
la Cotinière
Ile d'Oléron
Pointe de la
Pointe

38

Rocheservière
St-Georges-de-Montaigu
les Landes-Genusson
la Verrie
St-Laurent-s-Sèvre
St-Aubin-de-Baubigné
les Aubiers
l'Herbergement
la Gaubretière
Mauléon
Nueil-s-Argent
St-Aubin-du-Plain
Chavagnes-en-Paillers
les Epesses
la Petite-Boissière
Bretignolles
Noirterre
les Lucs-s-Boulogne
St-Fulgent
les Herbiers
la Pommeraie-s-Sèvre
Bressuire
Faye-l'Abbesse
Chauché
St-Michel-Mont-Mercure
Cerizay
St-Denis-la-Ch.
Mouchamps
Pouzauges
le Poiré-s-Vie
Belleville-s-Vie
les Essarts
l'Oie
St-Mesmin
Terves
Chiché
St-Prouant
la Forêt-s-Sèvre
Chapelle-St-Laurent
Dompierre-sur-Yon
St-Vincent-Sterlanges
Puy Crapaud
Montournais
Réaumur
la Ferrière
Menomblet
Moncoutant
Clessé
la Chaize-le-V.
Chantonnay
St-Pierre-du-Chemin
la Roche-sur-Yon
Bournezeau
Mouilleron-en-Pareds
Chantemerle
Neuvy-Bouin
St-Aubin-le-Cloud
Thorigny
la Réorthe
la Jaudonnière
la Châtaigneraie
l'Absie
Aubigny
Nesmy
St-Florent-des-Bois
la Caillère
St-Hilaire-de-V.
Secondigny
Azay-s-Thouet
Ste-Hermine
Thiré
Scillé
Châť. Vouvant
St-Maurice-des-Noues
le Busseau
Vouvant
St-Pardoux
Champ-St-Père
Mareuil-s-Lay
l'Hermenault
Puy-de-Serre
Fenioux
Mazières-en-Gâtine
Pouillé
Mervent
Forêt de Mervent-Vouvant
Pamplie
Puy-Hardy
Moutiers-l.-Mauxfaits
Ste-Gemme-la-Plaine
St-Aubin-la-Plaine
Fontenay-le-Comte
Coulonges-s-l'Autize
Champdeniers
St-Cyr-en-Talmondais
Luçon
Nalliers
Mouzeuil-St-Martin
St-Hilaire-d.-Loges
Béceleuf
Augé
le Langon
St-Pompain
Angles
Grues
Triaize
Marais
Vellure
Oulmes
Cherveux
Chaillé-l.-M.
Maillezais
Villiers-en-P.
Echiré
la Crèche
Champagné-l.-M.
Vix
Benet
St-Rémy
St-Michel-en-l'Herm
l'Ile-d'Elle
la Faute-s-Mer
l'Aiguillon-s-Mer
Maillé
Coulon
Niort
Vouillé
Mougon
Pertuis Breton
Charron
Marans
St-Jean-de-L.
St-Hilaire-la-P.
Sansais
Frontenay
Prahecq
Esnandes
Sérigny
Courçon
Ferrières
St-Martin-de-Ré
Nieul-s-Mer
Villedoux
Mauzé-s-le-Mignon
Epannes
Fors
la Flotte
la Pallice
Nuaillé-d'A.
la Laigne
le Gué-d'Alleré
Juscorps
Périgné
le Bois-Plage-en-Ré
Dompierre-s-M.
Usseau
Beauvoir-s-N.
Rivedoux-Plage
Ste-Marie-de-Ré
Aytré
la Jarne
Virson
Marsais
Brioux-s-B.
LA ROCHELLE
Vouhé
Surgères
Chizé
Pertuis d'Antioche
Angoulins
Aigrefeuille-d'A.
St-Félix
Villeneuve-la-C.
Ensigné
Châtellaion-Plage
St-Germain-de-M.
Vandré
Bernay
Dampierre-s-B.
la Villedieu
Ardillières
Loulay
St-Mandé-s-Brédoire
la Brée-les-Bains
Ile d'Aix
Muron
Puyrolland
Aulnay
St-Georges-d'O.
Boyardville
St-Crépin
Landes
Fouras
Lussant
Tonnay-Boutonne
Néré
St-Pierre-d'Oléron
Port-des-Barques
Rochefort
Tonnay-Ch.
St-Jean-d'Angély
Fontaine-Chalendray
Dolus-d'O.
Soubise
Varaize
le Château-d'O.
St-Savinien
Brouage
St-Agnant
Bords
Ste-Même
Matha
St-Trojan-l.-B.
Beurlay
Bourcefranc
Champagne
Taillebourg
St-Hilaire-de-V.
Brizambourg
Siecq
Marennes
Thors
Ronce-les-Bains
St-Just-Luzac
St-Jean-d'A.
Pont-l'Abbé-d'A.
St-Porchaire
St-Vaize
Vénérand
Forêt de la Coubre
la Tremblade
Nancras
Soulignonne
Saintes
Burie
St-Sévère
Mareuil
Arvert
St-Bris-des Bois
Cherves
Sigogne
Mornac-s-S.
la Clisse
St-Sauvant
la Gua
Chaniers
Javrezac
Nercillac
Jarnac
Coubre
la Palmyre
l'Eguille
St-Sulpice-de-R.
Pisany
Retaud
Charente
Cognac
St-Même
Saujon
Thénac
la Jard
Salles-d'Angles
Bourg-Charente
St-Palais-s-Mer
Pontaillac
Médis
Meursac
Tesson
Pérignac
Seudre
Royan
l.-C.
Segonzac
Phare de Cordouan
St-Georges-de-D.
Cozes
Gémozac
Pons
Lonzac
Pnte de Grave
Arces
Avy
Cierzac
Lignières
Meschers-s-G.
Soulac-s-Mer
le Verdon-s-Mer
Talmont-s-Gironde
Boutenac-Touvent
Champagnolles
Jarnac-Ch.
Marignac
l'Amélie-s-Mer
Clam
Archiac
de la Négade
Talais
Mortagne-s-G.
St-Fort-s-G.
St-Genis-de-S.
Barbezieux
Vendée
Deux-Sèvres
Aunis
Pertuis Breton
Poitevin

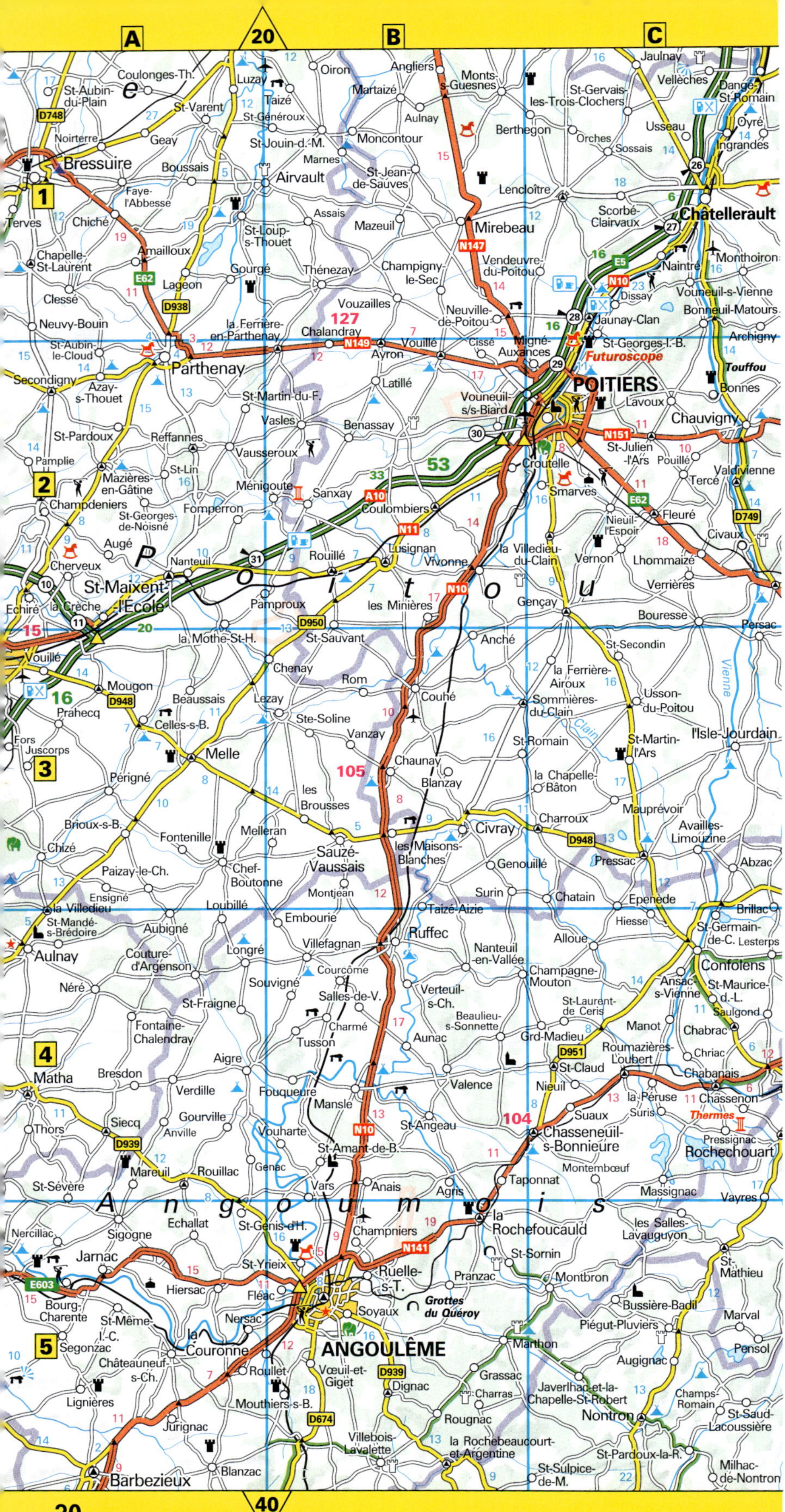
A
20
B
C
Bressuire
Coulonges-Th.
St-Aubin-du-Plain
Noirterre
Geay
St-Varent
Luzay
Taizé
St-Généroux
Oiron
Angliers
Martaizé
Monts-s-Guesnes
Aulnay
Moncontour
St-Jouin-d.-M.
Marnes
St-Jean-de-Sauves
Airvault
Boussais
Faye-l'Abbesse
Terves
Chiché
Chapelle-St-Laurent
Amailloux
St-Loup-s-Thouet
Assais
Mazeuil
Mirebeau
Lencloître
Berthegon
les-Trois-Clochers
St-Gervais-
Orches
Sossais
Usseau
Jaunay
Vellèches
Dangé-St-Romain
Oyré
Ingrandes
Châtellerault
Scorbé-Clairvaux
Monthoiron
Naintré
Dissay
Vouneuil-s-Vienne
Bonneuil-Matours
Archigny
Jaunay-Clan
St-Georges-l.-B.
Futuroscope
Touffou
Bonnes
Clessé
Lageon
Gourgé
Thénezay
Champigny-le-Sec
Vendeuvre-du-Poitou
Neuvy-Bouin
la Ferrière-en-Parthenay
Vouzailles
Chalandray
Neuville-de-Poitou
Cissé
Migné-Auxances
Ayron
Vouillé
St-Aubin-le-Cloud
Parthenay
Secondigny
Azay-s-Thouet
St-Martin-du-F.
Latillé
POITIERS
Lavoux
Chauvigny
Vouneuil-s/s-Biard
Benassay
Vasles
St-Pardoux
Reffannes
Vausseroux
Pamplie
St-Lin
Mazières-en-Gâtine
Champdeniers
St-Georges-de-Noisné
Fomperron
Ménigoute
Sanxay
Coulombiers
Croutelle
St-Julien-l'Ars
Pouillé
Tercé
Valdivienne
Smarves
Fleuré
Nieuil-l'Espoir
Civaux
Augé
Cherveux
Nanteuil
Rouillé
Lusignan
Vivonne
la Villedieu-du-Clain
Vernon
Lhommaizé
Verrières
St-Maixent-l'École
Echiré
la Crèche
Pamproux
les Minières
Gençay
Poitou
Bouresse
Persac
Vouillé
la Mothe-St-H.
St-Sauvant
Anché
St-Secondin
Chenay
Mougon
Prahecq
Beaussais
Rom
la Ferrière-Airoux
Lezay
Ste-Soline
Couhé
Sommières-du-Clain
Usson-du-Poitou
Celles-s-B.
Vanzay
Fors
Juscorps
Melle
St-Romain
St-Martin-l'Ars
l'Isle-Jourdain
Vienne
Clain
Chaunay
Blanzay
Périgné
les Brousses
la Chapelle-Bâton
Mauprévoir
Brioux-s-B.
Fontenille
Melleran
Civray
Charroux
Availles-Limouzine
Chizé
Sauzé-Vaussais
les Maisons-Blanches
Genouillé
Pressac
Abzac
Paizay-le-Ch.
Chef-Boutonne
Ensigné
Montjean
Surin
Chatain
Epenède
la Villedieu
Loubillé
Taizé-Aizie
Brillac
St-Mandé-s-Brédoire
Aubigné
Embourie
Ruffec
Hiesse
St-Germain-de-C.
Lesterps
Aulnay
Longré
Villefagnan
Nanteuil-en-Vallée
Alloue
Confolens
Couture-d'Argenson
Courcôme
Champagne-Mouton
Ansac-s-Vienne
St-Maurice-d.-L.
Néré
Souvigné
Salles-de-V.
Verteuil-s-Ch.
St-Laurent-de-Ceris
Saulgond
St-Fraigne
Beaulieu-s-Sonnette
Manot
Chabrac
Fontaine-Chalendray
Charmé
Grd-Madieu
Tusson
Aunac
Roumazières-Loubert
Chirac
Matha
Aigre
St-Claud
Chabanais
Bresdon
Verdille
Fouqueure
Valence
Nieuil
Mansle
Chassenon
Thors
Gourville
la Péruse
Suris
Siecq
Anville
Vouharte
St-Angeau
Suaux
Thermes
Chasseneuil-s-Bonnieure
Pressignac
Rochechouart
St-Amant-de-B.
Mareuil
Rouillac
Genac
Montembœuf
St-Sévère
Vars
Anais
Agris
Taponnat
Massignac
Vayres
Angoumois
Nercillac
Sigogne
Echallat
St-Genis-d'H.
Champniers
la Rochefoucauld
les Salles-Lavauguyon
Jarnac
St-Yrieix
St-Sornin
St-Mathieu
Hiersac
Ruelle-s-T.
Pranzac
Montbron
Bourg-Charente
Fléac
Grottes du Quéroy
Bussière-Badil
St-Même-l.-C.
Nersac
Soyaux
Marval
Segonzac
la Couronne
ANGOULÊME
Piégut-Pluviers
Marthon
Pensol
Châteauneuf-s-Ch.
Roullet
Vœuil-et-Giget
Grassac
Augignac
Dignac
Charras
Javerlhac-et-la-Chapelle-St-Robert
Champs-Romain
Lignières
Mouthiers-s-B.
Rougnac
Nontron
St-Saud-Lacoussière
Jurignac
Villebois-Lavalette
la Rochebeaucourt-et-Argentine
St-Pardoux-la-R.
Barbezieux
Blanzac
St-Sulpice-de-M.
Milhac-de-Nontron
40
D748
D938
E62
N149
N147
N10
E5
N151
D749
A10
N11
D950
D948
D951
N141
E603
D939
D674

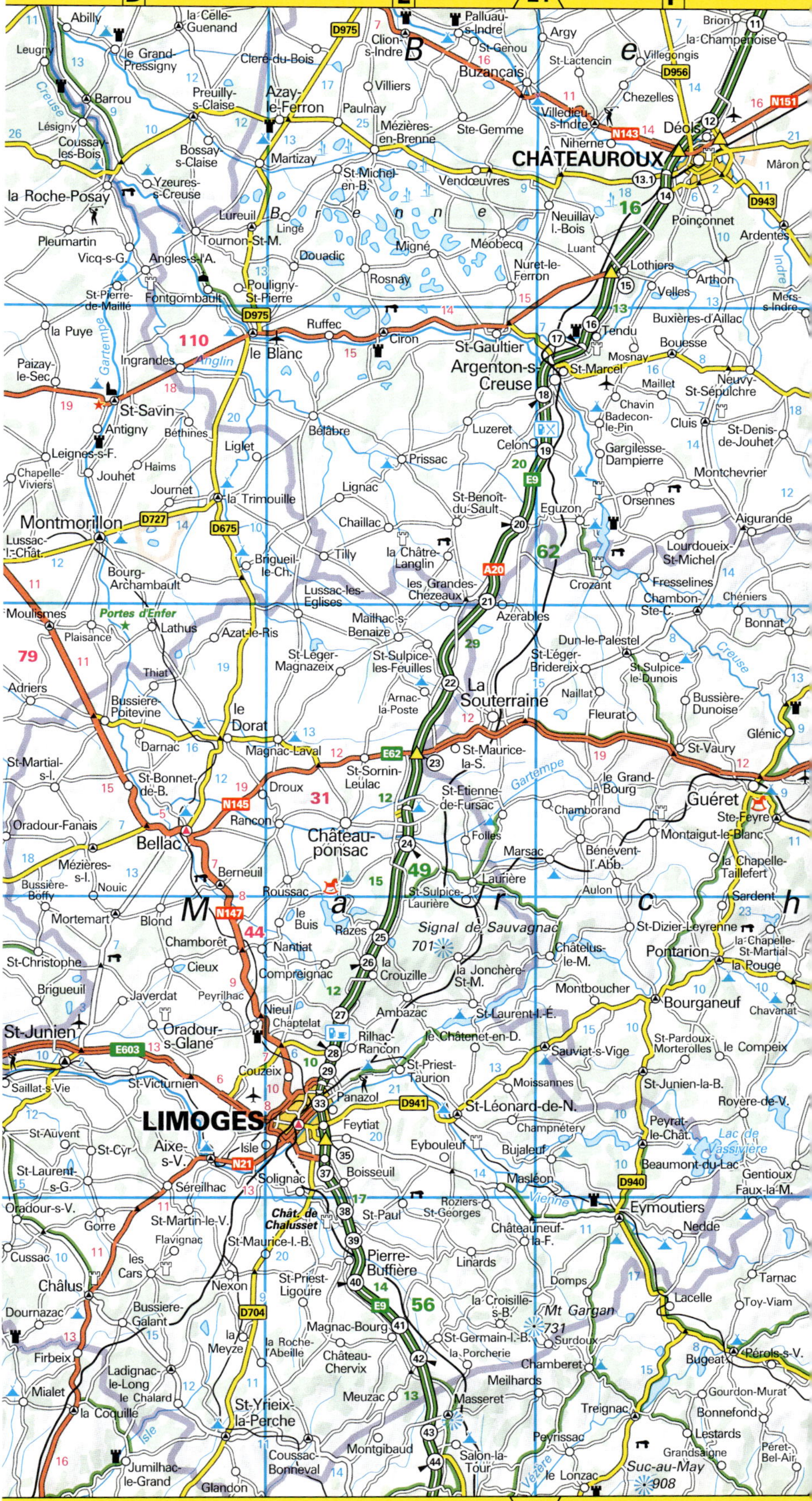
Abilly
la Celle-Guenand
Leugny
le Grand-Pressigny
Cléré-du-Bois
Clion-s-Indre
Palluau-s-Indre
St-Genou
Argy
Brion
la Champenoise
St-Lactencin
Villegongis
Barrou
Creuse
Preuilly-s-Claise
Azay-le-Ferron
Villiers
Buzançais
Chezelles
Lésigny
Coussay-les-Bois
Paulnay
Mézières-en-Brenne
Ste-Gemme
Villedieu-s-Indre
Déols
Niherne
CHÂTEAUROUX
Mâron
Bossay-s-Claise
Martizay
St-Michel-en-B.
Vendœuvres
la Roche-Posay
Yzeures-s-Creuse
Lureuil
Brenne
Linge
Neuillay-l.-Bois
Poinçonnet
Ardentes
Pleumartin
Tournon-St-M.
Mézières
Migné
Méobecq
Luant
Vicq-s-G.
Angles-s-l'A.
Douadic
Rosnay
Nuret-le-Ferron
Lothiers
Arthon
Indre
St-Pierre-de-Maillé
Fontgombault
Pouligny-St-Pierre
Velles
Mers-s-Indre
Buxières-d'Aillac
la Puye
Ruffec
Tendu
Gartempe
Ingrandes
Anglin
le Blanc
Ciron
St-Gaultier
Bouesse
Paizay-le-Sec
Argenton-s-Creuse
St-Marcel
Mosnay
Neuvy-St-Sépulchre
St-Savin
Maillet
Chavin
Badecon-le-Pin
Cluis
St-Denis-de-Jouhet
Antigny
Béthines
Bélâbre
Luzeret
Celon
Gargilesse-Dampierre
Leignes-s-F.
Liglet
Prissac
Haims
Jouhet
Montchevrier
Chapelle-Viviers
Journet
la Trimouille
Lignac
St-Benoît-du-Sault
Eguzon
Orsennes
Aigurande
Montmorillon
Chaillac
Lussac-l.-Chât.
Brigueil-le-Ch.
Tilly
la Châtre-Langlin
Lourdoueix-St-Michel
Bourg-Archambault
Crozant
Fresselines
Lussac-les-Eglises
les Grandes-Chézeaux
Moulismes
Portes d'Enfer
Azerables
Chambon-Ste-C.
Chéniers
Plaisance
Lathus
Azat-le-Ris
Mailhac-s-Benaize
Bonnat
Dun-le-Palestel
St-Léger-Magnazeix
St-Sulpice-les-Feuilles
St-Léger-Bridereix
St-Sulpice-le-Dunois
Adriers
Thiat
Creuse
La Souterraine
Naillat
Arnac-la-Poste
Bussière-Dunoise
Bussière-Poitevine
le Dorat
Fleurat
Glénic
St-Maurice-la-S.
St-Vaury
Darnac
Magnac-Laval
St-Martial-s-l.
St-Sornin-Leulac
Gartempe
le Grand-Bourg
St-Bonnet-de-B.
Droux
St-Etienne-de-Fursac
Guéret
Chamborand
Ste-Feyre
Oradour-Fanais
Rancon
Château-ponsac
Montaigut-le-Blanc
Bellac
Folles
Bénévent-l'Abb.
Mézières-s-l.
Berneuil
Marsac
la Chapelle-Taillefert
Bussière-Boffy
Nouic
Roussac
Laurière
St-Sulpice-Laurière
Aulon
Sardent
Mortemart
Blond
le Buis
Razès
Signal de Sauvagnac
701
St-Dizier-Leyrenne
la Chapelle-St-Martial
Marche
Chamborêt
Nantiat
Châtelus-le-M.
Pontarion
St-Christophe
Cieux
Compreignac
la Crouzille
la Jonchère-St-M.
la Pouge
Brigueuil
Javerdat
Peyrilhac
Montboucher
Bourganeuf
Chavanat
Nieul
Ambazac
St-Laurent-l.-É.
St-Junien
Oradour-s-Glane
Chaptelat
Rilhac-Rancon
le Châtenet-en-D.
St-Pardoux-Morterolles
le Compeix
Couzeix
St-Priest-Taurion
Sauviat-s-Vige
Saillat-s-Vie
St-Victurnien
St-Junien-la-B.
Moissannes
Panazol
Royère-de-V.
LIMOGES
Feytiat
St-Léonard-de-N.
Champnétery
Peyrat-le-Chât.
St-Auvent
Isle
Eyboleuf
Bujaleuf
Lac de Vassivière
St-Cyr
Aixe-s-V.
Beaumont-du-Lac
St-Laurent-s-G.
Séreilhac
Solignac
Boisseuil
Masléon
Gentioux
Faux-la-M.
Vienne
Roziers-St-Georges
Eymoutiers
Oradour-s-V.
St-Martin-le-V.
Chât. de Chalusset
St-Paul
Châteauneuf-la-F.
Nedde
Gorre
Flavignac
St-Maurice-l.-B.
Cussac
les Cars
Pierre-Buffière
Linards
Tarnac
Châlus
Nexon
St-Priest-Ligoure
Domps
Lacelle
Toy-Viam
Dournazac
Bussière-Galant
Magnac-Bourg
la Croisille-s-B.
Mt Gargan
731
la Meyze
la Roche-l'Abeille
St-Germain-l.-B.
Surdoux
Firbeix
Château-Chervix
la Porcherie
Bugeat
Pérols-s-V.
Ladignac-le-Long
le Chalard
Chamberet
Meilhards
Gourdon-Murat
Mialet
Meuzac
Masseret
Treignac
Bonnefond
la Coquille
St-Yrieix-la-Perche
Isle
Lestards
Grandsaigne
Montgibaud
Salon-la-Tour
Coussac-Bonneval
Peyrissac
Péret-Bel-Air
Jumilhac-le-Grand
Glandon
Vézère
le Lonzac
Suc-au-May
908
D975
D956
N151
N143
D943
D727
D675
N145
N147
E62
E603
E9
A20
D941
N21
D704
D940

A
22
B
C

Brion
St-Valentin
Issoudun
Civray
Rosières
Senneçay
Vorly
Ourouër-les-Bourdelins
la Champenoise
Ségry
Lunery
Lapan
Levet
D953
Dun-s-Auron
Blet
Neuvy-Pailloux
Mareuil-s-Arnon
D940
Chalivoy-Milon
N151
Déols
Ste-Fauste
St-Aubin-Mérolles
St-Baudel
Châteauneuf-s-Cher
Coudron
Sagonne
Meunet-Planches
Chezal-Benoît
Uzay-le-Venon
Thaumiers
Vouillon
St-Loup-des-Chaumes
Centre de la France
Bannegon
Mâron
Pruniers
Vallenay
Meillant
Bessais-le-Fromental
CHÂTEAUROUX
Ambrault
Bruère-Allichamps
Charenton-du-Cher
D943
Ardentes
Lignières
Noirlac
Poinçonnet
St-Août
Morlac
St-Amand-Montrond
St-Hilaire-en-Lignières
Ainay-le-Château
Indre
St-Christophe-en-Bouchérie
Marçais
Coust
Arthon
Mers-s-Indre
Braize
St-Chartier
Trevet-St-Julien
Ainay-le-Vieil
St-Bonnet-Tronçais
Châtelet
Loye-s-Arnon
Buxières-d'Aillac
Vicq-Exemplet
Urçay
D953
Cérilly
Nohant
Montgivray
Saulzais-le-Potier
Meaulne
Neuvy-St-Sépulchre
la Châtre
Château-meillant
St-Maur
Epineuil-le-Fleuriel
le Brethon
Theneuille
D927
le Vilhain
Cluis
St-Denis-de-Jouhet
Champillet
Culan
Vesdun
St-Vitte
Vallon-en-Sully
St-Caprais
D16
St-Saturnin
St-Désiré
Hérisson
Montchevrier
Ste-Sévère-s-Indre
Courçais
Chazemais
Crevant
Reugny
Cosne-d'Allier
St-Palais
Viplaix
Aigurande
Nouziers
St-Priest-la-Marche
Préveranges
Mesples
la Chapelaude
D943
Audes
A71
Esti-vareilles
Villefranche-d'A.
Tercillat
Nouzerines
Moutier-Malcard
St-Victor
Huriel
Deneuille-les-Mines
Chéniers
Malleret-Boussac
Leyrat
Treignat
Domérat
Désertines
D16
Chambon-Ste-C.
Bonnat
Genouillac
Boussac
Chamblet
Doyet
Creuse
D940
Clugnat
Lavaufranche
N145
Montluçon
Soumans
Lamaids
Néris-l.-B.
Commentry
Châtelus-Malvaleix
Bord-St-Georges
E62
Colombier
Ladapeyre
Domeyrot
Teillet-Argenty
Villebret
Durdat-Larequille
Lapeyrouse
Jouillat
le Sou
Budelière
Glénic
Parsac
Chambon-s-V.
Echassières
Ajain
Marcillat-en-C.
Montaigut
Guéret
Jarnages
Gouzon
Evaux-les-Bains
St-Eloy-les-Mines
St-Laurent
D997
St-Loup
Ste-Feyre
Cressat
Chénérailles
Château-s-Cher
Pionsat
Menat
Teilhet
Fontanières
la Chapelle-Taillefert
Moutier-d'Ahun
Ahun
Peyrat-la-N.
Gorges de la Sioule
Lavaveix-les-M.
St-Maurice-p.-P.
Sardent
Mainsat
Espinasse
St-Rémy-de-Blot
St-Gervais-d'A.
D990
Champagnat
Auzances
Châteauneuf-l.-B.
Pontarion
la Chapelle-St-Martial
St-Sulpice-l.-Ch.
la Rochette
St-Priest-d.-Ch.
la Pouge
les Mars
Méandre de Queuille
Aubusson
Bellegarde-en-M.
Dontreix
Viaduc des Fades
Manzat
Chavanat
St-Michel-de-V.
la Villetelle
Mérinchal
Montel-de-G.
St-Georges-de-M.
Banize
les Ancizes-Comps
Vallières
Moutier-Rozeille
Felletin
D941
St-Marc-à-Loubaud
D982
Pontcharraud
Crocq
St-Avit
Pontaumur
la Goutelle
2006
St-Ours
Royère-de-V.
la Nouaille
Condat-en-C.
Pontgibaud
Lac de Vassivière
Croze
Vulcania
Gentioux
Pigerolles
Magnat-l'É.
Giat
Puy de Dôme
1465
Beaumont-du-Lac
Clairavaux
Sauvagnat
Flayat
Gelles
la Miouze
Faux-la-M.
Féniers
St-Oradoux-de-Ch.
Herment
Peyrelevade
Nébouzat
N89
Lastic
Rochefort-Montagne
la Courtine
Randanne
E70
Tarnac
Sornac
Eygurande
Bourg-Lastic
Toy-Viam
Millevaches
Chalons-d'Aix
Laqueuille
Aydat
Merlines
St-Merd-l.-O.
St-Pardoux-le-Neuf
Messeix
St-Sauves-d'A.
le Mont-Dore
St-Nectaire
Pérols-s-V.
St-Germain-Lavolps
D982
St-Dézéry
Chambon-s-L.
la Bourboule
St-Etienne-a.-C.
Tauves
Murol
Gourdon-Murat
Bonnefond
Ussel
Singles
Puy de Sancy
1885
Meymac
la Tour-d'A.
Lestards
Grandsaigne
Péret-Bel-Air
A89
St-Angel
Thalamy
D922
Bagnols
Super-Besse
Besse-en-Ch.
Puy de Montchal
L.Pavin
1411
E70
Maussac
St-Victour
Cros
Picherande

42

Cuffy
la-Guerche-s-l'Aubois
Apremont-s-Allier
Challuy
Imphy
Chevenon
Anlezy
Montigny-s-Canne
Vandenesse
le Puits
821
Mt Beuvray
Larochemillay
Trois-Vèvres
la Machine
Grossouvre
Magny-Cours
Béard
St-Honoré-les-Bains
Chiddes
Cercy-la-Tour
Mornay-s-Allier
Fleury-s-Loire
Decize
Devay
112
Rémilly
Sancoins
St-Pierre-le-Moûtier
Azy-le-Vif
Fours
Luzy
St-Germain-Chassenay
St-Hilaire-Fontaine
Lurcy-Lévis
le Veurdre
Chantenay-St-Imbert
Cossaye
Ternant
Gannay-s-Loire
Cronat
Issy-l'Evêque
Dornes
Arboretum
Lucenay-lès-Aix
Limoise
Villeneuve-s-Allier
Maltat
Grury
Couleuvre
St-Ennemond
Vitry-s-Loire
Signal de Mont
469
Couzon
Bagneux
Garnat-s-Engièvre
Franchesse
Montilly
Trevol
Chevagnes
Beaulon
Bourbon-Lancy
Gueugnon
Chalmoux
Curdin
St-Menoux
Lusigny
St-Aubin-s-Loire
Neuvy-Grandchamp
Bourbon-l'Archambault
Moulins
Yzeure
Gilly-s-Loire
Ygrande
Souvigny
Toulon-s-Allier
Montbeugny
64
Diou
Gipcy
Bressolles
Thiel-s-Acolin
Dompierre-s-Besbre
St-Agnan
Digoin
Buxières-l.-Mines
Chapeau
Noyant-d'Allier
Besson
Cressanges
Neuilly-le-Réal
Saligny-s-Roudon
Vaumas
le Montet
Bessay-s-Allier
442
Puy St-Ambroise
le Pin
34
Treban
Châtel-de-N.
St-Léon
St-Yan
Chappes
St-Voir
Jaligny-sur-Besbre
le Donjon
Neuilly-en-D.
le Theil
St-Loup
Voussac
Trézelles
Bransat
Bouce
Varennes-s-Têche
Anzy-le-Duc
Bourg-le-Comte
Montmarault
St-Pourçain-s-S.
Varennes-s-A.
St-Gérand-le-Puy
101
Montaiguët-en-Forez
Urbise
Chareil
Marcigny
Chantelle
Billy
Lapalisse
Artaix
Etroussat
St-Didier-la-F.
Iguerande
Charroux
St-Martin-d'E.
2005
Vivans
la Pacaudière
Belle-naves
St-Rémy-en-R.
St-Germain-d.-F.
Bost
le Breuil
Pouilly-s-Charlieu
Lalizolle
Jenzat
Charmeil
Arfeuilles
Cusset
Noailly
Chouvigny
Ebreuil
Escurolles
Châtel-Montagne
Changy
St-Germain-Lespinasse
Vichy
Ambierle
Bellerive
Abrest
le Mayet-de-M.
1076
Gannat
Biozat
70
St-Agoulin
88
Effiat
St-Yorre
Arronnes
Renaison
Roanne
Perreux
St-Pardoux
Randan
Ferrières-s-S.
St-André-d'A.
le Coteau
Aigueperse
Mariol
Charbonnières-l.-V.
Artonne
la Guillermie
Lapruge
Villerest
Combronde
Thuret
Limons
Châteldon
St-Priest-la-P.
Villemontais
Cheix
412
Puy-Guillaume
Puy de Montoncel
1287
Maringues
89
St-Just-en-Ch.
St-Polgues
17
Châtelguyon
Tournoël
Crevant-Laveine
St-Rémy-s-D.
Dance
Riom
Ennezat
Dorat
Chabreloche
Juré
St-Jodard
Volvic
Thiers
St-Martin-la-Sauveté
Gerzat
Pont-de-Dore
Noirétable
St-Germain-Laval
Montferrand
Pont-du-Chât.
Lezoux
St-Julien-la-Vêtre
St-Thurin
Nervieux
Chamalières
CLERMONT-FERRAND
Vollore-Montagne
Bussy-Albieux
Royat
Ceyrat
Courpière
Boën
la Roche-Blanche
Cournon-d'A.
Aubusson d'A.
Sail-s/s-C.
Billom
St-Georges-en-C.
St-Amant-Tallende
Augerolles
Chalmazel
Marcilly-le-Ch.
St-Dier-d'Auvergne
Olliergues
Mornand
Veyre-Monton
Vic-le-C.
Champdieu
Vertolaye
1634
Cunlhat
Pic de la Garde
780
Job
Coudes
Sugères
Bertignat
52
Montbrison
57
Champeix
Brousse
St-Amant-Roche-Savine
Ambert
St-Diéry
Saurier
Sauxillanges
St-Romain-le-P.
Issoire
Parentignat
Fournols
St-Anthème
Sury-le-C.
Gorges de Courgoul
le Broc
Vernet-la-V.
St-Germain-l'Herm
Marsac-en-Livradois
St-Jean-S.
St-Marcellin-en-F.
la Chaulme
B o u r b o n n a i s
M o n t s d u F o r e z
Loire
Allier
Besbre
Sioule
Dore
N7
N81
N76
N9
N79
N145
E62
E11
N144
A71
A72
N89
A75
N82
E70
D979
D973
D945
D994
D982
D482
D906
D8
D496

Seite/Page 102/103 LYON

D E 25 F

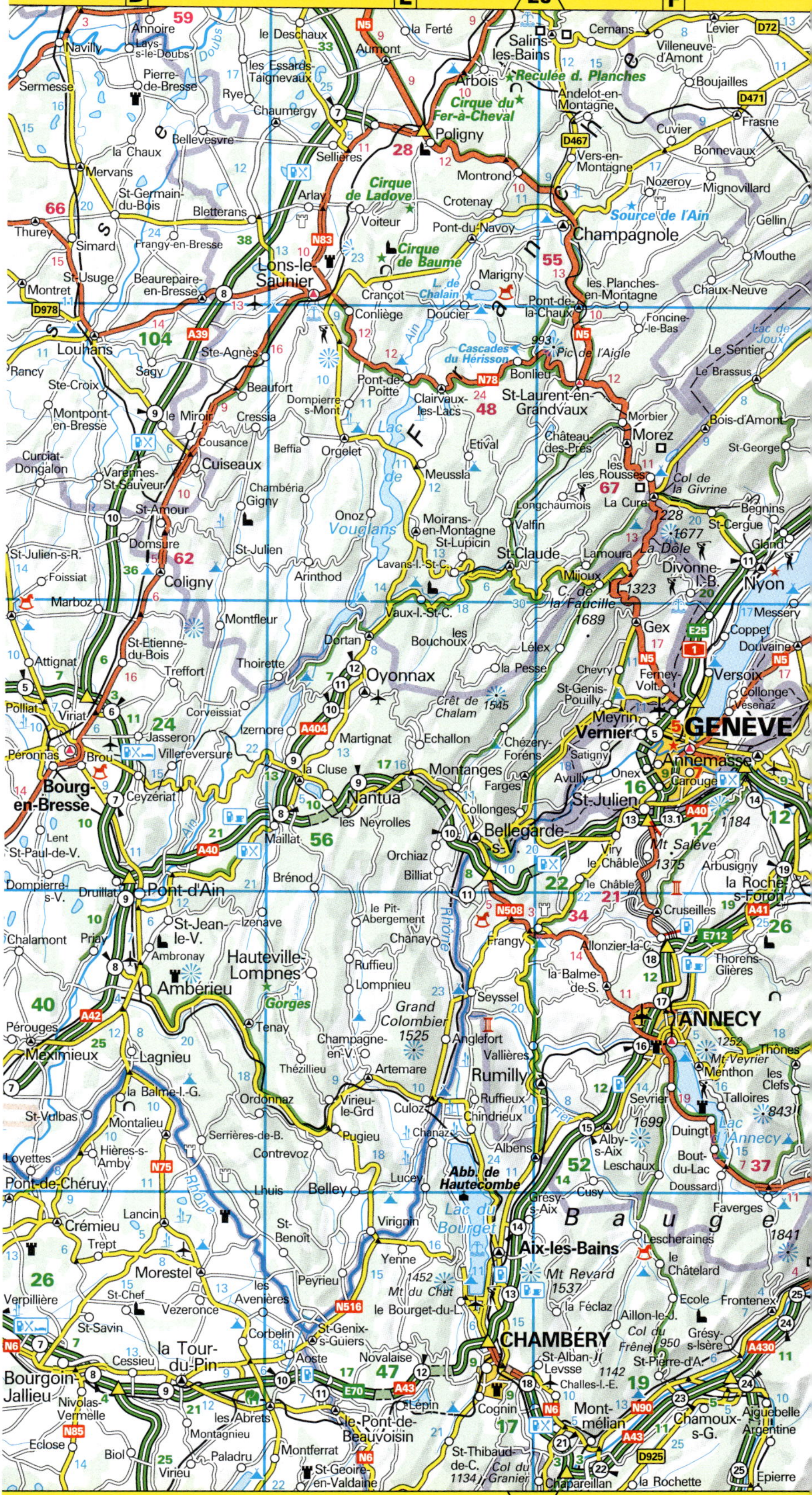
Annoire
Navilly
Lays-s-le-Doubs
Pierre-de-Bresse
Sermesse
le Deschaux
les Essards-Taignevaux
Rye
Chaumergy
Aumont
la Ferté
Salins-les-Bains
Cernans
Levier
Villeneuve-d'Amont
Boujailles
Arbois
Reculée d. Planches
Cirque du Fer-à-Cheval
Andelot-en-Montagne
Frasne
Cuvier
Bonnevaux
Poligny
Bellevesvre
la Chaux
Sellières
Vers-en-Montagne
Mervans
St-Germain-du-Bois
Bletterans
Arlay
Cirque de Ladove
Montrond
Crotenay
Nozeroy
Mignovillard
Voiteur
Pont-du-Navoy
Source de l'Ain
Gellin
Thurey
Simard
Frangy-en-Bresse
Champagnole
Cirque de Baume
Lons-le-Saunier
Mouthe
Montret
St-Usuge
Beaurepaire-en-Bresse
Crançot
Marigny
L. de Chalain
Doucier
Pont-de-la-Chaux
les Planches-en-Montagne
Chaux-Neuve
Conliège
Foncine-le-Bas
Louhans
Ste-Agnès
Cascades du Hérisson
Pic de l'Aigle
Lac de Joux
Le Sentier
Rancy
Sagy
Bonlieu
Le Brassus
Ste-Croix
Beaufort
Pont-de-Poitte
Clairvaux-les-Lacs
St-Laurent-en-Grandvaux
Montpont-en-Bresse
le Miroir
Cressia
Dompierre-s-Mont
Morbier
Bois-d'Amont
Cousance
Beffia
Orgelet
Château-des-Prés
Morez
St-George
Curciat-Dongalon
Cuiseaux
Etival
Varennes-St-Sauveur
Meussia
les Rousses
Col de la Givrine
Chambéria
Gigny
St-Amour
Longchaumois
La Cure
Begnins
Onoz
Vouglans
Moirans-en-Montagne
Valfin
St-Cergue
Domsure
St-Lupicin
Gland
St-Julien
La Dôle
St-Julien-s-R.
Lamoura
Divonne-l.-B.
Foissiat
Coligny
Arinthod
Lavans-l.-St-C.
St-Claude
Mijoux
Nyon
Marboz
C. de la Faucille
Vaux-l.-St-C.
Messery
Montfleur
les Bouchoux
Gex
Coppet
St-Etienne-du-Bois
Dortan
Lélex
Douvaine
Attignat
Treffort
Thoirette
Oyonnax
la Pesse
Chevry
Ferney-Volt.
Versoix
Collonge
Vésenaz
Crêt de Chalam
St-Genis-Pouilly
Polliat
Viriat
Corveissiat
Meyrin
Jasseron
Izernore
Martignat
Echallon
Chézery-Forens
Vernier
GENÈVE
Péronnas
Brou
Villereversure
Satigny
Annemasse
Bourg-en-Bresse
Ceyzériat
la Cluse
Montanges
Farges
Avully
Onex
Carouge
St-Julien
Nantua
les Neyrolles
Collonges
Lent
St-Paul-de-V.
Maillat
Bellegarde-s-V.
Mt Salève
Orchiaz
Viry
le Châble
Arbusigny
Billiat
la Roche-s-Foron
Dompierre-s-V.
Druillat
Pont-d'Ain
Brénod
Cruseilles
le Pit-Abergement
Chanay
St-Jean-le-V.
Izenave
Frangy
Allonzier-la-C.
Chalamont
Priay
Ambronay
Hauteville-Lompnes
Ruffieu
Thorens-Glières
la Balme-de-S.
Ambérieu
Lompnieu
Gorges
Seyssel
Grand Colombier
Tenay
ANNECY
Pérouges
Meximieux
Champagne-en-V.
Anglefort
Vallières
Mt Veyrier
Menthon
Thônes
Lagnieu
Artemare
Thézillieu
Rumilly
les Clefs
Virieu-le-Grd
Ruffieux
Sevrier
Talloires
la Balme-l.-G.
Ordonnaz
Culoz
Chindrieux
St-Vulbas
Montalieu
Pugieu
Chanaz
Alby-s-Aix
Duingt
Lac d'Annecy
Hières-s-Amby
Serrières-de-B.
Contrevoz
Albens
Leschaux
Loyettes
Bout-du-Lac
Abb. de Hautecombe
Pont-de-Chéruy
Lucey
Doussard
Lhuis
Belley
Grésy-s-Aix
Cusy
Lancin
Crémieu
St-Benoît
Virignin
Lac du Bourget
Bauges
Faverges
Trept
Yenne
Aix-les-Bains
Lescheraines
le Châtelard
Morestel
Mt du Chat
Mt Revard
St-Chef
Vezeronce
les Avenières
Peyrieu
le Bourget-du-L.
Verpillière
la Féclaz
Ecole
Frontenex
Aillon-le-J.
St-Savin
Corbelin
St-Genix-s-Guiers
CHAMBÉRY
Col du Frêne
Grésy-s-Isère
la Tour-du-Pin
Cessieu
Aoste
Novalaise
St-Alban-L.
St-Pierre-d'A.
Levsse
Challes-l.-E.
Bourgoin-Jallieu
Nivolas-Vermelle
Lépin
Cognin
Montmélian
Aiguebelle
les Abrets
le-Pont-de-Beauvoisin
Chamoux-s-G.
Argentine
Eclose
Montagnieu
Biol
Virieu
Paladru
Montferrat
St-Thibaud-de-C.
Col du Granier
St-Geoire-en-Valdaine
Chapareillan
la Rochette
Epierre

45

Levier
Pontarlier
Boujailles
Frasne
Bonnevaux
Malbuisson
Mignovillard
Oye-et-Pallet
Chaffois
Grand Taureau
1323
Les Verrières
Verrières-de-Joux
Fleurier
Couvet
Le Chasseron
1607
Ste-Croix
les Fourgs
Jougne
Mont d'Or
1463
Gellin
Mouthe
Dent de Vaulion
1483
Vallorbe
Chaux-Neuve
Le Pont
L'Abbaye
Le Sentier
Le Brassus
Lac de Joux
1679
Bois-d'Amont
St-George
Bière
Gimel
Aubonne
Mont-s-Rolle
Rolle
Begnins
St-Cergue
Gland
Divonne
Nyon
Yvoire
Excenevex
Thonon-les-Bains
Evian-les-Bains
Amphion-l.-B.
Thollon-les-M.
Le Bouveret
St-Gingolph
Bernex
2222
Vouvry
Noville
Messery
Coppet
Bonnatrait
Douvaine
Versoix
Collonge
Vesenaz
Bons
GENÈVE
Annemasse
Carouge
St-Cergues
Boëge
Vailly
Lullin
Bellevaux
Villard
1027
Col de Jambaz
Roc d'Enfer
2244
Onnion
St-Jeoire
Mieussy
les Gets
1163
le Biot
St-Jean-d'Aulps
Abondance
1369
la Chapelle-d'A.
Châtel
Avoriaz
Morzine
Morgins
Monthey
Dts du Midi
3257
Champéry
St-Maurice
Bex
Yverdon-les-Bains
Grandson
Concise
St-Aubin
Boudry
Lac de Neuchâtel
Estavayer-le-Lac
Yvonand
Granges
Payerne
Salavaux
Portalban
Murten
L.de Morat
Laupen
Neuenegg
Schiffenen
Courtepin
Avenches
Domdidier
Düdingen
Tafers
Fribourg/Freiburg
Marly
Giffers
Plasselb
Prez-v.-N.
Henniez
Prahins
Lucens
Moudon
Thierrens
Orbe
La Sarraz
Bercher
Fey
Possens
Romont
Chénens
Le Bry
La Roche
1719
Gumefens
L. de la Gruyère
Rossens
Bad
Riaz
Sorens
Vaulruz
Charmey
Jaun
Jaunpass
Bulle
Broc
Epagny
Gruyères
Moléson-Vill.
Vanil Noir
2389
Saanenmöser
Saanen
Montbovon
Château-d'Oex
Sarine
Ursy
Echallens
Vucherens
Oron-la-Ville
Châtel-St-Denis
Les Paccots
L'Isle
Cossonay
Cottens
Apples
Bussigny
Bussy
Cheseaux
Epalinges
Savigny
Forel
LAUSANNE
Ouchy
Cully
Morges
St-Prex
Le Léman
Vevey
Montreux
Chillon
La Veyre
Les Avants
2042
Lac de l'Hongrin
Villeneuve
1445
C.d.Mosses
Les Mosses
2458
Le Sépey
Gsteig b.G.
Leysin
C.d.Pillon
1546
Roche
Aigle
Les Diablerets
1778
C. de la Croix
Villars-s-Ollon
Ollon
3210
Les Diablerets
La Barboleusaz
Grand Muveran
3051
Vétroz
Saillon
Haute-Nendaz
Isérables
Saxon
Fully
Vernayaz
L.de Salanfe
Le Trétien
Martigny
Verbier
Sembrancher
Finhaut
Lac d'Emosson
Plan-du-Lac
Taninges
Marignier
Morillon
Samoëns
Cluses
Bonneville
1184
Arbusigny
La Roche-s-Foron
Thorens-Glières
le Petit-Bornand-les-G.
Brizon
le Reposoir
1613
Col de la Colombière
2408
le Gd-Bornand
Scionzier
Sixt-Fer-à-Ch.
les Carroz-d'A.
Flaine
Vallorcine
C.d.Montets
1461
Argentière
le Lavancher
Chamonix-Mt-Blanc
Aig. du Midi
3842
Plateau-d'Assy
Servoz
2526
Sallanches
Les Houches
St-Gervais-les-Bains
Mont Blanc
4808
Tunnel du Mt-Blanc
Aig.des Glaciers
3816
les Contamines-Montjoie
St-Jean-de-Sixt
la Clusaz
C. des Aravis
1486
Megève
Praz-s-Arly
1104
Flumet
N. D. de-Bellecombe
Col des Saisies
1633
Hauteluce
1477
Menthon
Thônes
Talloires
les Clefs
C. de la Croix-Fry
1843
C. du Marais
Serraval
Duingt
Lac d'Annecy
Bout-du-Lac
Doussard
Crest-Voland
Faverges
Ugine
1939
1841
Albertville
Frontenex
Tours-en-S.
Arèches
2687
Beaufort
1968
les Chapieux
Cormet de Roselend
le Roignais
2999
le Grd Mont
2756
Bourg-St-Maurice
Aime
Cevins
Grand Arc
2482
Aiguebelle
Chamoux-s-G.
Argentine
Celliers
Epierre
Valmorel
Aigue-blanche
Moûtiers
Salins-l.-Th.
Brides-l.-B.
la Plagne
2505
3416
Champagny-en-V.
Peisey-Nancroix
Mt Pourri
3779
Tignes
les Arcs
Ste-Foy-T.
Séez
la Rosière
C.d.Petit St-Bernard
2188
C.d.Picc. S.Bernardo
Aig.de la Grde Sassière
3747
la Thuile
Pré-St-Didier
Morgex
Courmayeur
Entrèves
la Visaille
Champex
C.d.l.Forclaz
1526
Orsières
Fionnay
Praz-de-Fort
Liddes
3716
La Fouly
Mt Dolent
3820
Ferret
Bourg-St-Pierre
Grand 4314
Tunnel du Gd St-Bernard
Col.d.Gr. St-Bernard
2469
Colle d.Gr. S.Bernardo
Ollomont
Etroubles
Gignod
Aosta/Aoste
Vetan
Arvier
Villeneuve
Rhêmes-St-Georges
Valgrisenche
3486
Vieyes
Surier
Valsavarenche
Rhêmes-Notre-Dame
Parco Naz. d.
Gran
4061
Pont
C.d.Nivolet
2612
Noasca
Alpi

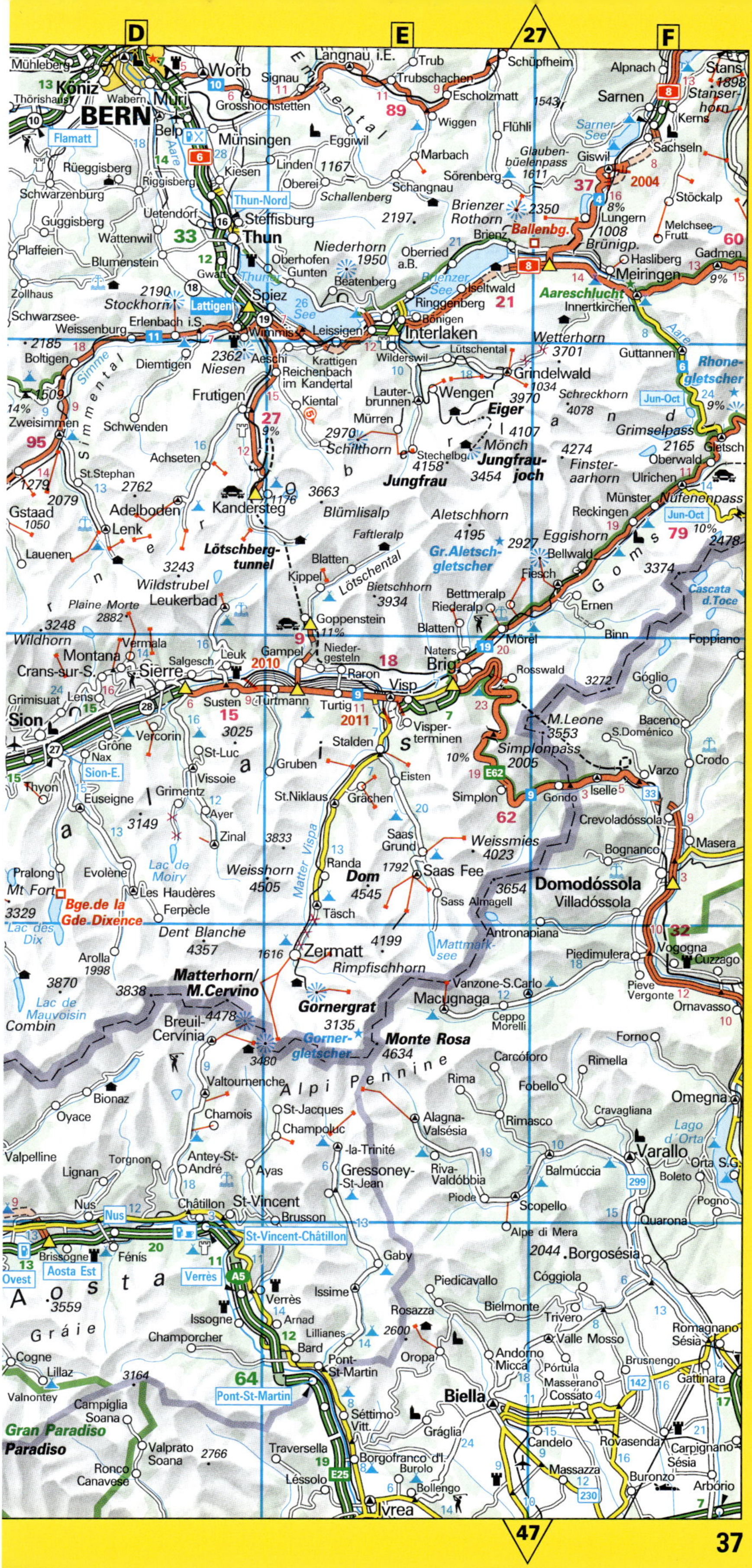
D
E
27
F
Mühleberg
Köniz
Thörishaus
BERN
Wabern
Muri
Worb
Signau
Langnau i.E.
Trub
Trubschachen
Schüpfheim
Alpnach
Stans
Stanserhorn
1898
Kerns
Sarnen
Sarner See
Emmental
Grosshöchstetten
Escholzmatt
Wiggen
Flühli
1543
Belp
Flamatt
Münsingen
Eggiwil
Marbach
Glaubenbüelenpass
1611
Giswil
Sachseln
Rüeggisberg
Riggisberg
Kiesen
Linden
1167
Oberei
Sörenberg
Schangnau
Schallenberg
Schwarzenburg
Thun-Nord
Brienzer Rothorn
2350
Stöckalp
2004
Guggisberg
Uetendorf
Steffisburg
2197
Ballenbg.
Lungern
8%
Melchsee-Frutt
Wattenwil
Thun
Brienz
1008
Brünigp.
Plaffeien
Blumenstein
Oberhofen
Niederhorn
1950
Oberried a.B.
Hasliberg
Gadmen
Gunten
Thuner See
Meiringen
Zollhaus
Beatenberg
Brienzer See
Iseltwald
Aareschlucht
2190
Stockhorn
Lattigen
Spiez
Ringgenberg
Innertkirchen
Schwarzsee-
Weissenburg
Erlenbach i.S.
Bönigen
Wimmis
Leissigen
Interlaken
Wetterhorn
3701
Aare
2185
Boltigen
Simmental
Diemtigen
2362
Niesen
Aeschi
Krattigen
Reichenbach im Kandertal
Wilderswil
Lütschental
Grindelwald
Guttannen
Rhonegletscher
1034
Frutigen
Kiental
Lauterbrunnen
Wengen
3970
Schreckhorn
Jun-Oct
1509
14%
Zweisimmen
Schwenden
Mürren
Eiger
4078
Grimselpass
2165
Oberwald
Gletsch
2970
Schilthorn
Stechelbg
Mönch
4107
4274
Finsteraarhorn
Ulrichen
St.Stephan
Achseten
4158
Jungfraujoch
3454
1279
2762
Kandersteg
1176
3663
Jungfrau
Münster
Nufenenpass
2079
Gstaad
1050
Adelboden
Lenk
Blümlisalp
Aletschhorn
Reckingen
Jun-Oct
10%
Faftleralp
4195
Eggishorn
2478
Lauenen
Lötschbergtunnel
Blatten
Gr.Aletschgletscher
2927
Bellwald
3243
Wildstrubel
Kippel
Lötschental
Fiesch
3374
Goms
Plaine Morte
2882
Leukerbad
Bietschhorn
3934
Bettmeralp
Riederalp
Ernen
Cascata d.Toce
3248
Wildhorn
Goppenstein
11%
Blatten
Binn
Montana
Vermala
Leuk
Gampel
Niedergesteln
Naters
Mörel
Foppiano
Crans-sur-S.
Salgesch
Sierre
2010
Raron
Brig
Rosswald
Grimisuat
Lens
Visp
3272
Góglio
Sion
Susten
Turtmann
Turtig
2011
M.Leone
3553
Baceno
S.Doménico
Vercorin
Grône
Nax
3025
Stalden
Visperterminen
Simplonpass
2005
Crodo
St-Luc
10%
Thyon
Sion-E.
Vissoie
Gruben
Eisten
Varzo
Euseigne
Grimentz
St.Niklaus
Grächen
Simplon
Gondo
Iselle
Ayer
Crevoladóssola
3149
Zinal
3833
Saas Grund
Weissmies
4023
Masera
Bognanco
Pralong
Evolène
Lac de Moiry
Weisshorn
4505
Randa
Dom
1792
Saas Fee
Mt Fort
Bge.de la Gde.Dixence
Les Haudères
4545
3654
Domodóssola
Villadóssola
3329
Lac des Dix
Ferpècle
Matter Vispa
Täsch
Sass Almagell
Dent Blanche
4357
4199
Antronapiana
Vogogna
Cuzzago
Arolla
1998
1616
Zermatt
Mattmarksee
Piedimulera
Rimpfischhorn
Vanzone-S.Carlo
Pieve Vergonte
3870
3838
Matterhorn/
M.Cervino
Macugnaga
Ornavasso
Lac de Mauvoisin
Breuil-
Cervínia
4478
Gornergrat
3135
Ceppo Morelli
Combin
Gornergletscher
Monte Rosa
4634
Forno
3480
Carcóforo
Rimella
Valtournenche
Alpi Pennine
Rima
Bionaz
Fobello
Omegna
Oyace
Chamois
St-Jacques
Alagna-Valsésia
Cravagliana
Champoluc
Rimasco
Lago d'Orta
Valpelline
Torgnon
-la-Trinité
Varallo
Orta S.G.
Antey-St-André
Gressoney-St-Jean
Riva-Valdóbbia
Balmúccia
Lignan
Ayas
Boleto
Piode
Châtillon
St-Vincent
Scopello
Pogno
Nus
Brusson
Quarona
St-Vincent-Châtillon
Brissogne
Fénis
Aosta Est
Verrès
Gaby
Alpe di Mera
2044
Borgosésia
Ovest
Aosta
Issime
Piedicavallo
Cóggiola
3559
Arnad
Rosazza
Bielmonte
Trivero
Romagnano Sésia
Gráie
Champorcher
Issogne
Lillianes
2600
Valle Mosso
Bard
Oropa
Andorno Micca
Pórtula
Brusnengo
Cogne
Lillaz
3164
Pont-St-Martin
Masserano
Gattinara
Valnontey
Biella
Cossato
Campíglia Soana
Séttimo Vitt.
Gran Paradiso
Paradiso
Valprato Soana
2766
Gráglia
Candelo
Rovasenda
Carpignano Sésia
Traversella
Borgofranco d.I.
Burolo
Massazza
Ronco Canavese
Lèssolo
Bollengo
Buronzo
Arbório
Ivrea
47

A
B
C
28
48
1
2
3
4
5
Pnte de Grave
le Verdon-s-Mer
Talmont-s-Gironde
Soulac-s-Mer
l'Amélie-s-Mer
Pointe de la Négade
Talais
N215
St-Vivien-de-Médoc
Vensac
Valeyrac
Montalivet-les-Bains
Queyrac
Vendays-Montalivet
Lesparre-Médoc
Vertheuil
94
St-Sauveur
Hourtin-Plage
Hourtin
Lac d'Hourtin-Carcans
St-Laurent-Médoc
Carcans-Plage
Carcans
Maubuisson
Listrac-Médoc
Brach
Castelnau-de-M.
le Moutchic
Lacanau-Océan
Lacanau
Lac de Lacanau
D6
Ste-Hélène
Saumos
Salaunes
N215
le Porge-Océan
le Temple
le Porge
Martignas-s-Jalle
B.Mérignac
St-Jean-d'Illac
Grand Crohot Océan
Lège-Cap-Ferret
Arès
Blagon
D106
Claouey
Bassin d'Arcachon
Andernos-les-Bains
Taussat
Lanton
Marcheprime
le Grand Piquey
Villa Algérienne
le Canon
Audenge
Arcachon
Gujan-Mestras
P. Ornit.
Biganos
Facture
la Hume
N10
25
Cap Ferret
Pyla-s-Mer
Pilat-Plage
la Teste-de-Buch
A660
31
Mios
le Barp
Pointe d'Arcachon
Dune du Pilat
A63
Lavignolle
Salles
Cazaux
Etang de Cazaux et de Sanguinet
Sanguinet
Lugos
Belin-Béliet
Biscarrosse-Plage
Leyre
Navarosse
Biscarrosse
le Muret
Mano
Belhade
Etang de Biscarrosse et de Parentis
Parentis-en-Born
E5
Moustey
Gastes
N134
Ychoux
Liposthey
Pissos
94
Ste-Eulalie-en-B.
E70
Pontenx-l.-F.
Aureilhan
Mimizan-Plage
St-Paul-en-Born
Labouheyre
Trensacq
Mimizan
Commensacq
Ecomusée de Marquèze
Lesgoudies
N10
Sabres
Escource
Bias
Cap-de-Pin
115
Contis-Plage
Mézos
Luglon
St-Julien-en-B.
Onesse-et-Laharie
Laharie
La Côte d'Argent
Forêt des Landes de Gascogne

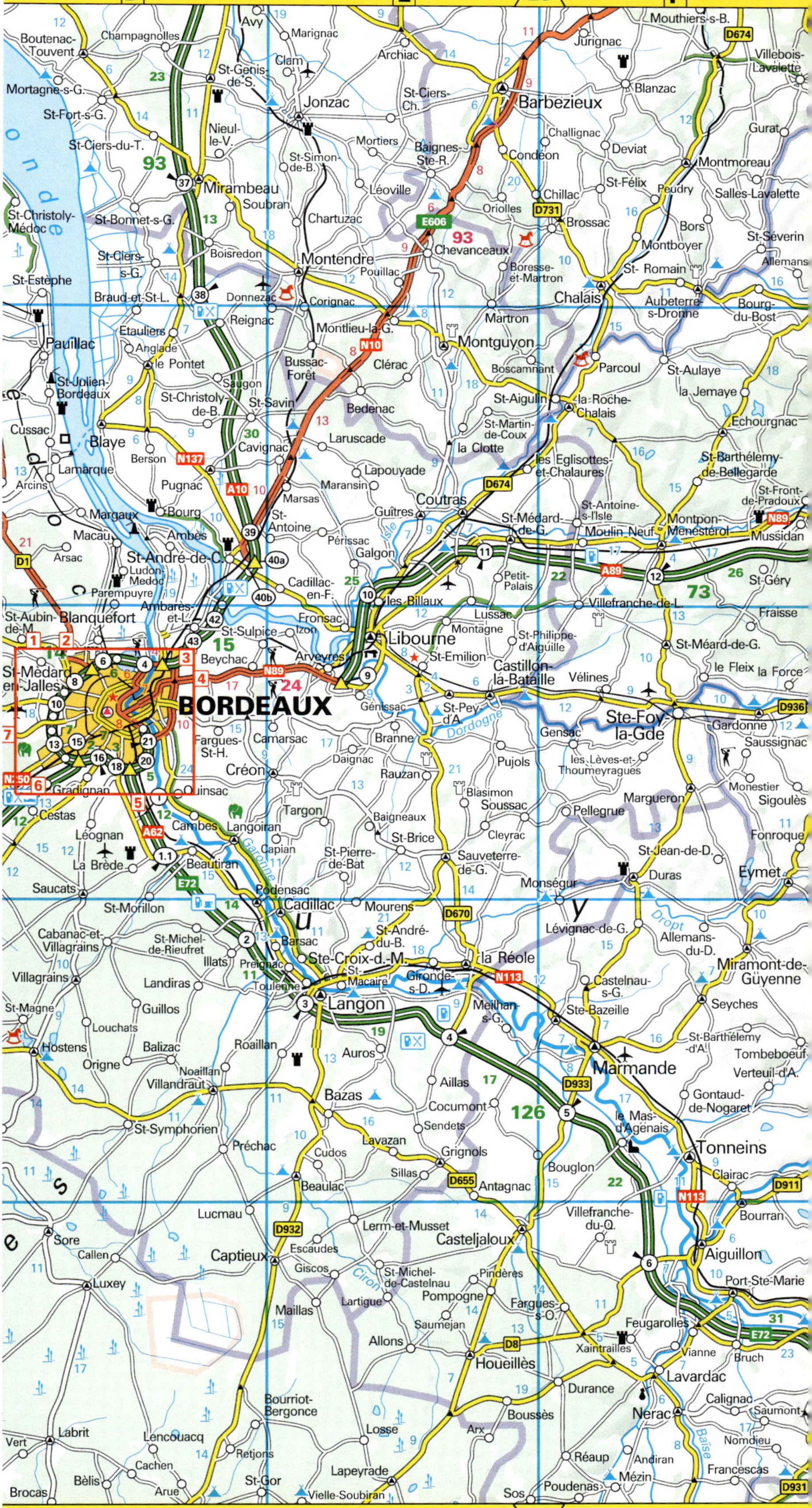

BORDEAUX
Boutenac-Touvent
Champagnolles
Avy
Marignac
Archiac
Jurignac
Mouthiers-s-B.
Villebois-Lavalette
Mortagne-s-G.
St-Fort-s-G.
St-Genis-de-S.
Clam
Jonzac
St-Ciers-Ch.
Barbezieux
Blanzac
Gurat
St-Ciers-du-T.
Nieul-le-V.
Mortiers
Baignes-Ste-R.
Challignac
Condéon
Deviat
Montmoreau
St-Simon-de-B.
Mirambeau
Soubran
Léoville
Chillac
St-Félix
Peudry
Salles-Lavalette
St-Christoly-Médoc
St-Bonnet-s-G.
Chartuzac
Oriolles
Brossac
Bors
St-Séverin
Boisredon
Montendre
Chevanceaux
Montboyer
Allemans
St-Ciers-s-G.
Pouillac
Boresse-et-Martron
St- Romain
St-Estèphe
Braud-et-St-L.
Donnezac
Corignac
Chalais
Aubeterre-s-Dronne
Bourg-du-Bost
Reignac
Montlieu-la-G.
Martron
Pauillac
Etauliers
Anglade
le Pontet
Montguyon
Parcoul
St-Aulaye
Bussac-Forêt
Clérac
Boscamnant
St-Julien-Bordeaux
Saugon
la Jemaye
St-Christoly-de-B.
St-Savin
Bedenac
St-Aigulin
la-Roche-Chalais
Echourgnac
Cussac
Blaye
Cavignac
Laruscade
St-Martin-de-Coux
Lamarque
Berson
la Clotte
St-Barthélemy-de-Bellegarde
Arcins
Lapouyade
les Eglisottes-et-Chalaures
Pugnac
Marsas
Maransin
St-Front-de-Pradoux
Coutras
Margaux
Bourg
St-Antoine
Guîtres
St-Antoine-s-l'Isle
Montpon-Ménestérol
Mussidan
Macau
Ambès
Périssac
St-Médard-de-G.
Moulin Neuf
Arsac
St-André-de-C.
Galgon
Ludon-Médoc
Petit-Palais
St-Géry
Parempuyre
Cadillac-en-F.
les Billaux
Villefranche-de-L.
Fraisse
St-Aubin-de-M.
Blanquefort
Ambarès-et-L.
Fronsac
Lussac
Izon
Montagne
St-Sulpice
Libourne
St-Philippe-d'Aiguille
St-Méard-de-G.
St-Médard-en-Jalles
Beychac
Arveyres
St-Emilion
Castillon-la-Bataille
le Fleix
la Force
Vélines
Génissac
St-Pey-d'A.
Ste-Foy-la-Gde
Gardonne
Saussignac
Fargues-St-H.
Camarsac
Branne
Dordogne
Gensac
les Lèves-et-Thoumeyragues
Créon
Daignac
Pujols
Rauzan
Monestier
Sigoulès
Quinsac
Blasimon
Margueron
Gradignan
Cestas
Targon
Soussac
Pellegrue
Baigneaux
Cleyrac
Fonroque
Léognan
Cambes
Langoiran
St-Brice
Capian
St-Jean-de-D.
La Brède
Beautiran
St-Pierre-de-Bat
Sauveterre-de-G.
Duras
Eymet
Saucats
Garonne
Monségur
Podensac
Cadillac
Mourens
St-Morillon
Lévignac-de-G.
Dropt
Cabanac-et-Villagrains
St-Michel-de-Rieufret
St-André-du-B.
Barsac
Allemans-du-D.
Miramont-de-Guyenne
Illats
Ste-Croix-d.-M.
la Réole
Villagrains
Preignac
St-Macaire
Gironde-s-D.
Castelnau-s-G.
Landiras
Toulenne
Langon
Meilhan-s-G.
Seyches
St-Magne
Guillos
Ste-Bazeille
Louchats
St-Barthélemy-d'A.
Tombeboeuf
Hostens
Balizac
Roaillan
Auros
Marmande
Verteuil-d'A.
Origne
Noaillan
Villandraut
Aillas
Bazas
Cocumont
Gontaud-de-Nogaret
St-Symphorien
Sendets
le Mas-d'Agenais
Lavazan
Préchac
Cudos
Grignols
Tonneins
Sillas
Bouglon
Clairac
Beaulac
Antagnac
Lucmau
Lerm-et-Musset
Villefranche-du-Q.
Bourran
Sore
Escaudes
Casteljaloux
Captieux
Callen
Giscos
Aiguillon
St-Michel-de-Castelnau
Luxey
Ciron
Pindères
Port-Ste-Marie
Lartigue
Pompogne
Fargues-s-O.
Maillas
Saumejan
Feugarolles
Allons
Xaintrailles
Vianne
Bruch
Houeillès
Lavardac
Durance
Calignac
Bourriot-Bergonce
Boussès
Saumont
Nerac
Losse
Arx
Nomdieu
Labrit
Vert
Lencouacq
Retjons
Réaup
Andiran
Baïse
Francescas
Lapeyrade
Cachen
Bèlis
Brocas
Arue
St-Gor
Vielle-Soubiran
Sos
Poudenas
Mézin
A10
A62
A89
E72
E606
N10
N89
N113
N137
D1
D674
D731
D670
D933
D655
D932
D8
D911
D931
D936

Mouthiers-s-B.
D674
Charras
Rougnac
Nontron
Champs-Romain
St-Saud-Lacoussière
Jurignac
Villebois-Lavalette
la Rochebeaucourt-et-Argentine
St-Pardoux-la-R.
Blanzac
Milhac-de-Nontron
Barbezieux
St-Sulpice-de-M.
Mareuil
D675
Gurat
Challignac
Deviat
Condéon
Montmoreau
Monsec
Villars
St-Jean-de-C.
Champagnac-de-B.
1
Ste-R.
Baignes-
St-Félix
Peudry
Salles-Lavalette
la Tour-Blanche
Chillac
D731
Orignolles
Brossac
Bors
Verteillac
St-Just
Brantôme
St-Pierre-de-C.
Négrondes
N21
E606
93
Chevanceaux
Montboyer
St-Séverin
Allemans
Bertric-Burée
D939
Bourdeilles
Sorges
Boresse-et-Martron
St- Romain
Agonac
Chalais
Aubeterre-s-Dronne
Bourg-du-Bost
Montagrier
Dronne
Lisle
Ribérac
Tocane-St-A.
Château-l'Evêque
Sarliac-s-l'Isle
Antonne-et-Trigonant
Martron
Mensignac
Chancelade
Montguyon
Boscamnant
Parcoul
St-Aulaye
la Jemaye
St-Vincent-de-Connezac
Périgueux
St-Astier
Razac-s-l'Isle
Bassilac
St-Aigulin
la-Roche-Chalais
la Clotte
St-Martin-de-Coux
Echourgnac
16
E70
Beauronne
Neuvic
26
2005
Manzac
St-Pierre-de-Chignac
2
les Eglisottes-et-Chalaures
St-Barthélemy-de-Bellegarde
Isle
Eglise-Neuve-de-V.
St-Geyrac
D674
Coutras
St-Antoine-s-l'Isle
Montpon-Ménestérol
St-Front-de-Pradoux
N89
Issac
13
P
é
r
i
la Douze
Guîtres
St-Médard-de-G.
Moulin Neuf
Mussidan
Villamblard
St-Félix-de Reilhac
Vergt
Cendrieux
11
A89
12
Petit-Palais
Villefranche-de-L.
73
St-Géry
les Lèches
Beauregard-et-Bassac
Journiac
Ste-Alvère
N21
Lussac
Montagne
Fraisse
Campsegret
St-Georges-de-M.
D710
le Bugue
St-Philippe-d'Aiguille
St-Méard-de-G.
Lembras
Liorac-sur-Louyre
Ste-Foy-de-L.
St-Emilion
Castillon-la-Bataille
Vélines
le Fleix
la Force
Lamonzie-Montastruc
Cingle de Trémolat
Limeuil
Mouleydier
Mauzac
Trémolat
le Buisson-de-Cadouin
St-Pey-d'A.
Dordogne
Ste-Foy-la-Gde
Gensac
Gardonne
D936
Bergerac
Lalinde
Couze-et-St-Front
Cadouin
Siorac-en-P.
3
Pujols
les Lèves-et-Thoumeyragues
Saussignac
Monbazillac
Faux
Beaumont-du-Périgord
St-Avit-Sénieur
Rauzan
Blasimon
Soussac
Monestier
Sigoulès
D933
Bouniagues
Issigeac
Pellegrue
Margueron
Montferrand-du-P.
Nojals-et-Clottes
Cleyrac
Sadillac
Fonroque
Falgueyrat
St-Jean-de-D.
Sauveterre-de-G.
Ste-Sabine
Montpazier
Eymet
Monségur
Duras
Castillonnès
y
e
n
St-Cernin-de-l'H.
D670
Lévignac-de-G.
Dropt
Allemans-du-D.
Lauzun
138
N21
Villeréal
Biron
Montaut
la Réole
Miramont-de-Guyenne
Lacapelle-Biron
Lougratte
Gironde-s-D
N113
Castelnau-s-G.
St-Front-s-L.
Meilhan-s-G.
Ste-Bazeille
Seyches
Monbahus
Monflanquin
Cuzorn
Tombeboeuf
Cancon
Fumel
4
Marmande
St-Barthélemy-d'A.
Castelnaud-de-G.
Lacaussade
Aillas
D933
Verteuil-d'A.
la Sauvetat-s-Lède
Cocumont
126
Gontaud-de-Nogaret
Monclar
Casseneuil
Monsempron-Libos
Sendets
le Mas-d'Agenais
Villeneuve-s-Lot
Trentels
Tournon-d'Agenais
Castelmoron-s-Lot
Lot
St-Sylvestre-s-Lot
Grignols
Tonneins
St-Livrade-s-L.
Bouglon
Penne-d'A.
Dausse
Sillas
D655
Antagnac
Clairac
D911
Montaigu-de-Quercy
N113
Montpezat-d'Agenais
St-Antoine-de-F.
Villefranche-du-Q.
Bourran
Casteljaloux
Laugnac
Roquecor
Aiguillon
Laroque-Timbaut
Prayssas
la Croix-Blanche
Pindères
Bourg-de-Visa
Port-Ste-Marie
Beauville
N21
Pompogne
Fargues-s-O.
Colayrac-St-Cirq
Saumejan
Feugarolles
31
Agen
Allons
E72
St-Maurin
D8
Xaintrailles
Vianne
Bruch
Bon-Encontre
5
Houeillès
Durance
Lavardac
Puymirol
Castelsagrat
Garonne
N113
Boussès
Nérac
Calignac
Lamagistère
Saumont
Layrac
Valence
Moissac
Donzac
Arx
Laplume
Malause
Baïse
Nomdieu
Réaup
Andiran
A62
Auvillar
Francescas
Lamontjoie
Dunes
Mézin
Poudenas
St-Nicolas-de-la-G.
D931
Astaffort
Sos
Sistels
69

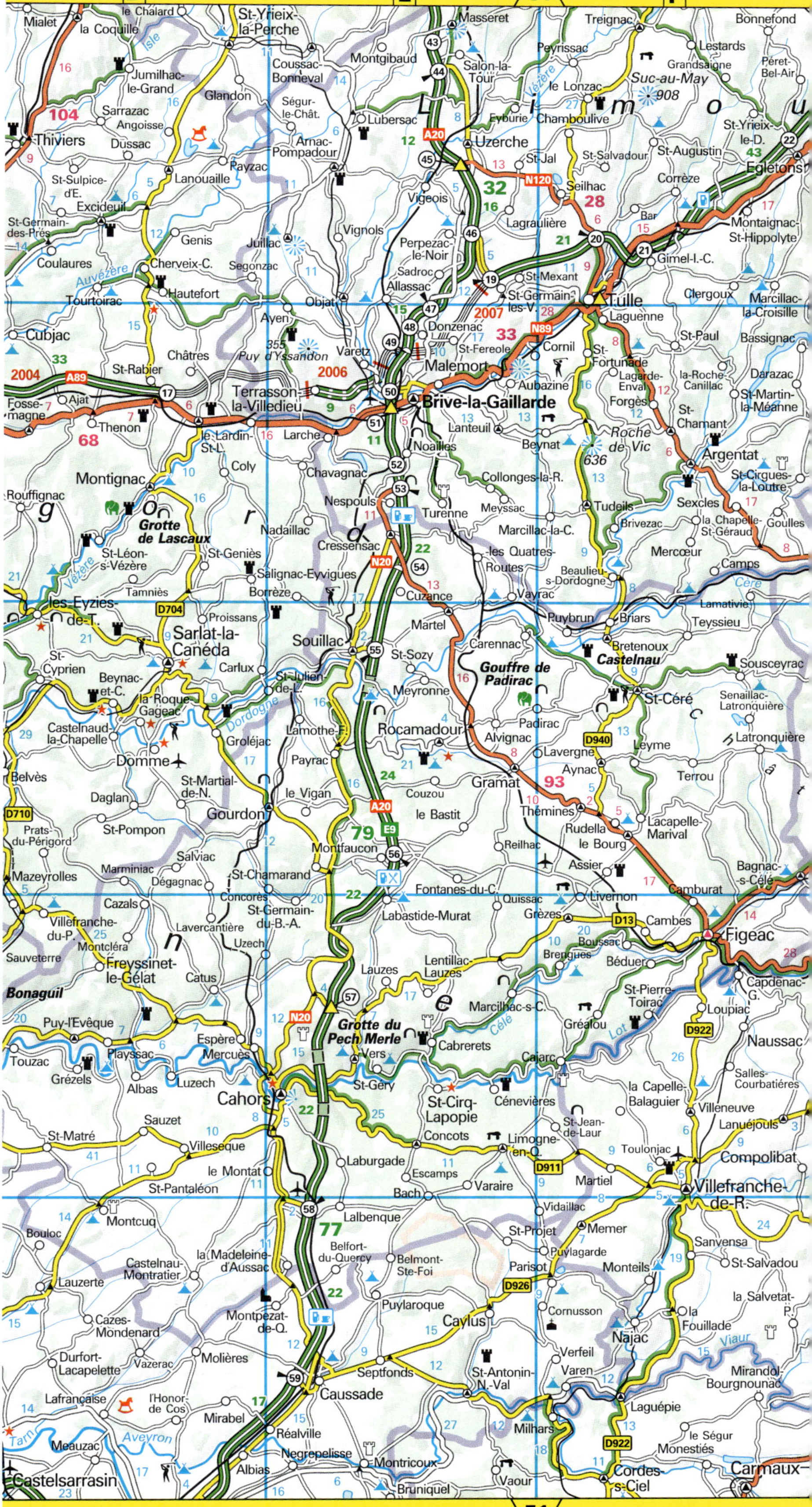

Mialet
le Chalard
la Coquille
St-Yrieix-la-Perche
Masseret
Treignac
Bonnefond
Jumilhac-le-Grand
Coussac-Bonneval
Montgibaud
Salon-la-Tour
Peyrissac
Lestards
Grandsaigne
Péret-Bel-Air
Suc-au-May
908
Glandon
Ségur-le-Chât.
Lubersac
Eyburie
le Lonzac
Chamboulive
Sarrazac
Angoisse
Thiviers
Dussac
Arnac-Pompadour
Uzerche
St-Jal
St-Salvadour
St-Augustin
St-Yrieix-le-D.
Egletons
Payzac
Lanouaille
St-Sulpice-d'E.
Excideuil
St-Germain-des-Prés
Vigeois
Seilhac
Corrèze
Montaignac-St-Hippolyte
Genis
Juillac
Vignols
Perpezac-le-Noir
Lagraulière
Gimel-l.-C.
Coulaures
Cherveix-C.
Segonzac
Sadroc
Allassac
St-Mexant
St-Germain-les-V.
Tulle
Clergoux
Marcillac-la-Croisille
Tourtoirac
Hautefort
Objat
Ayen
355
Puy d'Yssandon
Donzenac
Laguenne
Cubjac
Châtres
Varetz
St-Fereole
Cornil
St-Fortunade
St-Paul
Bassignac
St-Rabier
Malemort
Aubazine
Lagarde-Enval
la Roche-Canillac
Darazac
Ajat
Fosse-magne
Terrasson-la-Villedieu
Brive-la-Gaillarde
Forgès
St-Martin-la-Méanne
Thenon
Larche
Lanteuil
St-Chamant
le Lardin-St-L.
Noailles
Beynat
Roche de Vic
636
Argentat
Montignac
Coly
Chavagnac
Collonges-la-R.
St-Cirgues-la-Loutre
Rouffignac
Grotte de Lascaux
Nespouls
Turenne
Meyssac
Tudeils
Sexcles
la Chapelle-St-Géraud
Goulles
Nadaillac
Marcillac-la-C.
Brivezac
Cressensac
St-Léon-s-Vézère
St-Geniès
les Quatres-Routes
Mercœur
Camps
Salignac-Eyvigues
Beaulieu-s-Dordogne
Tamniès
Borrèze
Cuzance
Vayrac
Lamativie
les Eyzies-de-T.
Proissans
Puybrun
Briars
Teyssieu
Sarlat-la-Canéda
Souillac
Martel
Carennac
Bretenoux
Castelnau
Sousceyrac
St-Cyprien
Carlux
St-Sozy
Gouffre de Padirac
Beynac-et-C.
St-Julien-de-L.
Meyronne
St-Céré
Senaillac-Latronquière
la Roque-Gageac
Castelnaud-la-Chapelle
Groléjac
Lamothe-F.
Rocamadour
Padirac
Alvignac
Leyme
Latronquière
Domme
Payrac
Lavergne
Aynac
Belvès
St-Martial-de-N.
Gramat
Terrou
Daglan
le Vigan
Couzou
Thémines
Gourdon
le Bastit
Rudella
Lacapelle-Marival
Prats-du-Périgord
St-Pompon
Montfaucon
Reilhac
le Bourg
Salviac
Assier
Bagnac-s-Célé
Mazeyrolles
Marminiac
Dégagnac
St-Chamarand
Fontanes-du-C.
Camburat
Cazals
Concorès
Labastide-Murat
Quissac
Livernon
Villefranche-du-P.
St-Germain-du-B.-A.
Grèzes
Cambes
Lavercantière
Uzech
Boussac
Figeac
Sauveterre
Montcléra
Freyssinet-le-Gélat
Lentillac-Lauzès
Brengues
Béduer
Capdenac-G.
Bonaguil
Catus
Lauzès
St-Pierre-Toirac
Marcilhac-s-C.
Loupiac
Puy-l'Evêque
Grotte du Pech Merle
Gréalou
Naussac
Espère
Cabrerets
Touzac
Playssac
Mercuès
Vers
Cajarc
Grézels
Albas
Luzech
St-Géry
Salles-Courbatières
Cahors
St-Cirq-Lapopie
Cénevières
la Capelle-Balaguier
Villeneuve
St-Jean-de-Laur
Lanuéjouls
Sauzet
Concots
Limogne-en-Q.
St-Matré
Villesèque
Toulonjac
Compolibat
Laburgade
Escamps
le Montat
Martiel
St-Pantaléon
Varaire
Villefranche-de-R.
Bach
Vidaillac
Montcuq
Lalbenque
St-Projet
Memer
Bouloc
Belfort-du-Quercy
Puylagarde
Sanvensa
Castelnau-Montratier
la Madeleine-d'Aussac
Belmont-Ste-Foi
Parisot
Monteils
St-Salvadou
Lauzerte
la Salvetat-P.
Puylaroque
Cornusson
la Fouillade
Cazes-Mondenard
Montpezat-de-Q.
Caylus
Najac
Durfort-Lacapelette
Vazerac
Molières
Verfeil
Varen
Mirandol-Bourgnounac
Septfonds
St-Antonin-N.-Val
Lafrançaise
l'Honor-de Cos
Caussade
Laguépie
Mirabel
Milhars
Réalville
le Ségur
Monestiés
Meauzac
Negrepelisse
Montricoux
Castelsarrasin
Albias
Vaour
Cordes-s-Ciel
Carmaux
Bruniquel
Isle
Auvézère
Vézère
Dordogne
Célé
Lot
Tarn
Aveyron
Viaur
Cère
A20
A89
N120
N89
N20
E9
D704
D710
D940
D13
D922
D911
D926
2004
2006
2007

A 32 B C

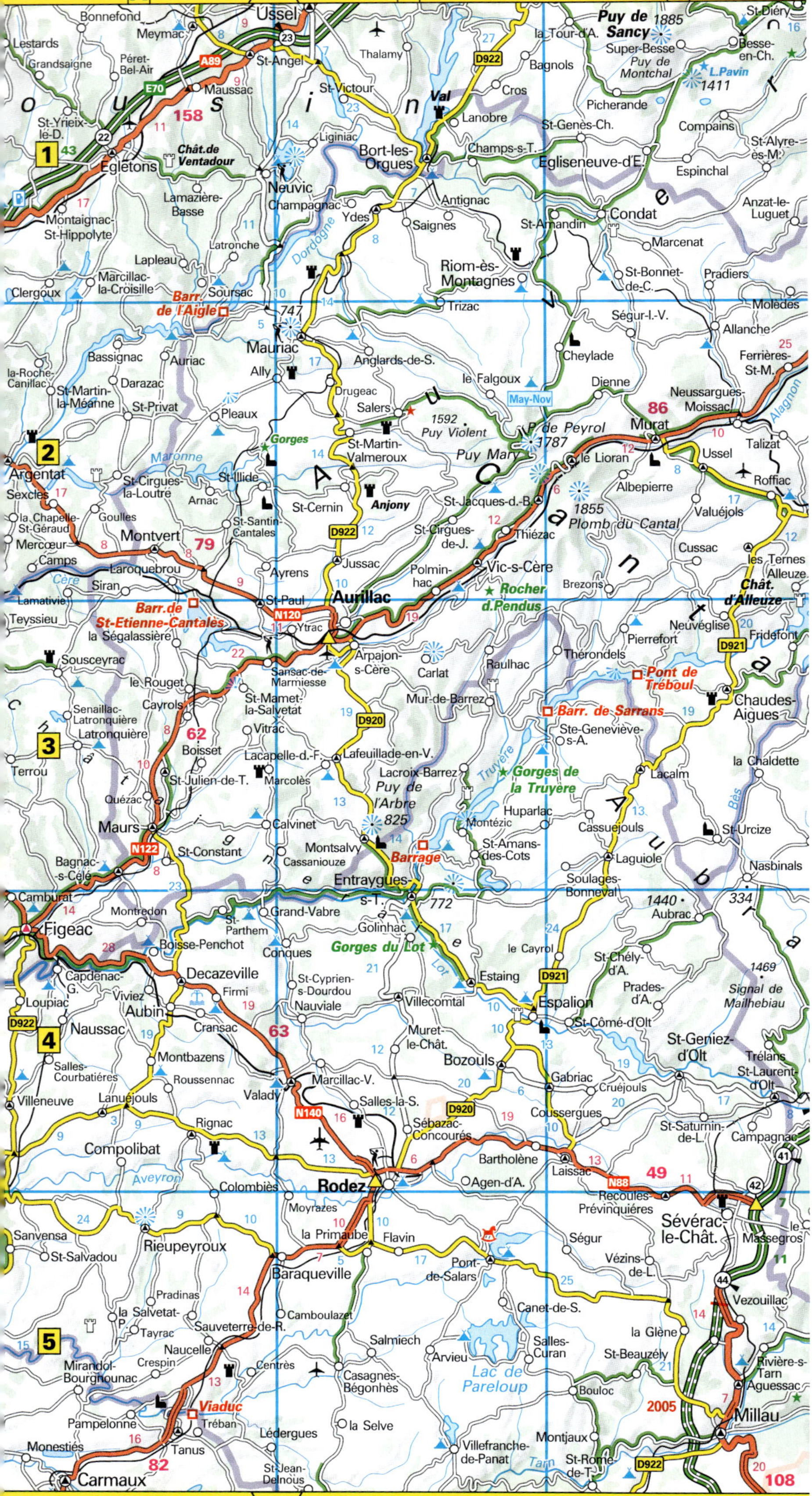

Ussel
Bonnefond
Meymac
Lestards
Grandsaigne
Péret-Bel-Air
Maussac
St-Angel
Thalamy
St-Victour
Val
Lanobre
Bagnols
Cros
la Tour-d'A.
Puy de Sancy 1885
Super-Besse
Puy de Montchal
Besse-en-Ch.
St-Diéry
L.Pavin
1411
Picherande
St-Genès-Ch.
Compains
St-Alyre-ès-M.
St-Yrieix-le-D.
Egletons
Châf.de Ventadour
Liginiac
Neuvic
Bort-les-Orgues
Champs-s-T.
Egliseneuve-d'E.
Espinchal
Lamazière-Basse
Champagnac
Ydes
Antignac
Saignes
St-Amandin
Condat
Anzat-le-Luguet
Montaignac-St-Hippolyte
Latronche
Lapleau
Marcillac-la-Croisille
Soursac
Clergoux
Riom-ès-Montagnes
Marcenat
St-Bonnet-de-C.
Pradiers
Trizac
Molèdes
Barr. de l'Aigle
747
Mauriac
Ségur-l.-V.
Allanche
Bassignac
Auriac
Anglards-de-S.
Cheylade
Ferrières-St-M.
la-Roche-Canillac
St-Martin-la-Méanne
Darazac
St-Privat
Pleaux
Ally
Drugeac
le Falgoux
May-Nov
Dienne
Neussargues-Moissac
Salers
1592 Puy Violent
P. de Peyrol 1787
Murat
Talizat
Gorges
St-Martin-Valmeroux
Puy Mary
le Lioran
Ussel
Roffiac
Argentat
Sexcles
Maronne
St-Cirgues-la-Loutre
St-Illide
Arnac
St-Cernin
Anjony
St-Jacques-d.-B.
Albepierre
1855 Plomb du Cantal
Valuéjols
la Chapelle-St-Géraud
Mercœur
Goulles
St-Santin-Cantalès
Montvert
Camps
Laroquebrou
Siran
Lamativie
Cère
Ayrens
Jussac
St-Cirgues-de-J.
Thiézac
Polminhac
Vic-s-Cère
Cussac
Les Ternes
Alleuze
Rocher d.Pendus
Brezons
Châf. d'Alleuze
St-Paul
Aurillac
Barr.de St-Etienne-Cantalès
Teyssieu
la Ségalassière
Ytrac
Neuvéglise
Pierrefort
Fridefont
Sousceyrac
le Rouget
Sansac-de-Marmiesse
Arpajon-s-Cère
Carlat
Raulhac
Thérondels
Pont de Tréboul
Chaudes-Aigues
Senaillac-Latronquière
Latronquière
Cayrols
St-Mamet-la-Salvetat
Mur-de-Barrez
Barr. de Sarrans
Vitrac
Ste-Geneviève-s-A.
Boisset
Lacapelle-d.-F.
Lafeuillade-en-V.
Terrou
St-Julien-de-T.
Marcolès
Lacroix-Barrez
Gorges de la Truyère
Lacalm
la Chaldette
Puy de l'Arbre 825
Quézac
Huparlac
Cassuejouls
St-Urcize
Maurs
Calvinet
Montézic
Montsalvy
St-Amans-des-Cots
Laguiole
Bagnac-s-Célé
St-Constant
Cassaniouze
Barrage
Nasbinals
Entraygues-s-T.
Soulages-Bonneval
772
1440 Aubrac
334
Camburat
Figeac
Montredon
Grand-Vabre
St-Parthem
Golinhac
Boisse-Penchot
Conques
Gorges du Lot
le Cayrol
St-Chély-d'A.
1469 Signal de Mailhebiau
Capdenac-G.
Decazeville
Viviez
Firmi
St-Cyprien-s-Dourdou
Estaing
Prades-d'A.
Loupiac
Aubin
Nauviale
Villecomtal
Espalion
St-Côme-d'Olt
Naussac
Cransac
Muret-le-Chât.
St-Geniez-d'Olt
Trélans
St-Laurent-d'Olt
Salles-Courbatières
Montbazens
Roussennac
Bozouls
Gabriac
Cruéjouls
Villeneuve
Lanuéjouls
Valady
Marcillac-V.
Salles-la-S.
Coussergues
St-Saturnin-de-L.
Campagnac
Rignac
Sébazac-Concourès
Compolibat
Bertholène
Laissac
Aveyron
Colombiès
Rodez
Agen-d'A.
Recoules-Prévinquières
Sévérac-le-Chât.
Moyrazes
le Massegros
Sanvensa
St-Salvadou
Rieupeyroux
la Primaube
Flavin
Ségur
Vézins-de-L.
Baraqueville
Pont-de-Salars
Vezouillac
Pradinas
la Salvetat-P.
Tayrac
Camboulazet
Canet-de-S.
la Glène
Sauveterre-de-R.
Naucelle
Salmiech
Salles-Curan
St-Beauzély
Rivière-s-Tarn
Mirandol-Bourgnounac
Crespin
Centrès
Arvieu
Lac de Pareloup
Aguessac
Casagnes-Bégonhès
Bouloc
Viaduc
Tréban
2005
Millau
Pampelonne
la Selve
Lédergues
Monestiés
Tanus
Villefranche-de-Panat
Montjaux
Tarn
St-Rome-de-T.
Carmaux
St-Jean-Delnous
A89
E70
N120
N122
N140
N88
D922
D920
D921
Limousin
Auvergne
Monts du Cantal
Châtaigneraie
Aubrac
158
79
62
63
86
49
82
108

52

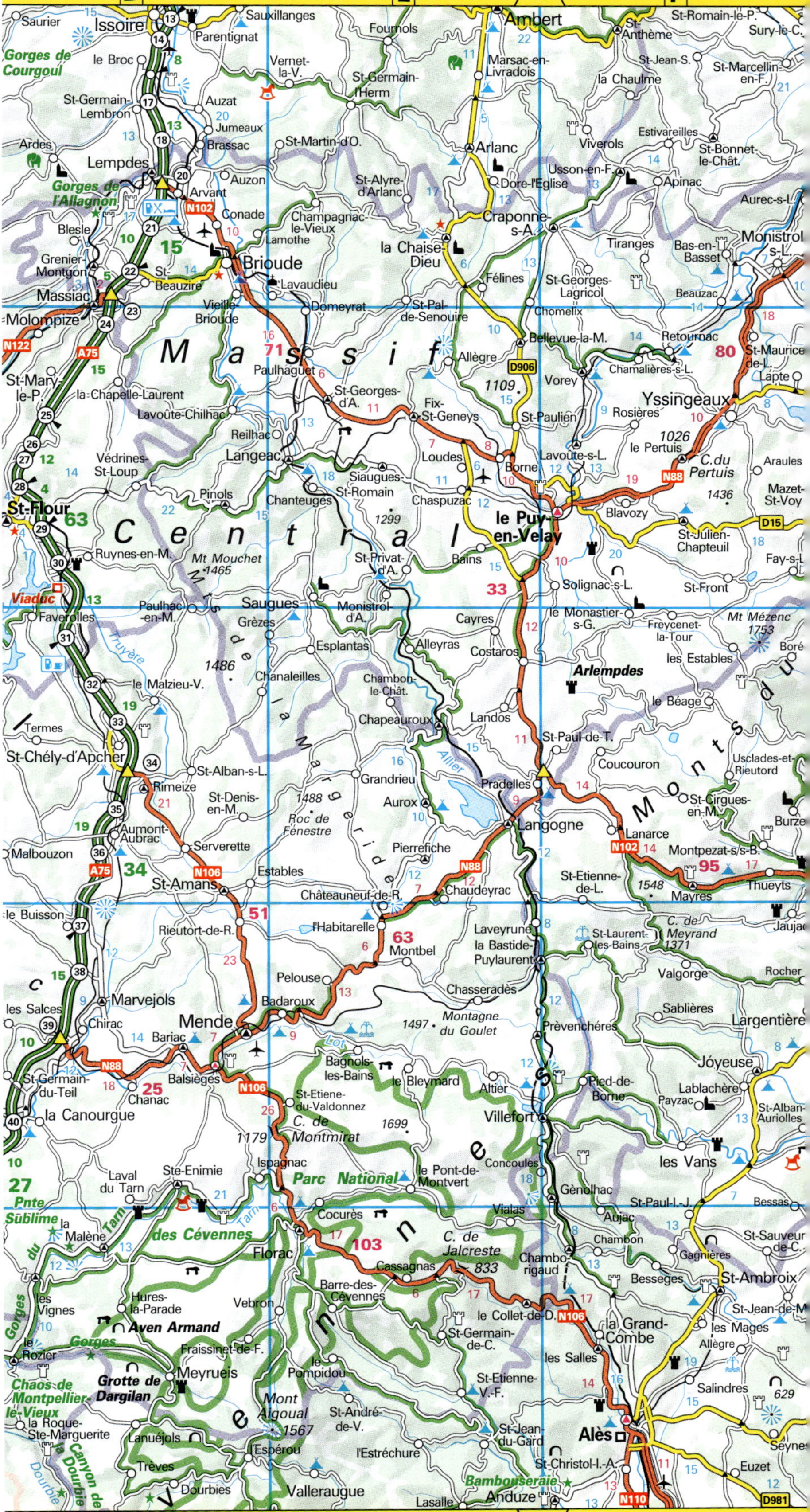
Saurier
Issoire
Parentignat
Sauxillanges
Fournols
Ambert
St-Romain-le-P.
St-Anthème
Sury-le-C.
Gorges de Courgoul
le Broc
Vernet-la-V.
St-Germain-l'Herm
Marsac-en-Livradois
St-Jean-S.
St-Marcellin-en-F.
la Chaulme
St-Germain-Lembron
Auzat
Jumeaux
Brassac
St-Martin-d'O.
Arlanc
Viverols
Estivareilles
St-Bonnet-le-Chât.
Ardes
Lempdes
Gorges de l'Allagnon
Auzon
Arvant
St-Alyre-d'Arlanc
Dore-l'Eglise
Usson-en-F.
Apinac
Aurec-s-L.
Conade
Champagnac-le-Vieux
Lamothe
N102
Blesle
Grenier-Montgon
Massiac
St-Beauzire
Brioude
Lavaudieu
la Chaise-Dieu
Craponne-s-A.
Félines
Tiranges
Bas-en-Basset
Monistrol-s-L.
St-Georges-Lagricol
Beauzac
Molompize
Vieille-Brioude
Domeyrat
St-Pal-de-Senouire
Chomelix
N122
A75
Massif
Paulhaguet
Allègre
Bellevue-la-M.
Retournac
St-Maurice-de-L.
Chamalières-s-L.
Lapte
St-Mary-le-P.
la Chapelle-Laurent
St-Georges-d'A.
Lavoûte-Chilhac
D906
1109
Vorey
Yssingeaux
Fix-St-Geneys
St-Paulien
Rosières
Reilhac
Langeac
Loudes
Borne
Lavoûte-s-L.
1026
le Pertuis
C. du Pertuis
Araules
Védrines-St-Loup
Siaugues-St-Romain
N88
Mazet-St-Voy
Pinols
Chanteuges
1436
St-Flour
Chaspuzac
le Puy-en-Velay
Blavozy
D15
St-Julien-Chapteuil
Central
1299
Ruynes-en-M.
Mt Mouchet 1465
St-Privat-d'A.
Bains
Fay-s-L.
Viaduc
Solignac-s-L.
St-Front
Faverolles
Paulhac-en-M.
Saugues
Monistrol-d'A.
Cayres
le Monastier-s-G.
Mt Mézenc 1753
Grèzes
Freycenet-la-Tour
Truyère
Esplantas
Alleyras
Costaros
Boré
les Estables
1486
Arlempdes
le Malzieu-V.
Chanaleilles
Chambon-le-Chât.
le Béage
Mts de la Margeride
Chapeauroux
Landos
Termes
St-Paul-de-T.
Usclades-et-Rieutord
St-Chély-d'Apcher
St-Alban-s-L.
Allier
Coucouron
Rimeize
Grandrieu
Pradelles
Monts du
St-Denis-en-M.
1488
Roc de Fenestre
Aurox
St-Cirgues-en-M.
Aumont-Aubrac
Langogne
Lanarce
Burzet
Malbouzon
Serverette
Pierrefiche
Montpezat-s/s-B.
A75
N106
Estables
N88
St-Etienne-de-L.
St-Amans
Châteauneuf-de-R.
Chaudeyrac
1548
Mayres
Thueyts
le Buisson
l'Habitarelle
Laveyrune
St-Laurent-les-Bains
C. de Meyrand 1371
Jaujac
Rieutort-de-R.
Montbel
la Bastide-Puylaurent
Valgorge
Rocher
Pelouse
Chasseradès
Marvejols
Badaroux
Sablières
les Salces
Mende
1497
Montagne du Goulet
Prévenchères
Largentière
Chirac
Bariac
Lot
Bagnols-les-Bains
Joyeuse
St-Germain-du-Teil
N88
Balsièges
le Bleymard
Altier
Pied-de-Borne
Lablachère
Chanac
N106
St-Etiene-du-Valdonnez
Payzac
St-Alban-Auriolles
la Canourgue
C. de Montmirat
1699
Villefort
1179
Ispagnac
Concoules
les Vans
Laval du Tarn
Ste-Enimie
Parc National
le Pont-de-Montvert
Génolhac
Pnte Sublime
St-Paul-l.-J.
Bessas
la Malène
Tarn
des Cévennes
Cocurès
Vialas
Aujac
Florac
C. de Jalcreste
Chambon
St-Sauveur-de-C.
Cassagnas
833
Chambo-rigaud
Gagnières
Gorges du
les Vignes
Hures-la-Parade
Vebron
Barre-des-Cévennes
Besseges
St-Ambroix
Aven Armand
le Collet-de-D.
N106
la Grand-Combe
St-Jean-de-M.
les Mages
le Rozier
Gorges
Fraissinet-de-F.
St-Germain-de-C.
Allègre
Grotte de Dargilan
Meyrueis
le Pompidou
les Salles
Chaos de Montpellier-le-Vieux
St-Etienne-V.-F.
Salindres
629
la Roque-Ste-Marguerite
Mont Aigoual 1567
St-André-de-V.
Canyon de la Dourbie
Lanuéjols
St-Jean-du-Gard
Alès
Seynes
l'Espérou
l'Estréchure
St-Christol-l.-A.
Euzet
Trèves
Dourbie
Bambouseraie
Dourbies
Valleraugue
Lasalle
Anduze
N110
D981

ST-ETIENNE
Andrézieux-B.
St-Héand
St-Chamond
St-Marcellin-en-F.
St-Just-St-Rambert
St-Bonnet-le-Chât.
Roche-la-Molière
la Ricamarie
le Chambon-F.
Torrenpire
Firminy
Aurec-s-L.
Pont-Salomon
Bas-en-Basset
Monistrol-s-L.
la Séauve
St-Didier-en-V.
Beauzac
Ste-Sigolène
St-Maurice-de-L.
Dunières
Riotord
Grd Felletin
Lapte
Montfaucon-en-V.
Yssingeaux
St-Bonnet-le-F.
Araules
Tence
le Chambon-s-L.
Devesset
Châl. de Rochebloine
St-Agrève
Mazet-St-Voy
St-Front
Fay-s-L.
St-Julien-Boutières
Désaignes
Lamastre
Nonières
Mt Mézenc
1753
les Estables
Borée
Arcens
St-Martin-de-V.
le Cheylard
Dornas
Albon
Mézilhac
St-Pierreville
les Ollières-s-E.
Laviolle
Burzet
Privas
Antraigues-s-Volane
Montpezat-s/s-B.
Vals-les-Bains
Thueyts
Jaujac
Lalevade
Vesseaux
Aubenas
Lachapelle-s/s-Aubenas
Rocher
Largentière
Vogüé
Villeneuve-de-Berg
Joyeuse
Pradons
Ruoms
Lablachère
St-Alban-Auriolles
Vallon-Pont-d'Arc
Lagorce
Salavas
Gorges de l'Ardèche
Pont d'Arc
Bessas
Aven de Orgnac
Aven de Marzal
Orgnac-l'A.
Barjac
St-Sauveur-de-C.
St-Ambroix
St-Jean-de-M.
Allègre
Goudargues
Guidon du Bouquet
Lussan
Seynes
Euzet
St-Maurice-de-C.
Serviers
St-Laurent-la-V.
St-Marcel-de-C.
Bagnols-s-C.
Connaux
Orsan
Laudun-l'Ardoise
Roquemaure
Pouzilhac
Pont-St-Esprit
St-Laurent-de-C.
St-Martin-d'A.
Bourg-St-Andéol
St-Remèze
St-Montant
Gras
Viviers
Donzère
le Teil
Alba-la-R.
Rochemaure
Meysse
Cruas
Baix
Chomérac
le Pouzin
la Voulte-s-Rhône
St-Fortunat-s-E.
St-Laurent-du-Pape
Vernoux-en-V.
Alboussière
St-Péray
Gilhoc-s-Ormèze
Arlebosc
Tournon-s-Rhône
Tain-l'Hermitage
St-Félicien
Lalouvesc
St-Julien-Vocance
Satillieu
St-Jeure-d'Ay
St-Alban-d'Ay
Annonay
Villevocance
St-Sauveur-en-R.
Marlhes
Bourg-Argental
St-Genest-Malifaux
le Bessat
Mont Pilat
St-Julien
Pélussin
Chavanay
Condrieu
Ampuis
Rive-de-Gier
Lorette
la Grand-Croix
Vienne
Pont-Evêque
Eyzin-Pinet
Beauvoir-de-M.
St-Jean-de-B.
les Roches
Roussillon
Cour-et-Buis
Bellegarde-Poussieu
Faramans
le Péage-de-R.
Serrières
Boulieu-les-Annona
St-Marcel-les-Annonay
Andance
Chanas
St-Rampert-d.-A.
Bougé-Chambalud
Anneyron
St-Sorlin-en-V.
Beaurepaire
Marcilloles
le Grand-Serre
Hauterives
Châteauneuf-de-G.
Montrigaud
Sarras
St-Vallier
St-Uze
Serves-s-R.
Montmiral
Marges
St-Donat-s-l'Herbasse
Peyrins
Granges-les-Beaumont
St-Paul-l.-R.
Romans-s-I.
Pont-de-l'Isère
Alixan
St-Marcel-lès-Valence
VALENCE
Barbières
Léoncel
C. de la Bataille
1313
Chabeuil
Soyons
Charmes-s-Rh.
Portes-les-V.
Etoile-s-Rhône
Omblèze
Montmeyran
Plan-de-Baix
Livron-s-Drôme
Allex
Beaufort-s-G.
Crest
Loriol-s-Drôme
Grane
Aouste-s-S.
Vercheny
Saillans
Drôme
Saulce-s-Rh.
Marsanne
Saou
Col de Chaudière
1047
Cléon-d'Andran
Charols
Bourdeaux
Sauzet
Eyzahut
Montélimar
le Poët-Laval
Dieulefit
Bouvières
1606
la Bégude-de-Mazenc
Espeluche
Col de Valouse
735
Taulignan
St-Ferréol-Trente-Pas
Sahune
Grignan
Rousset-l.-V.
Valaurie
Pierrelatte
Grillon
Valréas
Aubres
Nyons
Ste-Jalle
Vinsobres
Visan
St-Paul-T.-Chât.
Lapalud
Mirabel-a.-B.
Aigues
St-Maurice-s-E.
Tulette
Buis-les-Baronnies
Vaison-la-Romaine
Bollène
Suze-la-R.
Ste-Cécile-l.-V.
Rasteau
Mondragon
Mollans-s-O.
Entrechaux
Sablet
Mornas
Sérignan-du-C.
Malaucène
Mont Ventoux
1909
May-Oct
Camaret-s-A.
Orange
Jonquières
Beaumes-de-V.
Bédoin
Courthézon
Sarrians
Châteauneuf-du-Pape
Bédarrides
Monteux
Carpentras
Mazan
Mormoiron
Villes-s-A.
Rhône
Loire
Eyrieux
Ardèche
Cèze
Monts du Vivarais
A7
E15
A9
N7
N86
N82
D121
D15
D533
N104
D104
N102
D541
D538
N580
D981
D6
D938
D532
N532
E713
N92
A72
N948
N88

GRENOBLE
Eclose
Biol
Montagnieu
Paladru
Virieu
Montferrat
Semons
Champier
Burcin
Charavines
St-Geoire-en-Valdaine
Entre-Deux-Guiers
les Echelles
St-Thibaud-de-C.
Col du Granier 1134
Chapareillan
Montmélian
Argentine
la Rochette
Pontcharra
Epierre
Longchamp
la Côte-St-André
la Frette
Chirens
Voiron
St-Laurent-du-P.
Gorges
St-Pierre-d'E.
Brézins
St-Etienne-de-St-G.
Rives
Moirans
la Buisse
Col du Cucheron 1139
le Touvet
Allevard
Pinsot
la Chambre
St-Siméon-de-B.
Tullins
Voreppe
1867
St-Pierre-de-Ch.
Col de Porte 1326
St-Hilaire
Goncelin
le Curtillard
2805
St-Etienne-de-C.
St-Colomban
Chasselay
St-Quentin-s-Isère
St-Egrève
Bernin
Theys
Col du Glandon 1924
la Toussuire
2908
Roybon
Varacieux
Vinay
Sassenage
Meylan
Domène
Brignoud
Lancey
Col de la Croix-de-Fer 2068
St-Sorlin-d'A.
St-Jean-d'A.
Jul-Oct
St-Antoine-l'Abbaye
Rovon
Autrans
St-Nizier 1901
Uriage-l.-B.
Chamrousse 2257
Vaujany
Pic de l' Etendard 3468
les Aig. d' Arves 3510
St-Marcellin
Cognin-l.-G.
Méaudre
Lans-en-V.
St-Romans
Gorges de la Bourne
le Pont-de-Claix
Vizille
Allemont
Pic du Lac Blanc 3327
Alpe-d'Huez
Oratoire du Chazelet
St-Hilaire-du-Rosier
Villard-de-Lans
Varces
Livet
le Bourg-d'Oisans
le Freney-d'Oisans
Pont-en-R.
St-Nazaire-en-R.
Grds Goulets
Vif
Séchilienne
la Grave
la Meije 3983
St-Jean-en-R.
Combe Laval
Corrençon-en-Vercors
Laffrey
2857
le Taillefer
1371 C. d'Ornon
les Deux-Alpes
Col de la Machine 1015
la Chapelle-en-V.
Coynelle
Chantelouve
St-Christophe-en-O.
Massif
1175
Col de la Portette
St-Guillaume
Pierre-Châtel
Roche de la Muzelle
Monestier-de-C.
Sinard
le Périer
St-Agnan-en-V.
1222
Gresse-en-V.
2006
la Mure
Entraigues
3465
la Bérarde 4102
Barre des Ecrins
Vassieux-en-V.
May-Oct
Col de St. Alexis
le Grd Veymont 2341
Pont
Valbonnais
la Salle-en-B.
la Chapelle-en-V.
Ecrins
le Désert
3564
Parc National
Pic d'Olan 3669
1255
St-Julien-en-Quint
C. de Rousset
Chamaloc
Clelles
Drac
Cordéac
Barr. du Sautet
Corps
Villar-Loubière
des
la Chapelle-en-V.
Chichilianne
Mens
St-Firmin
Valgaudemar
Écrins
3179
Die
Col de Menée 1457
2790
Vieux Chaillol 3163
Pontaix
Cirque d'Archiane
les Nonières
Lalley
Tréminis
St-Disdier
les Clots
les Borels
May-Oct
C. de la Croix-Haute 1179
Rte Napoléon
100
1318
St-Roman
Châtillon-en-D.
C. de Grimone
Glandage
St-Bonnet-en-Champsaur
Orcières
Recoubeau-Jansac
Lus-la-C. H.
1441
St-Etienne-en-D.
Chabottes
Apr-Oct
Col du Festre
Pic de Bure
St-Laurent-du-C.
la Cluse
2709
Col Bayard 1248
Ancelle
Luc-en-Diois
St-Julien-en-B.
134
Pradelle
Poyols
Montbrand
Beaurières
la Faurie
Montmaur
la Roche-des-Arnauds
Réallon 2403
St-Nazaire-le-Désert
Col de Prémol 1180
la Bâtie-N.
Chorges
964
C. de Cabre
la Beaume
Gap
Veynes
Lac de Serre-Ponçon
Chaloncon
Valdrôme
Aspres-s-Buëch
2016
Avançon
1733
Barr. de Serre Ponçon
Establet
Aspremont
Chabestan
Tallard
la Motte-Ch.
1757
Serres
Barcillonnette
la Saulce
Gigors
St-Vincent-l.-F.
Col de Palluel
Col St. Jean 1333
Rémuzat
801
l'Epine
Savournon
Buech
Durance
Rosans
Montjay
Eyguians
Monêtier-Allemont
1561
Malaup
Faucon-du-C.
Turriers
1185
Col des Garcinets
Selonnet
Seyne 1346
Laux-Montaux
Orpierre
la Motte-du-Caire
Bayons
C. de Maure
St-Auban-s-l'Ouvèze
Laborel
Laragne-Montéglin
Clamensane
le Poët
les Monges 2115
Barles
Verdaches
le Vernet
Montauban
Barret-sur-Méouge
Châteaufort
Authon
2189
Blayeul Som.
Col du Labouret 1240
Lachau
Ribiers
Clues
Séderon
St-Vincent-s-J.
le Castellard
Brantes
Montbrun-l.-B.
Sisteron
la Robine
la Javie
les Omergues
Noyers-s-J.
Aurel
Signal 1826 de Lure
Thoard
Volonne
Draix
1988
Sault
Revest-du-B.
Plateau
Château-Arnoux
Route
Digne-les-Bains
Tartonne
Monieux
St-Etienne-les-Orgues
Mallefougasse
St-Auban
Malijai
Gorges de la Nesque
Banon
de St Cristol
les Grillons
N85
A48
E711
A49
N92
N532
D519
A51
N91
N6
A43
D925
A41
E712
N94
D93
D94
D994
D900
N75

36

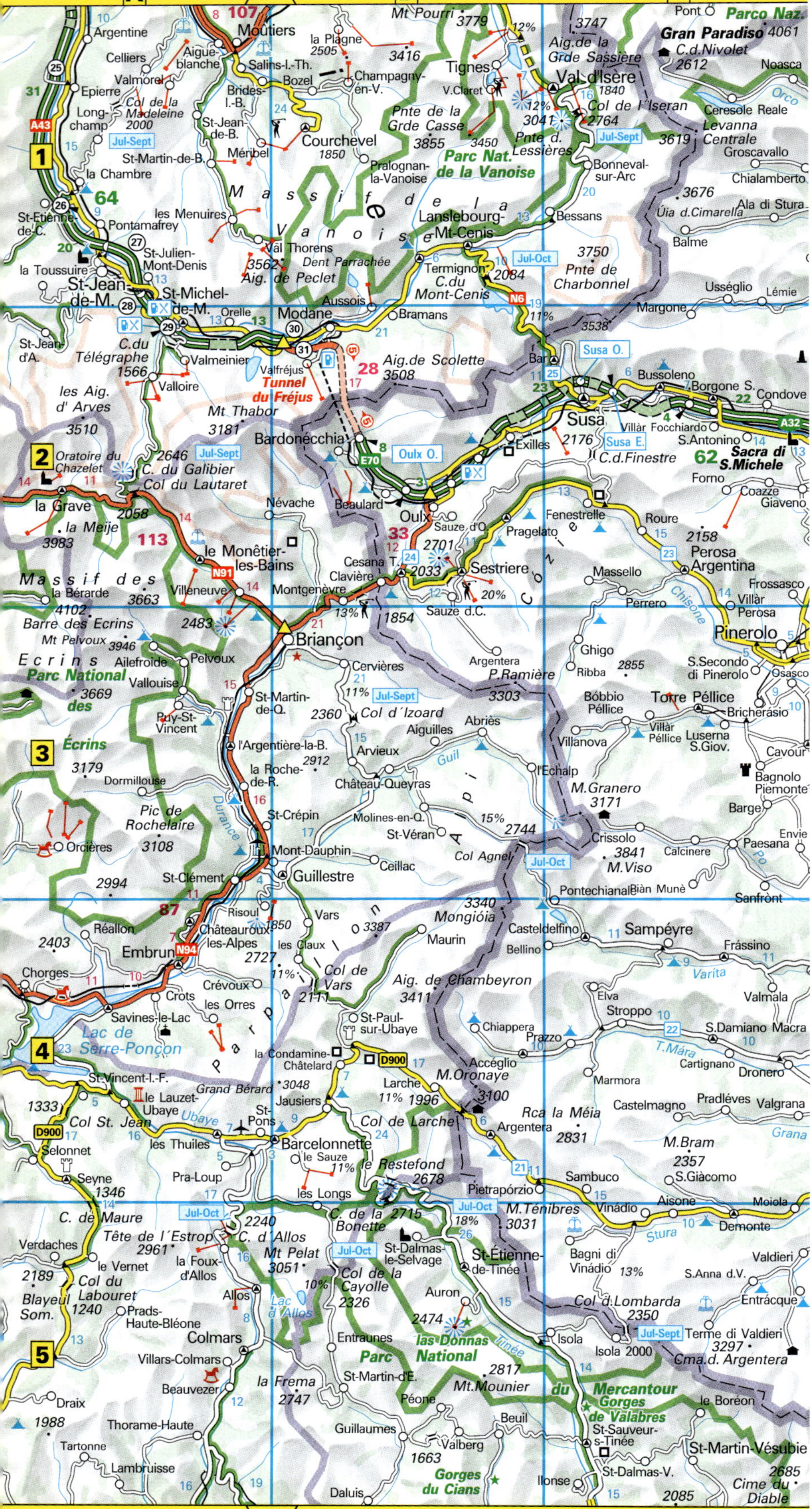
A
B
C
Moûtiers
Argentine
Celliers
Aigue-blanche
Salins-l.-Th.
Bozel
la Plagne
2505
Champagny-en-V.
Mt Pourri
3779
3416
12%
3747
Aig.de la Grde Sassière
Pont
Parco Naz. Gran Paradiso
4061
C.d.Nivolet
2612
Noasca
Tignes
V.Claret
Val-d'Isère
1840
Col de l'Iseran
2764
3041
Pnte d. Lessières
Ceresole Reale
Levanna Centrale
3619
Groscavallo
Chialamberto
Valmorel
Col de la Madeleine
2000
Epierre
Long-champ
Jul-Sept
Brides-l.-B.
St-Jean-de-B.
Méribel
Courchevel
1850
Pralognan-la-Vanoise
Pnte de la Grde Casse
3855
3450
Parc Nat. de la Vanoise
Bonneval-sur-Arc
St-Martin-de-B.
la Chambre
64
Massif de la Vanoise
3676
Ala di Stura
Uia d.Cimarella
les Menuires
St-Etienne-de-C.
Pontamafrey
Lanslebourg-Mt-Cenis
Bessans
Balme
St-Julien-Mont-Denis
Val Thorens
3562
Aig. de Peclet
Dent Parrachée
Termignon
C.du Mont-Cenis
2084
Jul-Oct
3750
Pnte de Charbonnel
Usséglio
Lémie
la Toussuire
St-Jean-de-M.
St-Michel-de-M.
Orelle
Modane
Aussois
Bramans
N6
11%
Margone
St-Jean-d'A.
C.du Télégraphe
1566
Valmeinier
Valfréjus
Tunnel du Fréjus
28
Aig.de Scolette
3508
3538
Bar
Susa O.
Bussoleno
Borgone S.
Condove
Valloire
les Aig. d' Arves
3510
Mt Thabor
3181
Bardonècchia
E70
Oulx O.
Exilles
Susa
2176
Susa E.
Villàr Focchiardo
S.Antonino
A32
Sacra di S.Michele
62
C.d.Finestre
Forno
Coazze
Giaveno
Oratoire du Chazelet
2646
C. du Galibier
Col du Lautaret
la Grave
2058
la Meije
3983
113
Névache
Beaulard
Oulx
33
Sauze d'Oulx
Pragelato
Fenestrelle
Roure
2158
Perosa Argentina
le Monêtier-les-Bains
N91
Cesana T.
Claviere
2701
2033
Sestriere
Massello
Frossasco
Villàr Perosa
Massif des Ecrins
la Bérarde
4102
3663
Villeneuve
Montgenèvre
13%
Sauze d.C.
20%
Perrero
Chisone
Pinerolo
Barre des Ecrins
Mt Pelvoux
3946
2483
Briançon
1854
Ghigo
2855
S.Secondo di Pinerolo
Osasco
Ecrins
Parc National des Ecrins
Ailefroide
Pelvoux
Vallouise
3669
Cervières
Argentiera
P.Ramière
3303
Ribba
Puy-St-Vincent
St-Martin-de-Q.
2360
11%
Jul-Sept
Col d'Izoard
Aiguilles
Abriès
Bóbbio Péllice
Torre Péllice
Bricherásio
Villàr Péllice
Luserna S.Giov.
Villanova
Cavour
3179
Dormillouse
l'Argentière-la-B.
2912
Arvieux
Guil
l'Echalp
Bagnolo Piemonte
la Roche-de-R.
Château-Queyras
M.Granero
3171
Barge
Pic de Rochelaire
3108
Durance
St-Crépin
Molines-en-Q.
St-Véran
15%
2744
Crissolo
Envie
Orcières
Mont-Dauphin
Ceillac
Col Agnel
Jul-Oct
3841
M.Viso
Calcinere
Paesana
Po
2994
St-Clément
Guillestre
Pontechianale
Biàn Munè
Sanfrònt
87
Risoul
1850
Vars
3387
3340
Mongióia
Casteldelfino
Sampéyre
Réallon
Châteauroux-les-Alpes
les Claux
Maurin
Bellino
Frássino
2403
Embrun
N94
2727
Col de Vars
Aig. de Chambeyron
3411
Várita
Chorges
11%
Crévoux
2111
Elva
Valmala
Savines-le-Lac
Crots
les Orres
St-Paul-sur-Ubaye
Stroppo
Lac de Serre-Ponçon
Chiappera
Prazzo
S.Damiano Macra
la Condamine-Châtelard
D900
Acceglio
T.Màira
Cartignano
Dronero
St-Vincent-l.-F.
le Lauzet-Ubaye
Grand Bérard
3048
Jausiers
Larche
M.Oronaye
Marmora
1333
11%
1996
3100
Castelmagno
Pradlèves
Valgrana
Col St. Jean
Ubaye
St-Pons
Col de Larche
Rca la Méia
Argentera
2831
Grana
Selonnet
les Thuiles
Barcelonnette
M.Bram
2357
le Sauze
Restefond
2678
Sambuco
S.Giàcomo
Seyne
1346
Pra-Loup
les Longs
Pietraporzio
C. de Maure
2240
C. de la Bonette
2715
Jul-Oct
M.Ténibres
18%
3031
Vinádio
Aisone
Moiola
Demonte
Stura
Verdaches
Tête de l'Estrop
2961
C. d'Allos
St-Dalmas-le-Selvage
St-Etienne-de-Tinée
Bagni di Vinádio
13%
Valdieri
2189
le Vernet
Col du Labouret
la Foux-d'Allos
Mt Pelat
3051
10%
Col de la Cayolle
2326
S.Anna d.V.
Blayeul Som.
1240
Allos
Lac d'Allos
Auron
Col d.Lombarda
2350
Entrácque
Prads-Haute-Bléone
Colmars
2474
Isola
Isola 2000
Jul-Sept
Terme di Valdieri
3297
Cma.d. Argentera
Villars-Colmars
Entraunes
Parc National du Mercantour
las Donnas
Tinée
Beauvezer
la Frema
2747
St-Martin-d'E.
2817
Mt.Mounier
Gorges de Valabres
le Boréon
Draix
Péone
Beuil
1988
Thorame-Haute
Guillaumes
Valberg
St-Sauveur-s-Tinée
St-Martin-Vésubie
Tartonne
1663
2685
Lambruisse
Daluis
Gorges du Cians
Ilonse
St-Dalmas-V.
2085
Cime du Diable

56

D
E
37
F
d. Gran Paradiso
Valprato Soana
2766
Ronco Canavese
Traversella
Lèssolo
Borgofranco d'I.
Burolo
Bollengo
Massazza
Buronzo
Carpignano Sésia
Arbório
Rosone
Ribordone
Castelnuovo Nigra
Pont Canavese
Locana
Ivrea
Albiano
Salussola
Viverone
Carísio
Santhià
Albano Verc.
Quinto Vercellese
Cuorgnè
Castellamonte
Ozegna
Agliè
Romano Canav.
Strambino
Scarmagno
Cavaglià
Borgo d'A.
Borgo d'Ale
S.Germano Vercellese
VERCELLI
Valperga
Rivarolo Canavese
Busano
Montalenghe
Vische
Caluso
Cigliano
Tronzano Vercellese
Bianzè
Céres
Procária
Vietti
Cório
Lanzo Tor.
Vàuda C.
Front
S.Giórgio C.
Mazzè
Rondissone
Livorno Ferráris
Desana
Vercelli O.
Monti Viù
Mathi
Lombardore
Ciriè
Volpiano
Montanaro
Salúggia
Ronsecco
Colle d.Lis
1311 La Cassa
Val d.Torre
Robassomero
Caselle T.
Leinì
Verolengo
Chivasso
Crescentino
Palazzolo Verc.
Trino
Pertengo
Bálzola
Po
Brusasco
Gabiano
Pontestura
Almese
Venaria
Settimo
Casalborgone
Alpignano
Gassino Tor.
Abb. di Vezzolano
Cocconato
Vle.Cerrina
Pozzo
Serralunga di Crea
Avigliana
Rivoli
Bruino
Baldissero Tor.
Cinzano
TORINO
Castelnuovo Don Bosco
Gallareto
Moncalvo
Cereseto
Ottiglio
Orbassano
Piossasco
Cumiana
Moncalieri
Trofarello
Chieri
Buttigliera d'Asti
Montafia
Montechiaro d'Asti
Tonco
Calliano
Vignale Monf.
Montemagno
Fubine
Volvera
Cambiano
Villanova d'Asti
Serravalle
Asti E.
Asti O.
Refrancore
Felizzano
Candiolo
None
Santena
Riva
Airasca
Carignano
Poirino
Valfenera
Villafranca d'Asti
ASTI
Castello di Annone
Buriasco
Virle Piem.
Carmagnola
Casanova
Pralormo
Rocca
Rocchetta
Vigone
Pancalieri
Ceresole Alba
Cisterna d'Asti
S.Damiano d'Asti
Isola d'Asti
Piemonte
Péllice
Montà
Canale
Mombercelli
Incisa
Villafranca Piemonte
Casalgrasso
Racconigi
Murello
Sommariva d.Bosco
Magliano Alfieri
Canove
Agliano
Nizza Monf.
Mombaruzzo
Moretta
Corneliano d'Alba
Castagnole d.Lanze
Castel Boglione
Tánaro
Belbo
Carde
Sommariva Perno
Canelli
Castel R.
Cavallermaggiore
Castiglione Tinella
S.Stéfano B.
Scarnafigi
Revello
Marene
Bra
Roddi
Alba
Mango
Búbbio
Bistagno
Savigliano
Cherasco
La Morra
Diano d'Alba
Vésime
Saluzzo
Barolo
Falicetto
Cervere
Ponti
Verzuolo
Genola
Monforte d'Alba
Cástino
S.Giórgio Scarampi
Cartósio
Venasca
Máira
Narzole
Cravanzana
Roccaverano
Levaldigi
Cortemília
Costigliole Saluzzo
Fossano
Bene Vagienna
Serravalle
Pezzolo Valle Uzzone
Villafalletto
Trinità
Bossolasco
Spigno Monf.
Busca
Dogliani
Centallo
Niella Belbo
Pareto
S.Albano
Carrù
Gorzegno
Murazzano
Piana Críxia
Monesíglio
Castelletto Stura
Marságlia
Pontinvrea
Carráglio
Mondovì
Carretto
Dego
Mad. d.Olmo
2006
Niella Tánaro
Saliceto
CÚNEO
Morozzo
Ceva
Montezémolo
Céngio
Cairo Montenotte
Lesegno
Millésimo
Càrcare
Mondovì
Borgo S. Dalmazzo
Beinette
Vicoforte
Nucetto
Altare
Santuário
Vasco
Battifollo
Gaiola
Bóves
Peveragno
Villanova Mondovì
Pállare
Roccavione
Chiusa d.P.
Frabosa Soprana
Murialdo Piano
Quiliano
Terme d. Lurísia
Bagnasco
Savona-Vado
Pamparato
Viola
Osíglia
Vado Ligure
Vernante
Artesina
Bórmida
Bergeggi
118
Certosa d.P.
1028
Bossea
Calizzano
Priola
Spotorno
Limone Piemonte
Garéssio
Bardineto
Noli
Palanfrè
Magliolo
Varigotti
2651
M.Mongióie
Trappa
9%
Tunnel de Tende
2630
Ormea
13%
957
Finale Lígure
Colle di Tenda
Col de Tende
1908
1870
Colle S. Bernardo
Pietra Lígure
Viozene
Erli
Toirano
Loano
N.D.des Fontaines
941
Nava
Alto
Nasino
Cisano s.N.
Borghetto
Ceriale
Tende
Mónesi
C.di Nava
10%
St-Dalmas-de-Tende
2200
M.Saccarello
Borghetto d.A.
Albenga
Pieve di T.
Ortovero
Realdo
Casanova
57
E25
E612
E64
E70
E74
E717
E80
A4
A4/5
A5
A6
A21
A26/4

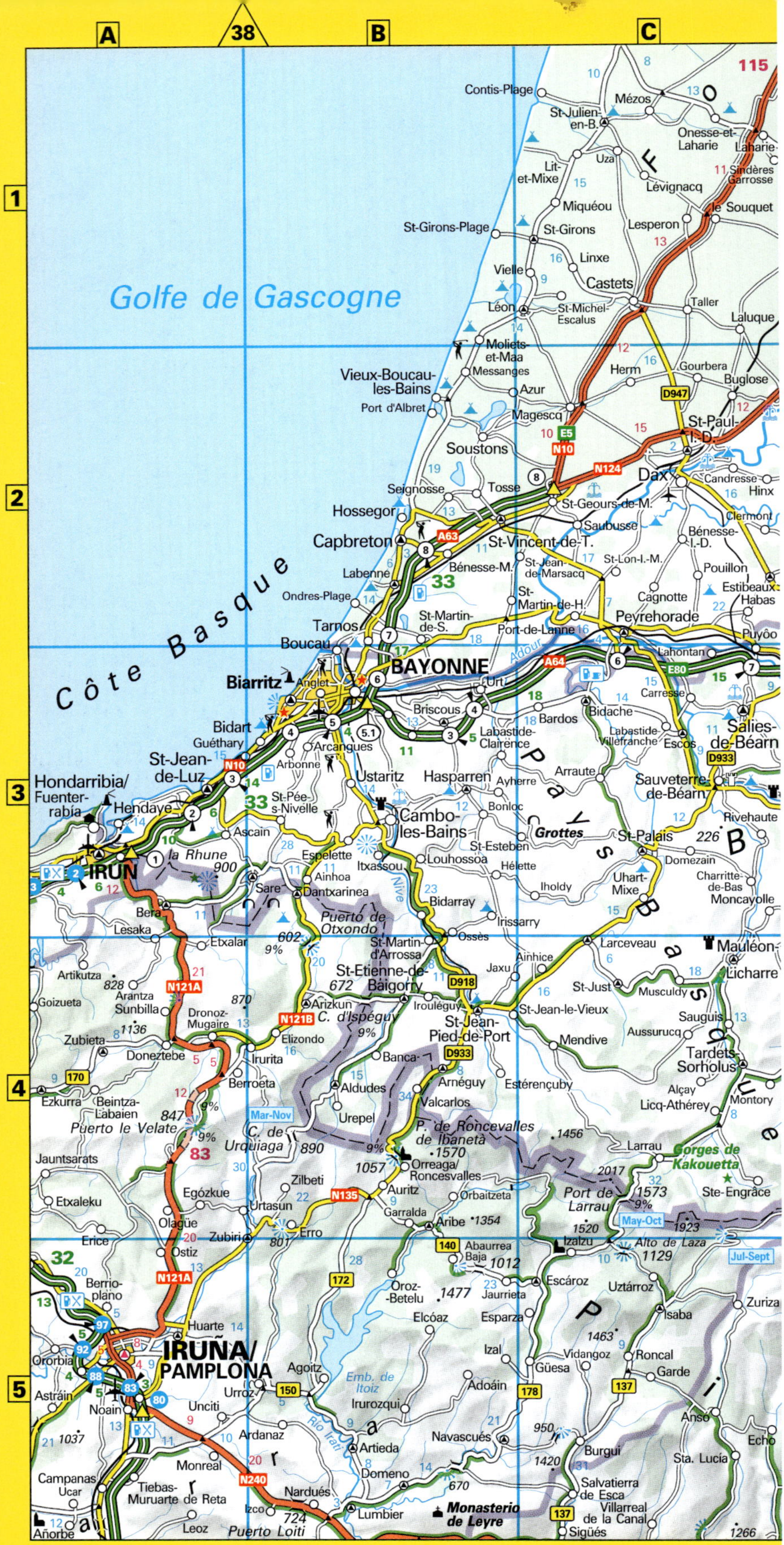

A
38
B
C
1
2
3
4
5
Golfe de Gascogne
Côte Basque
Contis-Plage
St-Julien-en-B.
Mézos
Onesse-et-Laharie
Laharie
Lit-et-Mixe
Uza
Sindères
Garrosse
Lévignacq
le Souquet
Miquéou
St-Girons-Plage
St-Girons
Lesperon
Linxe
Vielle
Castets
Léon
St-Michel-Escalus
Taller
Laluque
Moliets-et-Maa
Messanges
Vieux-Boucau-les-Bains
Port d'Albret
Azur
Herm
Gourbera
Buglose
Magescq
St-Paul-l.-D.
Soustons
Dax
Candresse
Hinx
Seignosse
Tosse
St-Geours-de-M.
Hossegor
Saubusse
Clermont
Capbreton
St-Vincent-de-T.
Bénesse-l.-D.
Labenne
Bénesse-M.
St-Jean-de-Marsacq
St-Lon-l.-M.
Pouillon
Ondres-Plage
St-Martin-de-H.
Cagnotte
Estibeaux
Habas
Tarnos
St-Martin-de-S.
Port-de-Lanne
Peyrehorade
Puyoo
Boucau
BAYONNE
Adour
Lahontan
Biarritz
Anglet
Urt
Carresse
Briscous
Bardos
Bidache
Salies-de-Béarn
Bidart
Labastide-Clairence
Labastide-Villefranche
Escos
Guéthary
Arcangues
Arbonne
St-Jean-de-Luz
Ustaritz
Hasparren
Ayherre
Arraute
Sauveterre-de-Béarn
Hondarribia/Fuenterrabía
Hendaye
St-Pée-s-Nivelle
Cambo-les-Bains
Bonloc
Grottes
St-Palais
Rivehaute
Ascain
St-Esteben
Espelette
Louhossoa
Hélette
Domezain
la Rhune
IRUN
Itxassou
Ainhoa
Iholdy
Uhart-Mixe
Charritte-de-Bas
Moncayolle
Sare
Dantxarinea
Bidarray
Bera
Lesaka
Puerto de Otxondo
Irissarry
Nive
Etxalar
St-Martin-d'Arrossa
Ossès
Larceveau
Mauléon-Licharre
Artikutza
Aïnhice
St-Etienne-de-Baïgorry
Jaxu
St-Just
Musculdy
Goizueta
Arantza
Sunbilla
Dronoz-Mugaire
Arizkun
C. d'Ispéguy
Irouléguy
St-Jean-Pied-de-Port
St-Jean-le-Vieux
Sauguis
Zubieta
Doneztebe
Elizondo
Mendive
Aussurucq
Tardets-Sorholus
Irurita
Banca
Berroeta
Aldudes
Arnéguy
Estérençuby
Ezkurra
Beintza-Labaien
Valcarlos
Alçay
Licq-Athérey
Montory
Puerto le Velate
Urepel
C. de Urquiaga
P. de Roncevalles de Ibañeta
Mar-Nov
Jauntsarats
Orreaga/Roncesvalles
Larrau
Gorges de Kakouetta
Zilbeti
Auritz
Orbaitzeta
Port de Larrau
Ste-Engrâce
Etxaleku
Egózkue
Urtasun
Garralda
Aribe
May-Oct
Olagüe
Erro
Izalzu
Alto de Laza
Erice
Zubiri
Abaurrea Baja
Jul-Sept
Ostiz
Escároz
Uztárroz
Berrio-plano
Oroz-Betelu
Jaurrieta
Zuriza
Elcóaz
Esparza
Isaba
Huarte
Ororbia
IRUÑA/PAMPLONA
Izal
Vidangoz
Roncal
Agoitz
Güesa
Garde
Astráin
Emb. de Itoiz
Urroz
Adoáin
Noain
Unciti
Irurozqui
Río Irati
Ansó
Echo
Ardanaz
Artieda
Navascués
Burgui
Sta. Lucía
Monreal
Domeno
Campanas
Ucar
Tiebas-Muruarte de Reta
Nardués
Salvatierra de Esca
Izco
Lumbier
Monasterio de Leyre
Villarreal de la Canal
Añorbe
Leoz
Puerto Loiti
Sigüés
Pays Basque
Pyrénées

Morcenx
Luglon
Labrit
Lencouacq
Bourriot-Bergonce
Losse
Arx
Retjons
Cachen
Arue
St-Gor
Lapeyrade
Vert
Garein
Brocas
Bèlis
Maillères
Vielle-Soubiran
Arengosse
Morcenx-Bourg
Canenx-et-Réaut
Roquefort
Gabarret
Geloux
Cère
Lucbardez-et-Bargues
Bostens
St-Justin
Labastide-d'Armagnac
Castelnau-d'A.
Villenave
Ygos-St-S.
Rion-des-Landes
Ousse-Suzan
le Caloy
Gaillères
Pouydessaux
Lacquy
Barboton-l.-Th.
St-Martin-d'O.
St-Avit
St-Foy
Beylongue
Mont-de-Marsan
Villeneuve-de-Marsan
la Frêche
Cazaubon
Bretagne-d'A.
St-Yaguen
Lannemaignan
Campagne-d'A.
Lesgor
Tartas
Meilhan
Campagne
St-Perdon
Monguilhem
Estang
Eauze
Maurrin
Monlezun-d'Armagnac
Panjas
le Leuy
Souprosse
Manciet
Pontonx-s-l'A.
Cauna
Grenade-s-l'A.
le Houga
Nogaro
Dému
Mugron
St-Sever
Cazères-s-l'A.
Urgosse
Montfort-en-Ch.
Montaut
Aire-s-l'Adour
Barcelonne-du-G.
Aignan
St-Aubin
Coudures
Buanes
Doazit
Eugénie-les-Bains
Termes-d'A.
Lupiac
Castelnau-Ch.
St-Cricq-Chalosse
Aubagnan
St-Germé
Riscle
Pomarez
Hagetmau
St-Mont
Brassempouy
Samadet
Geaune
Aurensan
Cahuzac-s-A.
Plaisance
Momuy
Castelnau-R.-B.
Tilh
Amou
Poudenx
Sarron
Beaumarchés
Mant
Garlin
Viella
Sault-de-Navailles
Arzacq-Arraziguet
Cadillon
Madiran
Ladevèze-R.
Labatut-Rivière
Orthez
Morlanne
Marciac
Lème
Castillon
Lalongue
Theze
Sombrun
Maubourguet
l'Hôpital-d'Orion
Arthez-de-Béarn
Auriac
Laà
Mazerolles
Sévignacq-Thèze
Lembeye
Lahitte-Toupière
Loubieng
Maslacq
Cescau
Villecomtal-s-Arros
Lacq
Uzein
Navailles-Angos
Anoye
Vic-en-Bigorre
Laàs
Lagor
Artix
Bernadets
Rabastens-de-Bigorre
St-Lézer
Mourenx
Baleix
Bastanès
Viellesegure
Sedzère
Montaner
Tostat
Escondeaux
Lescar
Morlaàs
Séron
Navarrenx
Monein
Arbus
Andrest
Chelle-Debat
Artiguelouve
Limendous
Oursbelille
Gurs
Lucq-de-Béarn
Lacommande
Oroix
Bordères-s-l'Echez
Jurançon
PAU
Ousse
Bours
Pouyastruc
Assat
Ger
Tarbes
Aureilhan
Cardesse
Espoey
l'Hôpital-St-Blaise
Géronce
Lasseube
Gan
Pardies-Piétat
Bordes
Ibos
Laslades
Esquiule
Oloron-Ste-Marie
St-Abit
Herrère
Pontacq
Juillan
Tournay
Barcus
Ossun
Rebénacq
Nay
Coarraze
Ogeu-les-Bains
Féas
Buziet
Asson
Lestelle-Bétharram
Loubajac
Adé
Bénac
Montgaillard
Ance
Buzy
Bruges
Luc
Cieutat
Aramits
Asasp
St-Pé de Bigorre
Grottes de Bétharram
Orincles
Trébons
Issor
Arudy
Arette
Lourdes
Escot
Louvie-Juzon
Arthez-d'Asson
Bagnères-de-Bigorre
Sarrance
Bielle
Juncalas
Lourdios-Ichère
Pic du Moulle de Jaout
Agos
Grotte de Médous
Asté
Bulan
C. de la Pierre St-Martin
Géré-Belesten
Campan
Aydius
Ferrières
Argelès-Gazost
Arette-Pierre-St-Martin
Col d'Aubisque
Arbéost
Pierrefitte-Nestalas
Aucun
Bedous
Laruns
St-Savin
Pic du Midi de Bigorre
Ste-Marie-de-Campan
Soulom
les Eaux-Chaudes
Chiroulet
Accous
Cette-Eygun
Eaux-Bonnes
Gourette
Arrens-Marsous
Villelongue
Pic d'Anie
Lescun
Estaing
Lac Bleu
C. du Tourmalet
Etsaut
Barèges
la Mongie
Gabas
Cauterets
Moun Né
Lacs d'Ayous
Parc National des Pyrénées
Urdos
Luz-St-Sauveur
Pont-d'Espagne
St-Sauveur
Lac de Gaube
Pic de Néouville
Espiaube
Col du Somport
Col du Pourtalet
St-Lary-Soulan
El Formigal
Sallent de Gallego
Candanchú
Gèdre
le Plan-d'Aragnouet
Fabian
Túnel de Somport
Balneario de Panticosa
Canfranc-Estación
Los Arañones
Gavarnie
Cirque de Troumouse
Tunnel de Bielsa
Aragüés del Puerto
Canfranc
Escarrilla
Panticosa
El Pueyo de Jaca
Bujaruelo
Cirque de Gavarnie
Jasa
Aísa
Villanúa
Casas Bergés
Parzán
Castiello de Jaca
Parque Nac. de Ordesa y Monte Perdido
Bielsa
Jul-Oct
Jun-Nov
May-Nov
May-Oct
N134
N124
N117
N21
N330
D933
D932
D931
D934
D935
D940
D920
D929
D632
A64
E7
136
1760
1973
2050
1474
1709
2504
2606
2377
2031
2771
2724
2390
2884
3144
1632
1794
2668
3298
2135
2764
2853
3091
2865
2115
2831
3133
3335
3034
2973
63
34
80
49
119
136

A
40
B
C
1
2
3
4
5
Nerac
Calignac
Saumont
Layrac
Lamagistère
Valence
Moissac
Malause
Laplume
Arx
Réaup
Andiran
Mézin
Francescas
Nomdieu
Lamontjoie
Astaffort
Dunes
Donzac
Auvillar
St-Nicolas-de-la-G.
Sos
Poudenas
Lannes
Mon-crabeau
Ligardes
Sistels
Caumont
St-Aignan
Garganvillar
Fourcès
Ste-Mère
Mansonville
Miradoux
Gabarret
Montréal
Condom
la Romieu
Castet-Arrouy
Lavit-de-Lomagne
Lafitte
Castelnau-d'A.
Lectoure
Caussens
Terraube
Mouchan
l'Isle-Bouzon
Montgaillaro
Larrazet
St-Sardos
Bretagne-d'A.
Pauilhac
St-Clar
Beaumont-de-L.
Belbèse
Gondrin
Valence-s-Baïse
St-Puy
Fleurance
Tournecoupe
Eauze
Avguetinte
la Sauvetat
Brugnens
Gimat
Escazeaux
Combe-rouger
Lagraulet-St-Nicolas
Marambat
Castéra-Verduzan
Céran
Solomiac
la Causé
Lannepax
Montestruc-s-Gers
Monfort
Vic-Fézensac
Dému
Bonas
Jegun
Lavardens
Roquelaure
Cox
Pelleport
Mauvezin
Puycasquier
Cadours
St-Jean-Poutge
St-Lary
Preignan
Cologne
Touget
Garac
Belmont
Nougaroulet
Monbrun
le Brouilh-Monbert
Auch
Aubiet
Gimont
Razengues
l'Isle-Jourdain
Lupiac
Riguepeu
Callian
Barran
Pessan
Pavie
Castelnau-Barbarens
Monferran-S.
Pujaudran
Bassoues
Montesquiou
l'Isle-de-Noé
Beaumarchés
Aumont
Bézéril
Cazaux-Savés
Orbessan
Monclar-s-Losse
Héréchou
Saramon
Polastron
Samatan
St-Lys
Marciac
Mirande
Loubersan
Bragayrac
Ste-Foy-de-P.
Sabonnères
Seissan
Tachoires
Lombez
Monblanc
Tillac
Médard
St-Maur
St-Michel
Puntous de Laguian
Masseube
Simorre
Puylausic
Rieumes
Villecomtal-s-Arros
Mielan
St-Elix-Theux
Meilhan
Molas
l'Isle-en-Dodon
Montpézat
Castex
Panassac
Pouy-de-T.
Labastide-Clermont
Bérat
Escondeaux
Trie-s-Baïse
Puymaurin
St-Frajou
Riolas
Gratens
Chelle-Debat
Chèlan
St-Laurent
Polastron
St-Elix-le-Château
Puntous
Boulogne-s-Gesse
le Fousseret
Pouyastruc
Lustar
Castelnau-Magnoac
Blajan
Ciadoux
Rieux
Laslades
Montastruc
Nizan-Gesse
Cassagnabère-T.
Boussan
St-Julien
Bordes
Galan
Charlas
Aurignac
Tournay
Monlong
Boudrac
Larroque
St-Marcet
Boussens
Martres-Tolosane
Cazères
Castelbajar
St-Plancard
Lodes
Latoue
Luc
Franquevielle
St-Martory
Belbèze-en-Comminges
Lannemezan
Villeneuve-de-R.
Cieutat
Mazères-s-Salat
Ste-Croix-V.
Capvern-les-Bains
Montréjeau
St-Gaudens
Salies-du-Salat
Fabas
la Barthe-de-Neste
Figarol
Mérigon
Mane
Encausse-l.-Thermes
Prat
Caumont
Asté
Campan
Bulan
Barbazan
Soueich
Castelbiague
St-Lizier
St-Bertrand-de-Comminges
Hèches
Nistos
Loures-Barousse
Aspet
Arbas
St-Girons
Ste-Marie-de-Campan
Cazaunous
Bagiry
Sengouagnet
Herran
Col d'Aspin
Sarrancolin
Mauléon-Barousse
Juzet-d'Izaut
Antichan-de-Frontignes
Portet-d'Aspet
Moulis
Argein
Lacourt
Aspin-Aure
Cierp-Gaud
Couledoux
Orgibet
Audressein
Alos
Soulan
Arreau
Sost
St-Béat
C. de Portet d'Aspet
Castillon-en-Couserans
Bethmale
Oust
Guchan
Bordères-Louron
Mont Né
le Pont-de-Cazaux
Melles
Bonac
Seix
Vielle-Aure
Avajan
Mayrègne
Eylie
Col de la Core
Espiaube
C. de Peyresourde
Garin
Les
Mt Valier
St-Lary-Soulan
Loudenvielle
Bagnères-de-Luchon
Bossòst
Ustou
Sérac
Superbagnères
Montgarri
Couflens
Col de Pause
Tunnel de Bielsa
Lac d'Oô
C. du Portillon
Arròs
Val d'Aran
Es Bòrdes
Riu Noguera Pallaresa
Bordes-du-Lys
Hospice de France
Vielha
Arties
Mt Rouch
Betrén
Tredós
Alós d'Isil
Pico de Posets
Emb. de Paso Nuevo
Pico de Aneto
Túnel de Vielha
l'Hospital de Vielha
Port de la Bonaigua
Tavascan
Garonne
Gers
Baïse
Osse
Gélise
Adour
Arros
Arrats
Gimone
Save
Coteaux de Gascogne
Pyrénées
May-Nov
Jul-Oct
May-Oct
May-Dec

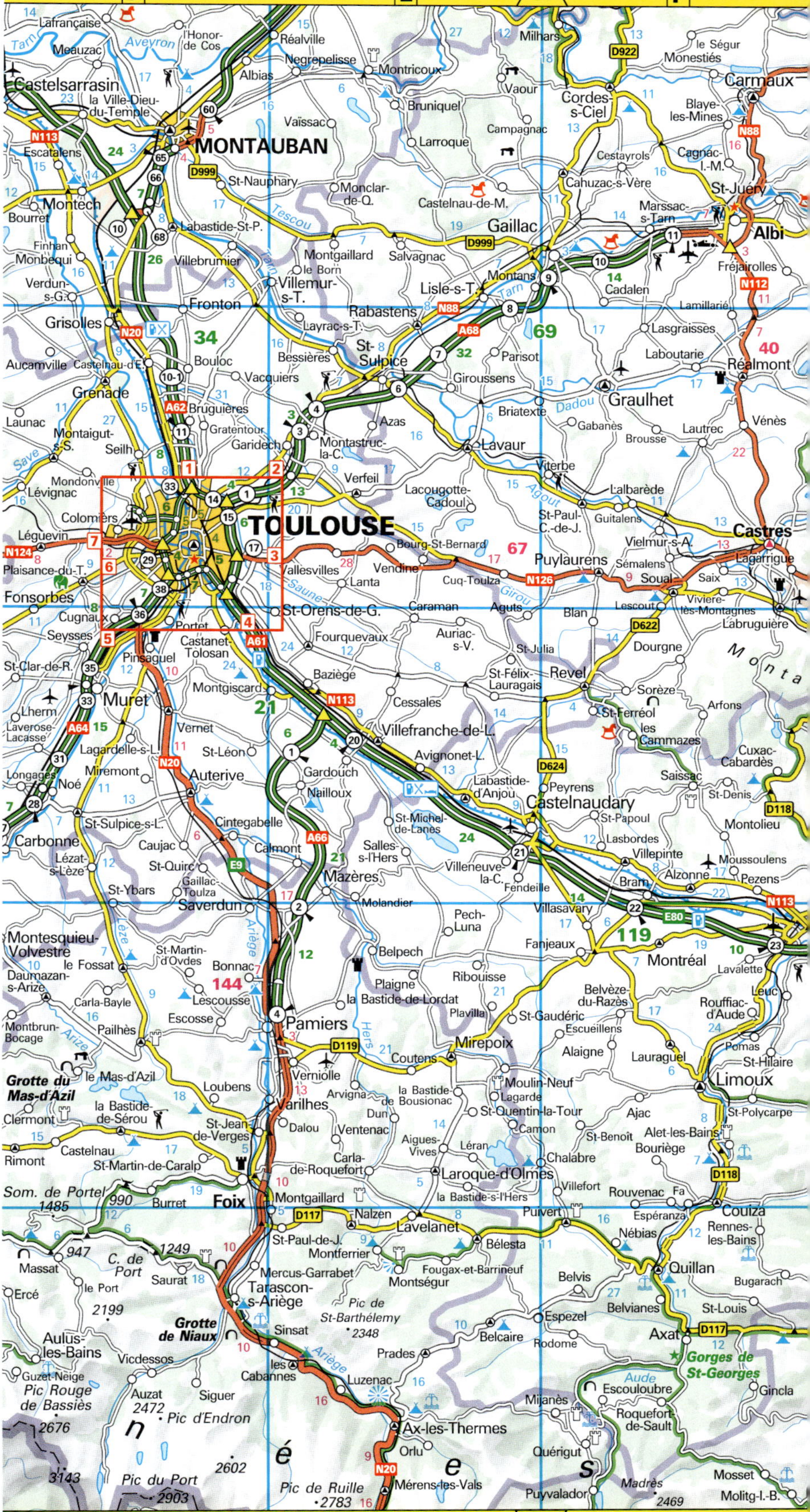
Castelsarrasin
MONTAUBAN
Montech
Grisolles
Grenade
Fronton
Villemur-s-T.
Rabastens
St-Sulpice
Lisle-s-T.
Gaillac
Cordes-s-Ciel
Carmaux
Albi
St-Juéry
Graulhet
Réalmont
Lavaur
TOULOUSE
Colomiers
Léguevin
Plaisance-du-T.
Fonsorbes
Muret
Castres
Mazamet
Puylaurens
Revel
Castelnaudary
Villefranche-de-L.
Auterive
Cintegabelle
Saverdun
Mazères
Pamiers
Mirepoix
Limoux
Quillan
Varilhes
Foix
Lavelanet
Tarascon-s-Ariège
Ax-les-Thermes
Montréal
Carbonne
Montesquieu-Volvestre
Grotte du Mas-d'Azil
Grotte de Niaux
Gorges de St-Georges
Pic de St-Barthélemy 2348
Pic de Ruille 2783
Pic du Port 2903
Pic Rouge de Bassiès
Axat
Coudons
Chalabre
Belpech
Fanjeaux
Bram
Alzonne
Saissac
St-Orens-de-G.
Caraman
St-Félix-Lauragais
Nailloux
Aulus-les-Bains
Massat
Montségur
Bélesta

Viaduc
Pampelonne
Tréban
Tanus
Carmaux
Blaye-les-Mines
Valderiès
N88
St-Juéry
Sérénac
Albi
Ambialet
Fréjairolles
Villefranche-d'A.
N112
Lamillarié
Lédergues
St-Jean-Delnous
le Dourn
Valence-d'A.
Trebas
D999
Alban
Paulinet
la Selve
Réquista
Brousse-le-Château
Broquiès
Coupiac
Plaisance
St-Sernin-s-Rance
Pousthomy
Montfranc
Villefranche-de-Panat
Tarn
St-Izaire
St-Affrique
Vabres-l'Abbaye
Montlaur
Montjaux
St-Rome-de-T.
St-Rome-de-C.
Millau
Chaos de Montpellier-le-Vieux
D922
Roquefort-s-Soulzon
la Cavalerie
l'Hospitalet-du-Larzac
Cornus
St-Félix-de-Sorgues
Sorgues
Fondamente
Rance
Dourdou
Réalmont
St-Antonin-de-Lacalm
Vénès
St-Pierre-de-Trivisy
Montredon-Labessonnié
Roquecourbe
Lacrouzette
Vabre
Ferrières
Brassac
Castres
Lagarrigue
Saïx
Valdurenque
Viviers-lès-Montagnes
Labruguière
Mazamet
Aussillon
Thoré
Laval-Roquecezière
931
Viane
Lacaze
Espérausses
Lacaune
St-Sever-du-Moustier
Murasson
Barre
Moulin-Mage
Murat-s-V.
St-Belmont-s-Rance
Camarès
Fayet
Brusque
Ceilhes-et-Rocozels
Roqueredonde
Avène
Lunas
Orb
le Bousquet-d'O.
la Tour-s-O.
St-Etienne-Estréchoux
Castanet-le-Haut
St-Gervais-s-Mare
Hérépian
Bédarieux
Faugères
1040
Colombières-s-Orb
Lamalou-les-Bains
Olargues
D908
Fraisse-s-A.
la Salvetat-s-Agout
Agout
le Soulié
1035
Anglès
Cambounès
Riols
St-Etienne-d'A.
St-Pons-de-Th.
Rouairoux
St-Amans-S.
Labastide-Rouairoux
Lacabarède
Montagne Noire
Pradelles-Cabardès
1210
Pic de Nore
Lespinassière
Mas-Cabardès
D118
Cuxac-Cabardès
St-Denis
Montolieu
Citou
Ferrals-l.-Montagnes
Rieussec
Caunes-M.
Villeneuve-Minervois
Villegailhenc
Moussoulens
Pezens
Conques-s-Orbiel
Laure-Minervois
Peyriac-M.
Trausse
Félines-Minervois
Azillanet
Aigne
Aigues-Vives
Azille
Rieux-M.
la Redorte
Aigues-Vives
Olonzac
Argeliers
Minervois
Ginestas
St-Marcel
Ouveillan
St-Chinian
Cébazan
Cessenon-s-O.
Roquebrun
Laurens
D909
Murviel-l.-B.
Thézan-les-Béziers
Magalas
Bassan
Cazouls-l.-B.
Puisserguier
Cruzy
Capestang
Oppidum d'Ensérune
Nissan-lez-Enserune
BÉZIERS
Canal du Midi
Cuxac-d'Aude
Sérignan
Vendres
Valras-Plage
Coursan
Fleury
Aude
A9
N113
Carcassonne
Trèbes
Puichéric
Capendu
Moux
Lézignan-C.
Villedaigne
Narbonne
Lavalette
Leuc
E80
Rouffiac-d'Aude
Monze
Montlaur
Fontcouverte
Fabrezan
Ferrals-l.-C.
Ornaisons
A61
Abb. de Fontfroide
St-Pierre-s-Mer
Narbonne-Plage
Gruissan
Pomas
St-Hilaire
Lagrasse
Thézan-d.-C.
St-Laurent-de-la-C.
Serviès-en-Val
Orbieu
Talairan
Portel-d.-C.
Peyriac-de-Mer
Rés Africaine
Sigean
Etang de l'Ayrolle
St-Polycarpe
Villardebelle
Alet-les-Bains
Vignevieille
Villerouge-Termenès
Félines-T.
Durban-C.
Roquefort-d.-C.
E15
N9
Port-la-Nouvelle
Lapalme
D118
Arques
Albières
Mouthoumet
Villeneuve-les-Corbières
Corbières
Couiza
Rennes-les-Bains
Maisons
St-Jean-de-Barrou
Treilles
la Franqui
Cap Leucate
Leucate
D627
Etang de Leucate
Soulatgé
Chât. de Peyrepertuse
Padern
Tuchan
Opoul-Périllos
Bugarach
1230
Pic de Bugarach
Cucugnan
Paziols
Vingrau
Gorges de Galamus
729
Fort de Salses
Salses-le-Chât.
Port-Leucate
St-Louis
D117
Caudiès-de-F.
St-Paul-de-F.
Maury
Tautavel
Espira-de-l'A.
Port-Barcarès
le Barcarès
Latour-de-France
Ansignan
Agly
Estagel
Rivesaltes
D83
St-Laurent-de-la-Salanque
Gincla
Sournia
Baixas
Bompas
Têt
Ste-Marie-de-la-Mer
Trevillach
St-Estève
Canet-en-Roussillon
Montalba-le-Château
Ille-s-Têt
Millas
N116
Canet-Plage
Mosset
Bouleternère
Toulouges
PERPIGNAN
Molitg-l.-B.
Vinça
Corbère-les-Cabanes
Alenya

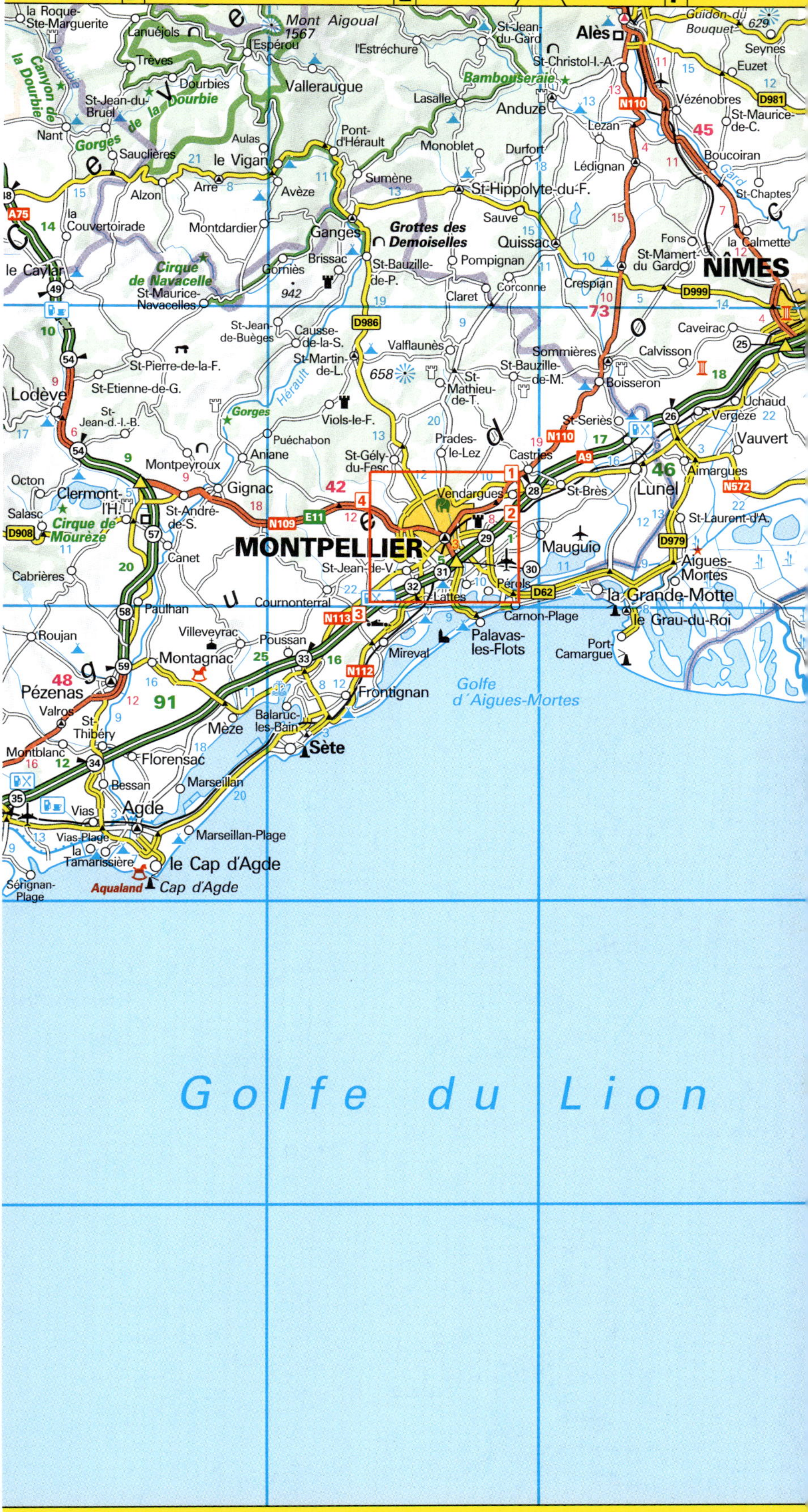
la Roque-Ste-Marguerite
Lanuéjols
Mont Aigoual 1567
l'Espérou
Trèves
Dourbies
Canyon de la Dourbie
St-Jean-du-Bruel
Gorges de la Dourbie
Nant
Valleraugue
l'Estréchure
St-Jean-du-Gard
Alès
St-Christol-l.-A.
Bambouseraie
Lasalle
Anduze
Guidon-du Bouquet
629
Seynes
Euzet
Vézénobres
St-Maurice-de-C.
Boucoiran
Gard
St-Chaptes
Lézan
Durfort
Lédignan
Monoblet
Pont-d'Hérault
Aulas
Sauclières
le Vigan
Arre
Avèze
Sumène
St-Hippolyte-du-F.
Alzon
la Couvertoiradé
Montdardier
Ganges
Grottes des Demoiselles
Sauve
Quissac
Fons
la Calmette
St-Mamert-du Gard
NÎMES
Brissac
Gorniès
942
St-Bauzille-de-P.
Pompignan
Corconne
Crespian
Claret
le Caylar
Cirque de Navacelle
St-Maurice-Navacelles
St-Jean-de-Buèges
Causse-de-la-S.
St-Martin-de-L.
Valflaunès
658
St-Mathieu-de-T.
Sommières
St-Bauzille-de-M.
Calvisson
Caveirac
Boisseron
St-Pierre-de-la-F.
St-Etienne-de-G.
Lodève
St-Jean-d.-l.-B.
Gorges
Hérault
Viols-le-F.
Puéchabon
Aniane
Montpeyroux
Gignac
St-Gély-du-Fesc
Prades-le-Lez
Castries
St-Seriès
Uchaud
Vergèze
Vauvert
Octon
Clermont-l'H.
Salasc
Cirque de Mourèze
St-André-de-S.
Canet
Cabrières
MONTPELLIER
Vendargues
St-Brès
Lunel
Aimargues
St-Laurent-d'A.
Mauguio
Aigues-Mortes
St-Jean-de-V.
Lattes
Pérols
Carnon-Plage
la Grande-Motte
le Grau-du-Roi
Port-Camargue
Paulhan
Cournonterral
Roujan
Villeveyrac
Poussan
Montagnac
Mireval
Palavas-les-Flots
Pézenas
Valros
St-Thibéry
Mèze
Balaruc-les-Bains
Frontignan
Golfe d'Aigues-Mortes
Sète
Montblanc
Florensac
Bessan
Marseillan
Vias
Agde
Vias-Plage
la Tamarissière
Marseillan-Plage
le Cap d'Agde
Sérignan-Plage
Aqualand
Cap d'Agde
Golfe du Lion

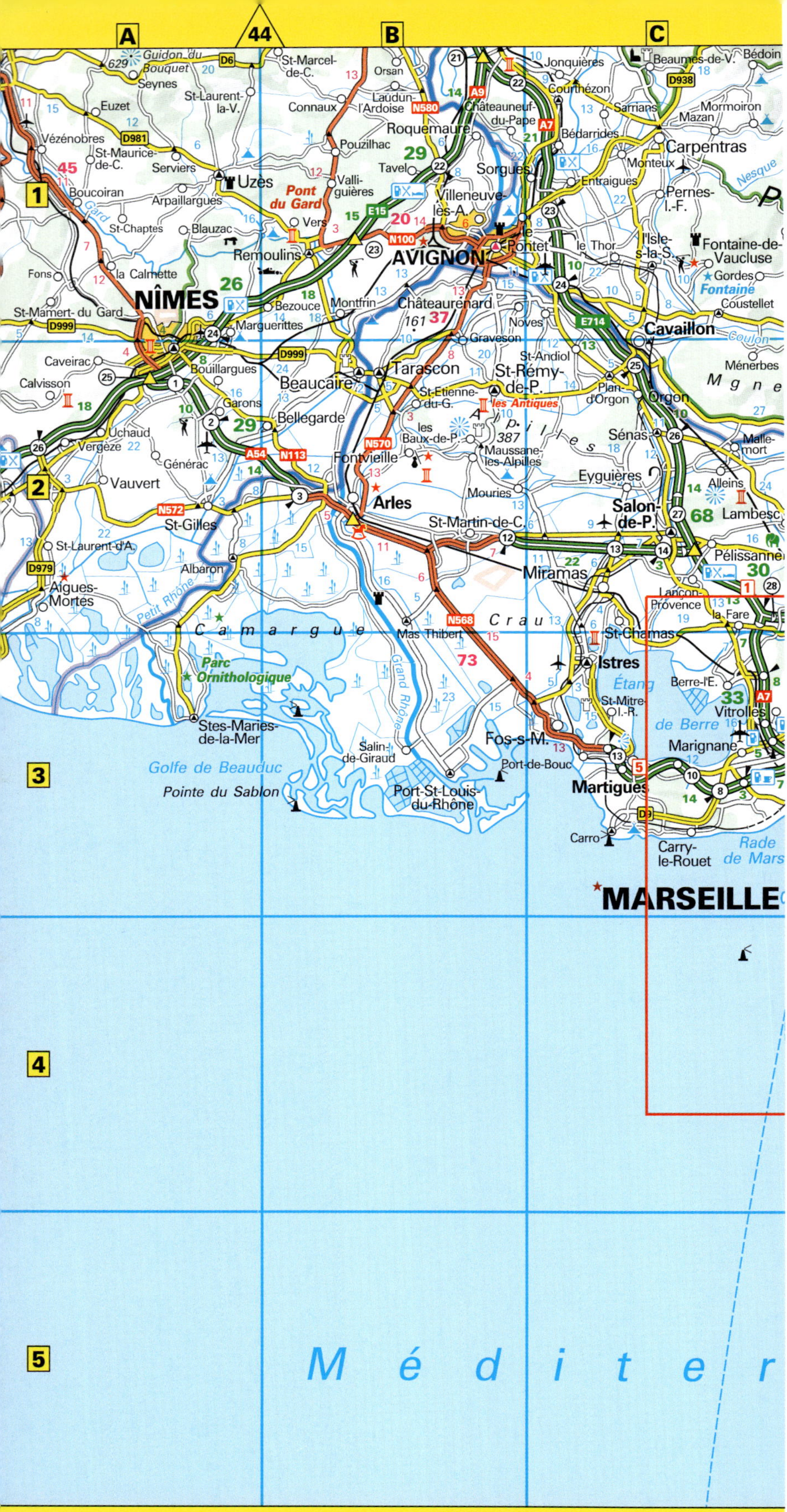
A
44
B
C
1
2
3
4
5
Guidon du Bouquet
629
Seynes
St-Marcel-de-C.
Orsan
Jonquières
Beaumes-de-V.
Bédoin
St-Laurent-la-V.
Laudun-l'Ardoise
Connaux
Châteauneuf-du-Pape
Courthézon
Sarrians
Mormoiron
Mazan
Euzet
Vézénobres
St-Maurice-de-C.
Serviers
Roquemaure
Bédarrides
Carpentras
Pouzilhac
Tavel
Sorgues
Monteux
Uzès
Boucoiran
Arpaillargues
Pont du Gard
Valliguères
Villeneuve-lès-A.
Entraigues
Pernes-l.-F.
Nesque
Gard
St-Chaptes
Blauzac
Vers
AVIGNON
le Pontet
le Thor
l'Isle-s-la-S.
Fontaine-de-Vaucluse
Remoulins
Fons
la Calmette
Gordes
Fontaine
NÎMES
Bezouce
Montfrin
Châteaurenard
Noves
Coustellet
St-Mamert-du Gard
Marguerittes
161
Graveson
Cavaillon
Coulon
Caveirac
Bouillargues
St-Andiol
Ménerbes
Calvisson
Beaucaire
Tarascon
St-Rémy-de-P.
Plan-d'Orgon
Orgon
Garons
St-Etienne-du-G.
les Antiques
Bellegarde
les Baux-de-P.
Alpilles
387
Sénas
Mallemort
Uchaud
Vergèze
Fontvieille
Maussane-les-Alpilles
Générac
Eyguières
Alleins
Vauvert
Mouriès
Salon-de-P.
Lambesc
Arles
St-Gilles
St-Martin-de-C.
St-Laurent-d'A.
Albaron
Miramas
Pélissanne
Aigues-Mortes
Petit Rhône
Lançon-Provence
la Fare
Camargue
Mas Thibert
Crau
St-Chamas
Parc Ornithologique
Istres
Berre-l'E.
Étang de Berre
St-Mitre-l.-R.
Vitrolles
Grand Rhône
Stes-Maries-de-la-Mer
Fos-s-M.
Salin-de-Giraud
Marignane
Port-de-Bouc
Golfe de Beauduc
Martigues
Pointe du Sablon
Port-St-Louis-du-Rhône
Carro
Carry-le-Rouet
Rade de Mars
MARSEILLE
Méditer
D6
D981
D999
D979
D938
D9
A9
A7
A54
E15
E714
N580
N100
N570
N572
N113
N568

D
E
45
F
Signal de Lure
1826
Aurel
Sault
Revest-du-B.
Plateau de St Cristol
Monieux
Villes-s-A.
Gorges de la Nesque
St-Christol
Banon
St-Etienne-les-Orgues
Mallefougasse
Volonne
Château-Arnoux
St-Auban
Route Napoléon
D900
Digne-les-Bains
N85
Châteauredon
Peyruis
N96
Malijai
les Grillons
les Mées
Mézel
St-Jeannet
Asse
Chaudon-Norante
Murs
St-Saturnin-l.-A.
Simiane-la-R.
Observatoire de Hte.Provence
Forcalquier
Lurs
Mane
Rustrel
St-Michel-l'O.
Oraison
Roussillon
St-Maime
Reillanne
N100
Volx
Bras-d'Asse
D953
Apt
St-Martin-de-C.
Céreste
Puimoisson
Lacoste
Valensole
Moustiers-Ste-M.
1930
1125
Mourre Nègre
Manosque
Riez
Bonnieux
du Lubéron
la Bastide-d.-J.
Ste-Tulle
Allemagne-en-P.
les Salles-s-Verdon
la Palud-s-V.
Lac de Ste-Croix
Lourmarin
Lauris
Cucuron
Grambois
St-Martin-de-B.
Aiguines
Ste-Croix-de-Verdon
Cadenet
la Tour-d'Aigues
Gréoux-l.-B.
Verdon
Mirabeau
Vinon-s-V.
Quinson
Baudinard-s-V.
la Roque-d'Anthéron
le Puy-Ste-R.
Pertuis
A51
N96
St-Paul-lez-Durance
Ginasservis
D13
Régusse
Rognes
St-Cannat
Meyrargues
Jouques
la Verdière
Montmeyan
Aups
Vérignon
N7
Venelles
Rians
Esparron
Varages
Tavernes
Villecroze
Eguilles
AIX-EN-PROVENCE
la Croix de Provence
945
Barjols
Salernes
A8
Ventabren
Arc
Brue-Auriac
813 Gros Bessillon
Seillons-Source-d'Argens
Cotignac
Correns
Carcès
Lorgues
Argens
E80
Fuveau
Pourcieux
Bras
le Thoronet
Gardanne
Trets
St-Maximin-la-Ste-B.
68
le Val
A52
Septèmes-l.-V.
St-Zacharie
N560
Tourves
Brignoles
Auriol
D1
Rougiers
Flassans-s-I.
le Luc
Plan-de-Cuques
Roquevaire
Nans-les-Pins
la Roquebrussanne
Issole
l'Estaque
Allauch
Plan-d'Aups-Ste Baume
St-Pilon
994
Garéoult
Gonfaron
Aubagne
Signes
Méounes-l.-M.
Carnoules
2006
la Penne-s-Huveaune
Cuges-l.-P.
Circuit du Castellet
N8
Gapeau
Puget-Ville
A57
Carnoux-en-Provence
Belgentier
Cuers
Collobrières
les Goudes
Cap Croisette
les Calanques
Cassis
le Castellet
Grand Cap
783
Pierrefeu-du-V.
Massif des
A50
TOULON
Solliès-Pont
N98
Bormes-les-M.
la Ciotat
Cap de l'Aigle
les Lecques
la Crau
Hyères
la Londe-les-M.
Bandol
Sanary-s-Mer
la Seyne
le Lavandou
Six-Fours-l.-P.
Carqueiranne
Hyères-Plage
Cap Blanc
Cap Sicié
Giens
Cap de l'Estérel
la Tour-Fondue
Porquerolles
Port-Cros
Ile de Porquerolles
Ile de Port-Cros
Iles d'Hyères
ranée

1
2
3
4
5
Draix
Thorame-Haute
Tartonne
Lambruisse
Péone
Guillaumes
Valberg
Beuil
Gorges de Valabres
le Boréon
St-Sauveur-s-Tinée
St-Martin-Vésubie
St-Dalmas-V.
Ilonse
Cime du Diable
Roquebillière
Daluis
Gorges du Cians
le Fugeret
Annot
St-André-l.-A.
Chaudon-Norante
Barrême
C. des Robines
Allons
Puget-Théniers
Rigaud
Thiéry
Clans
C.de Turini
Lantosque
la Tour
Villars-s-V.
Moulinet
Entrevaux
Touët-s-V.
Utelle
Peïra-Cava
Senez
St-Julien-du-V.
C. de Toutes Aures
Vergons
Collongues
St-Antonin
Col de Braus
L. de Castillon
Roquesteron
Lucéram
Blieux
Soleilhas
Castellane
Col des Leques
Clue de St-Auban
St-Auban
Gréolières-les-Neiges
Gilette
Levens
L'Escarène
Thorenc
Gréolières
St-Martin-du-Var
la Palud-s-V.
la Garde
C. de Luens
Bézaudun-l.-A.
Contes
Peille
Séranon
Col de la Sine
Coursegoules
la Trinité
le Logis-du-Pin
Cipières
Col de Vence
Trigance
Escragnolles
la Bastide
Tourrettes-s-L.
Vence
Grand Canyon du Verdon
Pas de la Faye
Col du Pilon
le Bar-s-L.
Cagnes-s-M.
Beaulieu-s-Mer
Villefranche-s-Mer
Comps-s-A.
St-Vallier-de-Thiey
Mons
Grasse
Villeneuve-Loubet
NICE
Cap Ferrat
St-Cézaire-s-S.
Barge-mon
Seillans
Fayence
Biot
Cros-de-Cagnes
Montferrat
Pégomas
Antibes
Ampus
Callas
Mandelieu-la-Napoule
Juan-les-Pins
St-Paul-en-Forêt
Draguignan
CANNES
Flayosc
la Napoule
Lorgues
le Muy
Miramar
Taradeau
les Arcs
le Trayas
Vidauban
Fréjus
Agay
Roquebrune-s.-Argens
Cap du Dramont
St-Raphaël
Côte d'Azur
St-Aygulf
Plan-de-la-Tour
les Issambres
Maures
Cap des Sardinaux
La Garde-Freinet
Ste-Maxime
Grimaud
Cap de St-Tropez
Cogolin
St-Tropez
Gassin
Pampelonne
la Môle
Ramatuelle
Cap Camarat
la Croix-Valmer
Cap Lardier
Bormes-les-M.
Cavalaire-s-M.
Cavalière
le Lavandou
Ile du Levant
Port-Cros
Parc National de Port-Cros
Ile de Port-Cros

D
E
47
F
N.D.des Fontaines
Tende
St-Dalmas-de-Tende
M.Saccarello
Mónesi
C.di Nava
Nava
Alto
Nasino
Erli
Toirano
Loano
Borghetto
Ceriale
Cisano s.N.
Albenga
Alássio
Laiguéglia
Capo Mele
Marina di Andora
Borghetto d.A.
Pieve di T.
Ortovero
Casanova
Rezzo
Césio
Borgomaro
Realdo
Triora
Fontan
Saorge
la Giandola
Col de Brouis
Breil-sur-Roya
Pigna
M.Ceppo
1627
Villatalla
Ponte-dássio
Montalto Ligure
Impéria E.
Baiardo
Apricale
Col du Pérus
Sospel
Ceriana
Tággia
S.Romolo
Dolceácqua
Olivetta-San-Michele
Ventimíglia
Castillon
S.Bartolomeo al Mare
Diano Marina
Impéria
Porto Maurízio
S.Lorenzo al Mare
S.Stéfano al Mare
Arma d.T.
SAN REMO
Ospedaletti
Bordighera
Riviera di Ponente
Menton
Monte-Carlo
Monaco
Cap Corse
Capo Bianco
Rogliano
Macinaggio
Morsiglia
Pino
Luri
Marine de Porticciolo
Canari
Punta di Canelle
Sisco
Marine de Sisco
Mte. Stello
1307
Nonza
Erbalunga
Golfe de St-Florent
San-Martino-di-Lota
Pietranera
Patrimonio
Bastia
St-Florent
Punta di l´Acciola
Oletta
Punta Vallitoni
l'Ile Rousse
Algajola
Santo Pietro-di-Tenda
Etang de Biguglia
Pte de la Revellata
Calvi
Lumio
Monticello
Belgodère
Palasca
M.Asto
1535
Murato
N.D.de la Serra
Col de Salvi
Speloncato
Feliceto
Pietralba
Borgo
Capo Cavallo
Olmi-Cappella
Campitello
Calenzana
Moltifao
Casamozza
Vescovato
Monte
Penta-di-Casinca
Folelli
M.Padro
2393
Ponte Leccia
Asco
Olmo
Morosaglia
la Porta
Galéria
Mte S. Petrone
1767
Francardo
Pero-Casevecchie
Punta Palazzo
M.Cinto
2706
San Lorenzo
Piedicroce
Moriani-Plage
C.de la Croix
Bardiana
Castirla
Felce
Partinello
2525
Albertacce
Calacuccia
Bustanico
Cervione
Prunete
Osani
Golfe de Porto
Col de Vergio
Corte
Sermano
Porto
Evisa
1477
Moïta
Zalana
Linguizzetta
Piana
Capo Rosso
Capo d´Orto
C.de Bellagranajo
723
C.de Lava
Marignana
Cimàtella
2099
2622
M.Rotondo
Venaco
Piedicorte-di-Gaggio
Bravone
Soccia
Vivario
Vezzani
Murzo
Vico
Guagno
Mte d´Oro
Pietroso
Etang de Diane
Cargèse
Pastricciola
Aghione
Catéraggio
Sagone
2389
Vizzavona
Aléria
Punta di Cargèse
Ghisoni
Bocognano
St-Antoine
Casaglione
Vero
Tavera
2352
Poggio-di-Nazza
Etang d´Urbino
Golfe de Sagone
Tiuccia
Sari-d'O.
Sarrola-Carcopino
M.Renoso
Appietto
Prunelli-di-F.
2042
Ghisonaccia
Bastelica
Casamozza
Capo di Feno
Mezzavia
Ocana
Palneca
San-Gavino-di-F.
Ventiseri
Villanova
Bastelicaccia
Tasso
Chisa
Cauro
Guitera
Cozzano
Travo
Pnte de la Parata
AJACCIO
Ste-Marie-Sicché
Zicavo
Solaro
Iles Sanguinaires
Golfe d´Ajaccio
Porticcio
Corrano
Solenzara
Grosseto
Olivese
2136
C.de Larone
Sari-Solenzara
Bisinao
M.Incudine
608
Pila-Canale
Favone
Aullène
C.de Bavella
1218
Coti-Chiavari
Petreto-Bicchisano
Quenza
Filitosa
Serra-di-S.
Zonza
Capo di Muro
Sollacaro
Casalabriva
Loreto-di-Tallano
1378
Conca
Olmeto
Ste-Lucie-de-Porto-Vecchio
Porto-Pollo
Levie
Golfe de Valinco
Propriano
Ste-Lucie-de-T.
Carbini
Pinarellu
Belvédère-Campomoro
l'Ospedale
la Trinité
Golfe de Porto-Vecchio
Sartène
Giuncheto
1339
P.d´Ovace
Porto-Vecchio
Pnte de la Chiappa
Piccovagia
Punta di Senetosa
Tizzano
Sotta
Chera
Figari
Pianotolli-Caldarello
Corse
Punta de Capicciola
Bonifacio
Ile Cavallo
Capo Pertusato
Bocche di Bonifacio
Í.S.Maria
1:1 100 000

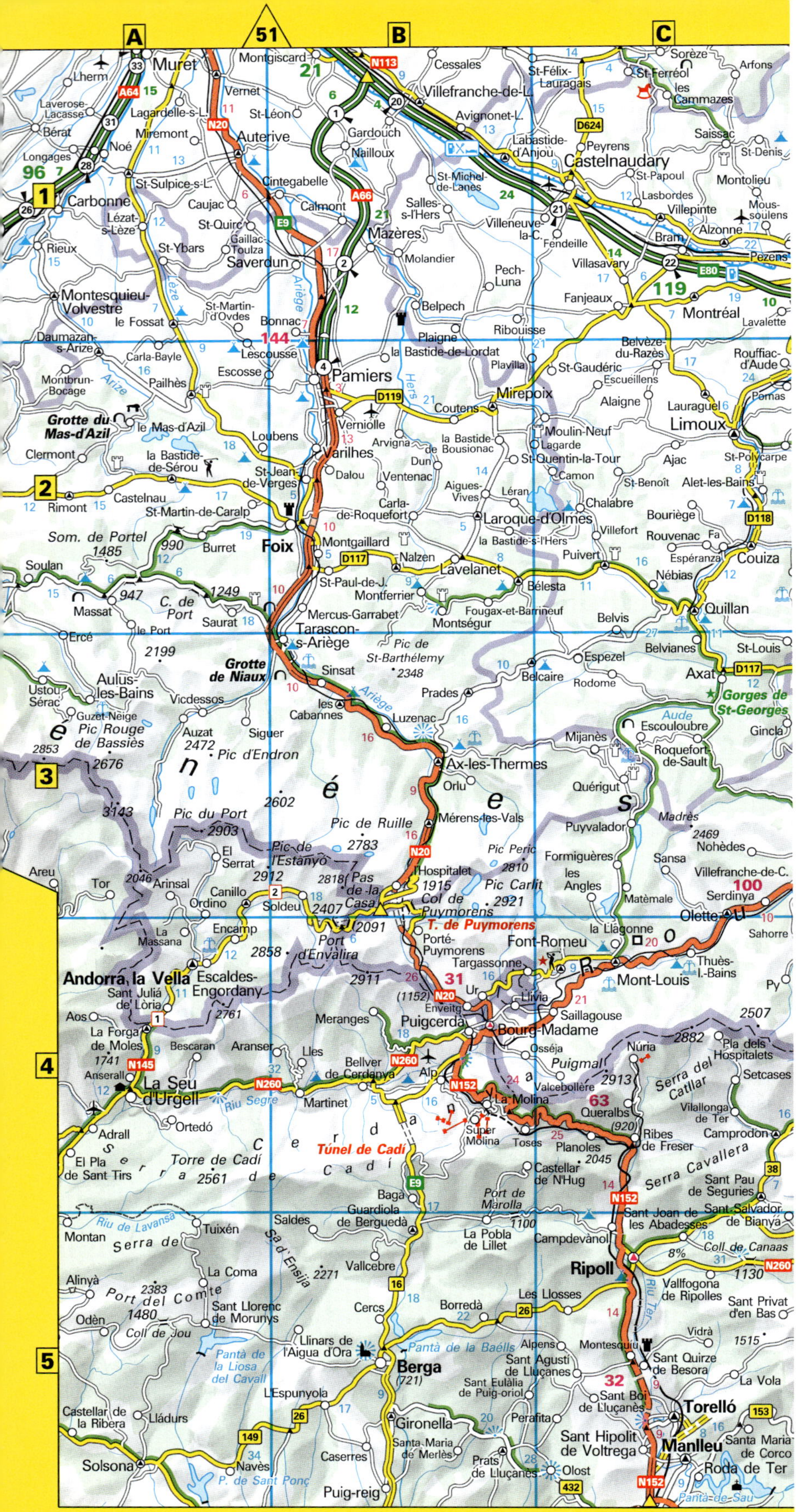

A
51
B
C
1
2
3
4
5
Muret
Lherm
Montgiscard
Cessales
St-Félix-Lauragais
Sorèze
Arfons
St-Ferréol
les Cammazes
Vernet
Villefranche-de-L.
Avignonet-L.
Laverose-Lacasse
Lagardelle-s-L.
St-Léon
Bérat
Miremont
Auterive
Gardouch
Labastide-d'Anjou
Peyrens
Saissac
Noé
Nailloux
Castelnaudary
St-Denis
Longages
St-Papoul
Montolieu
St-Sulpice-s-L.
Cintegabelle
St-Michel-de-Lanes
Lasbordes
Mous-soulens
Carbonne
Caujac
Calmont
Salles-s-l'Hers
Villepinte
Lézat-s-Lèze
St-Quirc
Mazères
Villeneuve-la-C.
Alzonne
Gaillac-Toulza
Fendeille
Bram
Rieux
St-Ybars
Saverdun
Molandier
Villasavary
Pezens
Pech-Luna
Montesquieu-Volvestre
St-Martin-d'Oydes
Belpech
Fanjeaux
Montréal
le Fossat
Bonnac
Ribouisse
Lavalette
Daumazan-s-Arize
Lescousse
Plaigne
la Bastide-de-Lordat
Belvèze-du-Razès
Rouffiac-d'Aude
Carla-Bayle
Plavilla
Escosse
Pamiers
St-Gaudéric
Montbrun-Bocage
Pailhès
Escueillens
Mirepoix
Alaigne
Lauraguel
Grotte du Mas-d'Azil
Coutens
Limoux
Pomas
Vernìolle
le Mas-d'Azil
Loubens
Moulin-Neuf
Arvigna
la Bastide-de Bousignac
Lagarde
St-Polycarpe
Clermont
Varilhes
St-Quentin-la-Tour
Ajac
la Bastide-de-Sérou
Dun
St-Jean-de-Verges
Dalou
Camon
St-Benoît
Alet-les-Bains
Ventenac
Aigues-Vives
Léran
Castelnau
Chalabre
Rimont
St-Martin-de-Caralp
Carla-de-Roquefort
Bouriège
Laroque-d'Olmes
Som. de Portel
1485
Villefort
990
Burret
Foix
Montgaillard
la Bastide-s-l'Hers
Rouvenac
Soulan
Nalzen
Puivert
Espéranza
Couiza
Lavelanet
St-Paul-de-J.
Nébias
947
1249
C. de Port
Bélesta
Montferrier
Massat
Saurat
Mercus-Garrabet
Fougax-et-Barrineuf
Quillan
le Port
Montségur
Belvis
Tarascon-s-Ariège
Ercé
Pic de St-Barthélemy
2348
Belvianes
St-Louis
2199
Grotte de Niaux
Sinsat
Espezel
Axat
Belcaire
Gorges de St-Georges
Aulus-les-Bains
Ustou
Sérac
Vicdessos
Rodome
Prades
les Cabannes
Guzet-Neige
Pic Rouge de Bassiès
Aude
Escouloubre
Gincla
Luzenac
Auzat
Siguer
2853
2472
Pic d'Endron
Mijanès
Roquefort-de-Sault
2676
Ax-les-Thermes
Orlu
Quérigut
3143
2602
Pic du Port
Pic de Ruille
Mérens-les-Vals
Madrès
2903
2783
Puyvalador
2469
Nohèdes
El Serrat
Pic de l'Estanyó
Pic Peric
2810
Formiguères
Sansa
Villefranche-de-C.
Areu
2912
2818
Pas de la Casa
Hospitalet
1915
les Angles
Serdinya
Tor
2046
Arinsal
Canillo
Ordino
Soldeu
Pic Carlit
Col de Puymorens
2921
Matemale
Olette
Sahorre
2407
2091
T. de Puymorens
la Llagonne
La Massana
Encamp
Port d'Envalira
Porté-Puymorens
Font-Romeu
2858
Targassonne
Thuès-l.-Bains
Andorra la Vella
Escaldes-Engordany
2911
Ur
Mont-Louis
Py
Sant Julià de Lòria
(1152)
Llivia
2761
Enveitg
Saillagouse
2507
Aos
Meranges
Puigcerdà
Bourg-Madame
La Forga de Moles
Bescaran
Aransèr
Osséja
2882
Pla dels Hospitalets
Núria
1741
Lles
Puigmal
Anserall
Bellver de Cerdanya
Alp
Serra del Catllar
Setcases
La Seu d'Urgell
Valcebollère
2913
Riu Segre
Martinet
La Molina
Queralbs
Vilallonga de Ter
Ortedó
(920)
Adrall
Super Molina
Toses
Ribes de Freser
Camprodon
Planoles
Túnel de Cadí
2045
Serra Cavallera
El Pla de Sant Tirs
Torre de Cadí
Serra de Cadí
2561
Castellar de N'Hug
Sant Pau de Seguries
Bagà
Port de Marolla
Sant Joan de les Abadesses
Sant Salvador de Bianya
Riu de Lavansa
Saldes
Guardiola de Berguedà
1100
La Pobla de Lillet
Montan
Tuixén
Serra de
Campdevànol
Coll de Canaas
Serra d'Ensija
Ripoll
1130
La Coma
8%
Alinyà
2383
2271
Vallcebre
Vallfogona de Ripollès
Port del Comte
Riu Ter
1480
Sant Llorenç de Morunys
Cercs
Les Llosses
Sant Privat d'en Bas
Odèn
Borredà
Coll de Jou
Vidrà
Llinars de l'Aigua d'Ora
Pantà de la Baells
Alpens
Montesquiu
1515
Pantà de la Llosa del Cavall
Berga
Sant Agustí de Lluçanes
Sant Quirze de Besora
(721)
Sant Eulàlia de Puig-oriol
La Vola
L'Espunyola
Sant Boi de Lluçanès
Castellar de la Ribera
Lladurs
Torelló
Gironella
Perafita
Santa Maria de Merlès
Sant Hipolit de Voltrega
Manlleu
Santa Maria de Corco
Solsona
Caserres
Prats de Lluçanès
Olost
Roda de Ter
Navès
P. de Sant Ponç
Puig-reig
Pantà de Sau
A64
A66
A61
N113
N20
E9
D624
D119
D117
D118
N145
N260
N152
E80
144
119
96
100
63
32
31

Pradelles-Cabardès
Lespinassière
Pic de Nore
1210
Citou
Mas-Cabardès
Cuxac-Cabardès
Caunes-M.
Villeneuve-Minervois
Ville-gailhenc
Peyriac-M.
Laure-Minervois
Conques-s-Orbiel
Trausse
Rieux-M.
la Redorte
Aigues-Vives
Carcassonne
Trèbes
Puichéric
Capendu
Ferrals-l.-Montagnes
Rieussec
Félines-Minervois
Azillanet
Azille
Aigne
Aigues-Vives
Olonzac
Ginestas
St-Chinian
Cébazan
Cessenon-s-O.
Murviel-l.-B.
Thézan-les-Béziers
Bassan
Cazouls-l.-B.
Puisserguier
Cruzy
Capestang
Oppidum d'Ensérune
BÉZIERS
Nissan lez-Enserune
Sérignan
Sérignan-Plage
Vendres
Valras-Plage
Argeliers
Ouveillan
Canal du Midi
Cuxac-d'Aude
St-Marcel
Villedaigne
Lézignan-C.
Moux
Aude
Narbonne
Coursan
Fleury
Ornaisons
St-Pierre-s-Mer
Narbonne-Plage
Leuc
Monze
Montlaur
Fontcouverte
Fabrezan
Ferrals-l.-C.
Abb. de Fontfroide
Gruissan
St-Hilaire
Lagrasse
Thézan-d.-C.
St-Laurent-de-la-C.
Serviès-en-Val
Orbieu
Portel-d.-C.
Peyriac-de-Mer
Rés Africaine
Etang de l'Ayrolle
Sigean
Talairan
Villardebelle
Vignevieille
Villerouge-Termenès
Durban-C.
Roquefort-d.-C.
Port-la-Nouvelle
Lapalme
Félines-T.
Mouthoumet
Villeneuve-les-Corbières
Arques
Albières
Treilles
St-Jean-de-Barrou
la Franqui
Cap Leucate
Rennes-les-Bains
Maisons
Corbières
Chât. de Peyrepertuse
Padern
Tuchan
Opoul-Périllos
Leucate
Bugarach
Soulatgé
1230
Pic de Bugarach
Cucugnan
Gorges de Galamus
Paziols
729
Vingrau
Fort de Salses
Etang de Leucate
Port-Leucate
Caudiès-de-F.
St-Paul-de-F.
Maury
Tautavel
Salses-le-Chât.
Port-Barcarès
le Barcarès
Ansignan
Latour-de-France
Espira-de-l'A.
Estagel
Rivesaltes
St-Laurent-de-la-Salanque
Agly
Baixas
Bompas
Sournia
Trevillach
St-Estève
Ste-Marie-de-la-Mer
Têt
Mosset
Montalba-le-Château
Ille-s-Têt
Millas
Canet-en-Roussillon
Canet-Plage
Molitg-l.-B.
Bouleternère
Toulouges
PERPIGNAN
Vinça
Corbère-les-Cabanes
Alénya
Prades
Thuir
St-Cyprien-Plage
Prieuré de Serrabone
Boule-d'Amont
Llupia
Fourques
Bages
St-Cyprien
Elne
Argelès-Plage
Côte Vermeille
Vernet-les-Bains
Llauro
Argelès-s-Mer
2784
Collioure
St-Martin
Pic du Canigou
Valmanya
Taulis
Céret
le Boulou
Chaîne des Albères
1256
Port-Vendres
Banyuls-s-M.
Amélie-les-Bains
Corsavy
Cap Rederis
Montferrer
Tech
1450
le Perthus
Castillo de Requesens
670
Cerbère
Cap Cerbère
Arles-s-Tech.
La Preste
Prats-de-Mollo-la-Preste
La Jonquera
Espolla
Portbou
Colera
Serralongue
Macanet de Cabrenys
La Vajol
Sant Climent Sescebes
Llançà
Coll d'Ares
1610
Molló
Lamanère
St-Laurent-de-Cerdans
Coustouges
Pantà de Boadella
Darnius
Garriguella
Sant Pere de Rodes
El Port de la Selva
Cap de Creus
Beget
Bassegoda
Albanya
Figueres Nord
Peralada
Palau saverdera
670
Oix
Sadernes
Vilarig
Llers
Castelló d'Empúries
Roses
613
Cadaqués
Cap de Norfeu
Montagut de Fluvià
Vilafant
Lladó
Fortià
Empúriabrava
Beuda
Argelaguer
Navata
FIGUERES
Sant Pere Pescador
Golf de Roses
Castellfollit de la Roca
Besalú
Esponella
Riu Fluvià
Torroella de Fluvià
L'Armentera
Olot
Serinya
El Torn
Ruïnes d'Empúries
Santa Pau
Porqueres
Banyoles
Vilaür
Viladamat
L'Escala
Montgó
Sant Esteve d'en Bas
Sant Aniol de Finestres
Mieres
l'Escala/Empúries
Bellcaire d'Empordà
Colomers
Pujarnol
Cornellà del Terri
Medinyà
Torroella de Montgrí
L'Estartit
1125
994
Verges
Les Planes d'Hostoles
Girona N./Palamós
Flaçà
Riu Ter
Serra de Daró
Poblado Iberico
Amer
Sant Martí de Llémena
Sarrià de Ter
Parlavà
Madremanya
Peratallada
Pantà de Susqueda
P. del Pasteral
GIRONA
La Bisbal d'Empordà
Pals
Begur
Sa Riera
Cap de Begur
Sant Sadurní de l'Heura

Distanzentabelle · Tableau des distances
Table of distances · Afstandstabel
Tabella delle distanze · Tabla de distancias · Avståndstabell · Vejlængdetabel

Kilometer	Biarritz	Bordeaux	Brest	Calais	Cherbourg	Clermont-Fd	Dijon	Le Havre	Lille	Lyon	Marseille	Mulhouse	Nantes	Nice	Paris	Perpignan	Poitiers	Reims	Strasbourg	Toulouse
Amiens	941	768	591	202	352	592	460	188	126	654	970	625	545	1114	170	1095	512	167	518	1017
Auxerre	792	619	748	448	513	340	152	349	372	295	620	386	468	764	160	745	363	223	493	824
Biarritz	—	173	829	1059	853	568	1008	863	983	823	686	1208	532	883	771	495	429	911	1262	294
Bordeaux	173	—	656	886	680	395	644	690	810	594	641	878	359	838	598	450	256	738	1089	249
Brest	829	656	—	687	387	820	900	485	800	1043	1297	1134	297	1494	588	1106	474	728	1079	905
Brive-la-Gaillarde	375	202	688	776	678	193	500	648	700	392	512	734	391	709	488	426	214	628	841	225
Calais	1059	886	687	—	448	710	561	284	120	746	1071	726	665	1215	288	1196	630	268	619	1135
Charleville-Mézières	993	820	810	280	575	644	375	411	206	560	885	540	597	1029	222	1010	564	82	433	1089
Châteauroux	561	388	606	551	469	241	335	452	475	440	725	569	312	869	263	703	132	403	676	450
Cherbourg	853	680	387	448	—	775	665	246	478	808	1133	899	321	1277	353	1130	464	493	844	929
Clermont-Ferrand	568	395	820	710	775	—	384	611	634	199	484	584	533	628	422	462	373	562	691	371
Dijon	1008	644	900	561	665	384	—	501	485	185	510	233	620	654	312	635	515	293	340	714
Grenoble	822	777	1154	857	919	310	296	755	781	111	269	406	843	331	566	449	683	589	513	528
La Rochelle	376	203	453	752	477	495	637	556	676	694	844	871	156	1041	464	653	122	604	955	452
Le Havre	863	690	485	284	246	611	501	—	314	644	969	735	417	1113	189	1073	434	329	680	939
Le Mans	621	448	388	488	272	432	512	242	412	655	902	746	175	1046	200	898	192	340	691	697
Lille	983	810	800	120	478	634	485	314	—	670	995	650	587	1134	212	1120	554	192	543	1059
Limoges	409	236	596	684	586	247	408	556	608	446	604	642	299	801	396	518	122	536	749	317
Lyon	823	594	1043	746	808	199	185	644	670	—	325	385	732	469	455	450	572	478	492	529
Marseille	686	641	1297	1071	1133	484	510	969	995	325	—	710	1000	204	780	313	726	803	817	392
Mulhouse	1208	878	1134	726	899	584	233	735	650	385	710	—	854	854	546	835	749	458	107	914
Nancy	1155	982	972	512	737	597	213	573	436	398	649	185	738	867	384	848	726	244	163	927
Nantes	532	359	297	665	321	533	620	417	587	732	1000	854	—	1197	375	809	177	515	866	608
Nice	883	838	1494	1215	1277	628	654	1113	1134	469	204	854	1197	—	924	510	923	947	961	589
Nîmes	571	526	1282	998	1060	341	437	896	922	252	115	637	885	312	707	198	611	730	744	277
Orléans	643	470	526	416	481	294	301	317	340	493	778	535	319	922	128	756	214	268	619	719
Paris	771	598	588	288	353	422	312	189	212	455	780	546	375	924	—	884	342	140	491	847
Pau	102	202	858	1088	882	597	906	892	1012	721	584	1106	561	781	800	393	458	940	1291	192
Perpignan	495	450	1106	1196	1130	462	635	1073	1120	450	313	835	809	510	884	—	706	928	942	201
Poitiers	429	256	474	630	464	373	515	434	554	572	726	749	177	923	342	706	—	482	833	505
Quimper	761	588	68	705	405	781	861	503	761	1004	1229	1095	229	1426	549	1038	406	689	1040	837
Reims	911	738	728	268	493	562	293	329	192	478	803	458	515	947	140	928	482	—	351	1007
Rennes	643	470	234	510	210	586	666	308	566	809	1111	900	111	1308	354	920	288	494	845	719
Rouen	809	636	477	210	238	557	447	74	240	590	915	681	363	1059	135	1019	380	275	626	885
Strasbourg	1262	1089	1079	619	844	691	340	680	543	492	817	107	866	961	491	942	833	351	—	1021
St-Malo	710	537	226	499	199	653	733	297	633	876	1178	967	178	1375	421	987	355	561	912	786
St-Tropez	855	810	1466	1187	1249	600	626	1085	1111	441	134	826	1169	96	896	482	895	919	933	561
Toulouse	294	249	905	1135	929	371	714	939	1059	529	392	914	608	589	847	201	505	1007	1021	—
Tours	530	357	479	529	363	327	414	333	453	526	811	648	206	955	241	807	101	381	732	606
Valence	719	674	1147	850	912	263	289	748	774	104	221	489	770	365	559	346	636	582	596	425

Ortsverzeichnis • Index des lieux
Place index • Plaatsnamenregister
Indice dei luoghi • Indice de lugares
Ortsförteckning • Stedsfortegnelse

(AND) Andorra (MC) Monaco

B

C

A B C D E F G H I J K L M N O P Q R S T U V W X Y Z

F

A
B
C
D
E
F
G
H
I
J
K
L
M
N
O
P
Q
R
S
T
U
V
W
X
Y
Z

G

H

I

J

K

L

M

A B C D E F G H I J K L M N O P Q R S T U V W X Y Z

A
B
C
D
E
F
G
H
I
J
K
L
M
N
O
P
Q
R
S
T
U
V
W
X
Y
Z

Q

R

S

A
B
C
D
E
F
G
H
I
J
K
L
M
N
O
P
Q
R
S
T
U
V
W
X
Y
Z

A
B
C
D
E
F
G
H
I
J
K
L
M
N
O
P
Q
R
S
T
U
V
W
X
Y
Z

V

Reisekarte · Carte touristique
Tourist map · Reiskaart
Carta turistica · Mapa de viaje
Turistkarta · Rejsekort

GREAT BRITAIN
LA MANCHE
Baie de la Seine
Pas de Calais
Channel Is. (GB)
OCÉAN ATLANTIQUE
Golfe de Gascogne
Barnstaple
Bideford
Taunton
Glastonbury
Salisbury
Farnham
Royal Tonbridge Wells
Dover
Folkestone
Tiverton
Okehampton
Yeovil
Winchester
Southampton
Worthing
Bexhill
Hastings
Launceston
Exeter
Honiton
Dorchester
Poole
Cowes
Portsmouth
Brighton
Eastbourne
Boulogne-s-Mer
St Teath
Tavistock
Exmouth
Bournemouth
Newquay
Bodmin
Torquay
Weymouth
Isle of Wight
le Touquet-Paris-Plage
St Austell
Plymouth
Brixham
Berck-Plage
Truro
Dartmouth
Falmouth
Lizard
Eu
Dieppe
St-Valery
Neufchâtel-en-Bray
Alderney
Cherbourg
Barfleur
Fécamp
Etretat
Tôtes
Guernsey
St.Peter Port
Valognes
Le Havre
Yvetot
Rouen
Carteret
Honfleur
Bolbec
Jersey
St.Helier
la Haye
Carentan
Deauville
Cabourg
Elbeuf
Louviers
Bayeux
Caen
Lisieux
St-Lô
Coutances
Bernay
Vernon
St-Pierre-s-D.
Vimoutiers
Evreux
Perros-Guirec
Villedieu
Condé
Granville
Falaise
Roscoff
Lannion
Paimpol
Vire
Argentan
l'Aigle
Dreux
Ile d'Ouessant
Lesneven
St-Pol
Avranches
Flers
St-Malo
Guingamp
Verneuil-s-A.
Porspoder
le Conquet
Morlaix
St-Brieuc
le Mont-St-Michel
Domfront
Mortagne-au-Perche
Brest
Landerneau
Carhaix-Plouguer
Quintin
Dinan
Pontorson
la Ferté-Macé
Sées
Chartres
St-Hilaire
Crozon
Combourg
Alençon
Nogent-le-Rotrou
Fougères
Pré
Châteaulin
Rostrenen
Loudéac
Ernée
Audierne
St-Méen
Mayenne
Beaumont-s-S.
Pte du Raz
Quimper
Pontivy
Rennes
Vitré
Bonneval
Fouesnant
Ploërmel
Montfort
Sillé-le-G.
Châteaudun
Quimperlé
Locminé
Bain-de-Bretagne
Laval
Penmarch
Concarneau
Guer
la Guerche
Connerré
Lorient
Auray
Elven
Sablé-s-S.
Le Mans
Vendôme
Redon
Vannes
Châteaubriant
Château-Gontier
la Flèche
Château-du-Loir
la-Roche-Bernard
Nozay
Candé
Quiberon
Sarzeau
Nort-s-Erdre
Baugé
Chât.-la-Vallière
Blois
le Palais
Belle Ile
Pontchâteau
Angers
Tours
Amboise
le Croisic
Savenay
Ancenis
St-Nazaire
Nantes
Chemillé
Saumur
Bléré
Pornic
Vihiers
Chinon
Azay-le-R.
Loches
Neirmoutier-en-l'Ile
Machecoul
Clisson
Cholet
Thouars
Loudun
Châtillon-s-Indre
Montaigu
Bressuire
Ste-Maure-de-T.
Challans
Ile d'Yeu
St-Jean-de-Monts
Les Herbiers
Mirebeau
Parthenay
Châtellerault
le Blanc
Olonne-s-Mer
la Roche-s-Yon
Fontenay-le-Comte
St-Maixent
Poitiers
Chauvigny
Argenton-s-Creuse
les Sables-d'Olonne
Luçon
l'Aiguillon
St-Clément-d.-B.
Marans
Niort
Lusignan
Montmorillon
la Souterraine
Mauzé-s-le-M.
Melle
le Dorat
la Rochelle
Aulnay
Civray
Bellac
St-Denis-d'O.
Sauzé-Vaussais
Ruffec
Rochefort
St-Jean-d'Angély
Confolens
St-Junien
Ile d'Oléron
Matha
Marennes
Saintes
Limoges
Chasseneuil-s-B.
Cognac
Royan
Pons
Angoulême
Châlus
Soulac-s-Mer
Cozes
Mirambeau
Barbezieux
Brantôme
Lesparre-Médoc
Montendre
Chalais
Périgueux
Brive-la-Gaillarde
Blaye
Ribérac
Castelnau-de-M.
Lacanau-Océan
St-André
Coutras
Mussidan
Sarlat-la-Canéda
Bordeaux
Libourne
Bergerac
St-Foy
Créon
Souillac
Cap Ferret
Andernos-l.-B.
le Buisson
Arcachon
la Réole
Gourdon
Langon
Cancon
Fumel
Biscarrosse
Belin-Béliet
Marmande
Cahors
Bazas
Villeneuve-s-L.
Casteljaloux
Aiguillon
Mimizan-Plage
Mimizan
Agen
Moissac
Sabres
Nérac
Morcenx
Roquefort
Montauban
Condom
Montech
Tartas
Castets
Mont-de-Marsan
Vic-Fézensac
Capbreton
Mauvezin
Dax
St-Sever
Aire-s-l'A.
Bayonne
Auch
Gimont
Biarritz
Orthez
Samatan
Bermeo
Donostia/San Sebastián
St-Jean-de-Luz
Cambo-l.-B.
Vic-en-B.
Mielan
Muret
Salies-de-B.
Boulogne-s-G.
Gernica Lumo
Irun
Pau
Tarbes
Carbonne
Auterive
Oloron-Ste-M.
Elizondo
Tolosa
Durango
St-Jean Pied-de-P.
Lannemezan
St-Gaudens
Lourdes
Bagnères
Montrejeau
St-Girons
Alsasua
Irurzun
Burguete
Urdos
Argelès-Gazost
Gasteiz/Vitoria
Iruñea/Pamplona
C.du Somport
Cauterets
Bagnères-de-Luchon
Estella
Lumbier
St-Lary-Soutan
Viella
Benasque
ANDORRA
Logroño
Tafalla
Sangüesa
Olite
Sabiñánigo
Ainsa
Pont de Suert
Calahorra
Sta.Maria
ANDORRA-la-Vella
Cap Corse
Rogliano
I. Capraia
Pino
Corse
St-Florent
Bastia
Calvi
Ponte Leccia
Olmo
Forelli
Porto
Corte
Mte d'Oro 2389
Cargèse
Bocognano
Cateraggio
Ajaccio
Zicavo
Ghisenaccia
Solenzara
Favone
Petreto-Bicchisano
Propriano
Porto Vecchio
Sartène
Bonifacio
B. di Bonifacio
La Maddelena
S.Teresa Gallura
Loire
Vienne
Gironde
Dordogne
Garonne
Orne
Seine

BELGIQUE
DEUTSCHLAND
LUXEMBOURG
SCHWEIZ
ITALIA
MONACO
BRUXELLES
PARIS
Lille
Köln
Koblenz
Wiesbaden
Mainz
Luxembourg
Metz
Nancy
Strasbourg
Saarbrücken
Karlsruhe
Mulhouse
Basel
Freiburg
Bern
Lausanne
Genève
Reims
Amiens
Orléans
Troyes
Dijon
Besançon
Bourges
Clermont-Ferrand
Lyon
Grenoble
St-Etienne
Torino
Valence
Avignon
Nîmes
Montpellier
Marseille
Toulon
Nice
Cannes
Toulouse
Perpignan
Dunkerque
Calais
Liège
Charleroi
Namur
Golfe du Lion
MER MÉDITERRANÉE
Côte d'Azur
0 20 40 60 80 100 km

Politische Karte · Carte politique
Political map · Politieke kaart
Carta politica · Mapa político
Politisk karta · Politisk kort

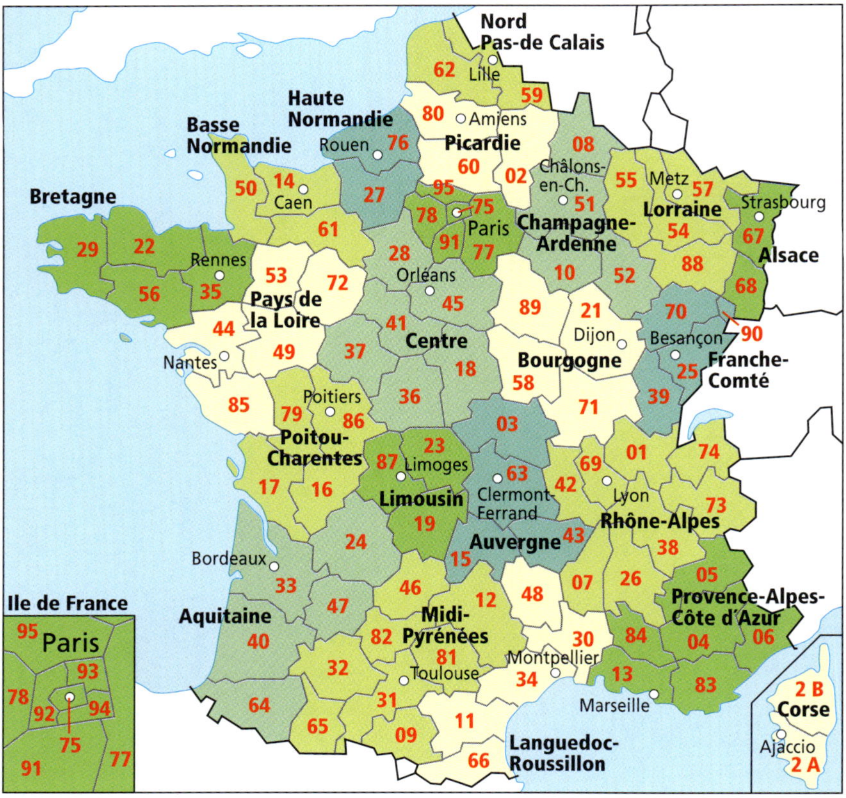

Régions	Départements		km²	Préfectures
Alsace	67	Bas-Rhin	4 755	Strasbourg
	68	Haut-Rhin	3 525	Colmar
Aquitaine	24	Dordogne	9 060	Périgueux
	33	Gironde	10 000	Bordeaux
	40	Landes	9 243	Mont-de-Marsan
	47	Lot-et-Garonne	5 361	Agen
	64	Pyrénées-Atlantiques	7 645	Pau
Auvergne	03	Allier	7 340	Moulins
	15	Cantal	5 726	Aurillac
	43	Haute-Loire	4 977	Le Puy
	63	Puy-de-Dôme	7 970	Clermont-Ferrand
Bourgogne	21	Côte-d´Or	8 763	Dijon
	58	Nièvre	6 817	Nevers
	71	Saône-et-Loire	8 575	Mâcon
	89	Yonne	7 427	Auxerre
Bretagne	22	Côtes-d´Armor	6 878	Saint-Brieuc
	29	Finistère	6 733	Quimper
	35	Ille-et-Vilaine	6 775	Rennes
	56	Morbihan	6 823	Vannes
Centre	18	Cher	7 235	Bourges
	28	Eure-et-Loir	5 880	Chartres
	36	Indre	6 791	Châteauroux
	37	Indre-et-Loire	6 127	Tours
	41	Loir-et-Cher	6 343	Blois
	45	Loiret	6 775	Orléans

Régions	Départements		km²	Préfectures
Champagne-Ardenne	08	Ardennes	5 229	Charleville-Mézières
	10	Aube	6 004	Troyes
	51	Marne	8 162	Châlons-en-Champagne
	52	Haute-Marne	6 211	Chaumont
Corse	2 A	Corse-du-Sud	4 014	Ajaccio
	2 B	Haute-Corse	4 666	Bastia
Franche-Comté	25	Doubs	5 234	Besançon
	39	Jura	4 999	Lons-le-Saunier
	70	Haute-Saône	5 360	Vesoul
	90	Territoire-de-Belfort	609	Belfort
Ile-de-France	75	Ville de Paris	105	Paris
	77	Seine-et-Marne	5 915	Melun
	78	Yvelines	2 284	Versailles
	91	Essonne	1 804	Essonne
	92	Hauts-de-Seine	176	Nanterre
	93	Seine-Saint-Denis	236	Bobigny
	94	Val-de-Marne	245	Créteil
	95	Val-d´Oise	1 246	Pontoise
Languedoc-Roussillon	11	Aude	6 139	Carcassonne
	30	Gard	5 853	Nîmes
	34	Hérault	6 101	Montpellier
	48	Lozère	5 167	Mende
	66	Pyrénées-Orientales	4 116	Perpignan
Limousin	19	Corrèze	5 857	Tulle
	23	Creuse	5 565	Guéret
	87	Haute-Vienne	5 520	Limoges
Lorraine	54	Meurthe-et-Moselle	5 241	Nancy
	55	Meuse	6 216	Bar-le-Duc
	57	Moselle	6 216	Metz
	88	Vosges	5 874	Epinal
Midi-Pyrénées	09	Ariège	4 890	Foix
	12	Aveyron	8 735	Rodez
	31	Haute-Garonne	6 309	Toulouse
	32	Gers	6 257	Auch
	46	Lot	5 217	Cahors
	65	Hautes-Pyrénées	4 464	Tarbes
	81	Tarn	5 758	Albi
	82	Tarn-et-Garonne	3 718	Montauban
Nord-Pas-de-Calais	59	Nord	5 742	Lille
	62	Pas-de-Calais	6 671	Arras
Basse-Normandie	14	Calvados	5 548	Caen
	50	Manche	5 938	Saint-Lô
	61	Orne	6 103	Alençon
Haute-Normandie	27	Eure	6 040	Evreux
	76	Seine-Maritime	6 278	Rouen
Pays de la Loire	44	Loire-Atlantique	6 815	Nantes
	49	Maine-et-Loire	7 166	Angers
	53	Mayenne	5 175	Laval
	72	Sarthe	6 206	Le Mans
	85	Vendée	6 720	La Roche-sur-Yon
Picardie	02	Aisne	7 369	Laon
	60	Oise	5 860	Beauvais
	80	Somme	6 170	Amiens
Poitou-Charentes	16	Charente	5 956	Angoulême
	17	Charente-Maritime	6 864	La Rochelle
	79	Deux-Sèvres	5 999	Niort
	86	Vienne	6 990	Poitiers
Provence-Alpes-Côte d´Azur	04	Alpes-de-Haute-Provence	6 925	Digne
	05	Hautes-Alpes	5 549	Gap
	06	Alpes-Maritimes	4 299	Nice
	13	Bouches-du-Rhône	5 087	Marseille
	83	Var	5 973	Toulon
	84	Vaucluse	3 567	Avignon
Rhône-Alpes	01	Ain	5 762	Bourg-en-Bresse
	07	Ardèche	5 529	Privas
	26	Drôme	6 530	Valence
	38	Isère	7 431	Grenoble
	42	Loire	4 781	Saint-Etienne
	69	Rhône	3 249	Lyon
	73	Savoie	6 028	Chambéry
	74	Haute-Savoie	4 388	Annecy

€uroland

Hammerfest
Tromsø
N
Narvik
Muonio
RUS
Mo i Rana
FIN
Luleå
S
IS
Oulu
Reykjavik
Umeå
€
Trondheim
Vaasa
RUS
Sundsvall
Kuopio
FIN
N
Bergen
Turku
Helsinki
Oslo
Stockholm
S. Peterburg
Stavanger
Tallinn
EST
Göteborg
S
Aberdeen
Visby
Riga
Århus
LV
Glasgow
DK
Edinburgh
Malmö
Moskva
København
LT
Vilnius
Belfast
RUS
GB
Kaliningrad
BY
Kiel
Dublin
Gdańsk
Minsk
GB
Hamburg
€
Berlin
Poznań
Warszawa
Birmingham
Amsterdam
D
IRL
Rotterdam
NL
Essen
Cardiff
Dortmund
Leipzig
Antwerpen
Dresden
Wrocław
London
Düsseldorf
PL
Brugge
Köln
€
Kyïv
Bruxelles
B
Bonn
Kraków
L
CZ
Praha
L´viv
UA
Le Havre
Frankfurt
Luxembourg
Caen
Stuttgart
SK
Paris
Strasbourg
München
Wien
Brest
Bratislava
Salzburg
MD
F
€
Basel
Zürich
H
Chişinău
Nantes
Bern
Innsbruck
A
Graz
Budapest
Cluj-Napoca
Poitiers
CH
Genève
Ljubljana
SLO
Odessa
Lyon
RO
Milano
Zagreb
Venézia
Torino
HR
Bordeaux
Génova
BIH
Beograd
Bucureşti
Firenze
Sarajevo
Marseille
Toulouse
Nice
A Coruña
Bilbao
I
SCG
Varna
AND
Sofija
Bastia
BG
Roma
E
F
Skopje
MK
Porto
Tiranë
€
Barcelona
Thessaloniki
İstanbul
Madrid
Nápoli
€
AL
P
I
€
València
Palma
Cágliari
Çanakkale
GR
Larissa
TR
Lisboa
€
Patra
Izmir
Alicante
Palermo
Sevilla
Athina
Granada
I
Tripoli
Alger
Tunis
Rodos
Iraklio
MA
DZ
TN
Rabat

5 EURO

5 EURO

10 EURO

10 EURO

20 EURO

20 EURO

50 EURO

50

100 EURO

100

200 EURO

200

500 EURO

500

F

ZOLL / DOUANE

( ) = Einfuhr aus EU-Ländern.
Importation des pays de l'UE.
Importation from EU-countries.
Importazione dai paesi dell'UE.
(–) unbeschränkt / illimité / unrestricted / illimitato

→ F

Zigaretten	oder/ou/or Zigarren	oder/ou/or Tabak
200 (800)	50 (200)	250 g (1 kg)

Kaffee	Tea	Parfum	Wein	22°	Geschenke	Kanister
500 g (–)	100 g (–)	50 g (–)	2 (90) l	1 (10) l	€ 180.– (–)	10 l

ZOLL / DOUANE – 04

ID = Identitätskarte / Carte d'identité / Identity card / Carta d'identità
P = Pass / Passeport / Passport / Passaporto
V = Visum / Visa / Visa / Visto

		☎ → F	← F
A	ID	00 33	00 43
B	ID	00 33	00 32
BG	P	00 33	00 359
CH	ID	00 33	00 41
CZ	P	00 33	00 420
D	ID	00 33	00 49
DK	P	00 33	00 45
E	ID	00 33	00 34
F	–	–	–
FIN	P	00 33	00 358
GB	P	00 33	00 44
GR	P	00 33	00 30
H	P	00 33	00 36
HR	P	00 33	00 385
I	ID	00 33	00 39
IRL	P	00 33	00 353
L	ID	00 33	00 352
N	P	00 33	00 47
NL	ID	00 33	00 31
P	ID	00 33	00 351
PL	P	00 33	00 48
RO	P	00 33	00 40
S	ID	00 33	00 46
SK	P	00 33	00 421
SLO	P	00 33	00 386
TR	PV	00 33	00 90
USA	P	011 33	00 1

100

1 € (Euro) = 100 Euro Cents

€ 500 200 100 50 20 10 5 (2) (1)

Cents (50) (20) (10) (5) (2) (1)

Auto

Ortschaft	Landstraße	Schnellstraße	Autobahn
50 km/h	90 km/h	110 km/h	130 km/h

→ € Péage

0,5 ‰

SNCF - Paris ☎ 08 / 92 35 35 36

Motos

Spikes
Pneus à clous
Pneumatici chiodati
9.11.–31.3./90 km/h

Automobile Club de France (ACF); 8, place de la Concorde; F-75008 Paris, ☎ 01 / 43 12 43 12

i

Maison de la France:

(A) **Französisches Verkehrsbüro**
Argentinierstrasse 41 A
A-1040 Wien, ☎ 0900 / 25 00 15

(B) (L) **Office Français du Tourisme**
21, avenue de la Toison d'Or
B-1050 Bruxelles, ☎ 0902 / 88 025

(CH) **Franz. Verkehrsbüro/Off. Français du Tourisme**
Rennweg 42, CH-8023 Zürich, ☎ 0900 900699
2, rue Thalberg, CH-1201 Genève, ☎ 0900 900699

(D) **Französisches Verkehrsbüro**
Westendstrasse 47, D-60325 Frankfurt/Main
☎ 0190 / 57 00 25

(E) **Servicios de Turismo de Francia**
Plaza de España 18, E-28008 Madrid
☎ 906 / 34 36 38

(GB) **French Tourist Office**
178 Piccadilly, GB-London W1J 9AL
☎ 09068 / 24 41 23

(I) **Ente Nazionale Francese per il Turismo**
Via Larga 7, I-20122 Milano
☎ 166 116 216

(NL) **Frans Nationaal Verkeersbureau**
Prinsengracht 670, NL-1017 KX Amsterdam
☎ 0900 / 112 23 32

(S) (FIN) **Franska Turistbyrån**
Norrmalmstorg 1 A, S-111 46 Stockholm
☎ 8 / 56 61 12 00

(USA) **French Tourist Office**
444 Madison Avenue, 16th Floor, New York
NY-10022, ☎ 410 / 286 83 10

Fédération Française de camping-caravaning
78, rue de Rivoli, F-75004 Paris
☎ 01 / 42 72 84 08

220 V

11.–3. MEZ
4.–10. MEZ +1 h

SOS

Polizei Police	Feuerwehr	Ambulanz	Hubschrauber	Pannenhilfe
112	112	112 (SAMU)	112	0800 08 92 22

Transitpläne · Plans de transit
Transit maps · Transitkaarten
Piante di transito · Mapas de tránsito
Genomfartskartor · Transitkort

Transitpläne · Plans de transit
Transit maps · Transitkaarten
Piante di transito · Mapas de tránsito
Genomfartskartor · Transitkort

Bezeichnung der Ausfallstrassen
Indication of arterial roads
Indicazione delle strade di uscita
Beteckning för utfartsleder

Indication des routes de sortie
Aanduiding van uitvalswegen
Denominación de carreteras de salida
Betegnelse for udfaldsveje

Informationsbüro · Polizei
Information centre · Police
Ufficio d' informazione · Polizia
Turistinformation · Polis

Office de tourisme · Police
Informatie voor toeristen · Politie
Oficina de turismo · Policía
Turistbureau · Politi

Post · Jugendherberge
Post office · Youth hostel
Posta · Ostello della gioventù
Post · Vandrarhem

Poste · Auberge de jeunesse
Postkantoor · Jeugdherberg
Correos · Albergue juvenil
Post · Vandrerhjem

Bahnhof · Autoreisezug
Railway station · Car transporting train
Stazione · Servizio navetta per auto
Järnvägsstation · Biltåg

SNCF

Gare · Service auto-train
Station · Autoslaaptrein
Estación · Servicio auto-tren
Banegård · Biltog

Schiffsanlegestelle · Jachthafen
Docking · Yacht harbour
Debarcadero · Porto per i panfili
Båtbrygga · Hamn för fritidsbåtar

Débarcadère · Port de plaisance
Aanlegplaats voor schepen · Jachthaven
Desembarcadero · Puerto deportivo
Anløbssted · Lystbådehavn

Bad · Hallenbad
Bathing · Swimming-pool
Bagno all' aperto · Piscina coperta
Bad · Simhall

Baignade · Piscine couverte
Zwemgelegenheid · Overdekt zwembad
Playa · Piscina cubierta
Bad · Svømmehal

Spital · Theater
Hôpital · Théâtre
Ospedale · Teatro
Hospital · Teatro

Hospital · Theatre
Ziekenhuis · Theater
Sjukhus · Teater
Sygehus · Teater

Botanischer Garten · Zoo
Botanical garden · Zoo
Giardino botanico · Zoo
Botansk trädgård · Zoo

Jardin botanique · Zoo
Botanische tuin · Dierentuin
Jardín botánico · Zoo
Botanisk have · Zoologisk have

Freikörperkultur · Pferderennbahn
Nudism camp · Racecourse
Campo nudisti · Ippodromo
Nudist läger · Kapplöpningsbana

Camp de nudisme · Hippodrome
Nudisten kamp · Renbaan
Centro de naturismo · Hipódromo
Nudist-lejr · Hestesportsbane

Altstadt
Old city
Città vecchia
Gamla stad

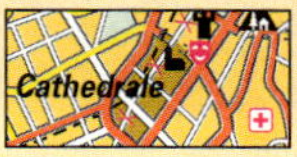

Vieille ville
Oude stad
Ciudad antigua
Gamle by

Hallwag

Boulogne

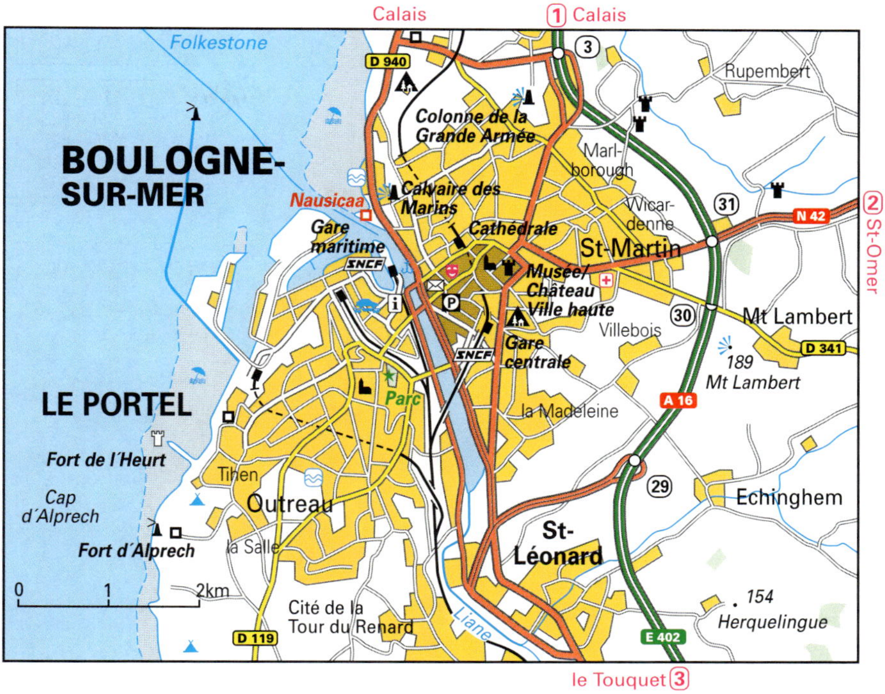

Calais

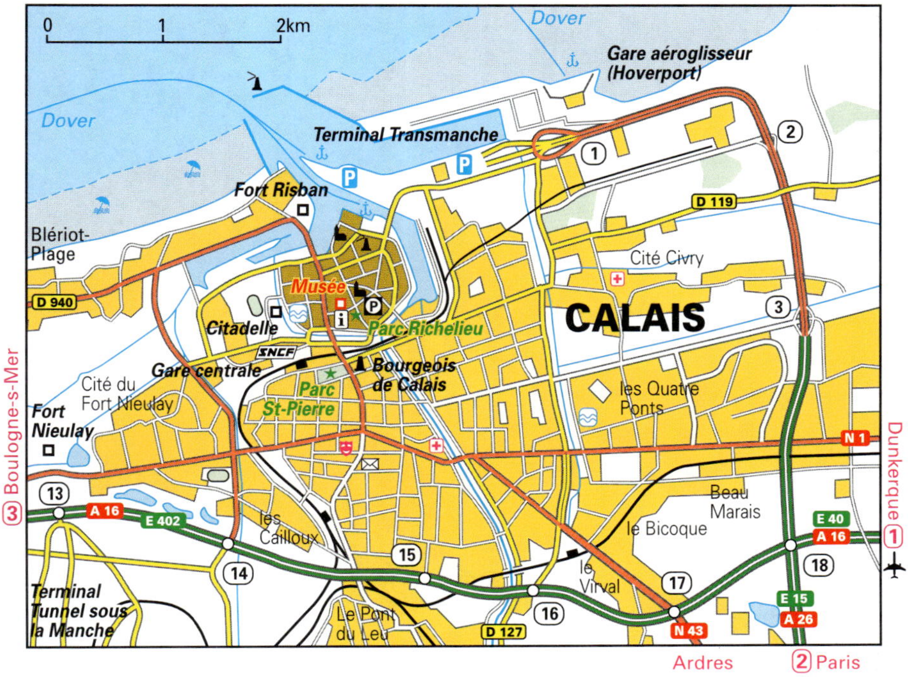

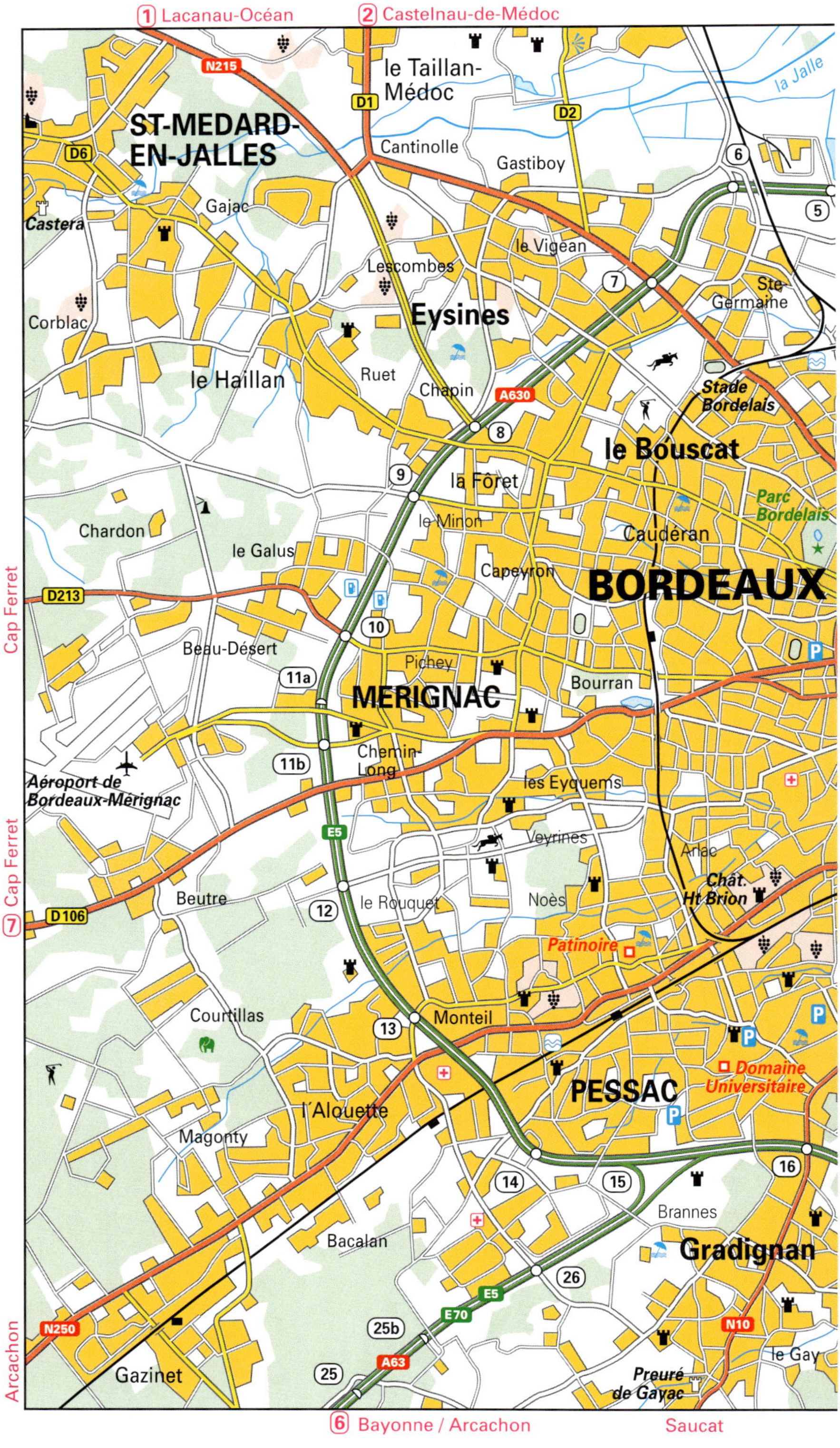
1 Lacanau-Océan
2 Castelnau-de-Médoc
le Taillan-Médoc
ST-MEDARD-EN-JALLES
N215
D1
D2
D6
la Jalle
Cantinolle
Gastiboy
Gajac
Castera
le Vigean
Lescombes
Eysines
Ste-Germaine
Corblac
le Haillan
Ruet
Chapin
A630
Stade Bordelais
le Bouscat
la Fôret
le Minon
Parc Bordelais
Chardon
le Galus
Caudéran
Capeyron
BORDEAUX
D213
Beau-Désert
Pichey
Bourran
MERIGNAC
Chemin-Long
Aéroport de Bordeaux-Mérignac
les Eyquems
E5
Veyrines
Arlac
Beutre
le Rouquet
Noès
Chât. Ht Brion
D106
Patinoire
Courtillas
Monteil
Domaine Universitaire
PESSAC
l'Alouette
Magonty
Brannes
Bacalan
Gradignan
E70
N250
N10
A63
le Gay
Gazinet
Preuré de Gayac
Cap Ferret
7 Cap Ferret
Arcachon
6 Bayonne / Arcachon
Saucat

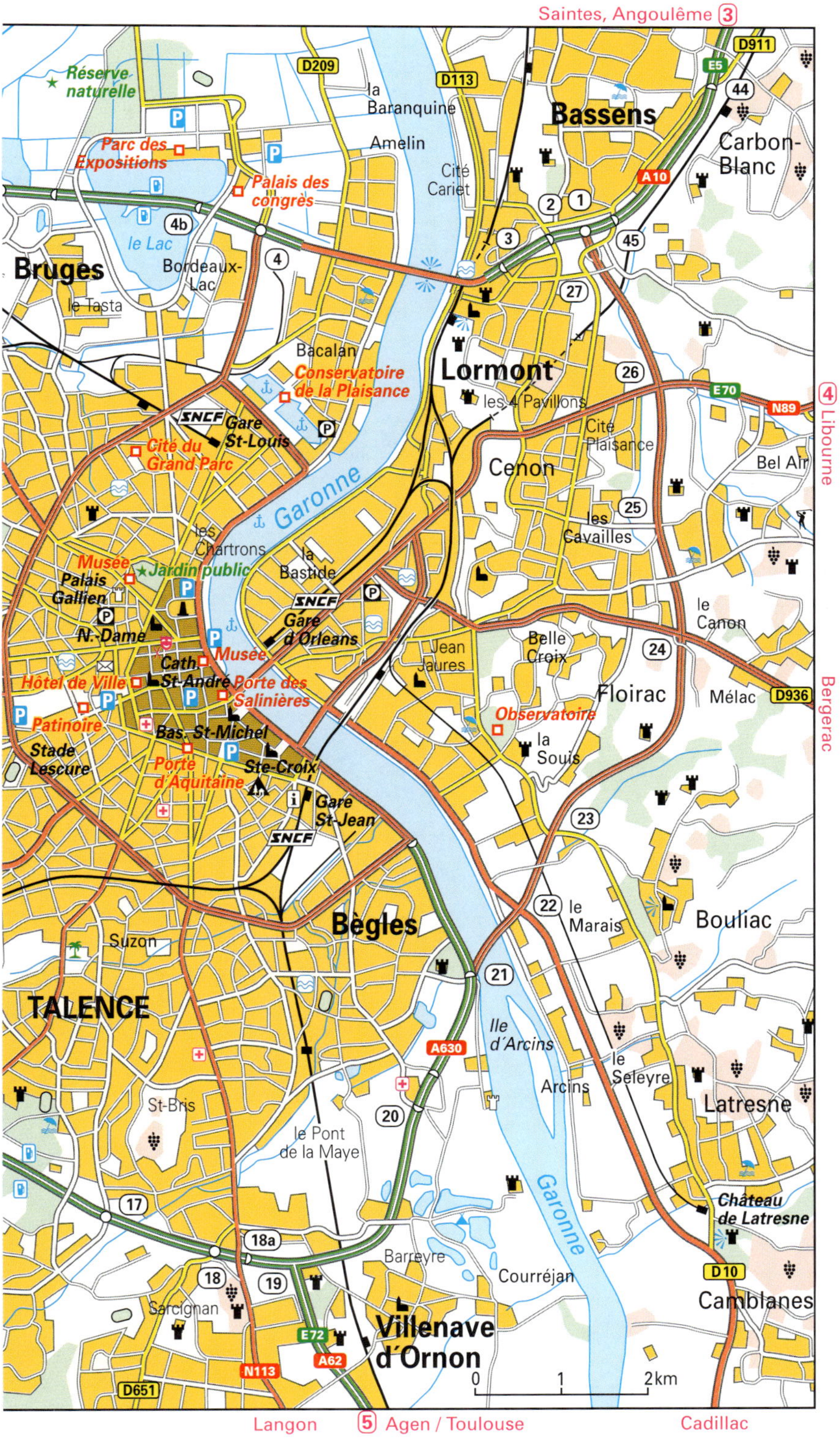
Saintes, Angoulême 3
4 Libourne
Bergerac
Langon
5 Agen / Toulouse
Cadillac
Réserve naturelle
Parc des Expositions
Palais des congrès
le Lac
Bruges
Bordeaux-Lac
le Tasta
la Baranquine
Amelin
Cité Cariet
Bassens
Carbon-Blanc
Lormont
les 4 Pavillons
Cité Plaisance
Cenon
Bel Air
les Cavailles
Bacalan
Conservatoire de la Plaisance
SNCF Gare St-Louis
Cité du Grand Parc
Garonne
les Chartrons
la Bastide
Musée
Jardin public
Palais Gallien
N.-Dame
Cath. St-André
Musée
Porte des Salinières
Hôtel de Ville
Patinoire
Stade Lescure
Bas. St-Michel
Porte d'Aquitaine
Ste-Croix
SNCF Gare d'Orléans
Gare St-Jean
SNCF
Jean Jaurès
Belle Croix
le Canon
Floirac
Mélac
Observatoire
la Souis
Bègles
le Marais
Bouliac
Suzon
TALENCE
Ile d'Arcins
Arcins
le Seleyre
Latresne
St-Bris
le Pont de la Maye
Château de Latresne
Barreyre
Courréjan
Camblanes
Sarcignan
Villenave d'Ornon
D209
D113
D911
E5
A10
E70
N89
D936
A630
E72
A62
N113
D651
D10
44
2
1
3
45
4b
4
27
26
25
24
23
22
21
20
17
18a
18
19
0 1 2km

Lille / Roubaix

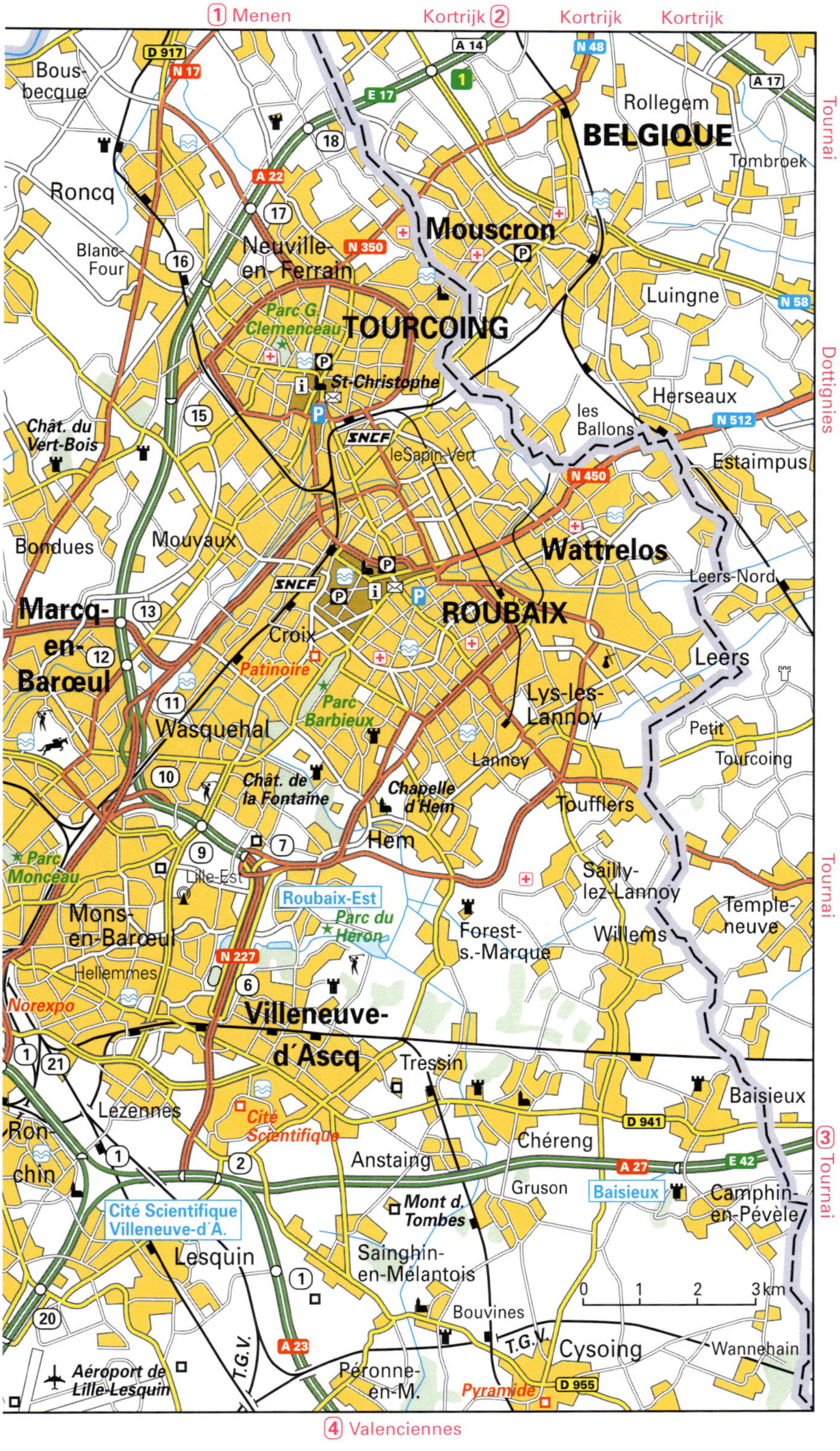

1 Menen
Kortrijk 2
Kortrijk
Kortrijk
Tournai
Dottignies
Tournai
3 Tournai
4 Valenciennes
D 917
N 17
A 14
E 17
N 48
A 17
A 22
N 350
N 58
N 512
N 450
N 227
D 941
A 27
E 42
A 23
D 955
Bousbecque
Rollegem
BELGIQUE
Tombroek
Roncq
Mouscron
Blanc-Four
Neuville-en-Ferrain
Luingne
Parc G. Clemenceau
TOURCOING
St-Christophe
Herseaux
les Ballons
Chât. du Vert-Bois
SNCF
leSapin-Vert
Estaimpus
Bondues
Mouvaux
Wattrelos
Leers-Nord
Marcq-en-Barœul
SNCF
ROUBAIX
Croix
Leers
Patinoire
Parc Barbieux
Lys-les-Lannoy
Wasquehal
Petit Tourcoing
Lannoy
Chât. de la Fontaine
Chapelle d'Hem
Toufflers
Hem
Parc Monceau
Lille-Est
Sailly-lez-Lannoy
Roubaix-Est
Mons-en-Barœul
Parc du Heron
Forest-s.-Marque
Willems
Temple-neuve
Hellemmes
Norexpo
Villeneuve-d'Ascq
Tressin
Baisieux
Lezennes
Cité Scientifique
Ronchin
Chéreng
Anstaing
Gruson
Baisieux
Camphin-en-Pévèle
Cité Scientifique Villeneuve-d'A.
Mont d. Tombes
Lesquin
Sainghin-en-Mélantois
0 1 2 3km
Bouvines
T.G.V.
T.G.V.
Cysoing
Wannehain
Aéroport de Lille-Lesquin
Péronne-en-M.
Pyramide

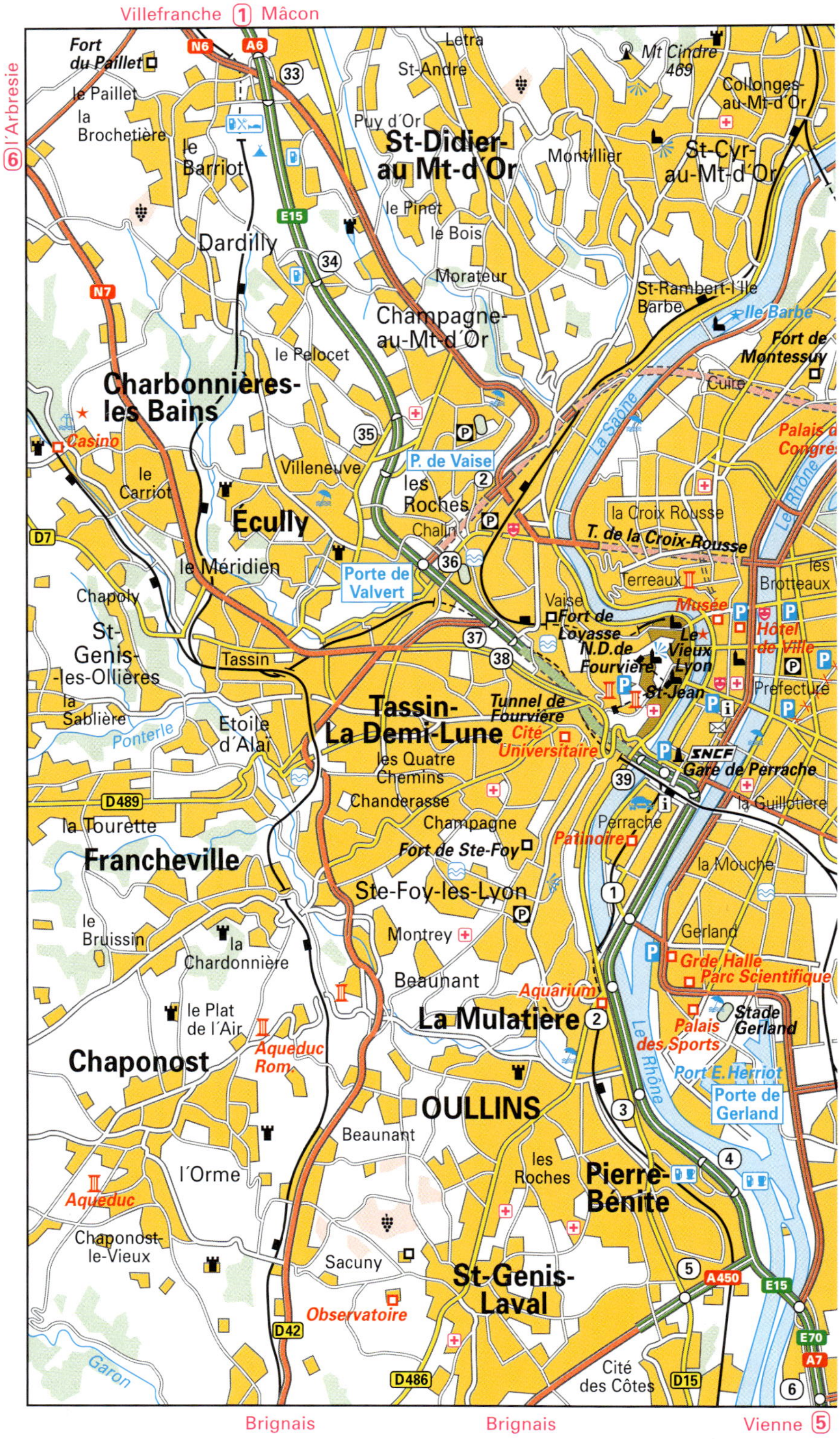
Villefranche 1 Mâcon
6 l'Arbresie
Brignais
Brignais
Vienne 5
Fort du Paillet
le Paillet
la Brochetière
le Barriot
Dardilly
Letra
St-André
Puy d'Or
St-Didier-au-Mt-d'Or
le Pinet
le Bois
Morateur
Champagne-au-Mt-d'Or
Mt Cindre 469
Collonges-au-Mt-d'Or
Montillier
St-Cyr-au-Mt-d'Or
St-Rambert-l'Ile Barbe
Ile Barbe
Fort de Montessuy
Cuire
La Saône
Palais des Congrès
Le Rhône
le Pelocet
Charbonnières-les Bains
Casino
le Carriot
Villeneuve
P. de Vaise
les Roches
Chalin
Écully
le Méridien
Porte de Valvert
la Croix Rousse
T. de la Croix-Rousse
Terreaux
les Brotteaux
Musée
Hôtel de Ville
Vaise
Fort de Loyasse
N.D. de Fourvière
Le Vieux Lyon
St-Jean
Préfecture
Chapoly
St-Genis-les-Ollières
la Sablière
Ponterle
Tassin
Etoile d'Alaï
Tassin-La Demi-Lune
Tunnel de Fourvière
Cité Universitaire
SNCF
Gare de Perrache
la Guillotière
les Quatre Chemins
Chanderasse
Champagne
Fort de Ste-Foy
Perrache
Patinoire
la Tourette
Francheville
Ste-Foy-lès-Lyon
la Mouche
Montrey
Gerland
Grde Halle
Parc Scientifique
le Bruissin
la Chardonnière
Beaunant
Aquarium
La Mulatière
Stade Gerland
Palais des Sports
le Plat de l'Air
Aqueduc Rom.
Chaponost
Le Rhône
Port E. Herriot
Porte de Gerland
OULLINS
Beaunant
l'Orme
les Roches
Pierre-Bénite
Aqueduc
Chaponost-le-Vieux
Sacuny
St-Genis-Laval
Observatoire
Garon
Cité des Côtes
N6
A6
E15
N7
D7
D489
D42
D486
D15
A450
E70
A7
33
34
35
36
37
38
39
1
2
3
4
5
6

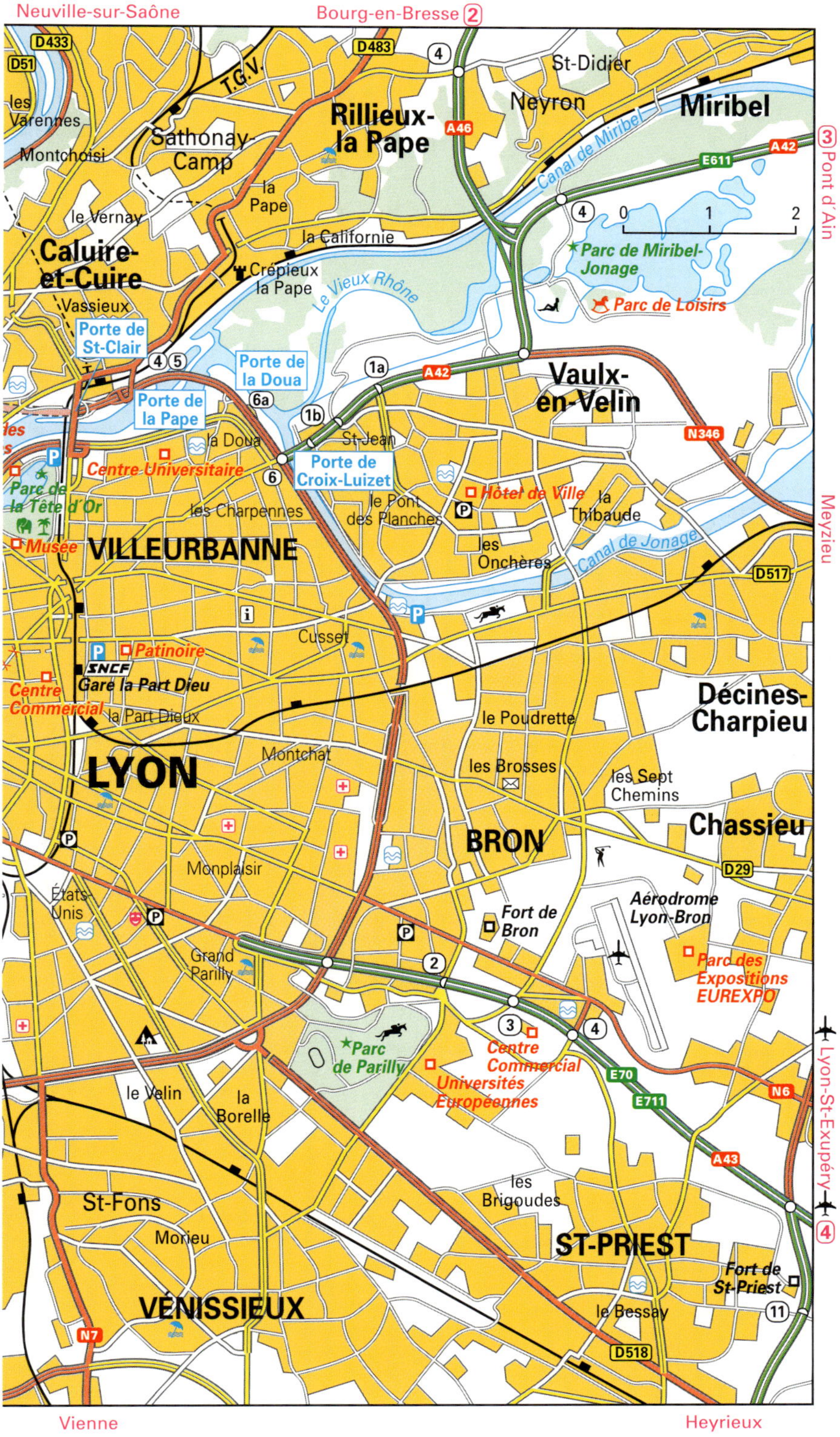
Neuville-sur-Saône
Bourg-en-Bresse 2
3 Pont d'Ain
Meyzieu
Lyon-St-Exupéry 4
Vienne
Heyrieux
Rillieux-la Pape
Sathonay-Camp
St-Didier
Neyron
Miribel
Caluire-et-Cuire
les Varennes
Montchoisi
le Vernay
la Pape
la Californie
Crépieux la Pape
Vassieux
Le Vieux Rhône
Canal de Miribel
Parc de Miribel-Jonage
Parc de Loisirs
Porte de St-Clair
Porte de la Doua
Porte de la Pape
Porte de Croix-Luizet
Vaulx-en-Velin
la Doua
St-Jean
Centre Universitaire
Parc de la Tête d'Or
Musée
VILLEURBANNE
les Charpennes
le Pont des Planches
Hôtel de Ville
la Thibaude
les Onchères
Canal de Jonage
Cusset
Patinoire
SNCF
Gare la Part Dieu
Centre Commercial
la Part Dieu
Décines-Charpieu
le Poudrette
les Brosses
les Sept Chemins
Chassieu
LYON
Montchat
BRON
Monplaisir
États-Unis
Fort de Bron
Aérodrome Lyon-Bron
Parc des Expositions EUREXPO
Grand Parilly
Parc de Parilly
Centre Commercial
Universités Européennes
le Velin
la Borelle
St-Fons
Monieu
VÉNISSIEUX
les Brigoudes
ST-PRIEST
Fort de St-Priest
le Bessay
T.G.V.
D433
D51
D483
A46
A42
E611
N346
D517
D29
E70
E711
N6
A43
D518
N7
0
1
2

Salon de Provence 1
Pertuis, Manosque 2
Martigues, Istres 5
N 113
la Fare-les Oliviers
A 7
E 714
Coudoux
La Provençale
A 8
E 80
Eguilles
N 7
les Pinchinats
12
AIX-EN-
Salon-Avignon
D 10
Miramas
D 20
Ventabren
SNCF
29
Velaux
Aqueduc de Roquefavour
Aix-Centre
30
31
la Suzanne
Berre
Canal de Marseille
D 543
les Milles
les Milles
Meyreuil
Gardanne
Rognac
Chaîne de Vitrolles
Reservoir du Réaltor
Lenfant
A 51
N.D. de Caderot
Berre-l'Étang
Vitrolles
Bouc/Luynes
Étang de Berre
Étang de Vaïne
Vitrolles
E 712
Bouc Bel-Air
la Pointe
Calas
Gardanne
Marseille-Provence
Marignane
D 6
Cabriès
la Salle
Simiane
les Pinchinades
Collongue
Plage de Jaï
les Pennes-Mirabeau
32
Bouc-Bel-Air
Marignane
Plan de Camp.
Pilon du Roi
670
la Mède
les Pennes-M.
D 9
Gignac-la-N.
E 714
Septèmes-les-Vallons
la Mède-Est
les Cadeneaux
Laure
Grde Etoile
la Mède-Ouest
A 55
Gignac-la-Nerthe
A 55
St-Antoine
590
Chaîne de l'Etoile
Châteauneuf-les-Mart.
St-Antoine
la Montade
6
Carry-le-R.
l'Estaque
N 568
l'Estaque
les Arnavaux
Plan-de-Cuques
St-Julien
Chaîne de l'Estaque
D 5
le Rove
Ensuès-la Redonne
Croix-Rouge
Niolon
le Rouet-Plage
5
D 9
la Madrague-de-la-V.
35
Allauch
Madrague-de-Gignac
Sausset-les-Pins
Carry-le-Rouet
Rade de Marseille
4
St-Just
3
MARSEILLE
St-Barnabé
Ile Ratonneau
1
Fort
Château d'If
St-Marcel
Ile Pomègues
Rade d'Endoume
Cap Caveaux
Plage du Prado
le Cabot
Chaîne de St-Cyr
609
le Redon
Col de la Gines
la Madrague-de-Montredon
Mazargues
D 559
Massif de Marseilleveyre
327
Luminy
Forêt de la Gardiole
Cap Croisette
Ile Tiboulen
les Goudes
Ile Maire
Bec Sormiou
Ile Calseraigne
Cap Morgiou
Ile de Planier
Ile de Jarre
les Calanques
Ile de Riou
0 2 4 6 8km
Ajaccio Bastia

Gorges
630
Bois de la Gardiole
Vauvenargues
D 3
Montagne Ste-Victoire
Pic des Mouches
1011
Bois
de Canal
Pourrières
PROVENCE
la Croix de Provence
Puyloubier
Domaine Cap. Danjou
le Tholonet
Beaurecueil
Pourrières
Seillons-Source-d'Argens
32
Montagne du Cengle
de Provence
Arc
33
Ollières
N 7
Rousset
D 6
Arc
Pourcieux
34
A 52
Fuveau
Mont Aurélien
880
E 80
A 8
Fréjus
3
Gréasque
N 96
Belcodène
Peynier
Trets
815
St-Maximin-la-Ste-Baume
Mimet
Montagne
500
St-Jean-du-Puy
N 560
St-Savournin
le Pigeonnier
de
Pas de la Couelle
D 1
4
Brignoles
Cadolive
la Bouilladisse
Regagnas
Moulin-de-Redon
St-Zacharie
Cauron
Rougiers
33
Peypin
D 908
la Destrousse
Auriol
N 560
Huveaune
Nans-les-Pins
la Bourdonnière
Roquevaire
Péruy
Lascours
710
Croix de Garlaban
Plan-d'Aups
1147
994
Signal de la Ste-Baume
Camoins-les-Bains
Napollon
1041
1033
St-Pilon
34
MASSIF DE LA SAINTE - BAUME
7
les Camoins
Gémenos
Signes
5
Aubagne
N 501
Parc de St-Pons
D 2
35
Cuges-les-Pins
D 2
la Penne-s-H.
Aubagne
N 8
218
Carnoux-en-Prov.
Aubagne-S.
Col de l'Ange
le Camp-du-Castellet
6
Circuit du Castellet Paul-Ricard
Roquefort-la-Bédoule
7
Roquefort
D 3
Ste-Anne-du-Castellet
le Brulat
Rocher de l'Aigle
8
Cassis
D 26
le Beausset
605
Destel
9
A 50
Ceyreste
Sale
10
Mt de la Saoupe
Cap Canaille
la Cadière-d'Azur
le Castellet
801
Mt Caume
Ste-Anne-d'Evenos
le Broussan
la Ciotat-Plage
11
Sémaphore
la Ciotat
les Leques
St-Cyr-s-M.
Beausset-Vieux
Evenos
576
Calanque de Figuerolles
D 559
12
Baou de 4 Oures
Cap de l'Aigle
Ile Verte
le Gros Cerveau
Ollioules
124
Pnte du Déffend
14
CÔTE D'AZUR I
BANDOL
SNCF
A 50
Ile de Bendor
13
SANARY-s-Mer
LA-SEYNE-s-M.
Fort de Six-Fours
le Brusc
Grd Rouveau
Six-Fours-les-Plages
Ile des Embiez
N.-D. du Mai
Cap Sicié

Marseille City

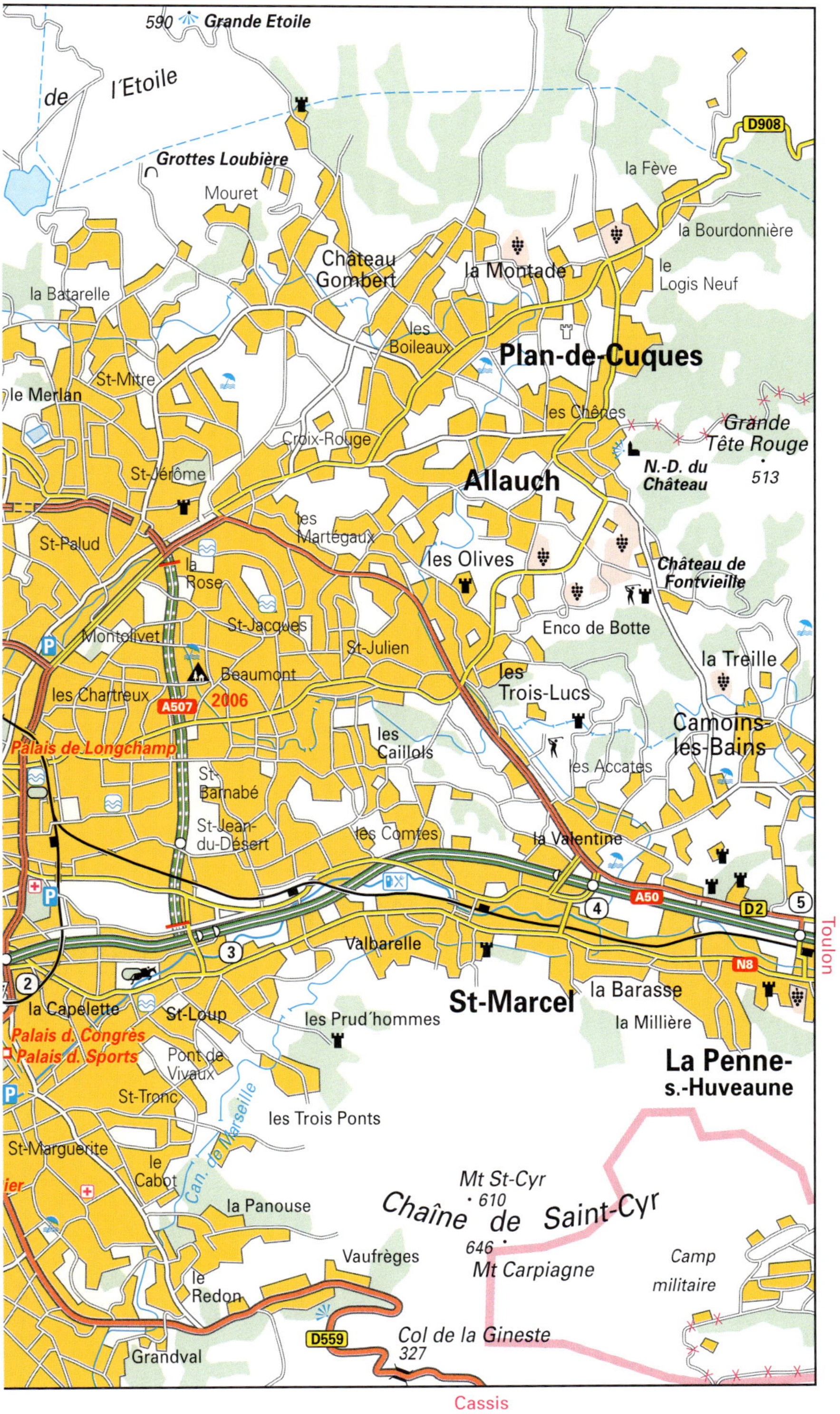
590 Grande Etoile
de l'Etoile
Grottes Loubière
Mouret
la Fève
la Bourdonnière
le Logis Neuf
Château Gombert
la Montade
la Batarelle
les Boileaux
Plan-de-Cuques
St-Mitre
le Merlan
les Chênes
Grande Tête Rouge
513
N.-D. du Château
Croix-Rouge
St-Jérôme
Allauch
St-Palud
les Martégaux
les Olives
Château de Fontvieille
la Rose
St-Jacques
Enco de Botte
Montolivet
St-Julien
la Treille
Beaumont
les Trois-Lucs
les Chartreux
A507
2006
Camoins-les-Bains
Palais de Longchamp
les Caillols
les Accates
St-Barnabé
St-Jean-du-Désert
les Comtes
la Valentine
A50
D2
D908
N8
Toulon
Valbarelle
St-Marcel
la Barasse
la Millière
la Capelette
St-Loup
les Prud'hommes
Palais d. Congrès
Palais d. Sports
Pont de Vivaux
La Penne-s.-Huveaune
St-Tronc
les Trois Ponts
Can. de Marseille
St-Marguerite
le Cabot
Mt St-Cyr
610
la Panoüse
Chaîne de Saint-Cyr
646
Mt Carpiagne
Vaufrèges
Camp militaire
le Redon
D559
Col de la Gineste
327
Grandval
Cassis

Montpellier

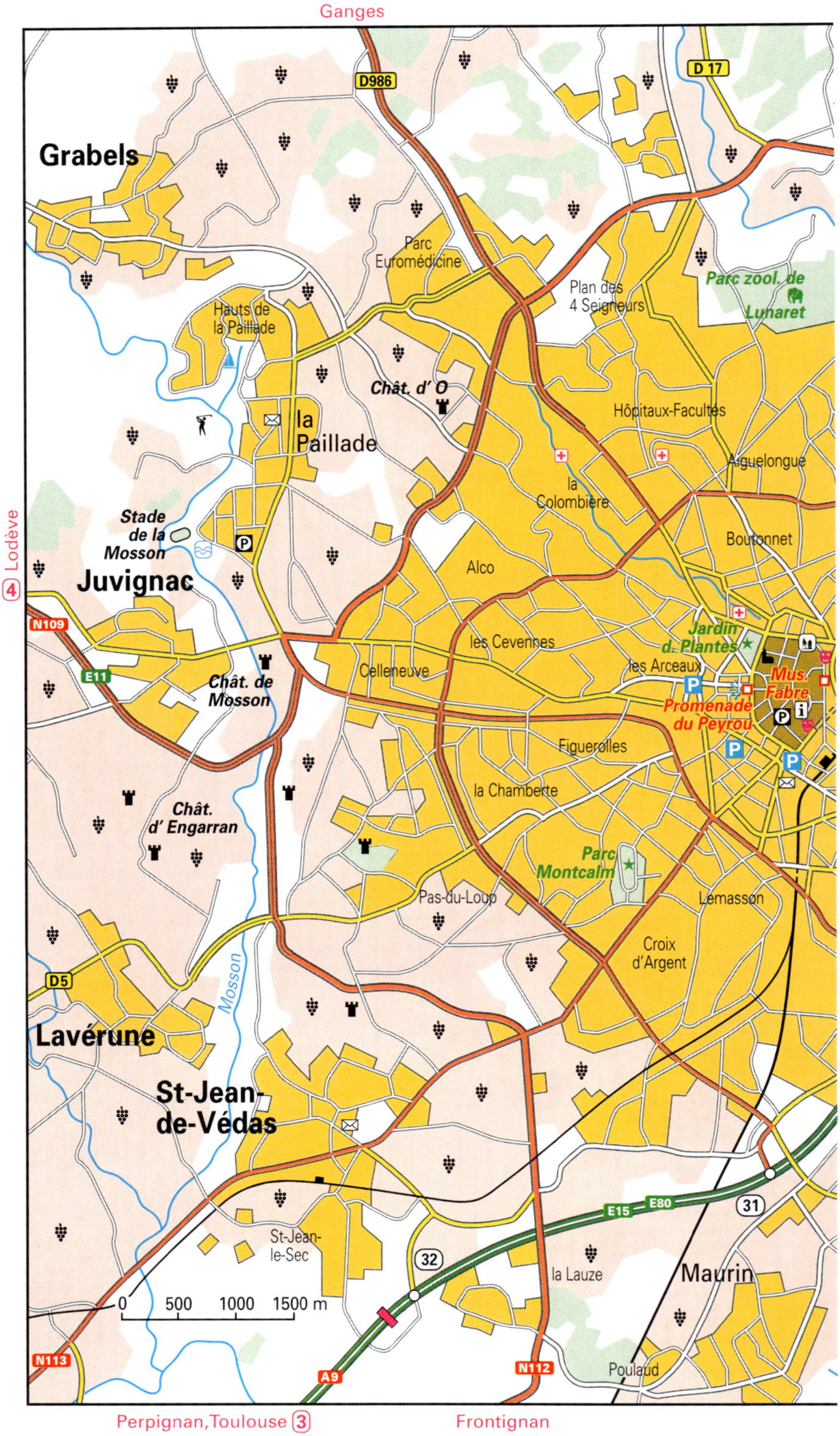

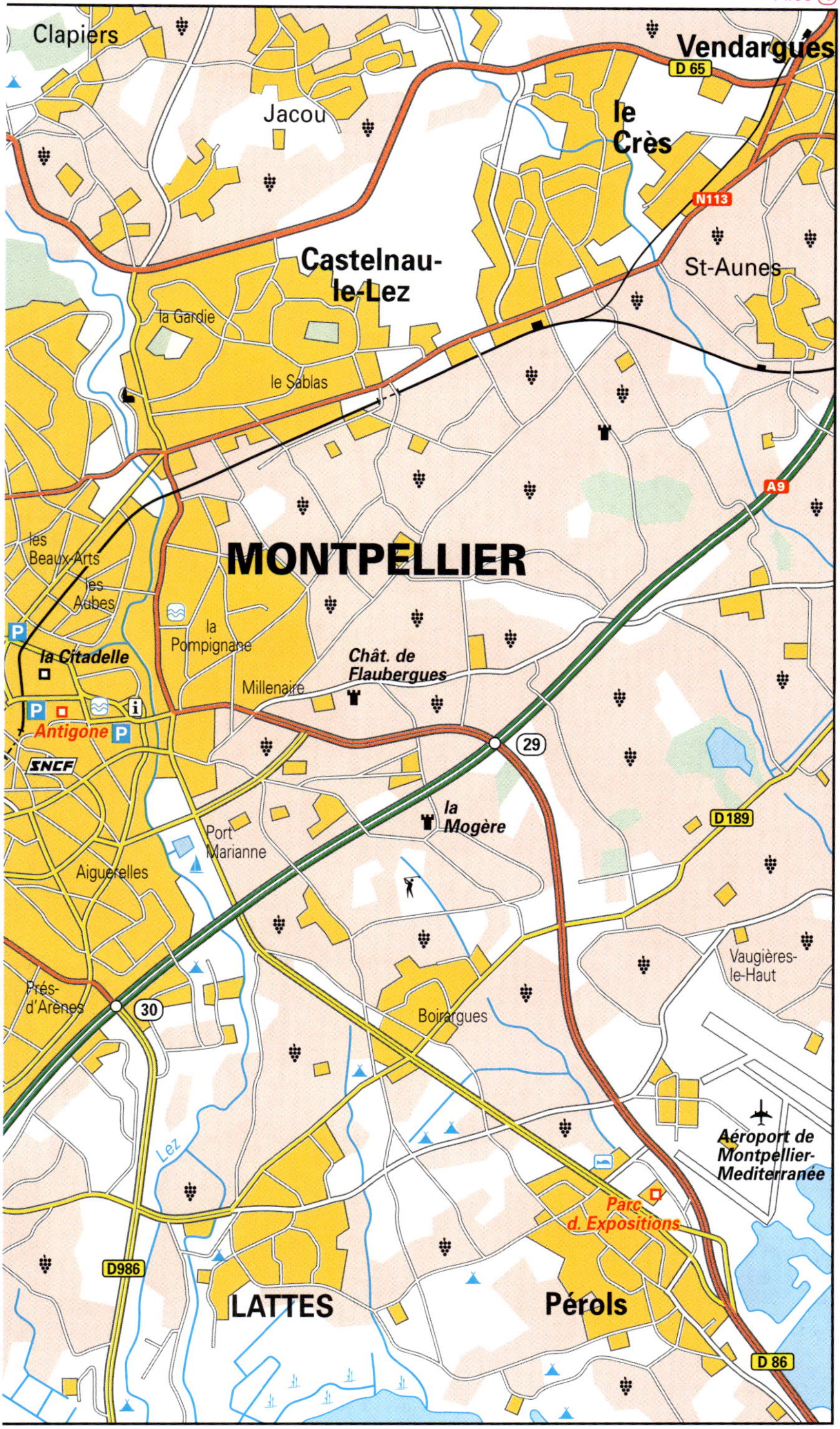
Alès 1
Clapiers
Jacou
Vendargues
D 65
le Crès
N113
Castelnau-le-Lez
St-Aunes
la Gardie
le Sablas
2 Nîmes, Marseille, Lyon
A9
les Beaux-Arts
les Aubes
MONTPELLIER
la Pompignane
la Citadelle
Châtt. de Flaubergues
Millenaire
Antigone
SNCF
29
la Mogère
D 189
Port Marianne
Aiguerelles
Vaugières-le-Haut
Prés-d'Arènes
30
Boirargues
Aéroport de Montpellier-Mediterranée
Lez
Parc d. Expositions
D986
LATTES
Pérols
D 86
Palavas-les-Flots
la Grande-Motte

Nantes

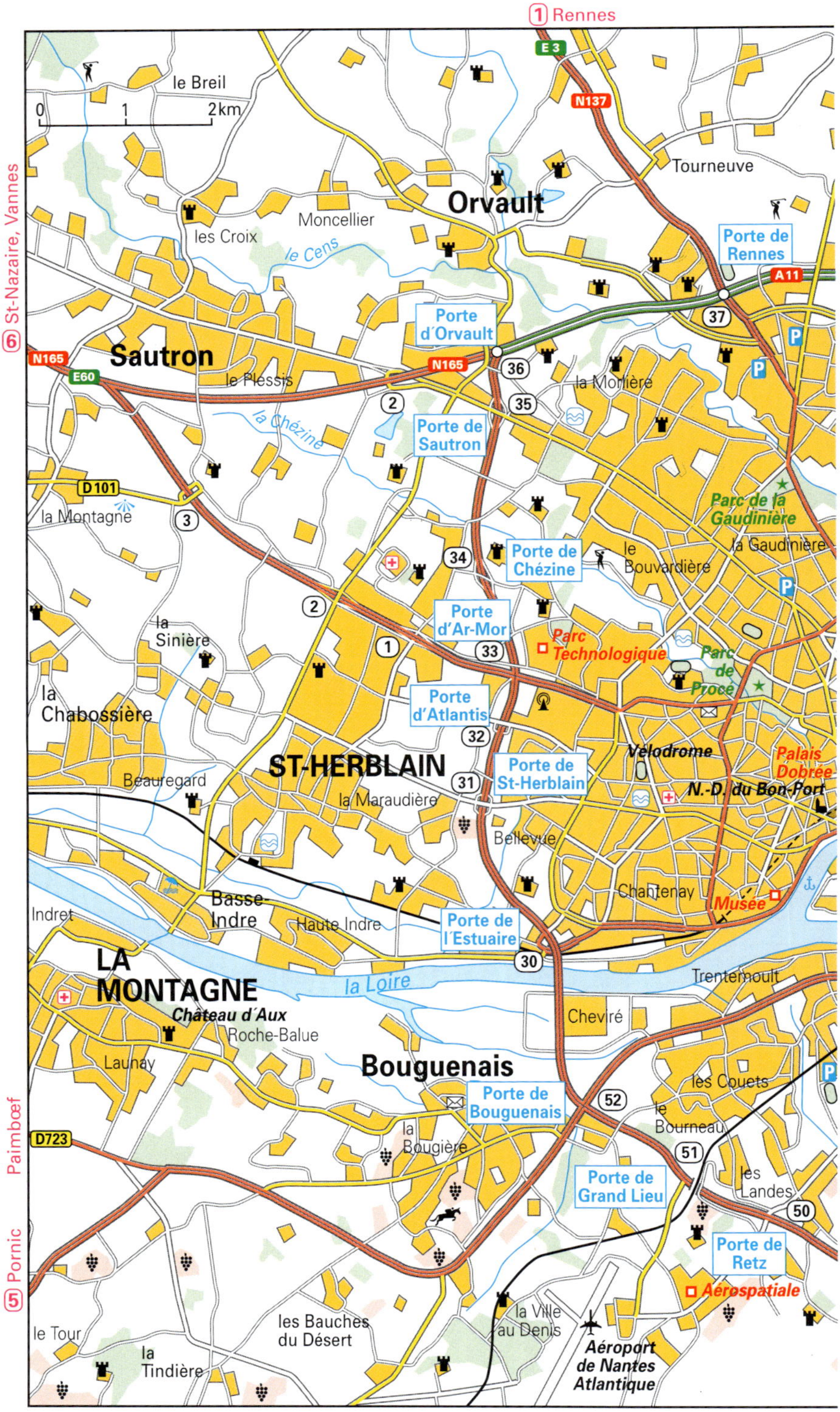

1 Rennes
6 St-Nazaire, Vannes
5 Pornic
Paimbœf
0 1 2km
le Breil
Tourneuve
Orvault
Moncellier
les Croix
le Cens
Porte de Rennes
A11
E 3
N137
37
Porte d'Orvault
Sautron
N165
E60
le Plessis
36
35
la Morlière
2
Porte de Sautron
la Chézine
D101
la Montagne
3
Parc de la Gaudinière
la Gaudinière
34
Porte de Chézine
le Bouvardière
Porte d'Ar-Mor
Parc Technologique
33
Parc de Procé
la Sinière
1
la Chabossière
Porte d'Atlantis
32
Vélodrome
Palais Dobrée
ST-HERBLAIN
31
Porte de St-Herblain
N.-D. du Bon-Port
Beauregard
la Maraudière
Bellevue
Chantenay
Basse-Indre
Indret
Haute Indre
Porte de l'Estuaire
Musée
30
LA MONTAGNE
la Loire
Trentemoult
Château d'Aux
Roche-Balue
Cheviré
Launay
Bouguenais
les Couets
Porte de Bouguenais
52
le Bourneau
D723
la Bougière
51
les Landes
Porte de Grand Lieu
50
Porte de Retz
Aérospatiale
les Bauches du Désert
la Ville au Denis
le Tour
la Tindière
Aéroport de Nantes Atlantique

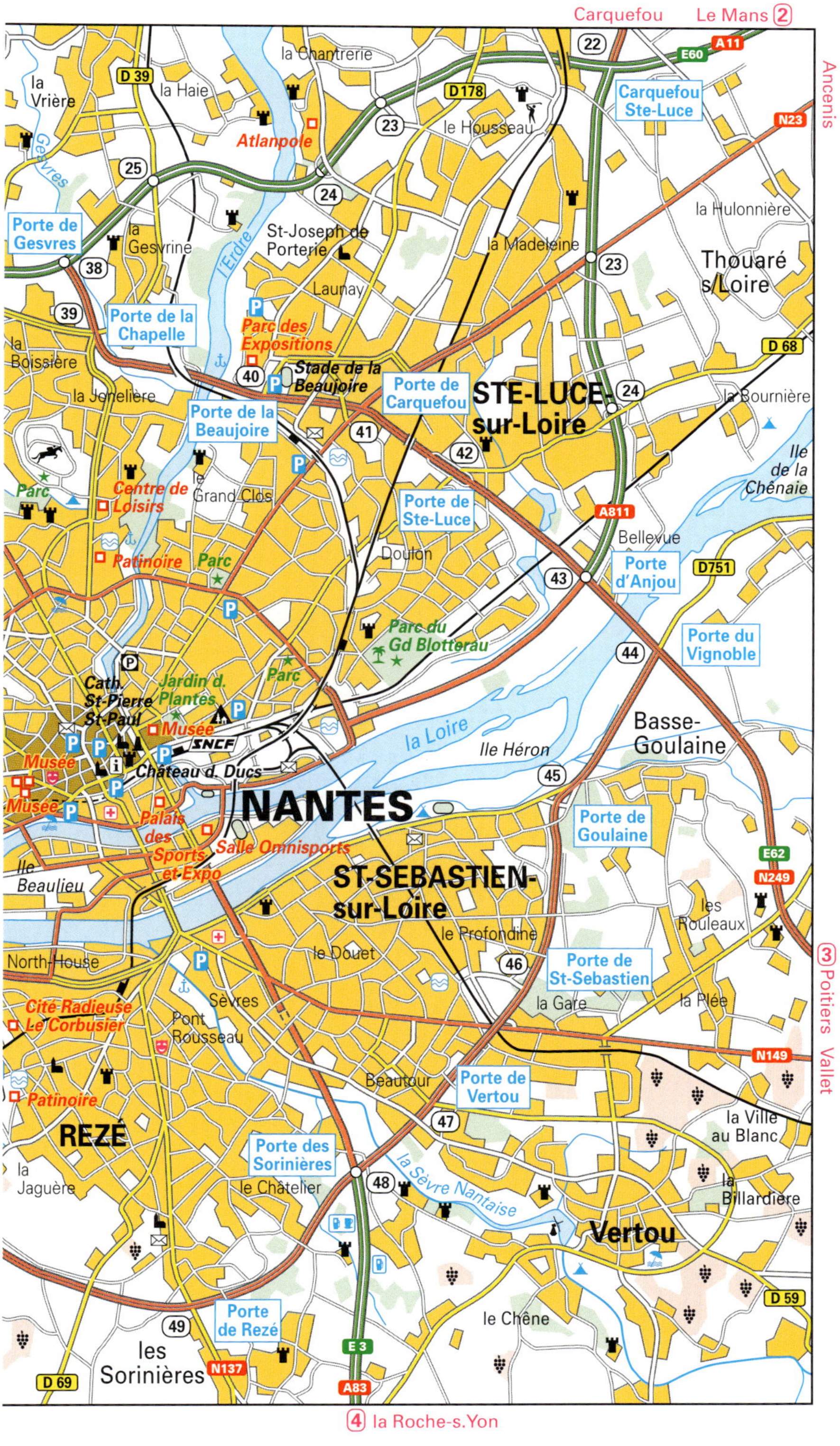

Carquefou
Le Mans 2
Ancenis
3 Poitiers
Vallet
4 la Roche-s.Yon
A11
E60
N23
22
D178
la Chantrerie
la Vrière
D 39
la Haie
Atlanpole
23
le Housseau
Carquefou Ste-Luce
Gesvres
25
24
la Hulonnière
Porte de Gesvres
la Gesvrine
St-Joseph de Porterie
l'Erdre
la Madeleine
Thouaré s/Loire
38
Launay
39
Porte de la Chapelle
Parc des Expositions
D 68
la Boissière
40
Stade de la Beaujoire
Porte de Carquefou
STE-LUCE-sur-Loire
la Jonelière
Porte de la Beaujoire
41
42
la Bournière
Ile de la Chênaie
Parc
Centre de Loisirs
le Grand Clos
Porte de Ste-Luce
A811
Bellevue
Patinoire
Parc
Doulon
Porte d'Anjou
D751
43
Porte du Vignoble
Parc du Gd Blotterau
44
Cath. St-Pierre St-Paul
Jardin d. Plantes
Parc
Musée
SNCF
la Loire
Ile Héron
Basse-Goulaine
Musée
Musée
Château d. Ducs
45
NANTES
Porte de Goulaine
Palais des Sports et Expo
Salle Omnisports
Ile Beaulieu
ST-SEBASTIEN-sur-Loire
E62
N249
les Rouleaux
le Profondine
North-House
le Douet
46
Porte de St-Sebastien
Cité Radieuse Le Corbusier
Sèvres
la Gare
la Plée
Pont Rousseau
N149
Beautour
Porte de Vertou
Patinoire
47
la Ville au Blanc
REZÉ
Porte des Sorinières
la Jaguère
le Châtelier
48
la Sèvre Nantaise
la Billardière
Vertou
D 59
Porte de Rezé
49
le Chêne
les Sorinières
N137
E 3
A83
D 69

Paris

1 Beauvais, Amiens

15 Rouen

14 Rouen, Le Havre, Caen

13 Dreux

Orléans, Le Mans 12

11 Étampes

Chantilly
Senlis
2 Lens, Lille
3 Laon
4 Meaux
5 Reims
6 Sézanne
7 Nogent s-Seine
8
Melun
9
10 Troyes
Orry-la-Ville
la Chapelle-en-S.
Parc Astérix
Ermenonville
Luzarches
Bellefontaine
Survilliers
Ver-s-L.
Montagny
Chèvreville
Silly
Mortefontaine
Plailly
Fosses
Ognes
Eve
Lassy
St-Witz
Villiers-le-Sec
Jagny-s/s-B.
Marly-la-Ville
le Plessis-Belleville
Mareil-en-F.
Vémars
Dammartin-en-Goële
Oissery
le-Neuf
Fontenay-en-Parisis
Puiseux-en-F.
Moussy-le-Vieux
Rouvres
St-Pathus
Villeron
Louvres
Chennevières-lès-Louvres
St-Mard
Goussainville
Bouqueval
Mauregard
Ville-neuve
Montgé-en-Goële
St-Soupplets
Ecouen
T.G.V.
le Mesnil-Amelot
Juilly
Roissy-en-F.
Thieux
Villiers-le-Bel
le Thillay
Paris-Charles de Gaulle
Compans
le Plessis
Vinantes
Iverny
Gonesse
Nantouillet
Monthyon
Garges
Mitry-Mory
St-Mesmes
Paris-Le Bourget
Parc des Expositions
Villeroy
Gressy
Chauconin-Neufmontiers
Musée Expo
Parc
Tremblay-en France
Messy
Charny
Villepinte
Ville-parisis
Trilbardou
Aulnay-s/s-Bois
Canal de l'Ourcq
Charmentray
le Bourget
Claye-Souilly
Fresnes-s.-M.
Précy-s.-M.
Vignely
Aulnay
les Pavillons-s/s-B.
Livry-Gargan
Vaujours
le Pin
Drancy
Coubron
Ville-vaudé
Annet-s.-M.
Jablines
Bobigny
N.D. des Anges
Esbly
Parc de la Villette
le Raincy
Clichy-s/s-B.
Thorigny-s.-M.
Romainville
Gagny
Brou-s-Chantereine
Dampmart
PARIS
Chelles
Marne-la-V./Lagny
Disneyland Paris
Rosny-s/s-B.
Montévrain
Bastille
Montreuil
Neuilly-Plaisance
Champs-s.-M.
Lagny-s.-Marne
Champs
Noisiel
Torcy
Magny-le-H.
Vincennes
Parc
Nogent-s.-M.
Noisy-le-Gd
Bussy-St-Georges
Jossigny
Château de Vincennes
Villeneuve-le-C.
Joinville-le-P.
Champigny-s.-M.
Emerainville
Lagny
Ferrières-en-Brie
Villeneuve-St-Denis
Marne
Roissy
Maisons-Alfort
St-Maur
Chennevières
la-Queue-en-Brie
Pontcarré
Ormesson
Créteil
Pontault-Combault
Neufmoutiers-en-Brie
Bonneuil
Ozoir-la-Ferrière
Forêt d'Armainvilliers
Favières
Hôtel de Ville
Choisy-le-Roi
Noiseau
Thiais
Sucy-en-B.
Forêt de Notre Dame
Gretz-Armainvilliers
Boissy-St-L.
Parc
Orly
Valenton
Lésigny
Villeneuve-St-G.
Châ. de Gros-Bois
Santeny
Férolles-Attilly
Seine
Yerres
Servon
Chevry-Cossigny
Presles-en-Brie
Villecresnes
Châtres
Brie-Comte-Robert
Mandres-les-Roses
Liverdy-en-Brie
Brunoy
Montgeron
Moulin de Jarcy
Grisy-Suisnes
Epinay-s/s-Sénart
Varennes-Jarcy
Courquetaine
Draveil
Forêt de Sénart
Quincy
Coubert
Champrosay
Grégy-s-Y.
Combs-la-Ville
Cordon
Soisy-s-Seine
Ozouer-le-V.
Ris-Orangis
Tigery
Evry-les-Ch.
Solers
Soignolles-en-Brie
Yèbles
Verneuil-l'Etang
Evry
Lieusaint
St-Germain-lès-C.
Moissy-Cramayel
Limoges-Fourches
Lissy
Guignes
A1
E15
N17
N16
N2
N330
D104
D401
N3
D212
A3
A86
A104
N34
A199
E50
A4
N4
N104
D319
N6
A5b
N19
N36
A6
A5a

Paris City

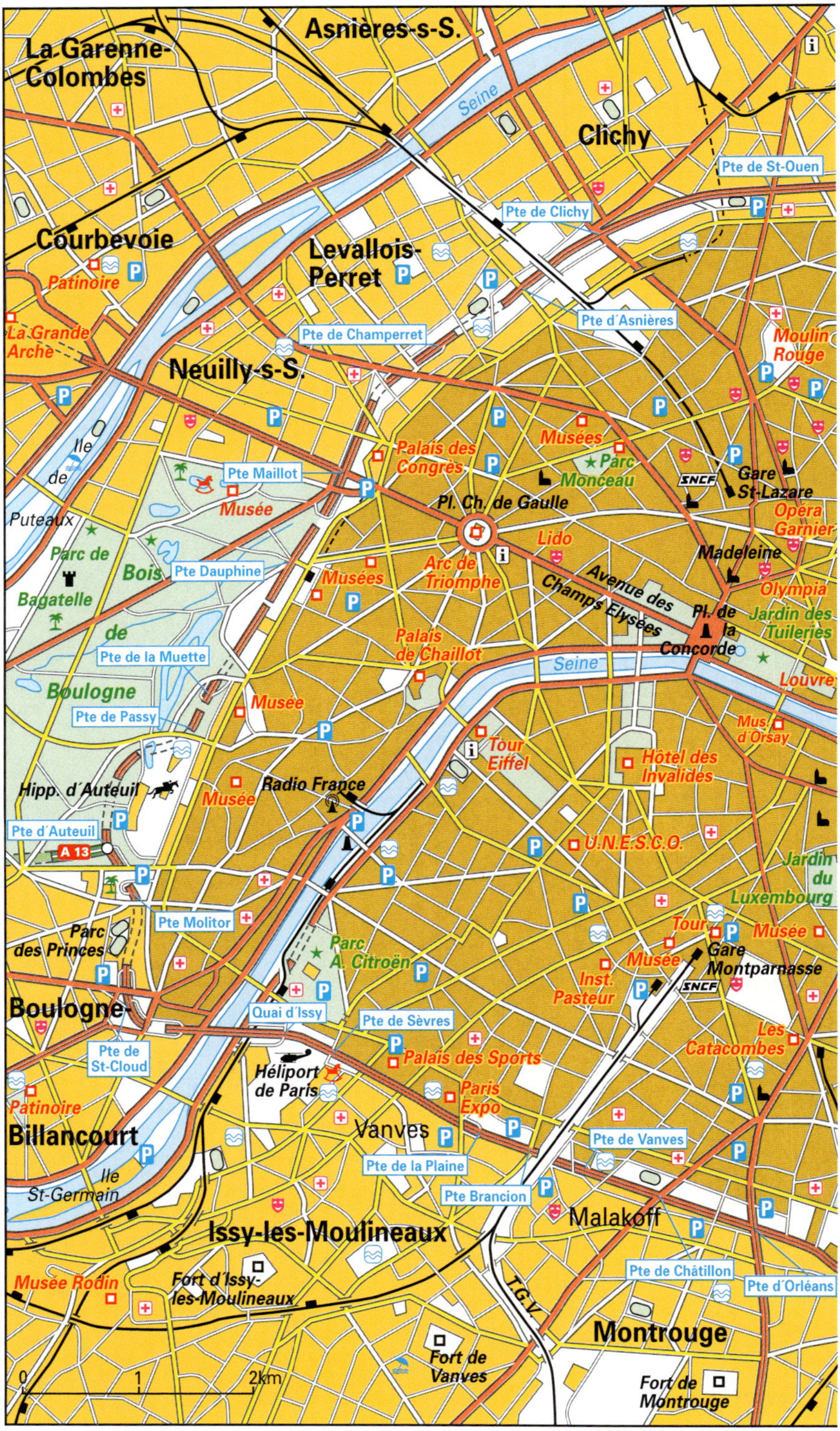

La Garenne-Colombes
Asnières-s-S.
Seine
Clichy
Pte de St-Ouen
Pte de Clichy
Courbevoie
Patinoire
Levallois-Perret
La Grande Arche
Pte de Champerret
Pte d´Asnières
Moulin Rouge
Neuilly-s-S.
Ile de Puteaux
Pte Maillot
Musée
Palais des Congrès
Musées
Parc Monceau
Gare St-Lazare
SNCF
Pl. Ch. de Gaulle
Opéra Garnier
Parc de Bagatelle
Bois de Boulogne
Pte Dauphine
Lido
Arc de Triomphe
Avenue des Champs Elysées
Madeleine
Olympia
Pl. de la Concorde
Jardin des Tuileries
Pte de la Muette
Palais de Chaillot
Louvre
Pte de Passy
Tour Eiffel
Mus. d´Orsay
Hôtel des Invalides
Hipp. d´Auteuil
Radio France
Pte d´Auteuil
A 13
U.N.E.S.C.O.
Jardin du Luxembourg
Pte Molitor
Parc des Princes
Parc A. Citroën
Tour
Gare Montparnasse
Inst. Pasteur
Boulogne-
Quai d´Issy
Pte de Sèvres
Pte de St-Cloud
Palais des Sports
Les Catacombes
Héliport de Paris
Paris Expo
Patinoire
Billancourt
Vanves
Pte de Vanves
Pte de la Plaine
Ile St-Germain
Pte Brancion
Malakoff
Issy-les-Moulineaux
Pte de Châtillon
Pte d´Orléans
Musée Rodin
Fort d´Issy-les-Moulineaux
T.G.V.
Montrouge
Fort de Vanves
Fort de Montrouge
0
1
2km

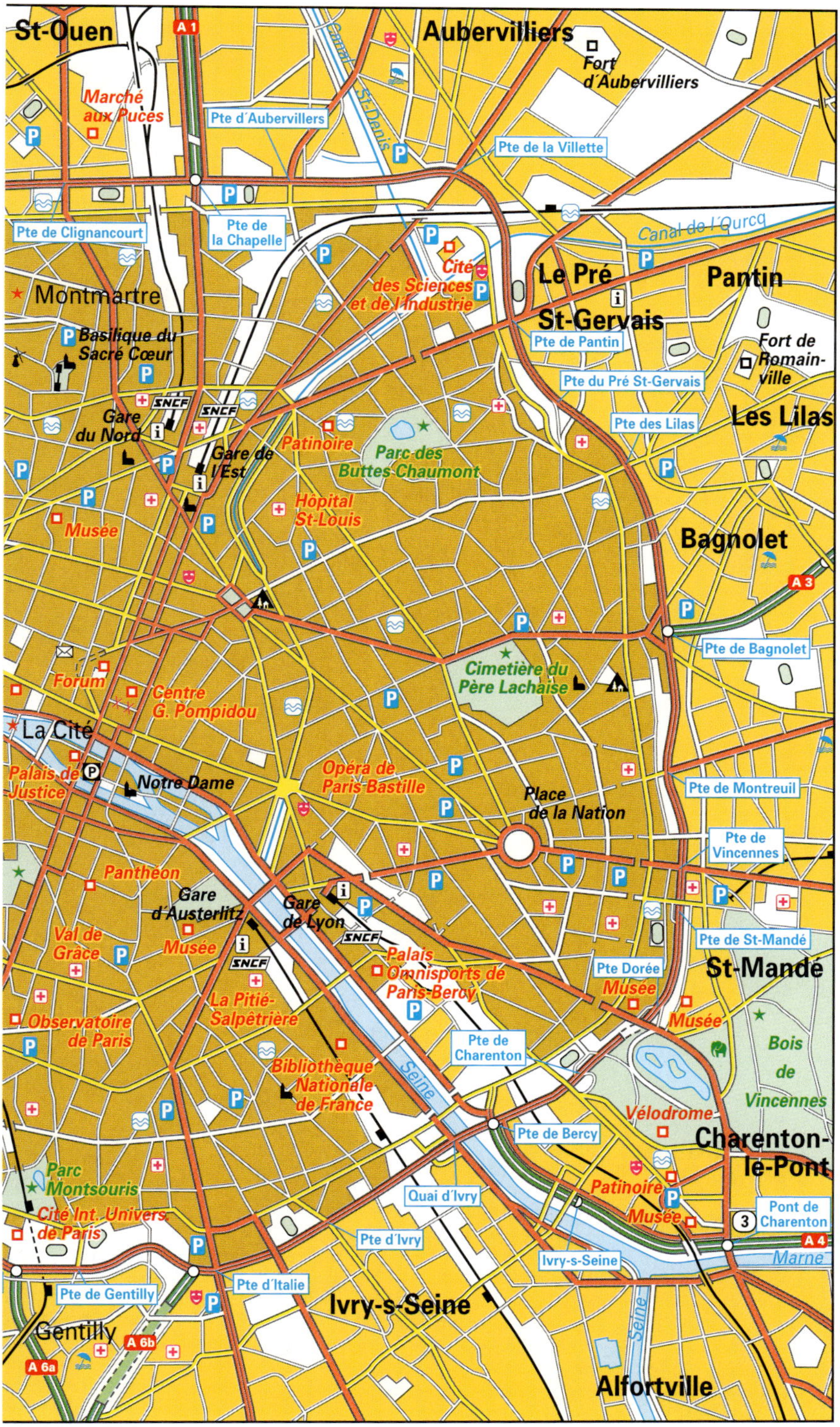
St-Ouen
Aubervilliers
Fort d'Aubervilliers
Marché aux Puces
Pte d'Aubervillers
Canal St-Denis
Pte de la Villette
Pte de Clignancourt
Pte de la Chapelle
Canal de l'Ourcq
Cité des Sciences et de l'Industrie
Le Pré St-Gervais
Pantin
Montmartre
Basilique du Sacré Cœur
Pte de Pantin
Fort de Romainville
Pte du Pré St-Gervais
Gare du Nord
Gare de l'Est
Patinoire
Parc des Buttes Chaumont
Pte des Lilas
Les Lilas
Hôpital St-Louis
Musée
Bagnolet
Pte de Bagnolet
Cimetière du Père Lachaise
Forum
Centre G. Pompidou
La Cité
Palais de Justice
Notre Dame
Opéra de Paris-Bastille
Pte de Montreuil
Place de la Nation
Pte de Vincennes
Panthéon
Gare d'Austerlitz
Gare de Lyon
Pte de St-Mandé
Val de Grâce
Musée
Palais Omnisports de Paris-Bercy
Pte Dorée
St-Mandé
Musée
Musée
Observatoire de Paris
La Pitié-Salpêtrière
Pte de Charenton
Bois de Vincennes
Bibliothèque Nationale de France
Seine
Vélodrome
Charenton-le-Pont
Pte de Bercy
Parc Montsouris
Patinoire
Cité Int. Univers. de Paris
Quai d'Ivry
Musée
Pont de Charenton
Pte d'Ivry
Ivry-s-Seine
Marne
Pte de Gentilly
Pte d'Italie
Ivry-s-Seine
Gentilly
Seine
Alfortville
SNCF
A 1
A 3
A 4
A 6a
A 6b

St-Étienne

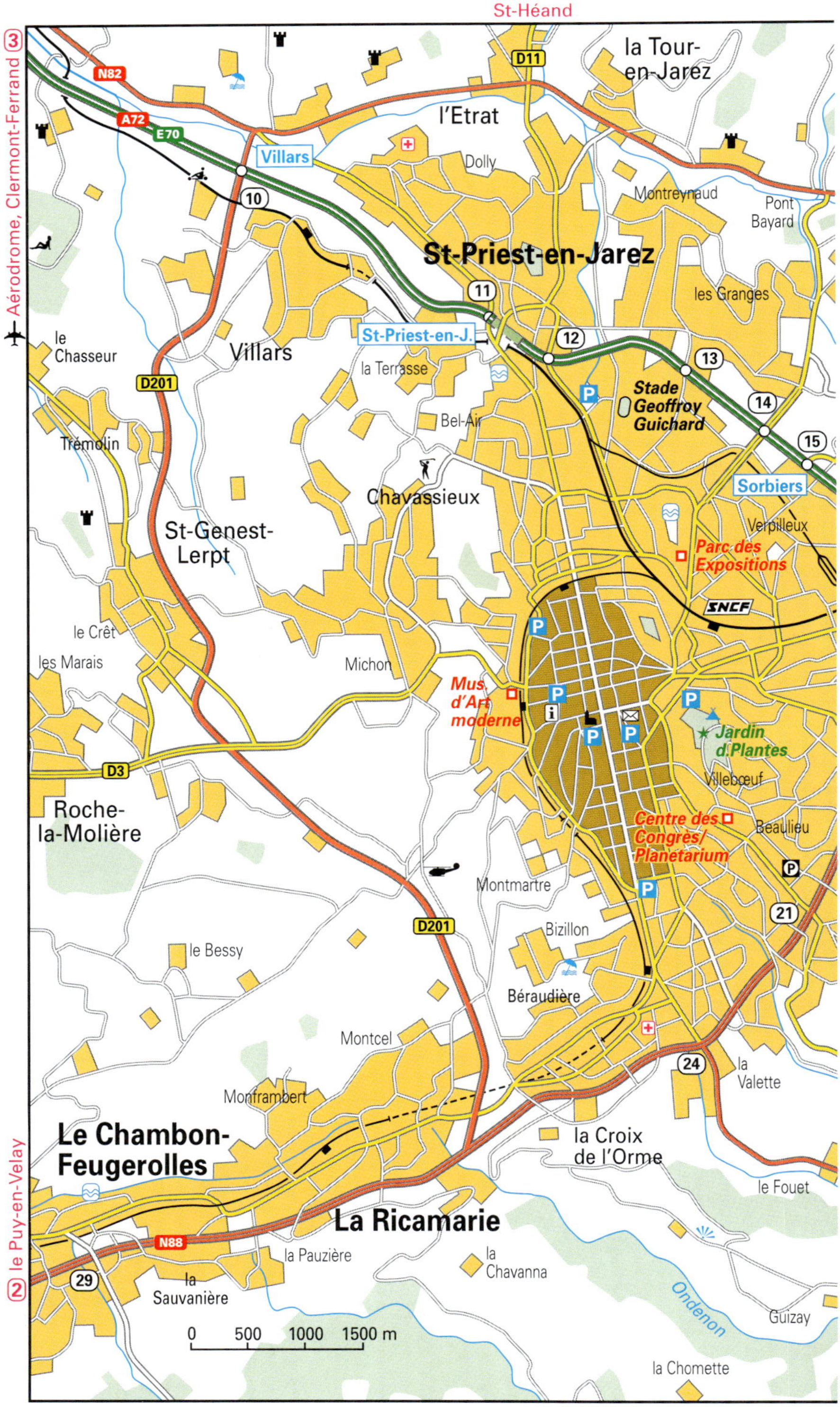
St-Héand
Aérodrome, Clermont-Ferrand 3
le Puy-en-Velay 2
N82
A72
E70
D11
la Tour-en-Jarez
l'Etrat
Villars
Dolly
10
Montreynaud
Pont Bayard
St-Priest-en-Jarez
11
les Granges
St-Priest-en-J.
12
13
le Chasseur
Villars
la Terrasse
D201
Stade Geoffroy Guichard
14
15
Bel-Air
Trémolin
Chavassieux
Sorbiers
St-Genest-Lerpt
Verpilleux
Parc des Expositions
SNCF
le Crêt
les Marais
Michon
Mus. d'Art moderne
Jardin d. Plantes
D3
Villebœuf
Roche-la-Molière
Centre des Congrès/ Planetarium
Beaulieu
Montmartre
21
D201
Bizillon
le Bessy
Béraudière
Montcel
24
la Valette
Monframbert
Le Chambon-Feugerolles
la Croix de l'Orme
le Fouet
La Ricamarie
N88
la Pauzière
la Chavanna
29
la Sauvanière
Ondenon
Guizay
0 500 1000 1500 m
la Chomette

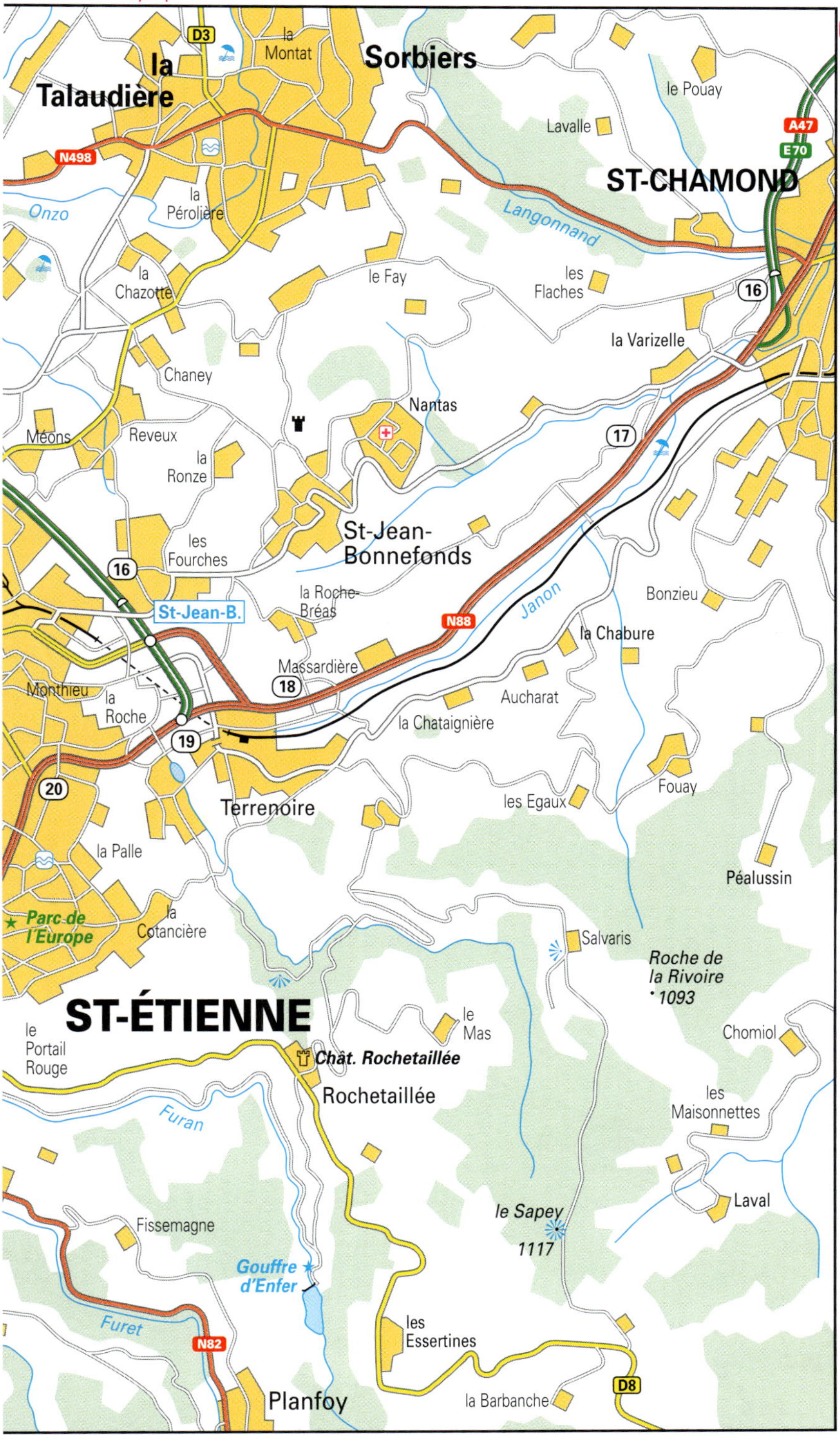
St-Symphorien-s-Coise
la Talaudière
D3
la Montat
Sorbiers
le Pouay
Lavalle
A47
E70
N498
ST-CHAMOND
Onzo
la Pérolière
Langonnand
la Chazotte
le Fay
les Flaches
16
la Varizelle
Chaney
Nantas
Méons
Reveux
17
la Ronze
les Fourches
St-Jean-Bonnefonds
16
la Roche-Bréas
St-Jean-B.
Bonzieu
N88
Janon
la Chabure
Massardière
18
Monthieu
la Roche
Aucharat
la Chataignière
19
20
Terrenoire
les Egaux
Fouay
la Palle
Péalussin
Parc de l'Europe
la Cotancière
Salvaris
Roche de la Rivoire
1093
ST-ÉTIENNE
le Mas
le Portail Rouge
Chât. Rochetaillée
Chomiol
Rochetaillée
Furan
les Maisonnettes
Laval
le Sapey
1117
Fissemagne
Gouffre d'Enfer
Furet
N82
les Essertines
D8
la Barbanche
Planfoy
Annonay
le Bessat
1 Lyon
Rive-de-Gier

Strasbourg

Vendenheim
D 30
Pfettisheim
Lampertheim
D 31
Koltsenbach
Leisbach
D 41
Behlen-
heim
Pfulgriesheim
D 30
Wiwers-
heim
Griesheim-
s/S.
Mundolsheim
la Souffel
Dingsheim
Nieder-
hausbergen
Stutzheim-
Offenheim
Bischheim-
Schiltigheim
Hurtigheim
la Museau
Mittelhaus-
bergen
Ittenheim
N 4
Oberhausbergen
Cronenbourg
5 Wasselonne, Saverne
5
Hautepierre
A 351
Pl.
Ober-
schaeffolsheim
Wolfisheim
2
4
Kœnigshoffen
3
Breusch-
wickersheim
Strasbourg-
Centre
Can. de la Bruche
D 45
Achenheim
Eckbolsheim
Lingolsheim
Roethig
Hangen-
bieten
Holtzheim
la Bruche
Ostwald
Aéroport de
Strasbourg-Entzheim
Entzheim
Duppig-
heim
N 420
10
8
7
N 283
E 25
A 352
9
A 35
Geispolsheim
4 St-Dié
N 422
Kratz
Obernai
3 Colmar

1 Metz
Gambsheim
A4
E 25
D 63
Raffinerie
D468
la Wantzenau
N 63
49
Reichstett-
Mundolsheim
Reichstett
Can. de la Marne au Rhin
l'Ill
Wœrthel
Souffel-
weyersheim
Centre
Omnisports
Bois
de la
Robertsau
Fuchs-am-
Buckel
Bischheim
Hœnheim
50
Cronenbourg
SCHILTIGHEIM
Palais de la
Musique et
des Congrès
Terrain
d'Exposition
Robertsau
Auenheim
51
Patinoire
A 350
Rhin/Rhein
des Halles
Palais de l'Europe
Strasbourg-Nord
1
Orangerie
Rheinau
36
Kinzig
1
3
Gare
centrale
SNCF
Cathédrale
Port
Petite
France
Palais
Rohan
Centre Universitaire
Neumühl
Musée
Musées
Citadelle
Parc
E 52
Pont
de l'Europe
4
Elsau
STRASBOURG
28
2
Basel-Karlsruhe
Flugplatz
Kehl-
Sundheim
l'Ill
Musau
Kehl
Strasbourg-
Neuhof
Meinau
5
Hohwarth
DEUTSCHLAND
la Colonne
Neuhof
Can. du Rhône au Rhin
Bois
d'Illkirch
0
1
2km
Stockfeld
36
D468
Z.I.R.S.T.
Eurofret
la Ganzau
Marlen
Illkirch-
Graffenstaden
Plobsheim
Lahr

Toulouse

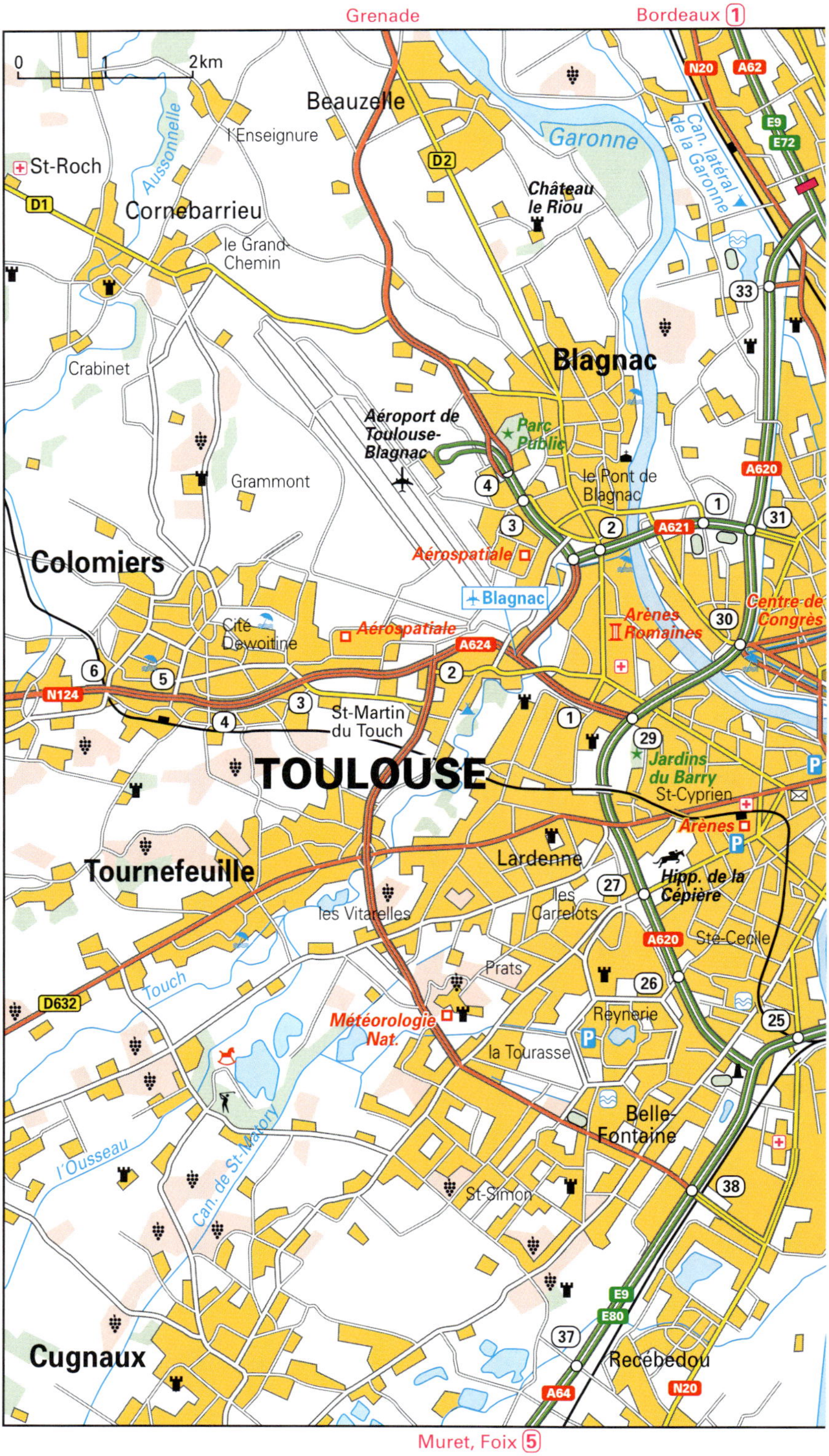

Grenade
Bordeaux 1
0 1 2km
Beauzelle
l'Enseignure
St-Roch
Aussonnelle
Cornebarrieu
le Grand-Chemin
D1
D2
Garonne
Can. latéral de la Garonne
Château le Riou
N20
A62
E9
E72
Crabinet
Blagnac
Aéroport de Toulouse-Blagnac
Parc Public
le Pont de Blagnac
Grammont
A620
A621
Colomiers
Aérospatiale
Blagnac
Cité Dewoitine
Aérospatiale
A624
Arènes Romaines
Centre de Congrès
7 Auch
N124
St-Martin du Touch
TOULOUSE
Jardins du Barry
St-Cyprien
Arènes
Tournefeuille
Lardenne
Hipp. de la Cépière
les Vitarelles
les Carrelots
Ste-Cécile
6 St-Lys
D632
Touch
Prats
Météorologie Nat.
Reynerie
la Tourasse
Belle-Fontaine
l'Ousseau
Can. de St-Martory
St-Simon
E9
E80
Cugnaux
Recébedou
A64
N20
Muret, Foix 5

1 Tourves, Brignoles
Puget-Ville
Ruol
Mas-de-Brun
Cuers
Solliès-Toucas
D554
N97
10
les Aiguiers
Baux Rouges . 539
7
8
9
les Terrins
Aumérade
les Laugiers
Solliès-Ville
le Coudon
702
la Farlède
la Bouisse
. 270
Beauvais
Solliès-Pont
la Portanière
A57
la Tour
les Laures
5
6
.200
la Mayonnette
Pierrefeu-du-Var
la Tuilière
le Réal Martin
Montaud
la Pauline
la Garde
la Crau
Sauvebonne
la Grde Bastide
D12
340
Forêt
A570
les Martins
D554
198 .
Mt Redon
le Viet
le Moutonne
357
Camp-long
le Fenouillet
291
la Bayorre
les Maurettes
le Gapeau
227
D559
le Paradis
289
109
les Borrels
le Pansard
Parc St-Bernard
St-Louis
HYÈRES
Carqueiranne
Col du Serre
Mt-des-Oiseaux
304
.281
Forêt des Maures
126
CÔTE D'AZUR II
le Pradon
les Salettes
SNCF
N.D. de Consolation
Musée
le Loli
. 224
242
Jardin O.-Riquier
les Gaouby
Golfe de Giens
Costebelle
Aéroport Toulon-Hyères
Mauvanne
les Jassons
l'Almanarre
les Salins-Hyères
St-Honoré
D37
la Londe-les-Maures
N98
Salins des Pesquiers
Ayguade-Ceinturon
Port Pothuau
Etg. des Pesquiers
la Madrague
Hyères-Plage
Cité-des-Bormettes
Port de Miramar
la Capte
Giens
la Bergerie
Presqu'île de Giens
la Polinésie
Léoube
Cap de Léoube
Cap de l'Estérel
Brégançon
la Tour Fondue
Rade de Hyères
Ile du Grd. Ribaud
Ile de Porquerolles
Cap de Brégançon
Pnte du Grand Langoustier
Pnte de la Tripe
Porquerolles
Cap des Mèdes
N
142
Sémaphore
Cap d'Arme
Phare et Calanques de l'Oustaou-de-Diou
0 1 2 3 4 5 km

Côte d'Azur II

125
CÔTE D'AZUR I

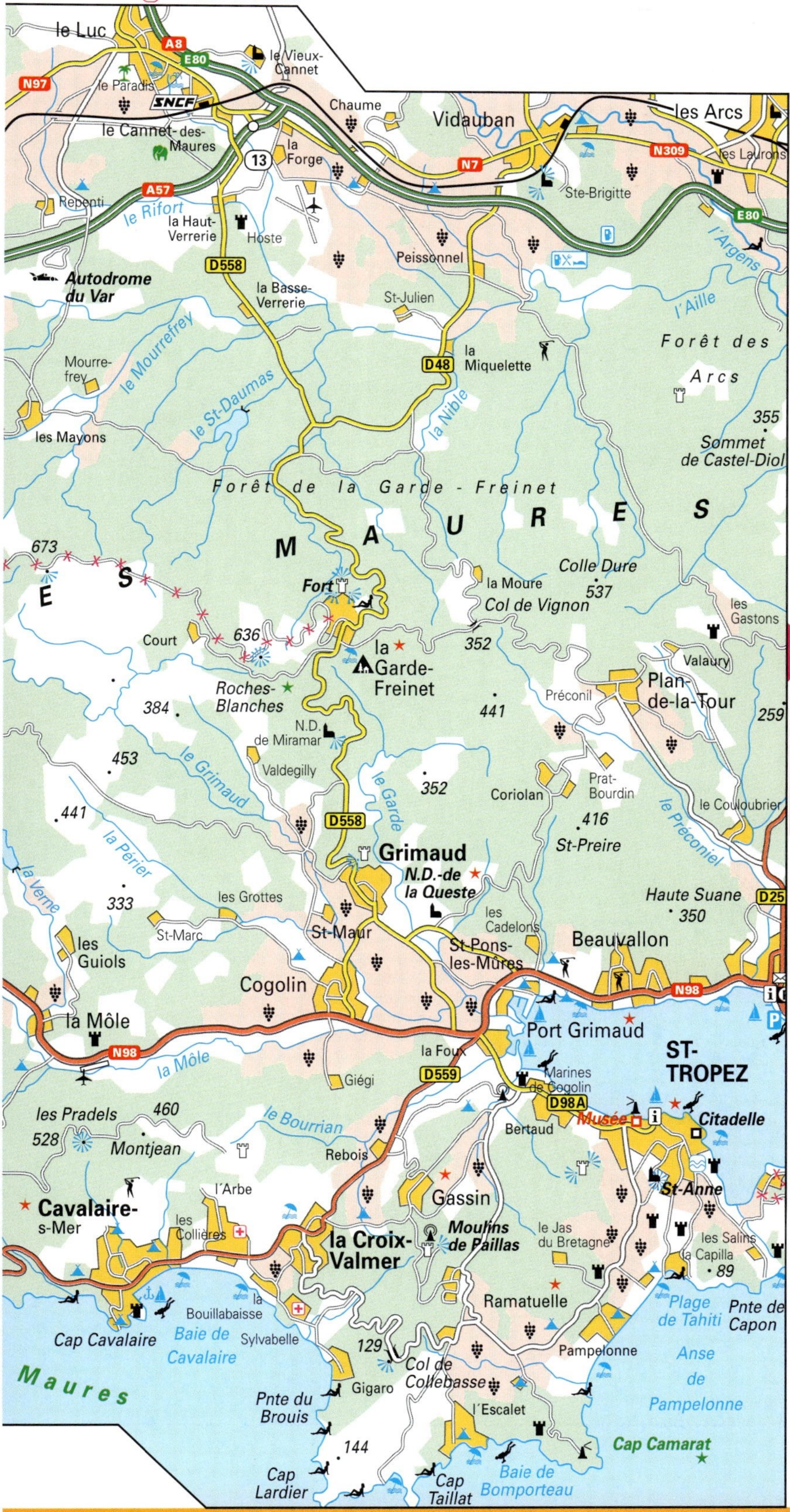

128
CÔTE D'AZUR III

3 Draguignan
les Arcs
Ste-Roseline
la Motte
le Mitan
les Laurons
N309
Clastron
N555
N7
les Serres
E80
le Muy
l'Argens
l'Endre
36
les Pins Parasols
la Bouverie
Bois du Dèfens
Bois
Bois de Palayson
l'Aille
Forêt des Arcs
301
Sommet du Peynier
la Roquette
372
N.D. de la Roquette
D25
le Blavet
la Lieutenante
355
Sommet de Castel-Diol
Palayson
A8
Lagourin
Roquebrune-s-Argens
S
N.D. de Pitié
510
Sommet de St-Martin
Col de Valdingarde
389
St-Pierre
Puget-s-Argens
37
D7
le Coloubrier
le Vieux Revest
les Tourres
le Jas Neuf
Mosquée
N7
les Gastons
Valaury
225
Col de Gratteloup
328
Domaine des Baux
Massif des Maures
le Fournel
259
SNCF
la Garonnette
377
l'Agriotier
255
le Couloubrier
le Préconiel
352
154
Cabasse
Col de Bougnon
N98
Fréjus-Plage
le Lion de Mer
Haute Suane
350
D25
la Gaillarde
Val d'Esquières
Villepey
St-Aygulf
Golfe de Fréjus
STE-MAXIME
Pnte de la Lauvette
Pnte de la Calle
la Garonnette
N98
la Nartelle
Baie de Bougnon
San Peïre sur-Mer
les Issambres
Pnte des Issambres
Cap des Sardinaux
ST-TROPEZ
Golfe de St-Tropez
Citadelle
St-Anne
Pnte des Rabiou
les Salins
la Capilla
89
Cap de St-Tropez
Plage de Tahiti
Pnte de Capon
Anse de Pampelonne
127
CÔTE D'AZUR II

Fayence
4 Draguignan
St-Paul-en-Forêt
Bompin
Grime
D4
D562
434
les Veyans
la Colle-Noir
Tournon
la Siagne
Bois de l'Ermite
Bagnols-en-Forêt
348
Lac de Saint-Cassien
Barrage de St-Cassien
les Pourrières
de Malvoisin
373
Pic de la Gardiette
352
les Marjoris
Tanneron
N.D.-de Peygros
Malpasset
la Lègue
le Reyran
39
395
431
Camp de la Lègue
le Planestel
Séguret
Castel de Guiol
les Margoutons
38
Boson
Auberge des Adrets
les Adrets de l'Esterel
Massif du Tanneron
519
475
Aqueduc
618
Camp Cel. Robert
N.D. de Jerusalem
Mt Vinaigre
St-Jean
Mandelieu-la-Napoule
130
D37
A8
E80
N7
la Tour de Mare
Massif de l'Esterel
Col des 3 Termes
Pagode
P. de Pierre
Col de Suvières
Maure-Vieil
FRÉJUS
Valescure
les Bastides de Valescure
271
251
303
CÔTE D'AZUR IV
la Rague
Musée
la Garonne
Col de la Cadière
241
Théoule-s-M.
SNCF
ST-RAPHAËL
93
Col du Mistral
Col Belle-Barbe
Mal Infernet
Pic de l'Ours
Col N.-Dame
323
les Plaines
496
45
N98
la Galère
Miramar
Agay
le Rastel d'Agay
288
Pic du Cap Roux
452
le Trayas
Pointe de l'Esquillon
Boulouris
le Dramont
Ile d'Or
Cap du Dramont
Anthéor
Anthéor-Plage
Ile des Vieilles
Pnte de Cap Roux
Corniche de l'Esterel
N
0 1 2 3 4 5 km

129
CÔTE D'AZUR III

Courségoules
Gorges du Loup
Puy de Tourrettes
1267
Col de Vence
963
1085
Mouton d'Anou
le Broc
Pont-du-Loup
1248
Pic de Courmettes
la Caire
891
Carros Village
le Var
la Cagne
Source du Riou
907
Tourrettes-s-Loup
D2210
N.D. des Fleurs
D2
Baou d. Blancs
800
Baou de St-Jeannet
Chap. de Rosaire
673
St-Jeannet
Carros
le Loup
la Sine
Gattières
les Selves
Notre-Dame
la Colle Loubière
Vence
le Peyron
D2210
N202
la Miagne
337
le Plan du Bois
I.B.M.
Roquefort-les-Pins
Fond. Maeght
la Gaude
la Bégude
Colomars
les Cabanes
les Maillans
St-Paul
St-Roman-de Bellet
Sirole
232
la Baronne
la Colle-s-Loup
D36
Lingostière
le Colombier
Pas-de Sénès
St-Pancrace
52
Villeneuve-Loubet
St-Isidore
Cagnes-s-Mer
Musée
A8
St-Pierre-de-F.
54
Gairault
48
Chât.-Musée
la Madeleine
St-Antoine
St-Laurent-du-Var
E80
Biot
47
Logis-du-Loup
St-Maurice
132
Fabron
Cimiez
SNCF
Musée
Musée Chagall
46
49
51
Magnan
les Bosquets
Musée
Expo
SNCF
Jardin
50
Bouches-du-L.
Parc
Villeneuve-Loubet-Plage
Cros-de-Cagnes
St-Augustin
Ste-Hélène
Palais Acropolis
Zoo marin
la Californie
Promenade des Anglais
Mt-Alban
la Brague
Musée Naval
Citadelle
Aéroport de Nice-Côte d'Azur
NICE
Mont Boron
Fort Carré
Cap de Nice
Rade
ANTIBES
Château Grimaldi
Musée arch.
Cap Ferrat
Pointe Bacon de la Garoupe
Baie des Anges
Corse (Ajaccio, Bastia, Ile Rousse)
N
0 1 2 3 4 5 km
CÔTE D'AZUR V

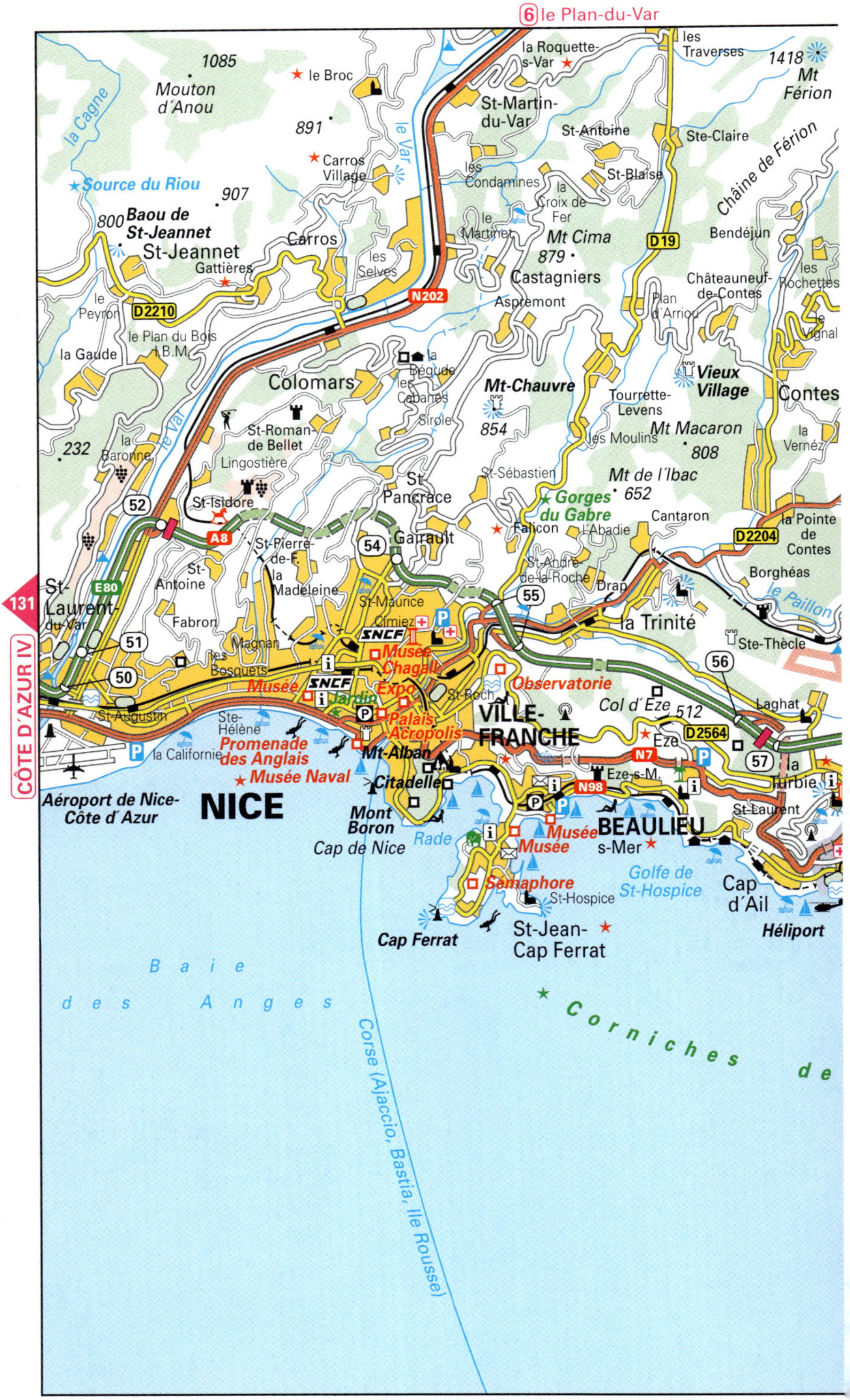
6 le Plan-du-Var
Côte d'Azur IV
131
NICE
Villefranche
Beaulieu s-Mer
St-Jean-Cap Ferrat
Cap Ferrat
Cap d'Ail
Héliport
Aéroport de Nice-Côte d'Azur
Baie des Anges
Corniches de
Corse (Ajaccio, Bastia, Ile Rousse)
Promenade des Anglais
Musée Naval
Musée Chagall
Observatorie
Mt-Alban
Citadelle
Mont Boron
Cap de Nice
Rade
Sémaphore
Golfe de St-Hospice
St-Laurent-du-Var
Colomars
Carros
St-Jeannet
Baou de St-Jeannet
Aspremont
Castagniers
Mt Cima
Tourrette-Levens
Contes
la Trinité
Eze
la Turbie
Mt Chauvre
Mt Macaron
Mt de l'Ibac
Gorges du Gabre
Source du Riou
Mouton d'Anou
Mt Férion
Chaîne de Férion
St-Martin-du-Var
la Roquette-s-Var
le Broc
N202
A8
E80
D2210
D19
D2204
D2564
N7
N98

Coaraze
990
Col St-Roch
D21
1015
Cime du Savel
le Paillon de Contes
Col de l'Orme
1149
Col de l'Ablé
Tour
1330
Lucéram
816
Mt Castello
Mortisson
D2566
Touët-de-l'E.
Berre-des-Alpes
675
Col de Braus
1002
St-Laurent
Clue de Braus
l'Escarène
Sclos
412
Col de Nice
1055
1187
642
Mt Farguet
1243
Mt Méras
la Garde
Gorges de Paillon
Trés
Blausasc
la Grave
Peille
Pic de Baudon
Mt Ours
1239
927
1264
Peillon
Col de Banquettes
741
Viaduc du Caramel
C. de la Madonne
Ste-Agnès
de Gorbio
St-Martin-de-Peille
Observatoire
1110
Mt Angel
Gorbio
Monti
59
A8
58
Beausoleil
Roquebrune
l'Annonciade
Cabrolles
Musée
SNCF
Jardin d. Colombiers
E80
Casino
la Condamine
Musée Océanographique
Cap Martin
Jardin
Garavan
MENTON
MONTE-CARLO
MONACO
Cabbé
Cap Martin
Moulinet
Cime du Simon
D2566
N.D. de la Menour
Gorges de Piaon
Piaon
Cascade
1361
Beroulf
Parc National du Mercantour
Mt Ventabren
1976
1572
Col de Brouis
879
E74
1263
Mt Gros
D2204
1026
Cime du Bosc
Mt Agaisen
654
745
Col du Pérus
Sospel
Vieux Pont
Mt Grazian
Piène-Haut
Piène-Basse
862
le Golf
Col de St-Jean
N204
Col de Castillon
707
1014
Mt Razet
1281
Castillon
Olivetta-S. Michele
Fanghetto
Bossare
Airole
1378
Mt Grammont
ITALIA
la Bevera
Colla-Bassa
la Careï
Roc d'Orméa
1131
Torri Villatella
Torri
1146
Cime de Restaud
S. Pancrázio
Calvo
ss20
Castellar
S. António
Varase
Sealza
Giotti
Bévera
Séglia
475
Grimaldi
Mortola-Inf.
Latte
Ventimíglia
F. Roia
Jardins Hanbury
Capo Mórtola
Città Vecchia
FS
A10
E80
Giardini
Camporossa-Mare
VENTIMÍGLIA
Vallecrósia
ss1
BORDIGHERA
la Riviera
N
0 1 2 3 4 5 km
Torino
7
8
9
San Remo, Génova